言语交际艺术

yanyujiaojiyishu

主　编 ◎ 汪苏华
副主编 ◎ 田卫东

图书在版编目（CIP）数据

言语交际艺术 / 汪苏华主编． -- 广州：世界图书出版广东有限公司，2013.9
ISBN 978-7-5100-6663-4

Ⅰ．①言… Ⅱ．①汪… Ⅲ．①言语交往－语言艺术
Ⅳ．① H019

中国版本图书馆 CIP 数据核字（2013）第 160100 号

言语交际艺术
─────────────────────────────

策划编辑	赵　泓
责任编辑	阮清钰
封面设计	陈　璐
版式设计	文　竹
出版发行	世界图书出版广东有限公司
地　　址	广州市新港西路大江冲 25 号
电　　话	020-84459702
印　　刷	虎彩印艺股份有限公司
规　　格	787mm×1092mm　1/16
印　　张	23.5
字　　数	400 千
版　　次	2013 年 9 月第 1 版　2019 年 3 月第 4 次印刷
ＩＳＢＮ	978-7-5100-6663-4/G·1404
定　　价	58.00 元

─────────────────────────────

版权所有　侵权必究

目录
Contents

序言 / 5

上 篇

第一章　言语交际的功能 / 003
　　第一节　言语交际的产生 / 005
　　第二节　言语交际的发展 / 011
　　第三节　言语交际的社会功能 / 018

第二章　语言与言语 / 026
　　第一节　语言和言语的定义 / 026
　　第二节　语言和言语的区分 / 029
　　第三节　言语交际中如何体现自己的个性 / 032

第三章　书面语言与口头语言 / 043
　　第一节　口语的特点 / 043
　　第二节　书面语言的特点 / 047
　　第三节　如何将书面语言变成口头语言 / 049

第四章 汉语的审美特征 / 059

第一节 汉语语音的审美特征 / 059

第二节 汉语字词的审美特征 / 066

第三节 汉语句子结构的审美特征 / 072

中 篇

第五章 言语的组织 / 081

第一节 中心的确立 / 081

第二节 三段式结构 / 084

第三节 见解独到 一鸣惊人 / 089

第六章 言语的表达策略 / 092

第一节 字词的选择 / 092

第二节 句式的选择 / 100

第三节 风格的选择 / 109

第七章 让说的像唱的那样好听 / 112

第一节 发音器官与语音标准 / 112

第二节 发声与正音 / 115

第三节 声音的声腔美 / 119

第八章 对不同的人说不同的话 / 123

第一节 在不同的环境下说不同的话 / 123

第二节 对不同的人说不同的话 / 126

第三节 以不同的目的说不同的话 / 130

第九章 学会用神态和动作说话 / 139

第一节 现代人的气质，给人美好的第一印象 / 140

第二节 礼貌、诚实、自信，用好目光语和微笑语 / 148

第十章 学会艺术式的表达方法 / 162

第一节 言语的文学式表达 / 162

第二节 言语的歌舞式表达 / 168

第三节　言语的综合式表达 / 173

第十一章　言语的实战运用 / 185

第一节　朗诵 / 185

第二节　演讲 / 193

第三节　辩论 / 205

第四节　面试 / 219

下　篇

第十二章　记者的言语艺术 / 231

第一节　新闻采访中的言语艺术 / 231

第二节　新闻写作中的言语艺术 / 248

第十三章　播音员的言语艺术 / 264

第一节　普通话的相关知识 / 264

第二节　播音员有声语言的表达 / 281

第十四章　主持人的言语艺术 / 318

第一节　主持人的有声语言艺术 / 319

第二节　主持人的无声语言艺术 / 343

后记 / 363

序

孙 立

汪苏华老师是我的同事，也是新闻学专业的老行尊，先后在湖北、广东数个新闻单位和高校的新闻系工作过。她主编了这本教材《言语交际艺术》，嘱我作序。我于新闻学属外行，于语言学也素无研究，本没有资格作序。但查看了本书的目录，发现这也许是一本有趣、有用的书。而我素来对有趣的东西都饶有兴趣，于是忙里偷闲将本书部分章节翻阅一过，并不揣谫陋，对其特点叙述一二，与使用或阅读此书的读者分享。

该书的特点，一是全面，与学界流行的相关书籍相比，虽非研精几深的专门之学，但内容丰富。作者从语言学、交际学、传播学等方面论述和介绍了言语交际的基本原理和技巧，突破了一般人际交往的局限，可供在校大学生、社会人员及传媒人士参阅使用。

二是既有理论，又有实践性的内容。全书分别介绍了言语交际的理论和原则、社会交往的运用和谋略、大众传播的方法和技巧。它们既相互贯通，每部分又各有特点。书中有大量实例，也安排了习题，便于学习和掌握，体现了实用性强的特色。

三是文字浅显，案例丰富，既适应于教学，也有阅读的趣味性。如书中所举巧妙利用语言环境的故事就兴味盎然："意大利前总统佩尔蒂尼访华时曾在北京大学受到了热烈的欢迎，在回答青年学子们的敬意时，他很风趣地说：'我在青年们面前算不得什么，如果你们能给我青春，我宁愿把总统的职务交给你们。'这句'愿以总统换青春'的话语，与大学校园环境极为吻合，赢得了青年们的热烈掌声。"类似的教学案例有很多，提高了可读性。

特别有兴味的，是他们力求创新，提出了言语的歌舞式表达，介绍了声音的美化方法，还用语言学的原理来说明言语艺术。这些内容，饶有新意，希望读者诸君能学到不同的东西，领受到不一样的感受。

据介绍，本书参编人员均为高校老师，多数有教学经验。编者中有博士和硕士；有学哲学、文学和传播学的，也有学音乐、舞蹈和美术的。这种多学科作者的聚合，在教材编写上是很少有的，希望由此能产生新的能量。当然，多人合编一部书，有时也会出现水平、质量参差不齐的情况，希望这部书是个例外。

现代社会，人的沟通越来越重要。沟通的形式虽然有多种，但语言的沟通始终是最基本的。在我们的生活中，离不开言语。无论学习，还是工作，无论居家，还是社交，通过说话，传递思想、知识、情感，显得特别重要。中国古人对语言的沟通能力向来重视，孔子曾说"言之不文，行而不远"。他还通过考察人的说话艺术作为给侄女择偶的标准，《论语·先进》记载"南容三复《白圭》，孔子以其兄之子妻之"，朱熹认为这件事表明孔子是"深有意于谨言也"。有意于谨言，即要注意说话的效果，不说不该说的话，说明孔子对人的说话艺术非常重视。

我们看到，该书的若干章节设计得非常用心，体现了中国传统文化对言语交际艺术的重视。如"言语交际中如何体现自己的个性"、"如何将书面语言变成口头语言"、"让说的像唱的那样好听"、"声音要有节奏和韵味"、"对不同的人说不同的话"、"学会用神态和动作说话"等等，都体现出编者对说话艺术的关注。

我们有理由相信，该书的出版，有助于提醒人们对言语交际能力的重视。对有兴趣学习言语交际的读者来说，该书也将提供有益的帮助。

是为序。

癸巳春日于中山大学南方学院

上篇
SHANG PIAN

言语交际的功能
语言与言语
书面语言与口头语言
汉语的审美特征

言语　审美

口语　　功能

　　语言　交际

第一章

言语交际的功能

所谓言语交际艺术，顾名思义，就是在日常交际中如何艺术地运用语言，以期在人际交际中如鱼得水。在阐述语言的交际艺术之前，我们有必要厘清一些概念，再交待言语交际的产生、发展及社会功能。

在一般人的眼中，无论是整个的语言系统，还是平时社会交际的实际语言运用，我们都统称为语言。其实两者略有分别，前者叫"语言"（language），后者叫"言语"（parole），两者是一个硬币的两面。我们平时说话，一般都把两者混淆，笼统称为语言，是故，"语言"一词，在日常言语对话中，既代表"语言"，又代表"言语"。

本书由于不是专门讨论"语言"与"言语"两者区别的语言学著作，故为方便理解，对这一约定俗成的说法，在下面的论述中，不会特别指出其区别。可是在学理上，我们认为仍然有必要介绍这对概念的来源及区别。

索绪尔在《普通语言学教程》一书中首次提出"语言"和"言语"这对概念。继索绪尔之后，罗兰·巴特在《符号学原理》一书中，也曾对"语言"和"言语"进行了区分，认为"语言"是"一种社会习惯"、"一种意义系统"，而把"言语"看作"一种个人的选择"，"一种现实化的个人规划"。福柯在建立他的"后结构主义理论"时，也曾对"语言"和"语言"进行清理，提出了"话语"（Discourse）。

简单来说，平时无论我们实际说话的过程，还是说出来（包括写下来）的话，可以都可以统称为"言语"。而不同的语言，如普通话，就是说话时的符号工具，叫"语言"。"言语"是个人的行为和创作。因为说不说，怎么说，说什么都是取决于个人，故此"言语"可以有个人的特色，如说话风格、口音等。而"语言"则是全社会约定俗成的产物。[1]

我们将理论大师的原话整理成以下表格[2]，以便帮助大家通过对比分析这两个概念，了解其中的异同：

语言	言语
（德）spache	（德）rede
（拉丁）lingua	（拉丁）sermo
（法）langue	（法）parole
（英）language	（英）parole
共时性的	历时性的
集体模式	个人模式
社会惯例	个人选择
理性的	感性的
必然的	偶然的
普遍的	个别的
抽象的	具体的
既定的	独创的
稳固的	自由的
纯粹的	驳杂的
封闭的	开放的
转喻的	隐喻的
人工语言	自然语言
科学语言	自然语言
元语言	对象语言

应该指出，语言学家索绪尔等人主要看重的是"语言"的"形式"、"稳固"、"封闭"、"法则"、"共性"、"模式"等特性，因为这与他们的语言学研究需要有关。索绪尔和其他的语言学家为了寻找一种普遍语法，把目光聚焦于语言（language）的这些特性，这样才可以发现不同语言间的共性——这些放诸四海皆准、可量化的标准为奠基精确的语言学至为重要。

而关于"言语"（Parole）这另一半，甚少引起语言学家的注意；虽然大家日常使用"言语"，可是讨论却不多。相对于索绪尔索得出"语言是结构、

---

1 沈阳：《语言学常识十五讲》，7页，北京，北京大学出版社，2009。
2 转引自鲁枢元：《文学与语言学》，25页，上海，学林出版社，2011。

关系和形式"这种"语言是有限的"结论,我们平时运用的言语却是无限的。它不像物理学般精确,可是它却在古希腊智者和战国辩士的舌灿莲花中成就了思辨的经典。这种言语的无限运用恰恰蕴含了我们要讨论的交际艺术及其社会功能,它具有实践意义,应用意义和操作意义等语言功能。

故此,本书更着重言语的功能。"个人选择"、"独创"、"隐喻"、"对象语言"等言语的特征,更适合复杂多变的社会交际。本书更加着重自由的、开放的、风格化的、个性化的言语,这有助我们提高自己的语言表达能力,在日常生活和交际中收到双赢的效果。本书将从汉语的审美、言语的表达和组织等方面来探讨鲜活的、具有创造性的汉语语言交际艺术。

第一节 言语交际的产生

迄今为止,人所能考察到的古代语言,严格说来,只能是一些用刻痕、记号、符号、文字记录下来的语言,这些语言只有五千年左右的历史;真正的人类语言却要早得多,可能已经不止二百万年了。由于没有留下声音或太多符号的记录,要彻底弄清人类初期语言的样子,几乎是不可能的。

很多民族和神话传说里都包含了对语言起源所做的解释,哲学家和语言学家也一直就语言的起源争论不休,很多有趣的理论由此应运而生。有人认为语言起源于超自然神力,有人试图重构语言的进化史,有人相信语言是人类自身在劳动中的发明创造。

现在关于语言起源的各种说法,都是一些假说。有人认为语言起源于表达感情的感叹词;有人认为起源于像现在"劳动号子"似的喊叫;有人认为起源于对自然界的风声、雨声,鸟兽叫声等各种自然声音的模仿;有人认为起源于发声的舌头动作和手势;也有人认为起源于原始仪式中的赞歌。各种假说,不一而足。

关于语言起源有不同的假说,我们于此主要介绍三大阵营:

一、《圣经》及神话说

《圣经》关于语言的记载,最早一处见于《创世纪》(Genesis):

And out of the ground the Lord God formed every beast of the field and every fowl of the air, and brought them unto the Adam to see what he would call them; and whatever Adam called every creature, that was the name thereof. And Adam gave names to all cattle , and to the fowl of the air, and to every beast of the field.

(Genesis 2:19,20,The Old Testament)

这段话的大意是说：神用土创造了野地各样走兽和空中各样飞鸟，并把他们都带到那人面前，看看他朝它们叫什么。那人怎样叫各样的活物，那就是它的名字。那人便给一切牲畜和空中飞鸟、野地走兽都起了名了……

严格说来，这一段文字并没有解释人类如何开始说话的，只是说明人类的语言源于上帝赋予的力量。

认为起源于神力而非人力的观点并不限于《圣经》的记载。例如：在埃及神话里，给予人类语言的创造者是知识、博学与魔法之神 Thoth；在巴比伦神话里，给予人类语言的众神之神 Marduk 的儿子、众神的文化和使者 Nabu；而在印度神话里，给予人类语言的是宇宙的缔造者 Brahma 的七子、女神 Sarsvati。[1]

有意思的是，尽管世界上很多文化都有自己关于语言起源的神话传说，中国文化却似乎没有。在我国神话中，有盘古开天辟地的传说，有女娲炼石补天的传说，也有仓颉造字的传说，但是关于谁发明了汉语口语，谁最早用汉语进行口语交流，并没有神话上的解释。

二、劳动说

大量资料已经说明，原始语言是建立在原始人的情绪体验和运动知觉之上的直观"集体表象"。列维·布留尔指出："在（原始人）集体表象中，客体的形象与情感和运动因素水乳交融。"[2] 这种语言是密切地按照事物和行动显现在视觉和听觉里的那种形式来表现关于它们的"概念"的。它具有绘声绘色的倾向，竭力表现那些留在视觉记忆、听觉记忆、动觉记忆和一切情绪的、形象的记忆中的东西。从表现形式来看，这种语言是一种富有高度"实践性"与"情境性"的语言，是一种"有声语言"与"手势动作"的糅合体。

马克思主义认为，劳动创造了人类，也创造了人类语言。原始人类在劳动当中逐步使发音器官和大脑思维发达起来，从而为会说话创造了必需的生理条件。其次，原始人的劳动大多是群体协作，这就需要彼此沟通，传递信息，如手势或声音，把一群人统一协调起来。其中的声音信息，哪怕很简单，很粗糙

1　Fromkim,V.& Rodman,R.(1983).*An introduction to language.* New York: Holt, Rinehart and Winston.

2　列维·布留尔：《原始思维》，456 页，北京，商务印书馆，1986。

的"吼叫"，只要带有某种意义，传递了某种信息，也是人类最初的语言了。这种语言究竟是什么形态，现在已经无从考察。但一般来说可以作出这样大致正确的推测：一是这些语言有某种特定的声音；二是这些约定俗成的声音有一定的意义，这些意义可以为自身族群所了解。

马克思主义关于"劳动创造语言"的论断，是在充分考察人类与劳动的关系、劳动在语言形成的过程中所起的作用及语言发生的直接原因是在需要的基础上所形成的。

和其它事物的起源一样，语言的起源也是有条件的，这个条件是：生理条件、心理条件、社会条件，其中生理条件是基础，心理条件是动因，社会条件是绝对力量。当这三个条件紧密地结合在一起时，语言的发生就有了可能。随之，言语交际在社会中找到它的舞台，并实现其价值。

恩格斯在《劳动在从猿人到人转变过程中的作用》一文指出："语言是从劳动当中并和劳动一起产生出来的，这个解释是唯一正确的解释。"因为是劳动使人类完成了从猿到人的转化，使人具有了说话的基本条件。没有劳动，就没有人，也就没有语言。

恩格斯根据当时人类学的研究成果，对语言的起源问题做了这样的阐释：大约在几十万年前，人类的祖先——高度发达的类人猿成群生活在热带的树林上。后来，由于自然条件发生了巨大的变化，人类的祖先无法在树上生存，于是搬到了地上。生活环境的转移促使他们更多地用前肢去捕捉食物、抵抗野兽的袭击并进行简单的劳动。于是前肢和后肢有了较明确的分工，前肢成为手，后肢担负起支撑身体行走的任务，这就开始了直立行走。它促使生理器官发生了变化，其中最重要的是发音器官的变化：口和喉咙的距离拉长，并成为直角，声带也能够发出各种复杂的音来。在这之前，他们虽然也能用声音表达某种需要，那种声音只是较为单调的音调。发音器官的改变为人类语言的产生准备充分的生理条件。只有复杂的音调才能表达人类交际时各种实际的需要或沟通各种抽象的思想。

类人猿实行直立行走以后，维持生计的主要任务都由手担当起来。于是，手就得不断劳动，频繁的劳动使手的功能变得越来越发达，而且使头的转动也越来越灵活，视野也因此更加开阔。在日复一日的劳动中，他们的脑开始发生了变化，不再单纯的日复一日的劳动，而是通过不断体验所见到的事物和所做的事情，从中找出获取食物的最佳途径，慢慢发展起大脑的思维能力。

思维能力的出现具有划时代的意义。它不但使手能够制造适用的劳动工具，而且能够思考维持生存、抵御野兽侵袭并消灭野兽的方法，这就促使语言的萌芽。马克思在《对阿道夫·瓦格涅尔的书和评论》一文中说过："这些形成中的人……开始依靠行动来获得某些外界事物，从而满足自己的需要。由于这种过程的方法，这些事物'满足需要'的能力被人们牢记在脑海里。人们……也开始从'理论上'把那些可以满足他们需要的外界事物与其他事物区别开来。在进一步的水平上，在当时人们的需要和人们用来满足自己需要的活动形式增强起来并进一步发展之后，人们就给一整类、一整类的事物以各种名称，这些事物是他们凭着经验已经与其他外界事物区别开了的。"思维能力不仅使他们知道给事物命名，而且也使他们认识到群体力量超过个人，于是，集体劳动形式也越来越多。因为集体劳动，他们渐渐产生了交谈的冲动和需要，而且日益强烈，这种需要就在群体的劳动中产生了。

劳动促使手脚有了分工，促进了思维的诞生，更促使那些形成中的人开始以集体劳动为主要维持生存的手段。集体劳动和早期的原始生活有着本质的区别。群体生活不仅是一种生存本能的结合，集体劳动是理智生存的结果。从本能到理智，是一种由自然状态到理智思考的质的飞跃，正因为有了这个飞跃，语言才得以形成。

对于这个质的飞跃，马克思肯定人的主体性，用"人懂得按自己尺度来生产"来阐述人这个实践主体与客观世界之关系。他在《经济手稿》一书中说：

通过实践创造对象世界，即改造无机界，证明了人是有意识的类存在物，也就是这样一种存在物，它把类看作自己的本质，或者说把自身看作类存在物。诚然，动物也生产。它也为自己营造巢穴或住所，如蜜蜂、海狸、蚂蚁等。但是动物只生产它自己或它的幼仔所直接需要的东西；动物的生产是片面的，而人的生产是全面的；动物只是在直接的肉体需要的支配下生产，而人甚至不受肉体需要的支配也进行生产，并且只有不受这种需要的支配时才进行真正的生产；动物只生产自身，而人再生产整个自然界；动物的产品直接同它的肉体相联系，而人则自由地对待自己的产品。动物只是按照它所属的那个种的尺度和需要来建造，而人却懂得按照任何一个种的尺度来进行生产，并且懂得怎样处处都把内在的尺度运用到对象上去；因此，人也按照美的规律来建造。[1]

更重要的是，集体劳动促使类人猿要有意识地进行交际：目标猎物、猎食方式、猎食地点、时间、收获分配、分工等。尽管人类和其他的动物都能由发音器官发出声音，其他的高等动物，例如类人猿，也能发出三十几种不同的声

---

[1] 马克思、恩格斯：《马克思恩格斯全集第四十二卷》，96页，北京：人民出版社，1995。

音，但是除了人类之外，其他的高等动物就没有语言。这正是因为没有和思维统一在一起的声音并不成为语言的缘故。正是因为不同的主体间需要协作，所以语言和思维形成高度统一，在言语的沟通交际中，产生了人类绚烂的文化。

三、 关于语言起源的其它几种理论

除了宗教、神话、传说中有关于语言起源的解释之外，来自不同领域的学者们也一直对这个谜题情有独钟，不少人费尽心思进行探究，并且提出了各自的假设。问题在于无论用哪种假设都无法直接证明自己的观点，也无法反驳别人的观点。结果，巴黎语言学协会（The Linguistics Society of Paris）在1866年宣布禁止任何形式的关于语言起源的研究，理由是这是一个无法检验的问题，因此不是一个科学问题。

但一道禁令并不能阻止人类的好奇心，所以探索人类语言起源问题的研究仍在继续。本节主要探讨进化论中几个富代表性的假说。所有这些假说都从各自不同的角度出发，对人类最初的语言尝试进行了大胆的猜测，并据此被后人冠以形象生动的名字，令人一闻其名即知其概要。

在进化论中，有一派理论由德国学者Max Mueller提出，被称为"汪汪论"（the "bow-wow" theory）。"汪汪论"认为，语言产生于人类对自然界里各种声音的模仿。比如，原始人听到风的呼啸，可能模仿风的声音说"呼呼"；听到雷的轰鸣，可能模仿雷的声音说"轰隆隆"；听到雨点往地上砸，可能模仿雨的声音说"噼哩啪啦"；听到鸭子的呼唤，可能模仿鸭子的声音说"嘎嘎"；听到布谷鸟的啼鸣，可能模仿布谷鸟的声音说"布谷"。随着时间的流逝，这些声音模仿实践被不断重复而得以固化，开始代替被模仿的自然界的真实声音，进而抽象为指代那种声音的名字，最后称为发出那种声音的自然现象或动物的名字。比如，在汉语中，"布谷"是对鸟的叫声的一种不准确的模仿，后来却被用来指称这种鸟；同样，在英语中，bow-wow本来是对狗的叫声一种大概的模仿，后来却被用来指称人类最忠实的朋友。[1]

"汪汪论"的确很好地解释了拟声词的由来。但是这一理论仍很难解释语言的来源。首先，拟声词在任何语言只占很小的比例，"汪汪论"无法解释语言中的非拟声词从何而来；其次，如果语言真的起源于人类对自然界声音的模仿，那么世界上应该只有一种语言，至少语言与语言之间的差别不应该像我们现在所了解的这么大。现在的情况是，世界不同语言对相对的自然现象和动物

---

1 蓝纯：《语言导论》，23页，北京，外语教学与研究出版社，2007。

发出的不同声音有迥然不同的拟声词来模拟，这又该如何解释呢？比如，同样是模仿公鸡的叫声，英国人得出的结果是 cock-a-doodle-doo，西班牙和法国人得出的结果是 cocorico，而中国人得出的是"咯咯咯"或者"喔喔喔"。事实上，绝大多数拟声词都是一方面模拟自然界的声音，另一方面参照某种语言的声音系统所规定声音组合模式而产生的。[1]

进化论阵营里的另一派理论被称为"塔塔论"（the "ta ta" theory），其主要观点是语言产生于人的发声器官对身体动作的模仿而发出的声音。之所以被如此命名，是因为嘴巴一张一合来模仿手的动作最容易发出的声音就是"塔塔"。持"塔塔"论的学者认为人类的先民习惯用舌头、嘴唇和上下颌骨模仿手的动作，声音是这一模仿过程意外的副产品。

"塔塔论"的代表人物之一是 Paget。他猜测最早人类的祖先可能是用手势配合嘴巴动作来进行无声的交流，后来因为嘴巴动作会发出声音，这些声音于是也成为交流的一部分。最后，我们的祖先意识到仅凭嘴巴动作发出的声音进行交流已经足够了，语言由此应运而生，而双手也得以解放出来去从事其它的工作。

我们再来看看一种被冠名为"噗噗论"（the "pooh-pooh" theory）的理论，该理论声称语言源于人类表达情感的自然呼号。人有七情六欲，在遭受恐惧、欢喜、痛苦、愤怒等情感时，会本能地通过呼号来宣泄。比如，在遭受巨大的痛楚时，你可能张嘴就喊"哎哟！"。"噗噗论"认为这便是"哎哟"一次用来表达疼痛的由来。以此类推，新的语汇不断产生，最终形成了语言。这一派理论不足之处与"汪汪论"类似，它无法解释的现象之一是为什么不同语言用不同的声音来表达类似的情感。比如，说汉语的中国感到疼痛会喊"哎哟"，可是说英语的英国人却会喊"ouch"。另一个无法解释的现象是人们在剧烈的情感波动中会发出很多复杂、极富表现力的声音，而这些声音中很大的一部分并没有进入语言。比如，哭泣的声音是非常丰富的，但是反映在汉语中却只有"哇哇地哭"、"嘤嘤地哭"等少数几个词汇，实际上我们在哭泣时发出的很多声音无法用汉语的语音系统来模仿。因此，宣泄情感的声音也不太可能是最原始的语言的声音。

Revész 在他的著作 *The Origins of Prehistory of Language*（《史前语言溯源》）中从研究动物发出的声音出发，提出人类语言的产生大致经历以下几个阶段：在最原始的阶段，动物发出的只是"接触性的声音"（contact sound），这种

---

[1] Hays,C.W.,et al.(1987).*The ABC's of languages and linguistics.* Chicago:Voluntad Publishers,Inc,12.

声音所起的作用仅限于确认大家是一个种群的成员，并在彼此之间建立某种程度上的集体归属感。在随后的阶段中，动物开始发出与某种内在状态挂钩的"叫声"，同一种群的其它成员听到后可以立刻判断出叫声发出者是处在恐惧、愤怒、饥饿、受伤或是别的状态中，并据此迅速采取行动。在前语言（pre-speech）状态的最高阶段，动物能针对种群的某一个特殊个体发出"呼唤"（call）。Revész 特别强调说最后这个阶段仅限于最高级的哺乳动物，如猫、狗、猴子、大猩猩等。Revész 推测，随着呼唤在交流过程中被赋予越来越专门和抽象的意义，单词最终产生了，而这至关重要的一步迄今只有人类成功地完成，正是这一步标志着人类与其它动物的本质差异，也标志着人类的语言与动物语言的本质差异。

还有一种就是幼儿理论。在世界各类语言中有一个极为奇特的现象，那就是国际通用，而且又是同音，不需通过翻译都能相互懂得的词汇："爸爸"和"妈妈"。在西班牙语和英语中同样写成："papa"、"mama"，并注为"儿语"。这两个儿语词汇的英语书面词汇分别为："father"和"mother"。同样在印尼语中也有同样的词汇，而印尼语也有这两个词汇的书面语言："ayah"和"ibu"。有些语言学家则认为，儿语是人类语言的起源，因为婴儿一开始学会说话时，满嘴没完没了的："爸爸爸"和"妈妈妈"。

故此，语言的起源并无一定论。

其实我们在一开始就假设语言有其起源，如我们逆向思维一下，语言可能并无起源，正如某些学者所说的，语言的起源就是人类的起源。或许，我们思考这样的可能性：就是语言原本无所谓起源，当现代人类出现在地球时，他们已经拥有了成熟的语言？正如德国诗人和哲学家 Johann Herder 所指出，人类是有语言天赋的（inmate）

第二节　言语交际的发展

语言是人类进行交流的工具。早在几十万年以前，人类过着单个的原始的穴居生活，那时，彼此没有或者很少进行交流。随着时间的推移，为了对付自然灾害和动物的侵袭，人们才开始过群居生活。这时也开始了交流活动，比如，最早的结绳记事就是一种简单的交流形式。

后来，人们发明了火。火，可以用来防御野兽；火，可以御寒取暖；火，可以驱暗照明，扩大人类活动的时间和空间……但最重要的是：火，使熟食成为可能，使食物易于消化和吸收，促进身体特别是大脑的发育；人工取火是人类的一大进步。恩格斯说，火的发明使"人类支配了一种自然力，从而最终把人同动物分开。"火的发明无愧为人类文明的起点。从此，人类的交流活动更加频繁，人类交流的工具——语言就逐步发生了。人类进入了用语言交际的时代，频繁的交流和工作的细分，促进了言语交际艺术的产生和发展。

经过漫长交际的发展，到了新石器时代，就逐渐出现了文字。中国最早的文字要算甲骨文。甲骨文是商朝（约公元前17世纪-公元前11世纪）的文化产物，距今约3600多年的历史。甲骨文记载了三千多年前中国社会政治、经济、文化等各方面的资料，是现存最早最珍贵的历史文物。古文字的产生不是孤立的，是社会发展到一定阶段的结果。人类社会生产力发展到一定阶段，必然在语言的基础上产生文字；社会进一步发展，必然需要语言这一载体。

汉语有十分悠久的历史。几千年来，汉语经历了漫长的发展过程，产生了许多变化。语言与社会互相影响、互相作用、互相制约、互相变化，除了一些基本词汇保持不变外，言语交际的词汇也在不断地发展变化。试拿甲骨文、先秦诸子、六朝笔记、唐代变文、宋儒语录、元代杂剧、明清白话小说的一些片断来比较，可以明显地感觉到它们的"面貌"的变迁与发展。字数从四言、五言到七言，形式从谈话体到小说，再到戏剧的念白；内容从历史到神怪到爱情，再到复杂的虚构，不仅体现了言语的发展，也体现了社会发展的不同阶段。

语言作为一种社会现象，是随着社会的发展而发展的，彼此间，可互相影响、作用与反作用。作为人类最重要的交际工具，言语的发展又带着自身的条件和原因。一般来说，言语发展是指其在历史的长河中的演变情况，其中包括旧要素消亡，新要素产生，语言要素在新陈代谢中日益丰富，语言规则随着语言要素的丰富而日益完善。

教育部公布的《2011年中国语言生活状况报告》显示，2010年中国人的语言中冒出了594条新词语；在造热词的同时，往年出现的许多新词语已经消失。2006年至2010年出现的2977条年度新词中，仅有41%留存了下来，34%的新词很快就从人们的口中、笔下消失。

任何事物发展都有其原因，导致言语交际发展的原因主要是社会条件的变化，从而使言语交际产生了变化。

语言是社会的产物，它在为社会提供服务的同时，也受到社会的制约，社会的发展变化要求语言与之相适应，倘若语言不能做出积极的反映，它便无法满足社会的需要。因此，言语交际必然在社会发展变化的同时做出相应的调整以适应社会的需要。

语言是社会发展到一定阶段的结果，是人类社会生产力发展到一定阶段的结果。早在二千多年前，当人类创造了农业，出现了谷、粟、麦、稻等农作物时，自然就产生了谷、粟、麦、稻等词汇，社会发生了由奴隶制度向封建制度的转变。十七世纪，由于蒸汽机、内燃机、航海技术的出现，自然就产生"蒸汽机"、"内燃机"、"轮船"、"火车"等词汇，社会发生了由封建制度向资本主义的转变。20世纪40年代，第一台计算机问世，人类迅速进入了信息时代，于是，出现了大量的新的科技词汇，如"电脑"、"软件"、"伊妹儿"、"地球村"、"MP3"……等等。

总之，每一次科技进步，都会涌现大批新词，并促使人类思维与交际范式的改变，人类的语言与沟通方式就是这样不断得到丰富和完善。社会变革也是如此。当封建社会向资本主义转变时，"资本家"、"市场经济"、"银行"等词汇应运而生。我国解放后，历次政治运动都出现了一些新词，如建国初期的"三反"、"五反"，"总路线"、"人民公社"，改革开放后的"三个凡是"、"小康社会"等，就连"文革"时期也产生了"红卫兵"、"造反派"等词。由此可见，语言文字与社会进步、科技发展有密切关系。

一、社会的发展必然带动言语交际的发展

社会的发展会带来许多新的事物、新的观念，这些新事物和新观念和人们的社会生活息息相关，人们在日常交际中必须以新的思维、词汇、方式去表达和理解。比如："网络"、"微博"、"天涯"、"起点"、"魔兽"、"坑爹"等都是古汉语所没有的。我们今天说话也包括了"你懂的"、"杜甫很忙"、"包拯很忙"、"恨爹不成刚"等。每个时代因其社会、政治、经济的发展，言语交际和通用语也不相同。比如，我们可以看看2009至2011年共3年的十大热门词汇，榜单上的变化非常明显，反映社会的快速变化自然而然影响着语言交际的发展。

2009年中国十大网络流行语

2009年对于网络来说是不平凡的一年，其中发生了太多的故事，带来巨大的社会反响。网络在不断发展中呐喊，作为一个经济、政治和社会的平台，网络充分展示着民众与社会互动的无限魅力，锻造了一个个意味深长的"流行语"。

1. 不差钱

2. 偷菜

3. 被就业 / 被代表

4. 嫁人就嫁灰太狼，做人要做喜羊羊

5. 不要迷恋哥，哥只是个传说

6. 哥吃的不是面，是寂寞

7. 贾君鹏，你妈妈喊你回家吃饭

8. 人生就像茶几，上面摆满了杯具和洗具

9. 你 out（落伍）了

10. 70（欺实）码

2010 年中国十大网络流行语

我们在 2010 年来见证过的家事国事大小事，有喜悦也有悲恸；这些呼声最高的网络流行语，有不屑也有无奈。网络言语交际所反映的社会，让中国巨大的网民群体可以互相取暖。

1. 什么都是浮云

2. 给力

3. 我爹是李刚

4. 闹太套（Not at all）

5. 鸭梨

6. 非常艰难的决定

7. 蒜你狠

8. 微博

9. 凡客体

10. 不怕狼一样的对手，就怕猪一样的校友

2011 年中国十大网络流行语

2011 年，微博的风行，让人类除了面对面的交际外，多了网上虚拟交际的身份。微博的煽风点火，一个流行语可以在一夜之间红遍大街小巷。在 2011 年，如果你想在现实很潮，冀望 hold 住各种场面，那是相当不容易，因为你只要 24 小时不上网，就发现自己已经 out 了；一个月不上网，你就没法在这个星球上生存了。

1. 我反正信了

2. hold 住

3. 有木有

4. 伤不起

5. 卖萌

6. 坑爹

7. 你妹

8. 悲催

9. 普通青年、文艺青年、2B 青年

10. 蛋定

通过比较上述流行语，我们可以发现，在过去 3 年的十大网络流行语中，没有哪个词可以连续上榜。中国社会变化之快，可见一斑。因此，对人的言语交际能力，有了更高的要求。

其二，无论是 2009 年体现大国崛起的"不差钱"，还是社会事件"70 码"，又或是 2010 年官二代事件"我爸是李刚"，你我都有压力的"鸭梨山大"，再到 2011 年的官腔"反正我信了"，等等，无不是社会、政治、经济发展在人民大众交际言语中的最佳体现。

二、社会的统一和分化导致了语言的发展

社会的统一使这个社会的交际工具在更广泛的领域里得到运用，而使用这一工具的不同集团在进行语言交往时，会使各集团间的语言差异逐渐缩小，最后融为一体，语言因此在词汇上、语法和表达方式上互相接触而得到发展。如今天网络把不同地方的人聚集网上交流，不同人的文化和习俗正在网上共融，比如美国人在论坛上发表文章不贴图，跟贴者则言："No picture,say a hammmer!"，这种现象很快就被拷贝，并在中文世界流行起来。面对同样的情况，中国网民高喊："无图，无真相！"

同样，美国如《迷》、《越狱》、《绯闻女孩》、《生活大爆炸》等剧集，在我国内地非常火，被网络所统一的地球村无限拉近了世界。看完美剧《生活大爆炸》的主角谢尔登（Sheldon）和朋友莱纳德、霍华德、拉杰和佩妮的生活，大家都知道技术宅是什么样子的。难怪宅男、宅女这么喜欢死"宅"在家看美国电视剧，因为全球的生活已经开始同步了。

《生活大爆炸》剧照

　　相反，如果一个社会由统一走向分化，不同的社会集团会因为交往的机会减少而使各自的语言按照自己的习惯发展，差异会随着时间的推移而扩大，最后成为不同的方言。一种语言分化成不同的方言也是语言的发展，因为在分化的过程中，会不断有新词补充到方言中去，如拉丁语因罗马帝国的崩溃而分化成英、法等多种语言便是很好证明。

　　人类社会的发展经历着分化、统一的过程，社会的分化常常引起语言的分化，而社会的统一总是要求语言的统一。当社会生活发生渐变和激变时，语言一定会随着社会生活的步伐发生变化，包括军事现象对语言变异的作用力。军事现象甚至强于其它社会现象。夹在多国之中的欧洲国家阿尔巴尼亚语中有大量来自拉丁语、土耳其语、意大利语的词汇，就是因为公元前罗马军队的入侵、十五世纪后土耳其军队的入侵和近代意大利军队的入侵。公元五世纪，使用德意志方言的盎格鲁人（Angles）、撒克逊（Saxons）、裘特人（Jutes）占领了不列颠。公元十世纪，诺曼军队又侵入了不列颠，诺曼人使用的古法语诺曼方言也随之在有不列颠居民的言语交际中渐渐占据了一定的位置。

　　中国地大物博，南北距离 5000 多公里，不同的地方有自己的方言和说话方式。比如说，粤语凭借香港电影和 TVB 电视剧的影响给普通话带来了新鲜词汇，如"犀利"、"淡定"、"生猛"、"超级"、"衰"等；又如说周星驰的"饮杯茶，食个包先"的"……先"的句式，或者"……好过……"的港式句式。TVB 的经典台词，很多已经成为人们日常生活的一部分，这种港式的表达方式的内地化，昭示着语言交际的互动与发展。

以下是网上疯传的，为无数网友摹仿和吐槽的 TVB 体：

做人呢，最要紧的就是开心。

有没有搞错？

有异性，没人性。

呐，不要说我没有提醒你。

你有没有考虑过我的感受？

你知不知道大家都很担心你啊？

发生这种事呢，大家都不想的。

感情的事是不能强求的。

东西可以乱吃，话可不能乱讲。

最近发生了这么多事，我想一个人静一静。

你走，你走，你走啊！（音量逐渐提高）

对不起，我们已经尽力了！

虽然这些对白已翻译成普通话，可是"做人呢"、"搞错"、"呐"、"考虑过"、"乱讲"这些表达方式，仍然保留着港式的特色。言语就是如此，在交际与传播中互相影响，慢慢改变了语言的表达方式。

三、社会的接触推进言语交际的发展

在社会的发展进程中，不同的社会集团免不了要互相接触，各种语言都会从对方的语言中吸取营养，借词是语言接触的直接结果。由于对外交往，汉语中多了"葡萄"、"如来"、"菩萨"等词；而"俱乐部"是 Club 的音译，"士多"是 Store 的音译，Pump 是"泵"的音译。同样，唐代，日本学生和僧人到长安学习文化和语言，在与中国人的接触的过程中，从汉语中借了大量的字词，比如表示温泉的"汤"，表示苹果的"林檎"等。

到了 19 世纪末叶，资本主义已发展到了成熟阶段，随着国际贸易和文化交流的大幅度增长，人们之间的交流已经开始打破疆界，国际交流成为趋势。由于计算机首先在英、美等国大规模应用，生产自动化的大规模推广，使这些国家在世界的经济地位大幅度提高，从而其语言的地位也大幅度提高。英语，特别是科技英语，已经成为世界使用人数最多的语言。

同样，今天英语已经成为现代社会不可缺少的语言。在与英语的频繁接触

中，英语的表达方式也开始影响汉语，欧化是"五四"迄今还在讨论的问题。例如：

（1）我（主语）+下午（时间状语）+看（谓语）+书（宾语）+在图书馆（处所状语）。

以（1）句为例此句的语序明显和汉语"所有状语前置于动词"的特点相违背。在日常用语中，一般表达是"我下午在图书馆看书"，如果要强调"下午"这个时间，也只会把时间状语"下午"提前，变成"下午我在图书馆看书"。

根据《2011年中国语言生活状况报告》显示，去年"诞生"的594条新词语中，完全由汉字构成的有573条，占96.46%；其余21条大多是字母词，如"CDI（综合发展指数）、U站、4D报纸、hold住"等。同样，中国人的"Guanxi"、"Yingyang"、"Zen"等也成为了英语的热门词汇。可见中英的接触"交际"对彼此发展的影响。

第三节　言语交际的社会功能

交际，是指人与人之间相互联系的一种行为。交际，是一个社会人的本能，也是人的必须。约翰·多恩曾言："没有人是孤岛，每个人都是大陆的一片。"交际是人生存的需要。商品经济越发达，人与人之间的交际就会越频繁，交际的要求就会越来越高。在当今社会中，一个完全封闭的个人世界是无法想象的。

首先，交际是人的最基本的需要，它伴随着人的一生。没有交际，人就会产生孤独感，甚至失去生命。当然，人的需要是多种多样的，美国心理学家马斯洛曾把人的各种需要归纳为生理需要、安全需要、交际需要、尊重需要和自我实现需要五大类，并按其重要性和先后次序排成一个需要的层次图。

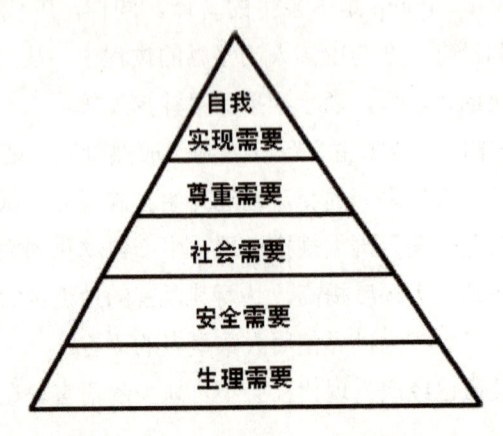

```
        自我
       实现需要
      ─────────
       尊重需要
      ─────────
       社会需要
      ─────────
       安全需要
      ─────────
       生理需要
```

在马斯洛看来，交际是人的最基本的需要，因为一方面人是群体的动物，有着强烈的归宿感，渴望有所归属，渴望称为社会群体的一员，渴望与他人交际，这在社会学上叫人的"社会化"[1]；另一方面，人又是有感情的、有理性的高级动物，人的需要不仅包括物质需要，更包括精神需要，而这种需要又是人类所特有的。任何一个人都希望和别人保持友谊，得到别人的尊重，而这些又都是通过合作得到的，通过交际来实现。

交际的组成主要由人、信息和工具三大基本要素。人，既是交际行为的承担者，又是交际工具的选择者。信息，即交际的内容。人们要交际，就是要传达信息，人产生交际的信息，人产生交际的冲动，也是因为需要传达信息，没有内容，人们也就不会产生冲动。信息，是人们产生交际的原动力，又是人们选择交际环境和交际工具的依据。人们往往根据不同的信息内容，去选择不同的交际方式。

工具，是人们交际时除信息、环境之外其它情况的总和。它包括人的身姿、表情、动作，也包括交际方式、语言的选择、某些实物等，如文字、音响、灯光等，在一定的条件下能起到运载信息的作用。不同的交际工具，可以传达不同的信息内容，不过最重要的交通工具，还是语言。

语言和外部世界的联系如何呢？也就是说，语言在整个人类的宏观世界中处于什么地位，具有什么特点？传统观念认为，语言是一种社会现象，它同外部世界联系呈现出的特点是社会性。

一、语言与社会的关系

社会由人类群体组成，但它不是人类个体的简单聚合，而是由人的个体及个体之间的种种关系，特别是生产关系及由生产关系派生的各种关系构成的。社会是按照人的群体意志来建立，故言，社会的一切体现着人的意志和行为。此外，社会形成之后，还产生了不可胜数的政治、经济、文化、意识形态、人际关系等自然界所没有的事物和现象。

语言与社会的关系非常密切，语言为人类所独有，《礼记·曲礼上》："鹦鹉能言，不离飞鸟；猩猩能言，不离禽兽。"社会也只是人类生活的共同体，二者以"人"为集结点紧紧地联系在一起。如前所言，有学者认为，语言的起

---

[1] 社会化就是由自然人到社会人的转变过程，每个人必须经过社会化才能使外在于自己的社会行为规范、准则内化为自己的行为标准，这是社会交往的基础。社会化涉及两个方面：一是社会对个体进行教化的过程；二是与其他社会成员互动，成为合格的社会成员的过程。

源就是人类的起源。故此，语言与人类社会是同步关系。

首先，从语言的产生和社会的形成来看，二者是同时产生、互为条件的。动物之所有没有语言，是因为动物的生活主要内容是觅食、求偶，所以简单的交际手段即可满足他们彼此间交往的需求。随着人类进化，智力提高而体力退化。这些正在形成的人，为了抵御伤害，不得不群居。这样，协作劳动，共同生活使他们成了社会化的动物，个体之间的联系愈加密切，交际的内容也愈加复杂。原来的简单的交际手段、工具已不适应了，亟需一种复杂的交际工具，语言便适应社会成员间这种交往的迫切需要应运而生了。

其次，从语言和社会的存在来看，语言与社会是同时存在、互相依赖的。语言只在人类社会中存在，社会以外无所谓语言。动物是没有语言的，个人离开社会也将失去语言。例如，1920 年在印度加尔各答米德拿堡，曾经发现两个被狼抚养的女孩卡马拉和阿拉玛。刚发现时，她们都只会吼叫而不会说话，并且爬行，会咬人，见小动物就扑，可以把扑落的鸡、鸭撕成碎块极快地吞食掉。后来，虽然经过了四年的训练，还是不能掌握语言，只学会了六个单词。这个实例说明，离开人类社会，语言就不能存在，先天的言语机制也会因被搁置而发挥不出其功能。

再次，从语言的社会的发展来看，语言与社会共同发展、互相促进。语言的存亡兴衰是同社会历史的变化联系着的。社会生产力的发展，物质条件的改变，生产关系、社会制度和社会结构的变革，文化艺术和科学技术的进步都对语言的发展产生巨大的影响。任何语言中新成分的出现都是社会发展和人类认识进步成果和产物。社会发展到什么程度，语言就相应发展到什么程度。语言不仅以社会的产生、存在为其产生和存在的前提，而且它也随着社会的发展而相应发展。语言总是要适应一定的社会条件的。反之，语言的发展也对社会的发展起着促进作用。发达的语言可以更好地促进社会成员的信息交流，使之更加通畅；可以有效地组织、协调人们的社会生产和生活，从而推动整个社会的发展。

二、语言的社会功能

语言主要有以下社会功能：

（一）交际功能

列宁说："语言是人类最重要的交际工具。"这句话，从人类历史角度对语言的功能作了本质的揭示。这是因为，语言产生于人类交际的需要，存在和服务于人类的交际。作为交际工具的这一功能贯穿于语言产生、存在和发展的始终。语言的交际作用是其生命力所在。

语言是适应人类复杂的交际需要而产生与不断完善的。当然，人们在沟通时还会采用一些其它手段，如手势、表情、姿态动作等，但这些都是辅助性的交际手段。

语言的发展也是在人们使用语言所进行的社会交际过程中实现的。语言一旦不被当作交际工具使用，它的生命也就停止了。交际需要是语言产生和存在的前提与条件，交际需要更是语言发展的原因和动力。从原始语言到现代语言，无一不是在使用过程中逐步丰富并完善起来的。人类社会不断进步，人的认识能力不断增强，活动范围不断扩大，活动的内容不断丰富，因而交际的需要不断扩大与增加。原来的符号系统不敷使用，这就要求语言不断增加新的成分，增强生成能力。新的成分增加了，生成能力增强了，语言体系得以发展成熟。言语体系发展了，功能也就增强了，就能够适应扩大了的交际的需要。语言的交际能力越强，其生命力也就越强。汉语、英语、俄语等语种之所以发达，根本原因在于这些言语交际能力越来越强，交际范围越来越广泛，从而其生命力也就愈加旺盛。而满语、拉丁语、鲜卑语之所以逐渐消亡，就是因为其生命力逐渐衰竭，直至称为死语。言语交际功能异常重要，大至国家大事，小至日常对话，是谓"一言兴邦"，"一言丧邦"。

《论语·子路》有这样一段问答。鲁定公问孔子："一言而可以兴邦，有诸？"孔子答："为君难，为臣不易。如知为君之难也，不几乎一言而兴邦乎？"鲁定公又问："一言而丧邦，有诸？"孔子答："予无乐乎为君，唯其言而莫予违也。如其善而莫之违也，不亦善乎？如不善而莫之违也，不几乎一言而丧邦乎？"

细品起来，孔子的回答体现了国君的立场，替国君寻找适合自己的答案。孔子的结论有两个：第一，如果知道做国君的艰难，那就相当于一言兴邦了；第二，做国君的快乐在于没有人敢违抗他的命令，但是如果命令不正确而没有人违抗，那就相当于一言丧邦了。

孔子不愧圣人，他不在抽象层面讨论"一言兴邦，一言丧邦"问题，而是将其置于社会的伦常之网，强调言语的交际功能。把能力、责任、特别是欲望与权力，用艺术的言语辨正提出来。

公元632年，唐贞观六年，文武官员力请封禅，唐太宗将许之。魏征力谏，谓："自伊、洛以东，至于海、岱，烟火尚希，灌莽极目"、"户口未复，仓廉尚虚",不应"崇虚名而受实害"。太宗乃止。"虚名"是来自人的欲望,而能认识到"实害"是因为人的责任感,魏征能以一句话唤醒唐太宗的宏观意识,把其中的利害交代清楚,是因为唐太宗时期君臣高超的交际艺术和清醒的政治认识能力,才开创了一个万邦来朝的中国盛世。

交际功能可谓是语言最基本,也是最重要的功能,可以小至日常生活,大至国家大事,都需要艺术地使用言语来交际。

(二) 凝聚功能

语言作为交际的工具,在同人交际时,说话人表达了自己的思想、情感、意愿和认识,同时也把这些东西作为信息传递给了他人,这样就与交际对象交流了思想,联络了感情。这种沟通和联络,是人类群体生活所必须的,也是长期群居生活形成的习惯,它能够在信息上共享,情感上的共鸣,然后进一步协调人们的行为,达到维护人类或自己生活群体的安全与财产的目的。无论在原始社会,还是发达的现代社会,个人的能力总是有限的。人类或者一个大的、小的群体,为了生存下去,发展自己,在行动上都要取得一定的共识,有共识才能有共同的行动;有了共同行动,才能战胜自然界带给人类生存的不利因素。总之,人类必须依靠群体的力量,互相帮助才能生存下去。而群体的共识也好,互动也好,都是一种向心力作用的结果。这种向心力来自何方,依靠什么手段才能形成呢?那就是语言了。语言的凝聚功能是靠交际来实现的,是交际所导致的在一种积极成果,也是交际的一种目的。

据犹太人的《圣经》记载:大洪水劫后,天上出现了第一道彩虹,上帝走过来说:"我把彩虹放在云彩中,这就可作我与大地立约的记号,我使云彩遮盖大地的时候,必有虹现在云彩中,我便纪念我与你们和各样有血肉的活物所立的约;水就不再泛滥,不再毁坏一切有血肉的活物了"。上帝以彩虹与地上的人们定下约定,不再用大洪水毁灭大地。此后,天下人都讲一样的语言,都有一样的口音。

有一天,有人提出一个问题:

"我们怎么知道不会再有诺亚时代的洪水将我们淹死,就像淹死我们祖先那样?"

"这有彩虹为证啊,"有人回答道:"当我们看到彩虹,就会想起上帝的诺言,说他永远不会再用洪水毁灭。"

"但是没有理由要把我们的将来以及我们的子孙的前途寄托在彩虹上呀,"另一个人争辩说:"我们应该做点什么,以免洪水再发生。"

于是，他们彼此商量说："来吧，我们要做砖，把砖烧透了。"

于是他们拿砖当石头，又拿石漆当灰泥。

他们又说："来吧，我们要建造一座城和一座塔，塔顶通天，为要传扬我们的名，免得我们分散在全地上。"

由于大家语言相通，同心协力，修建中的巴比伦城华丽异常，高塔直插云霄，似乎要与天公一比高低。

而《圣经·旧约·创世记》第11章宣称，当时人类联合起来兴建希望能通往天堂的高塔；为了阻止人类的计划，上帝让人类说不同的语言，使人类相互之间不能沟通，计划因此失败，人类自此各散东西。

创11:1　那时，天下人的口音、言语，都是一样。

创11:2　他们往东边迁移的时候，在示拿地遇见一片平原，就住在那里。

创11:3　他们彼此商量说："来吧！我们要作砖，把砖烧透了。"他们就拿砖当石头，又拿石漆当灰泥。

创11:4　他们说："来吧！我们要建造一座城和一座塔，塔顶通天，为要传扬我们的名，免得我们分散在全地上。"

创11:5　耶和华降临，要看看世人所建造的城和塔。

创11:6　耶和华说："看哪！他们成为一样的人民，都是一样的言语，如今既作起这事来，以后他们所要作的事，就没有不成就的了。

创11:7　我们下去，在那里变乱他们的口音，使他们的言语彼此不通。"

创11:8　于是，耶和华使他们从那里分散在全地上；他们就停工不造那城了。

创11:9　因为耶和华在那里变乱天下人的言语，使众人分散在全地上，所以那城名叫巴别（就是"变乱"的意思）

无论是犹太人的经典，还是《圣经》，类似的故事都说明了言语的强大，这种强大的凝聚力连神都会惧怕。当言语把社会人凝聚在一起时，他们便拥有了通天彻地的能力。

语言的凝聚功能也是人类长期群居生活、相互交际所形成的一种习惯。由于长期使用一种语言，基本上是自己群体的母语，因而对所使用的语言产生一种感情，感到熟悉、方便，形成亲切感。这种感情投射到语言使用者身上，使说同一类语言或方言的人们之间产生知音感。根据本尼迪克特·安德森的《想象的共同体》一书，一个想象的共同体的产生，除了"时间观念的改变"、"资本主义与印刷术之间的交互作用"，还有就是"国家方言的发展"，里面论及印刷术所固定的语言模式，以及英语、丹麦语、挪威语等语对语言的形成所产生的民族凝聚力[1]。日常谚语中有所谓"亲不亲，故乡人"之说，因为故乡人说同一种方言或语言。这一种知音感在异语言环境中最为突出，在外国突然听到有人说本国或本民族的语言，也会顿时亲近起来，而且往往会情不自禁用本民族语言交谈。这就是语言的凝聚力量，亦即凝聚功能。

（三）宣教功能

用语言来表达个人在现实生活中所获得的认识、直接或间接所掌握的知识，并把它们作为一种信息传递给他人，扩散出去，这就扩大了认识或知识共享范围。对于表达者来说，这就是一种宣传，对于听说者而言，接受了信息，增长了知识，就是受到了某种影响。

中国人很早就认识到语言文字的宣教功能。三国时期的曹丕在《典论·论文》中提出："文以载道"。后来唐代文学家韩愈又提出的"文以贯道"之说。宋代古文家周敦颐在《周子通书·文辞》中说："文所以载道也，轮辕饰而人弗庸，涂饰也…美则爱，爱则传焉。贤者得以学而至之，是为教。故曰：'言之不文，行之不远。'"周敦颐甚至肯定语言在交际中具有艺术功能，强调"美"与"饰"：文章没有文采，就不能流传很远。此话很好地说明了语言艺术的社会功能。

甚至在五四时期，在启蒙和救亡的双重变奏的历史要求下，不少先驱们首选的宣教工具是文艺。鲁迅说："一切文艺都是政治宣传"。周扬在1961年说的就更为明确："五四的时候，反对文以载道，提倡文以言志，其实言志也是载道，言志还不是宣传你的所谓道吗！"

同样在历史的舞台上，不少伟人也借助言语的这一宣教功能，传递了人类最重要的精神。

历史上有不少著名的演说，如《葛底斯堡演说》，很好地利用言语的宣教功能，宣传了人类的自由和平等等重要的概念。

87年前，我们的先辈们在这个大陆上创立了一个新国家，它孕育于自由之中，奉行一切人生来平等的原则。现在我们正从事一场伟大的内战，以考验这个国家，或者任何一个孕育于自由和奉行上述原则的国家是否能够长存。我们在这场战争中的一个伟大战场上集会。烈士们为使这个国家能够生存下去而献出了自己的生命，我们来到这里，是要把这个战场的一部分奉献给他们作为最后安息之所。我们这样做是完全应该而且是非常恰当的。

---

1 参看尼迪克特·安德森著：《想象的共同体》中＜旧语言，新模型＞及＜民族意识的起源＞两部分。尼迪克特·安德森著：《想象的共同体》，上海，上海世纪出版社，2005年。

但是，从更广泛的意义来说，这块土地我们不能够奉献，不能够圣化，不能够神化。那些曾在这里战斗过的勇士们，活着的和去世的，已经把这块土地圣化了，这远不是我们微薄的力量所能增减的。我们今天在这里所说的话，全世界未必会注意，也不会长久记住，但勇士们在这里所做过的事，全世界却永远不会忘记。毋宁说，倒是我们这些还活着的人，应该在这里把自己奉献于勇士们已向前推进但未竟的事业。倒是我们应该在这里把自己奉献于仍然留在我们面前的伟大任务——我们要从这些光荣的死者身上汲取更多的献身精神，来完成他们已经彻底献身的事业；我们要在这里下定最大的决心，不让这些死者白白牺牲；我们要使国家在上帝福佑下得到自由的新生，要使这个民有、民治、民享的政府永世长存。

　　语言之所以具有宣教功能，其原因主要有两点：一是知识、信息的共享性；二是语言的表达、传递功能，归根结底是交际功能。知识也好，信息也好，一个主要的特点就是它们的共享性。所谓共享性，就是大家共同享有而不影响它的质量，不减损它的数量。一个人掌握了一种知识或一定的信息，他可以全部传授给别人，十人百人以至于无限，被传授的人也就掌握了这些知识和信息（个人接受能力因素排除在外）。尽管十人百人以至无限人掌握了这些知识和信息，但作为这些知识和信息本身并没有增加，从理论上说质量也没有改变；而传授知识的人，他所掌握的知识和信息，并不因为传授给了他人而减少。那么，知识和信息的这种共享性特点和语言的宣教功能有什么关系呢？一句话，它使语言的宣教功能的实现成为可能，有了用武之地。所以言语的宣教功能不仅使我们的沟通成为可能，而且因其是免费的，从而使言语交际可以遍及更多的人，到达更多的地方，发挥言语的社会功能，同时与社会共同发展。

习题：

1. 你认为语言是上天赋予的，还是在劳动中产生的？
2. 网络如何推动言语交际的发展？
3. 言语交际在人的社会化中扮演了什么角色？

第二章

语言和言语

第一节 语言和言语的定义

一、语言的定义

人活在世界上，每天都在呼吸，但如果问："什么是空气？"一般人却很难下一个精确的定义。语言就像空气，无时不有，无处不在，人们每天都在用，甚至认为"人之所以为人者，言也。人而不能言，何以为人。"但一旦要回答"什么是语言？"却很少人能说清楚，更别提语言的性质是什么，语言的内部结构和外部特征是怎样的，又有什么样的功能作用等问题了。

那么，什么是语言？《中国大百科全书·语言文字卷》的释义是：

语言是人类特有的一种符号体系。当作用于人与人之间的关系的时候，它是表达互相反应的中介；当作用于人和客观世界的关系的时候，它是认知的工具；当作用于文化的时候，它是文化信息的载体。

对于这段话，我们可以从几个方面来进行理解：

（一）语言是一种音义结合的符号系统

符号必须具备形式和内容两个方面，任何符号都是形式和内容的统一体，这是符号的"二重性"。语言作为一种符号也具有"二重性"，语音和语义是它的形式和内容，两者相互联系、相互依存。语音是语言符号的形式，负荷着一定的语义内容，是语言的物质外壳；语义是语言符号的内容，要靠一定的语音形式来表现。语言符号是音义结合体，用来指代某种事物的标记，但不等于具体事物。语音、语义与符号所代表的事物之间的相互关系，可用下图表示：

```
语音 ──────── 语义 ──────→ 事物
    └───符号───┘              ↑
           └─────── 代表 ──────┘
```

语言符号的语音形式与语义内容没有必然的直接联系，它们的结合完全是由社会"约定俗成"的。如表示"第一人称"，普通话用"我"，英语用"I"，日语用"わたし"表示，这完全是不同社会不同习惯使然。一个符号的语音形式和语义内容的结合只要得到使用者的公认，就得到了合法的地位。而一旦这个符号取得合法地位，被社会认可了，个人就不能随意更改音义之间的结合关系。

（二）语言是人类最重要的交际工具

语言既不是天上掉下来的，也不是其他什么神奇力量创造出来的，而是人类在社会生活的过程中逐渐产生的。马克思和恩格斯在论述语言的本质时说："语言是从劳动当中并和劳动一起产生出来的。是这些形成中的人，已经到了彼此间有什么非说不可的地步了。"由于原始人劳动和相互交往的需要，作为人与人之间交际媒介的语言，就随之产生，而且在不同地域，不同社会环境中，所形成的语言也有所不同。语言存在于人类这个群体中，一般动物没有复杂的思想可以交流，也就没有像人类一样的语言。语言是人类区别于动物的一大标志，是人类独有的。

在人们的日常生活中，人们交流思想、传递信息的方式可以有很多，如：图画、手势、击鼓、烽火、航灯等，但是它们都不能和语言相提并论。以手势为例，鼓掌欢迎、举手敬礼、挥手告别等都可以传递一定的信息，但是手势的数量毕竟有限，不像语音形式可以有无穷无尽的变化。目前聋哑人所使用的"手语"可以说是一套完善的符号体系，但都是在语言的基础上产生，必须有语言的交际为基础，交际双方才能心领神会，"手语"可以说是一套特殊的语言符号。只有语言是人类社会最完善的交际工具，可以不依赖于任何其它工具而独自完成社会的交际行为，现在的社会一旦失去语言就不能继续存在。

（三）语言是人类的思维工具

思维是人脑的一种特殊技能，是认识客观事物的动脑筋的过程，也是动脑筋进行比较、分析、综合的能力。思想是思维活动的结果，是人们对客观事物的认识。语言的职能是参与思维并把思想用词语和句子记载下来，使思想成为可以理解可以感知的东西。交流思想也是人类语言交际的主要内容。

（四）语言是文化信息的载体

语言是人类社会最重要的交际工具和思维工具。人们必然把认识世界的成果通过语言巩固保存下来，并通过语言传播开去。因此，除了交际和思维，语言还有一项重要的职能——记录人类的文化现象，是记录文化的语言系统。

语言记录文化首先在言语作品的内容上，如神话传说记录着史前文化，历史著作记录着人类文明的发展。此外，人类文化的各个方面，如天文、地理、医学、数学、艺术等的传播，都有赖于语言文字作为媒介。

而且语言系统本身也就是一个文化世界，记录着人类文化。如西方的笔过去是用羽毛削制而成，因此西洋语言表示笔的词都同表示羽毛的词相同或者相近，如英语的 pen 和俄语的 Пе po 都来自拉丁语的 penna，原义是"羽毛"。我国古代曾以贝壳作为钱来使用，所以诸如"货、贡、资、购、财、贮、贪、贫、贩、贵、贱、费、贷、贸、赃、贿、赂、贾、赁、赊、赎、赚、赠"等与财货有关的字皆从"贝"。

二、言语的定义

语言被用于交际应被视为言语，所以人们通常说的语言的交际应当准确地表述为言语交际。这种说法源于结构主义创始人、瑞士语言学家德·索绪尔（F. de. Saussure）对语言和言语的科学区分。索绪尔把人类言语活动（Langage）分为语言（langue）和言语（Parole）两大部分，提出了一个著名的公式：言语活动＝语言＋言语。他认为语言和言语这两大部分，"一部分是主要的，它以实质上是社会的、不依赖于个人的语言为研究对象，这种研究纯粹是心理的；另一部分是次要的，它以言语活动的个人部分，即言语，其中包括发音，为研究对象，它是心理、物理的。"提出"语言学的唯一的、真正的对象是就语言和为语言而研究的语言"（见 F·de·索绪尔：《普通语言学教程》法文中译本，商务印书馆 1982 年版 323 页）。这对语言学走向科学化和精密化产生了积极而深远的影响。我国语言学界根据索绪尔的科学区分，把语言看作用于说（写）并存在于所说所写活动中的一套音义结合的词汇、语法系统，而把言语看作一种说（写）行为和这种行为的结果即话语。

第二节 语言和言语的区分

一、语言和言语的关系

语言和语言交际的关系，是交际工具与工具在交际中的使用的关系。语言是人们进行交际的工具，言语交际是对语言的具体使用；语言作为一套全民通用的音义结合的符号系统，是从使用同一套符号系统的全体社会成员各种交际活动中出现的言语（即话语）形式中抽象、概括出来的，而出现于言语交际中千姿百态的话语形式则是全民语言的个别实现或具体表现。交际中的语言和言语的关系，是抽象与具体、一般与个别或共性与个性的关系。言语是个别的，语言是一般的。共性寓于个性之中，语言存在于言语之中，存在于人们的言语交际中。

任何一种民族语言的语言系统、词汇系统、语法系统，都是从使用这种语言的全体社会成员的言语交际中抽象、概括出来的，都是经过约定俗成后建立的彼此通用的一套词汇和语法规则，能够听清与理解的语音形式和语义内容。千百万人在交际中的个人言语是千差万别的，但又在使用彼此通用的语言材料和组合规则，说着都能听懂的音义结合的话语，否则就无法进行交际。索绪尔曾列出了这样一个公式来说明语言的存在方式：

1+1+1……=1（集体模型）（见 F·de·索绪尔：《普通语言学教程》法文中译本，商务印书馆 1982 年版 41 页）

按照索绪尔的意思，这个公式等号左边的"1"是贮存于个人头脑中全民语言系统中的复本，等号右边的"1"代表全民集体的语言系统；众多个人头脑中的语言加在一起，便成了全民共同的语言的集体模型。索绪尔解释："语言以许多储存于每个人脑子里的印迹的形式储存于集体中，有点像把同样的词典分发给每个人使用。所以，语言是每个人都具有的东西，同时对任何人又都是共同的，而且是储存在人的意识之外的。"这就深刻地阐明了语言作为全民交际工具的社会性。同一语言社会的言语交际，自然要以全民通用的语言作为交际工具，并随着社会交际领域的拓展和交际形式的发展而使全民语言系统不断得到发展和完善，故言语交际又是语言发展的动力。

而言语"是人们所说的话的总和，其中包括（1）以说话人的意志为转移的个人的组合；（2）实现这些组合所必需的同样是与意志相关的发音行为。所有的言语中没有任何东西是集体的；它的表现是个人的和暂时的。"

语言和言语产生的时间不一样。从发生学的角度来看，言语产生在语言之前。人类祖先并不是在有了语言以后，再按照这些规律去说话的，而是先有言语，再总结出各种规则。索绪尔"语言既是言语的工具，又是言语的产物。""要言语为人所理解，并产生它的一切效果，必须有语言；但是要使语言能够建立，也必须有言语。"

二、语言和言语的区别

不管怎样，语言和言语毕竟是两种不同的东西。具体地说有以下三点：

（一）语言的抽象性和言语的具体性

语言是人类最重要的交际工具，是音义结合的词汇和语法的体系，这个系统是全社会的，是概括的、抽象的。言语是对这个工具的运用，因而它永远是具体的，属于个人的。

语言是人类社会中客观存在的现象，是社会人们约定的符号系统。语言是一个体系，是以语音或字形为物质外壳（形态）、以词汇为建筑构建材料、以语法为结构规律而构成的体系。其中，语言以其物质化的语音或字形而能被人所感知，它的词汇标示着一定的事物，它的语法规则反映着人类思维的逻辑规律，因而语言是人类心理交流的重要工具。也就是说，语言是由语音、词汇、语法等组成的，根据传统的说法，这些都属于"语言要素"。书面语言离不开文字，所以文字也可以看作是语言的要素之一。这些"语言要素"也存在于言语之中，是对言语中的语音、词汇、语法和文字的抽象。

而言语则是人运用语言材料和语言规则所进行的交际活动的过程。人们为了交流心理，为了进行交际，可以使用各种语言（汉、英、俄、日等）。这多种语言就成了交际工具。使用这多种语言的人们，或说，或听，或写，或读，这些说、听、读、写的活动，就是作为交际过程的言语。言语中的语音、词汇、语法和文字可以叫做"言语要素"。在语音方面，体现为一个个具体的音节的发音、声调、一个个的词、词组、句子的重音和语调等；在词汇方面，就是词的语音、词的意义、词的用法；在语法方面，就是词与词怎样组合，靠什么组合，其先后顺序如何，句子与句子怎样联结，段落之间怎样联结等等；在文字方面，就是一个个具体的字怎么念、怎么写，表示什么意思等。

语言要素是抽象的，言语要素是活生生的，是语言要素的具体体现。以"言语"为对象，从言语入手，首先要以"言语要素"为对象，从"言语要素"入手。语言是人类最重要的交际工具，语言的社会功能是交流思想和传递信息，而言语则是这种功能的具体体现。

（二）语言的有限性和言语的无限性

语言系统是封闭的，言语是开放的。以现代汉语为例，其音位只有30多个，音节只有400多个，语素与词多一些，但也是有限的，如果将这些有限的词汇按照语法规则组织起来，形成的句子则是无限的。这好比阿拉伯数字只有10个（即1、2、3、4、5、6、7、8、9、0），可是利用这些数字，按照一定的方式进行组合，就可以表达无限的数量一样。也有人用走棋来表示这种关系，象棋中的棋子相当于语言中的词汇，象棋规则相当于语法规则，棋谱相当于言语。棋子和象棋规则是有限的，但棋子和象棋规则经过组合后，所走出的棋谱却千变万化。

（三）语言的社会性和言语的个人性

语言的社会功能就体现在言语交际活动中。语言系统属于全社会，言语属于个人的，因为言语是根据特定的交际需要和个人意志对语言材料和语法规则的选择。虽然这种个人选择要受到语言系统的制约，但是，语言系统只是对个人选择的可能性有制约，具体的选择结果完全取决于个人，因此个人要对自己的言语负责，但不需要也不可能对语言负责。

由于个人的社会经历、文化素质、从事职业以及气质、性格、教养等方面的不同，所形成的思想意识、价值观念、生活习惯、兴趣爱好等都会有所差异，所以人与人之间的语言交际也会表现出各自不同的特点和水平。

我们以一个语言学习的例子来说明一下语言和言语的差异：

语法是语言的三要素之一。我们学习的语法是一些基本的语言构造规则，而面对的却是丰富多彩、变化万端的言语世界。可以说，几乎每一条规则都会遇到例外的情况。例如：她坐没坐相，站没站相，粗服乱头，衣不蔽体，双手叉腰，破口开骂，实在是太不女人了；但是她又女人得很，以至于谁不正眼看她，谁就不是男人。

由于汉语缺乏严格意义上的形态变化，词类的划分存在一定的困难。根据汉语的语法规则，形容词不能带宾语，名词前不能出现否定副词，名词后不能带补语。但以上例子中名词"女人"的用法却不符合这些规则。一般我们都用词类"活用"来解释。但"活用"的现象多了，就容易使人对语法规则和词类系统的存在产生怀疑。如果我们把语言和言语区分开来了，这个问题就容易解释了。词类是从语言的角度对词进行的语法分类，它实际上是根据同一社会中大多数人的使用习惯划分出来的，具有相对的稳定性。而我们实际的语言使用则是千差万别的，存在着个别性。

第三节　言语交际中如何体现自己的个性

《战国策·东周》里有一句话："一人之辩，重于九鼎之宝；三寸之舌，强于百万之师"，说的是东周重臣颜率凭一己之辩，在诸侯列强中保全九鼎的故事。美国的富兰克林也曾说过："语言具有不可思议的力量。"那么，在日常交际中，如何扬长避短，体现自己的个性，让语言发挥出巨大的作用？我们认为，可以从以下方面入手：1. 用语规范，准确贴切；2. 适切语境，得体适度；3. 善于倾听，把握主题；4. 思路清晰，连贯流畅；5. 生动形象，蕴藉深邃；6. 反应机敏，灵活应变。

一、用语规范，准确贴切

词汇是语言的建筑材料，或者说词汇是语言的生命。离开词汇，语言就失去了实际意义。如果词汇贫乏、词义含糊，就会造成理解和表达的障碍。英国语言学家威尔金斯曾经说过："没有语法人们表达的事物寥寥无几，而没有词汇人们则无法表达任何事物。"没有词语，表达等于零；而选用了不当的词语，表达等于负数。所以，在日常交际中，我们首先要注意锤炼词语，选用最准确贴切的词语来表情达意。

请看以下例子：考虑到一些机关干部对坚守在雪原哨卡的战士们不够关心，新疆军区某边防政委卫庆荣，在一次和机关干部的谈话中这样讲道："高山上的战士们身体虚，我们的思想工作一定要实；雪原上气候冷，当领导的心一定要热。"

在引导机关干部关怀坚守在雪原哨卡的战士们时，卫庆荣很注意反义词的选用。他根据高山上战士们身体虚的实际，选用实字来强调思想工作必须做到位；根据战士们驻守的雪原气候冷的特点，选用热字来强调领导对战士们必须有一副热心肠。反义词的对举使用，不仅指出了解决问题的办法，而且使得谈话的观点更加鲜明，强化了谈话内容在机关干部头脑中的印记，有助于谈话精神的落实。

又如：邓小平在向美国参众两院的议员解释中国政府对台湾问题的立场时说："我们不再用解放台湾这个提法了，只要台湾回归祖国，我们将尊重那里的现实。另一方面，一定要让台湾回到祖国的怀抱。在尊重台湾现实的情况下，我们要加快台湾回归祖国的速度。"

把"解放台湾"的提法改为"回归祖国"，突出强调了和平解决的愿望，表达了早日实现民族统一的迫切愿望和亲切的感情色彩。在这个问题上，得到美国人民的理解和支持，从中也可以看到语言的魅力。

央视著名主持人敬一丹曾撰文讲述她遭遇的一件尴尬事。一次，她到山东采访，采访的话题是"谈谈农民产业协会"，采访的对象是一位养猪分会的会长。敬一丹几乎什么细节都想到了，将采访地点定在了养猪场里，还专门穿了一件普通的夹克衫。一切妥当后，她就开口问道："会长，你们这个养猪分会辐射了多少农户？"敬一丹万万没想到，这位会长听完她的话后满脸迷惑，看着她说："对不起，记者同志，什么叫辐射？"顿时，在场的所有摄像人员都停了下来，敬一丹尴尬得恨不得找个地缝儿钻进去。

上例中，敬一丹的采访何以出现尴尬？就在于她没分清采访对象，忘了自己面对的是一位农民，文化水平不高。他对"辐射"这个词理解不了，当然也就不知道如何回答了。敬一丹的教训告诉我们：说话要根据交际对象，选择合适的词语，才能取得良好的表达效果。

二、适切语境，得体适度

《论语》中有这样的记载：孔子于乡党，恂恂如也，似不能言者。其在宗庙朝廷，便便言，唯谨尔。朝，与下大夫言，侃侃如也；与上大夫言，訚訚如也。君在，踧踖如也，与与如也。（《乡党》）

面对家乡父老，孔子温和恭敬，显得小心谨慎；面对官职比自己低的同僚，孔子刚直，说话理直气壮，不慌不忙；面对官职比自己高的同僚，孔子和悦、正直，而表现出尊敬的神色；面对国君，孔子小心谨慎，极度恭敬，甚至生怕哪里不恭而不安，同时威仪适中，庄重而不轻佻随意。孔子在不同的语言环境中采取了不同的言谈方式，可见语境的重要性已经是先秦人所关注的一个问题。

语境是交际活动中的一个重要因素。适应环境，是提高语言表达效果的一个基本原则。国内关于语境的研究最早始于陈望道。在《修辞学发凡》中，他提出"情境"的概念，"修辞应以适应题旨情境为第一义……凡是成功的修辞，必定能适应内容复杂的题旨，内容复杂的情境，极尽语言文字的可能性"（陈望道，1932）。他提出了"六何"说，从而指出了语境的要素，并且明确了修辞对语境的依赖性。不过，当时陈望道先生是以文学为其主要研究对象的。20世纪60年代以后，国内语言学界逐渐重视语境的构成因素，王德春认为，语境是时间、地点、场合、对象等客观因素和使用语言的人的身份、性格、职业、修养、处境、心情等主观因素所构成的。

那么，在日常言语交际中，我们如何做到适切语境呢？

第一，要适应不同对象的年龄特点。

年龄不同，接受能力和接受特点也不同。老年人阅历丰富，知识面广，易合作，易接近，但主见较强；青年人思维敏捷，趋新好胜，较多地表现出倔强自傲的特点。因此，对老年人讲话、写作，应重在事实的叙述，事理的分析，对青年人讲话、写作，则应注意情感的调动、言语运用的新奇变化。与老年人攀谈，话题广泛，容易成功，与青年人攀谈，话题较窄，必须慎重选择，否则无法建立对话、交往关系。

第二，要适应不同对象的性别特点。

在正式场合接待男、女对象或对男、女对象发表讲话、致辞、演说，应当充分尊重女性对象，实行女性优先的原则，首先将男性介绍给女性，而不是将女性介绍给男性；首先称呼女性，然后才是男性。

一般认为，女性较多使用疑问句、感叹句及各种委婉的表达方式。这可能是由于女性比较注意礼貌和自己女性身份。西方有学者解释这是女性缺乏独立性的一种表现。男性说话通常比较直率、干脆、较多使用陈述句。

《子夜》描写吴荪甫出场的第一句话是："云飞轮船快到了么？"既无称呼，也无寒喧，直截了当，显示了他颐指气使惯了的大亨派头。他的姐姐杜姑太太就大不相同了："呀，福生，你还在这里？好！做生意要有长性。老太爷向来说你肯学好。你有几年不见老太爷罢？"惊喜、感叹、称赞、询问，显示了女性说话委婉善于表达的特点。

第三，要适应不同对象的职业、职务和身份的特点。

职业特点对于攀谈、闲谈话题的选择很有参考意义，对于话语表达的详略、专门与通俗也有很大影响。一般的攀谈、闲谈最好选择与对象职业有关的事来做话题，这样既有利于建立话语交流关系、也容易获得来自对象方面的重要信息。

职务和身份对于称呼语的选用具有重要的制约作用。一般来说，对于担任一定领导职务的对象可以援用他在自己组织中的头衔，但所谓对象都是特定组织的对象、都与某组织具有一种特定的主、客体关系，从而，对他们的称谓就必须考虑到这种关系。比如，鲁迅是党外"布尔什维克"，因此，我们党始终尊称他为"先生"，而不称同志。

对于一个学校来说，虽然某对象是某组织的重要负责人，但他是本校的校友，那么"xx校友"是最得体的称呼。对于普通对象比较广泛的称谓也应该特别注意其身份和他与某组织的关系。比如"师傅"这个称呼更适宜于尊称厂矿企业的职工,"老师"则可用于尊称所有教育单位的所有员工。

第四,要适应不同对象的心理、文化水平和风俗习惯的特点。

心理、文化水平、风俗习惯等都是人的重要的个性表现。不管是对于攀谈、应酬,还是对谈心、谈判,也不管是进行双向交流还是作单向信息传递,都必须尽量考虑到对象的这些特点,以保证交际的正常进行,保证话语文章收到最佳的表达效果。

女性害怕年龄大的心理甚于男性。对西方国家的妇友询问年龄是犯忌的,国内女性在这方面的敏感性似乎也越来越大。兰州《教育学报》上曾介绍了这样一则故事:西北大冬天电影院常有女观众戴着帽子看电影,影响后面观众的视线。放映员多次为此打出"影片放映时请勿戴帽"的字幕,但无人理睬。一次。他们把字幕换成了"本院为了照顾衰老高龄的女观众,她们可照常戴帽,不必摘下"。新的字幕一出,所有的女观众都摘下了帽子。显然她们不愿意被别人看作是"衰老高龄的女观众"。这一则言语表达的成功事例,充分地说明了要注意对象心理的重要性。

《语言漫话》一书中讲了这样一个笑语,说是旧社会有一个"父母官"下乡体察民情,他问百姓:"近年黎庶何如?"老百姓听不懂,说"今年梨树好,只是虫吃了些。"老百姓之所以答非所问,责任在于问话人没有考虑到对象的文化水平。

广东人喜欢"8"这个数字,因为"8"在广东话里与"发"(发财)同音,有吉祥意味,很多个体商贩于是就多用8为商品定价。甚至'发菜'这种极普通的菜,也每每跻身于驰名中外的粤菜筵席中,因为它也与"发伙发财"谐音。这些非典型言语表达艺术之所以有效,就在于它们充分照顾了对象的风俗习惯。

总之,言语表达要达到预期的交际效果,就必须适应语境,关注不同对象的年龄、性别、职业、职务、身份、心理、文化水平和风俗习惯等特点,否则,无论多美的言语表达都是白费心机的无的放矢。

人与人之间的交往是一门艺术,"得体"一词有着深厚的文化内涵。《礼记·仲尼燕居》中说:"官得其体"。孔颖达疏:"体谓容体,谓设官分职,各得其尊卑之体。""得体"的意思已经由原来指人的仪容服饰、言行举止应与身份相称发展为言行举止的恰到好处,成为民族审美心理的综合反映。

《快嘴李翠莲记》中有这样一段话:

公吃茶,婆吃茶,伯伯、姆姆来吃茶。姑娘、小叔若要吃,灶上两碗自去拿。两个拿着慢慢走,泡了手时哭喳喳。此茶唤作阿婆茶,名实虽村趣味佳。两个初煨黄栗子，半抄新炒白芝麻。江南橄榄连皮核，塞北胡桃去壳粗。二位大人慢慢慢慢吃，休得坏了你们牙齿。

这段话语音和谐流利，语义清晰晓畅，语法也准确无误，内容也合情合理，如果是说书先生说起来，还肯定会博得满堂喝彩，但李翠莲的身份是新婚少妇，在公婆长辈面前这样贫嘴，自然招来抱怨。果然，她的公公听完，，大怒曰："女人家须要温柔稳重，说话安详，方是做媳妇的道理。那曾见这样长舌妇人！"

俗话说："打铁要看火候。"同理，要使交谈取得好的效果，就要选择恰当的时机。否则，即便你说的是金玉良言，也不一定能起到好的作用，说不定还会带来反面效果。

"得体"还在于选择正确的语气，恰当地与人进行沟通和交流。

一次圣诞节前夕，正在伦敦拍摄《加勒比海盗4》的约翰尼·德普收到了一封信。写信的是伦敦某小学三年级的一名小女孩，她在信中竟然请求德普率领海盗船队替她打倒老师。按理说，对于这样一件幼稚的事情，德普本来可以不去理会它，然而，他却亲自找到了那个小女孩，只见他俯下身子，拉着对方的小手说："写信用的字是谁教会你的？""老师。"小女孩答道。"嗯，如果我是你，我会努力学习，将来超过老师，在学识上打败他们，而不是用拳头。"

德普的一句"如果我是你"，是把自己放在与小女孩平等的位置上，使对方产生亲近感，而且他说的话，都是替小女孩着想，这就令双方的沟通更加顺畅了。在生活中，我们总会遇到此类给别人提建议，或者批评别人的情况，然而有时对方却并未接纳，反而会因此发生争执。这时，我们不要埋怨和指责对方不懂事，而要及时反省自己是否采取了恰当的说话方式和态度。因为，即便你讲的道理再对，如果态度蛮横，口大气粗，摆出的完全是一副居高临下、盛气凌人的架势，那么又有谁会愿意听呢？

"如果我是你"虽短短几个字，却是与人沟通的良策。因为它能让你们的谈话氛围更加和谐、融洽，有效降低矛盾冲突发生的可能性。最重要的一点，它是从对方的角度作为劝说或批评的出发点，是为他人着想，这样对方自然会欣然接受，需要说明的是，在说这句话时，自己首先要放下高高在上的架子，与对方平等交流，循循善诱，这样既让对方认识到不足和缺点，也顾全了双方的关系，使对方深深感知委婉的话语中饱含着关爱之意，从而轻松接受劝诫，起到事半功倍之效。

三、主题明确，内容集中

朋友之间的闲聊可以信马由缰，海阔天空，无所不及。但是如果在一些比较正式的交际场合，如应聘时的时候，因为和面试官交谈的时间有限，所以就要充分利用时间展现自我。什么该说，什么不该说？该如何来剪裁表达内容，我们一定要明确主题，才能使自己的表达内容达到面试官的期待。下面是两个实例：

一位中文系的大学毕业生应聘某报社编辑时，他很想通过自我介绍展示自己的文学才能。当招聘者说："谈谈你自己吧！"

这位大学生觉得表现的时机到了，清清嗓门用抑扬顿挫的声调说道："25 年前一个大雪纷飞的夜晚，我的啼哭把北国的一座城市闹醒了。懵懵懂懂度过童年，迷迷糊糊度过少年，热热闹闹度过青年，有许多快乐，也有许多痛苦，自然也长了许多见识。我爱好黑色，包括黑咖啡……"

招聘者听了这番介绍后大倒胃口，最后说："你大概更适合写诗。"

某求职者在应聘公关文秘一职时，用流利的英文自我介绍说："我曾经在科威特一家饭店工作一年，能承受一天十几个小时的工作强度，会娴熟使用电脑，会开小轿车。"一家公司当场要聘请她。

言语交际中要求简洁明了，主题突出，针对所要应聘的工作，突出自己能胜任这份工作的各项能力，而不是像上面的第一个应聘者一样说得天花乱坠却不能打动招聘者的心。

所以说，回答别人的问题时需要明确揣摩对方的心思，明确主题，才能答到点子上，很多明星在答记者问时，也是很善于根据主题来作答：

两会期间，有记者问起个税起征点的问题。崔永元说："法律用'一刀切'的方式收税不合理，应该是每个城市、每个行业都不同。比如崔永元，一个月挣 3 万块，你征他的税，也许是合适的。但一个煤矿工人，挣了 8000 块钱，就不应该收税，他那个是玩命啊，是将'脑袋拴在裤腰带上'，他进去了就不一定能出来，我进演播室就一定能出来。"

崔永元在发表"个税征收不应一刀切的观点"的主题之后，拿自己当例子，将自己与煤矿工人相比，比收入、比处境、比挣钱艰难，"脑袋拴在裤腰带上"的形象戏言和"我进演播室就一定能出来"的自我调侃，无不让人切身感受到了其中的巨大区别，能够使人轻松接受他的区别城市和行业征收个税的观点。崔永元这一关于个税区别对待的观点新颖独到而又深刻，引人深思。后面所谈的内容围绕着主题进行论述，所以很容易为人所接受。

四、思路清晰，连贯流畅

言语要表达得清楚，明确的思考产生明确的话语，思路如果不清晰，那么表现出来的话语也就缺乏明确性，因此，在一些场合，有事先在脑海中整理一番的必要。说话必须有条不紊，不前后矛盾。比如说想要说服很繁忙的上司，由于说不清楚而被要求"重讲一遍！"这就不能算你说服成功了。

《三国演义》中，诸葛亮舌战群儒的场面一直为人称道，东吴的谋士一个接一个地向诸葛亮发难，先后有七人之多，都被诸葛亮反驳得有口难辩。虽然是孤身面对个个并非泛泛之辈的谋士，但是诸葛亮保持了清醒的头脑，坚持自己的政治立场，逐个击破。诸葛亮先用刘备"博望烧屯，白河用水，使夏侯惇、曹仁之辈心惊胆战"的战绩作为依据驳斥了江南"第一谋士"张昭所谓"曹兵一出，弃甲抛戈"的虚假论据，接着举汉高祖刘邦出身卑微，然而击败了秦国许多名将，围歼了霸王项羽"终有天下"，驳倒了儒生陆基的"织席贩履之夫"刘备不足与相国后裔曹操抗衡的说法。最后，诸葛亮用"必有一假"的矛盾律，指出了匡扶宇宙之方"必按经典办事"的虚伪性，使得那些主张投降的"江东英俊"或是"默默无语"或是"满面惭愧"或是"低头丧气而不能对"，从而揭开了"赤壁大战"的序幕。

2010年，《西游记》再度成为热点，浙版《西游记》已经开播，张纪中版《西游记》也在紧锣密鼓地拍摄。作为曾在《百家讲坛》主讲过《玄奘西游记》的专家，钱文忠在跟记者侃聊时，说：

> 如果真正读懂《西游记》的话，你就会发现《西游记》其实是一部很有现实意义的职场书。唐僧最喜欢的人是谁？不是孙悟空，而是猪八戒。孙悟空、猪八戒、沙僧三个人代表了三种完全不同的人生态度。孙悟空不受限制、勇于探索、本事最大，却不听领导的话，所以得带紧箍，这样的人难有发展空间；沙僧默默无闻老实干活，但不会包装自己宣传自己，只会干活的人是不会得到领导的赏识的。如果按时下流行的角度来看《西游记》，猪八戒就是"职场达人"。因为他虽然干活在后，吃饭在前，但是嘴特别甜，很会宣传自己，讨好唐僧。这是个大优点。

钱文忠以古论今，巧把唐僧师徒四人的关系引申为现代职场领导与员工的关系，这就成了谈话的一条主线，进而通过逐个对比分析三个徒弟的性格特征，得出既能干点事，又会说话，懂得交际的猪八戒，比本事大不听话的孙悟空、只干事不说话的沙僧更具职场发展潜力的结论，从而说明了"职场中干活也有技巧"的道理。

五、生动形象，蕴藉深邃

口语一般讲究平实，但是在一些场合，能够善用一些修辞格，也能为自己的表达增色不少。

近年来，央视《百家讲坛》炙手可热，几乎每个登上讲坛的主讲人都会走红。一次，钱文忠接受记者采访，当论到《百家讲坛》主讲们在传播传统文化传播时的贡献时，钱文忠说：

我们这些主讲人对自己的作用要有一个清醒的认识。如果我们把传统文化比喻成一方好药来治疗现代人的浮躁和精神上的缺失，那我们顶多是个药引子，你单独吃它，什么用都没有。但有了我们，药力发挥得更大，疗效会更好。我觉得我们这些人自居为药引子比较好，千万别把自己当成人参或者冬虫夏草，没那么大的疗效。

钱文忠用"一方好药"喻中国传统文化，用药引子喻《百家讲坛》主讲人（包括自己），用"短短几句话，句句设喻，不仅形象贴切，极具说服力，和感染力，还彰显了自我清醒的意识和低调谦逊的态度。

同为 80 后音乐奇才，小提琴家李传韵在国际上与钢琴家朗朗和李云迪齐名，合称"中国年轻演奏家三杰"，他们经常同台演出。一次，有记者请李传韵将他们三杰进行对比时，李传韵说："朗朗演奏所传达出的，是太阳般的光辉力量，特别大气。如果做个比喻，他就是个太阳；李云迪的演奏非常恬静，体现出一种柔和之美，就像月亮。我因为更强调自我，和观众的交流少一些，距离显得要远一点，就好比星星。"

如今，提到周杰伦就会想到方文山，反过来也是如此。作为乐坛上的一对黄金组合，他们的友好合作已长达十年。一次，有记者问方文山："你和周杰伦究竟谁成就了谁？"方文山说："我和杰伦是一条音乐产品生产线上的两个不同环节，是我们一起成就了音乐。"

有关PK性质的话题，最能考验人的智力和口才。不论是拿自己与别人比较，还是比较别人，若有何闪失都会遗人话柄。所以，既不能偏袒被比较中的任何一方，那么，怎样才能成就皆大欢喜的局面呢？可以采用善假于物的答问技巧。李传韵和方文山的回答都是运用了比喻的方式巧妙作答，不卑不亢，不偏不倚。

美国飞机发明家莱特兄弟虽然声名远播却不善言辞。有一次，在某个宴会上，酒过三巡，主持者便请他们发表演说，推脱不过，小莱特只说了这样一句话："据我所知，鸟类中会说话的只有鹦鹉，而鹦鹉是飞不高的。"这只有一句话的演讲，博得了人们长时间的热烈鼓掌。

很多实干科学家都是敏于事而讷于言的，小莱特也是如此。但是在面对请求无法推脱的时候，他这一句话的演讲生动形象，寓意深刻，巧妙地表达了自己虽不善言辞，但是志在高空，脚踏实地的研究精神。

教育部去年提出要在较短的时间内，将全国代课教师全部清退。面对此问题，福建省政协委员易中天教授义愤填膺地表达自己的观点。他说："代课教师们，他们勤勤恳恳，任劳任怨，传播知识，教书育人，没有他们，许多最基层的学校根本就不可能维持。他们虽然不是中国教育的脊梁，却是中国教育的脚板。没有这些穿着草鞋，长满老茧的脚板，中国教育早趴下了。"

在这段话里，易中天先实实在在地指出代课教师的特点，"勤勤恳恳，任劳任怨"然后点明他们的作用"没有他们，许多最基层的学校根本就不可能维持。最令人叹服的是，他用"脚板"来形容代课教师，与"脊梁"形成鲜明的对比。脚板是人体最下端的部位，虽不高贵，却支撑整个人体，和"脊梁"的作用同等重要。面对清退代课教师的问题，作为政协委员的他敢怒敢言，体现了刚正不阿、有胆有识的品质。

六、反应机敏，灵活应变

在日常交际中，我们也经常会面对他人的责难和非议。如果我们一触即发，奋起而反击或是反唇相讥，可能会引起激烈的争吵；但是如果尝试着换个角度，换种方式来沟通交流，反而能让双方达到更好的交际效果。如：

一位妇女急匆匆地走进一家商店。

"5分钟前我的小儿子到您的商店买了一磅果酱，可是份量不够，这个，您怎么解释？"

售货员非常有礼貌地答道："太太，请您回家称一称您的儿子。"

售货员面对着匆匆忙忙来责问自己的妇女，并没有正面地做出回答和辩解，而是以一种幽默的方式进行了提醒，告诉她自己所卖的果酱并无分量不够的问题，可能是她儿子在路上偷吃了果酱。这是一位非常聪明的售货员，懂得如何以良好的方式维护自己的工作，也懂得顾及顾客的自尊。

1961年，林语堂返台，定居于阳明山，有一回应邀至文化大学参观，事先与文大创办人张其昀约定，没有充分准备，不能演讲。但是当幽默大师出现在学校餐厅午餐时，师生蜂拥而至，争睹风采，并一再要亲聆"幽默"。林氏难违众意，只好说了一个故事：

古罗马时代，有一个人犯法，依例被送到斗兽场，他的下场不外两种，第一是被猛兽吃掉，第二是斗胜则免罪。罗马皇帝和大臣都在壁上静观这场人兽搏斗的精彩好戏。不料，当狮子进场，这犯人只过去在狮子耳边悄悄说了两句话，狮子就夹着尾巴转身而去。第二回合老虎出来，依然如此。罗马皇帝问他："有什么魔力使狮子不战而退。"他从容不迫地说："没有什么，我只告诉它们，要吃掉我不难，不过最好想清楚，吃掉我之后必须要演讲！"

林语堂先生是非常有名的幽默大师，他到台湾文化大学被师生围观并要他演讲，这是情理中事。但是，讲演不是那么容易的事情，讲不好反而不美。所以，他事先就有言在先，但师生的盛意又不便于拂逆，作为享有盛名的大作家，他也不便直接说："讲演太难，我今天讲不好，大家别为难我了。"于是就灵机一动，有了上述的故事。

在一次国际裁军大会上，美国的一个代表向时任国防部长的中国代表曹刚川发难："我听说贵国在沿海一带部署了大量兵力，在这次裁军大会后，贵国政府是否应该考虑撤走一半的兵力呢？""先生，您的建议非常好。"曹刚川轻松地笑道，"我们早就打算这样做了，如果你们能从东南亚地区撤销一两个军事基地的话。"美国代表一听，顿时面露尴尬之色。

面对美国代表的发难，曹刚川处于被动的局面，但他没有直接反驳其论调，而是爽快地"接受"了对方的建议，最后又杀了个回马枪，让对方猝不及防，败下阵来。既表明了中国政府在沿海部署兵力是为了防御的目的，又指出美国海外部署兵力的侵略本质，极有杀伤力。在论辩中，面临对手咄咄逼人的气势，我们不妨先避其锋芒，欲擒故纵，趁对方骄狂、懈怠之际，再回马一击，变被动为主动，打他一个措手不及。

特级教师于永正的课堂语言是丰富多彩的，如他在教《小稻秧脱险记》时的幽默之言——文中写到杂草被农夫用除草剂喷洒过后说："完了，我们都喘不过气来了。"有一名学生读这句话的声音非常洪亮。于老师笑了笑说："要么是你的抗药性强，要么这除草剂是假冒伪劣商品，来，我再给你喷洒一点。"说完，于老师就朝那位学生做了个喷洒农药的动作，同学们和听课教师都笑了，该同学也会意地耷拉着脑袋有气无力地又读了一遍，这次读出了效果。

于永正老师没有直白地指出这名学生朗读中存在的问题，而是用幽默的话语，说稻秧"抗药性强"或者除草剂是假冒伪劣商品，间接地指出这名学生读得不对，不符合情境，让学生明白此时的杂草应该是"耷拉着脑袋有气无力的样子"，于是第二次朗读时改正了错误，于老师的这番幽默话，既让学生明白了自己的错误，又不至于打击他们的自尊心，还活跃了课堂气氛，可谓一举三得。

习题：
1. 什么是语言？语言有什么作用？
2. 什么是言语？语言和言语有什么不同之处？
3. 举例说明在言语交际中我们如何来体现自己的个性？

第三章

书面语言与口头语言

第一节　口语的特点

一、什么是口语

口语，又叫口头语言，是人们在口头交际中所使用的有声语言。口语通过人们的口耳相传以起到交际作用，是与书面语言对称的一种基本的语言形式。其他任何语言形式，例如书面语、手势语、旗语、哑语等，都是在口语的基础上产生的。因此，对其他语言形式来说，口语是第一性的。口语是书面语得以产生的基础和源泉；而书面语是第二性的，它是在口语的基础上产生的。

常见的口语一般为两种指向：一是指口头语言本身，即用于口头交际的符号系统。二是指口头表达，即运用口头语言进行交际的言语活动。前者属于语言的范畴，后者则属于言语范畴。

根据不同的分类方法，可将口语划分为以下几种类型：

根据口语的存在形态和发生方式，可以将其分为原发口语和再生口语两大类。原发口语是口语的未经书面加工的自然形态，是现想现说；再生口语是口语的加工形态，有别于初始的原发口语，有部分或全部的书面依据。再生口语大致又可分为艺术口语和非艺术口语两种。

根据口语传递信息的方式，也可将口语分为两大类。一类是独白口语，单向传递，如：演讲口语多是独白口语；另一类是对话口语，双向交流。教学口语就是以独白口语为主，对话为辅的一种口语形式。

独白口语没有交谈者的支持，全部围绕话题展开。这种口语表达时，讲话者与听众彼此所处的情境往往不同，对话题的理解也不在一个层次。因此，讲话者必须考虑听众如何接受他所讲的内容，针对听众的理解实际，系统地组织讲话内容，力求保持话语的清晰明白、连贯流畅，并注意语法结构的完整和逻辑关系。

对话口语是被参与者积极支持的言语，每个人都以对方的质疑、回答、补充、反驳为刺激。这种口语，由于双方共处于相同的语言情境中，对话题又有共同的了解。因此，内容常缺乏开展性、连贯性，只言片语便可表达丰富的内容，语法结构和逻辑关系也不很完善，不很严谨，从而构成口语独特的语言风格。

汉语口语则分普通话口语和方言口语两种。普通话口语，是现代汉语的标准口语。它以北京口语为基础，排除了其中过土、过俗的成分，其体系更加规范、科学。

二、口语的特点

口语可以充分利用面对面的条件直接进行信息交流，可以充分发挥语调的抑扬顿挫，可以用平实简洁的通俗语句收到斩钉截铁的效果，还可以随时根据需要把某个意思充分展开，充分强调，不仅不令人感到啰嗦重复，还会使人印象格外明确。例如：闻一多的《最后一次讲演》，可以说是运用口语的范例。

（一）有声的

口语最大的特点是有声的。它凭借语音作为信息载体形式，在口头交际中使用。口语是有声语言，语音、语调、语速、重音等都是它记录语言的独特工具。

（二）用词自由，词语形象生动，大量使用方言词语

口语靠语气、重音、语调和停顿，使表达更清晰生动。在词语方面，口语的主要特点是生动形象，表现感情色彩的后缀成分，表现情态作用的重叠成分，表现语气口吻的语气词、感叹词用得较多，所以，口语常用感叹词、语气助词、拟声词、叠音词，多引用俗语、歇后语等。

口语里使用的词语不少具有鲜明的形象色彩。形象语词大多通过打比方构成。如：冰棍儿、灯泡、瓜子脸、长颈鹿、面包车（即小巴）等；也有摹状拟声的，如：香喷喷、暖烘烘、白茫茫、甜丝丝、水淋淋、响当当等。

形象语词还通过比喻产生一种新义，大部分为三字习用语。如：北京话的"咬耳朵"，是指靠近耳边低声说话，决非互相咬对方的耳朵。

类似的还有："拍马屁"、"吹牛皮"、"炒冷饭"、"捅马蜂窝"、"打小算盘"、"吃大锅饭"、"打退堂鼓"；与政治运动有关的有"打棍子"、

"扣帽子"、"抓辫子"、"穿小鞋"、"背黑锅"等。

口语中往往使用大量的方言词语。我国汉语区有七大方言，各地的方言语词都相当生动、传神。例如：广州话里"掟煲"（即分手）、"箍煲"（复合）、"黐线"（精神病）、"黐脷根"（说话打结、不清不楚）、"打蛇饼"（人挤得水泄不通）、"排长龙"（排队队伍很长）、"煲电话粥"（与人通电话的时间久）等。

（三）句法结构较简单，有省略，有重复，有追加

由于双方都同处交际场合，有语言的伴随因素辅助表达，因而口语句式多使用短句、单句、省略句。简短随意、临时多变是它的主要特征。

1. 结构较简单。

口语的句子比较短，结构比较简单，甚至不完整，句内成分常有省略，有重复，有脱节，有插说。

口语里零句相当多。零句是没有主语、谓语的形式，其句子比较短小。

如在广州火车站的售票窗前，常可听到乘客向售票员说："茂名。""两张深圳。"这是"我买一张到茂名站下车的车票"和"我买两张到深圳的车票"的意思。

又如小孩子胡乱横过马路，大人连忙提醒说："汽车！汽车！"这也是零句，意思是"你要当心来往的汽车！"

2. 口语的句子常有省略。

口语中，说话可以借助语境和身体语言，该省略的可以尽量省略。例如：

王先生有一个弟弟（1）在上海公干，（2）前天致电回来，（3）说患了严重的感冒，（4）最后批准放假一天。

除了第一小句出现施事主语"王先生"外，其余四个小句的主语都省略了，但施事者并不是"王先生"。

在对话中连词和介词常常不出现。例如：

"我今天肚子痛，在家休息"，无须说成"因为我今天肚子痛，所以在家休息"。

口语里亦常常省略动词"是"及"有"。例如：

① "您（　）哪一位啊？""我（　）小王呀！"（省略"是"）

② "桌上（　）一盆杜鹃花"（省略"有"）。

3. 口语的句子常有重复。

人们说话时由于须即时选择词语和句式，有时会在斟酌字句时重复某些词语或句子，这使口语句子常有重复的现象。

例如："我认为这篇文章是比较重要的。重要在哪里呢？不只是看到这种现象值得探讨，而且……"

又如，有一个老先生在会上说："我们前进了一步，但是，可能有一些，遇到一些，怎么说呢？迷途啦。"老先生在说完"可能有一些"后，用近义句"遇到一些"和设问句"怎么说呢"，接着才说出斟酌好了的字眼"迷途"。

口语句子中也常出现不同词语的同义重复。口语中的这种同义重复，有加深印象和帮助听者理解的作用。它出现的形式有：

①注释型。例如："他的脑子已搞死了，搞僵化了。"——"死"的含义很广，说话人再用"僵化"来注释它。

②感叹型。例如："今天，在美国发生了一件举世震惊的事，九月十一日，这一天，是我们没法忘记的日子。""今天"和"九月十一日，这一天"是同义重复，强调这天在美国所发生的事情，令人震惊。

此外，口语中还会常使用一些同形重复的句式。例如："你怎么回去你"、"这是为什么这是"等同形重复的句式。

4. 口语的句子常有追加语。

除了同形重复的句式外，口语句子中还有一种"追加语"。说话者把先浮现于脑子里急于要说的部分先说出来之后，常常发现刚说过的话不是说漏了一些，就是说得不够得体，不够准确，甚至与事实有出入，但说出来的话又收不回来了，所以只能在后面作一些补充、注释和更正。这种说完了又想起的补充语叫"追加语"。例如：

①"哥哥刚回来，<u>从四川</u>"。

②"2008 年，北京举办了亚运会，不，<u>是奥运会</u>"。

③一个孩子拿着脸盆匆匆忙忙地跑过，旁边的大人问他："干嘛去呀？<u>拿着个脸盆。</u>"

带下划线的短句为追加语，用来弥补前一句说话的不足之处。

也有两次追加的情况，例如：

家明与妈妈乘坐的公共汽车突然抛锚，家明紧张地问："怎么啦？车，妈。"第一次追加"车"，第二次追加"妈"。如果在书面语的句式应是："妈，车怎么啦？"

（四）口语可以通过特定的语音手段和非语音手段来表情达意

口语中，同一个句子，人们可以通过变换不同语调、语速、重音等来表达不同的意思，也可以通过非语音手段，如动作、表情、神态等辅助传达意思。

口语还常用不同的修辞来增强语言的形象性，使语言更生动，更通俗，更富感染力。谐音、双关、反语、比喻、夸张、对比等都是口语经常运用的修辞手法。如：

看过情景喜剧《东北一家人》的朋友一定还记得这样一个场景：牛大妈和儿媳产生了矛盾，可是又不能直接撕破脸皮，这时只见她拿起一把笤帚，作出满屋追打什么东西的样子，一边恨恨地说："哼，这该死的小老鼠还欺负起老猫来了！"其实哪里是大老鼠，这是一语双关地发泄怨气罢了。

第二节　书面语言的特点

一、书面语言的含义

书面语就是用文字记录下来的语言。它是在口语的基础上产生的。因为是以文字的形式记录，所以书面语一定产生在文字出现以后。因此与口语相比，书面语的历史要短得多。根据历史学家的研究，人类的历史距今已大约 200 万年，而最早的文字，例如埃及的象形文字、中国的甲骨文，最多不过 6000 年左右。

简单地说，书面语就是用文字记载下来供"看"的语言，它在口语的基础上形成，使听说的语言符号系统变成"看"的语言符号系统。

现代汉语书面语以北京话为基础，包含了许多不同层次的语言成分。

二、书面语言的特点

（一）词语的特点

书面语古语词较多，单音节名词较多。书面语可按不同语体的要求分成不同类型的词汇，如：科技语体大量运用术语，政论语体多用政治词汇，文艺语体多用修饰语。书面语词语或词组之间的组合也很有特色。

1. 词语的合并式和共管式。

词语合并式就是"AB+CB"或"AB+AC"合并为"(A+C)B"或"A(B+C)"。这种格式大部分由于比较简练，在书面语里广泛流行。

例如"喂放牲口"，在口语里一般说成"喂牲口，放牲口"。至于"中小学"等词语，因为经常出现，口语里也可以这样说。

2. 书面语靠副词"各"、"分别"的帮助，把相同成分的几个小句合并为大句，避免了相同成分的重复。如：

理科教科书中经常把"A 的拉力为 F1"和"B 的拉力为 F2"两句，合拼为"A 和 B 的拉力分别为 F1 和 F2"。

（二）句子的特点

在句法上，书面语用词造句要求规范连贯，句式完整复杂，层次清晰，复句较多。

1. 特有的句式

拿句法说，现代汉语书面语大约有 80% 句式与口语相同，还有 20% 是书面语里特有的。其中，有部分是从文言来的，如：表示被动意义的"为……所……"；表示因果关系的"其所以如何如何"；还有一些固定搭配，如："予以表彰"、"另行通知"、"不予追究"等。

外国的句式对书面语有广泛的影响，如人称代词前可以加修饰语；要求句子在形式上都有主语，如果没有，就觉得结构不完整，逻辑不周密等。

此外，口语排斥修饰成份中带"的"的句式和带长修饰语的句式，但书面语句子往往可以不止出现一个"的"字，其修饰语可以较长。

2. 句子比较复杂

书面语有的句子长而复杂，例如：

有三十多位学者在大会和分组会上作了正式发言，就老舍的思想发展及其在文学上的地位，如何评价老舍早期小说《猫城记》，老舍的剧作和戏剧艺术观，老舍作品的语言特色、艺术风格和民族性等方面展开了讨论。

这个长句虽然只有一层修饰语"就……方面"，但是在"就……方面"当中插进了四个并列小句（超过六十字）组成的修饰语，共同修饰"展开了讨论"，使句子拉长，结构复杂化。而口语里根本不用这种"大肚子式"的结构。

3. 句子比较连贯

书面语句子比较连贯。例如《水浒传》是这样描写李逵遇虎的：

"（1）那一阵风起处，（2）星月光辉之下，（3）大吼了一声，（4）忽地跳出一只吊睛白额虎来。"

其次序是先"风"后"景"，然后听到老虎的声音，又立刻看到老虎的形体。这是按客观情况顺写，真实可信。如果把句子的次序改为（1）（4）（3）（2），就违背了客观顺序，显得不连贯了。

又如："这个女人三、四十岁，（1）头戴了一顶时款的大帽，（2）身穿及膝碎花短裙，（3）提着手袋，（4）脚蹬一双高跟鞋，施施然地从大门口进来。"

这是按视觉的顺序描写一个人，由头开始，又由静态到动态。若把其中的顺序改为（1）（3）（4）（2）或（2）（1）（4）（3），那就叫东一鎯头西一棒子，颠倒无序，很不连贯了。

4. 句子层次比较清楚

书面语层次比较清楚，试看以下的一道数学题：

已知正方形边长为 a，求侧面积等于这个正方形面积，高等于这个正方形边长的直圆柱体的体积。

这道题目的主干是"求直圆柱体的体积"。而"侧面积等于这个正方形面积""高等于这个正方形边长"是并列两个小句，分别修饰中心语"直圆柱体的体积"。这个句式相当于数学列式 A［（x+y）z］，层次比较清楚。

5. 语序结构方面，常常几个动词共管一个宾语，或几个助动词共管一个动词。如：

① "你过去是、现在是、将来还是我的老师。"

② "她不能，不肯，也不愿看别人的苦处"。

而在口语里，是甚少这样用的。

（三）篇章修辞方面的特点

书面语最大的优势是有时间去斟字酌句，谋篇布局，反复推敲，可以调动语言的多种要素去排除或避免多种非语言因素的干扰,精心策划语言的形式美，选择运用不同的修辞格。为了叙述的方便，我们将在第三节一并讨论书面语与口语在使用修辞方面的差别。

第三节　如何将书面语言变成口头语言

一、口头语言与书面语的联系与区别

口语是书面语得以产生的基础和源泉，是第一性的。书面语是在口语的基础上产生和发展起来的，是第二性的。口语是书面语的基础，又是书面语进一步发展的动力。书面语具有保守的一面，其发展变化总是要落后于口语，书面语的发展要服从口语的发展。口语不断为书面语提供鲜活的材料促使书面语向前发展，使书面语不至于与口语差距太大，从而使口语与书面语都适应人们的交际需要。

口语与书面语有联系，也有区别，对二者的区别要仔细体会，如果不按其

中的规则运用，就有可能出现像把"老虎的屁股摸不得"说成"老虎的臀部摸不得"这样的笑话。

口语是听的，书面语是看的。听和说连在一起，要求快，因而说话是随想随说，甚至是不加思索，脱口而出。看和写连在一起，可以从容推敲，仔细琢磨。

我们知道口语由声音组成的，而书面语则由字母和字符这些书面符号组成。虽然口语能够在人脑中作为短期记忆保持若干时月。但如果我们不把它记录下来，它就会消失，而书面语则是从存在文章中的那刻起，就一直存在。因此口语是动态的，短暂性较强。书面语则是静态的，永久性的。这是二者最明显的区别。

语言是人类使用的工具之一。人类使用语言的过程中，语言体现了不同的功能。著名语言学家韩礼德的系统功能语法理论认为语言通常包括三个层次：内容，形式和语场。因此以下我们主要从组成内容、表达形式及其所需语境这三方面来分析口语和书面语的差异。

（一）组成内容的差异

口语可以进一步划分为更小的类别，比如：对话、独白、讨论和演讲。书面语可以进一步分成一般文章、科技文、政治评论以及各种文献资料。需要说明的是，这里的"口语"与"口语语体"是不同的，"书面语"与"书面语体"也是不同的。

口语是凭借语音来作为信息载体形式的。口语语体是以日常会话和民间文艺为基本形式的一种语体，是在日常交谈中形成的。它是为社会日常生活服务的。一般用于交际双方直接接触的场合。它以口语形式为常规，但也有表现为书面形式的，如：书信、日记等可看作口语语体的书面形式，是典型的"面谈"式书面语。

书面语是凭借文字符号来作为信息载体形式的，是口语的加工形式。它虽然产生于笔头，也可以见于口头。新闻广播就是书面语的口头形式。人们用"掉书袋"、"文绉绉"、"学生腔"、"字儿话"等来形容用书面语说话的人。相反，通俗读物要求口语化，在剧本和小说的对话里，作家总是要努力写出口语来刻画人物性格；法庭上的供词、证言也要尽可能记录原话。这些都是书面使用口语的例子。

书面语体包括事务语体、政论语体、科技语体、文艺语体和广告语体。有用口语形式表达出来的"书面语体"的，如：电影中的解说词、电台播音员的每日新闻广播等等。

口语和书面语的语言风格决定了口语语体和书面语体的差别，因此，口语和书面语的区别与联系也就是口语语体和书面语体的区别与联系。口语语体是来自人民群众之中，先于书面语体产生，书面语体是在口语语体的基础上发展起来的。

（二）表达形式的差异

1. 所凭借的媒介不同。

口语以人类的语音为媒介记录语言的，它通过人与人之间的口耳相传起到交流信息的目的。书面语以文字符合为媒介，一般通过手写和眼看达到交际目的。

口语与书面语都有不同的记录功能，但它们的作用是互补的。在文字产生前，口语艰难地承担着记录语言的责任。著名荷马诗史《奥德赛》就是成百上千的行吟诗人经百年传唱存留下来的，直到公元前六世纪才被正式写成文字。

书面语因文字的存在，具有永久存在和可传递特点，可以不受时间与空间限制地记录语言。口语一般不具备永久性，它较多受到时空的约束。

在语言的日常使用上，口语的优势很明显。一般来说，一个人读写所用的时间较其说话的时间是少很多的。韩礼德曾做这样的估计：一个普通人两个月所说的话要比莎士比亚的全部作品还要多。

2. 口语和书面语各自使用的词语有所不同。

口语是用于日常交流的语言形式，适用于我们社会生活的方方面面。比如：问候、告别、请求、致谢、祝福、提供帮助、咨询等。

口语形象化词语多。如：红彤彤、亮晶晶、金灿灿、绿油油等。书面语一般没有这类词语。

口语儿化现象常见，口语词多有儿化，并可以区别词性，可以消除同音所引起的歧义。书面语中也有加"儿"的，但一般是为了追求音节的和谐，多不加在指人的名词后。

口语用词通俗易懂，古词较少，书面语古语词则较多。

口语中单音节的名词较少，书面语的单音节名词较多。口语里的单音节词经常需要转化为双音节词。

口语中使用的词汇常为非正式词汇，通常包括一些俗语，缩略语，俚语以及流行语等。

如： 我今天走了很多路，脚痛死了。（俚语）

又如：人生是张茶几，上面放满了杯具（"杯具"与"悲剧"谐音，是时下的流行语）。

又如：哥抽的不是烟，是寂寞。（流行语）

书面语比较正式。如，人们在英语书面语中用telephone（电话），resign（辞职），dismiss（开除），但在口语中则更多地使用phone（电话），quit（辞职），fire（开除）来表达相同的意思。

有些词语由于长时间使用场合上的分工，在语言风格上也逐渐有了差别，尽管这些词语在意义内涵上没有任何区别，但却有比较严格的使用界限，不能混用。

如：问一个农村的老太太"老人家高寿啊？有配偶吗？"，对方多半是听不懂的，即使听懂了，也不乐意回答你。但如果你问"您老多大年纪了？有老伴吗？"对方肯定就能听懂了。因为"高寿"和"配偶"都是书面语，对于一个未读过书的老人来说，是很难听懂的，而且那听起来也特别别扭。这就像你回到家，常喊一声"爸妈，我回来了"，而不是"父母，我回来了"一样。口语自然、亲切、活泼、生动；书面语庄重、严谨。

口语中遇到同音词语的时候，一般会采用一种说法来加以区别，否则，会因为同音歧义而影响正常的交际。书面语因为是用文字符号记录的，在遇到口语中的同音词时，可以换一种写法来加以区别。例如：

汉语中的第三人称代词，口语中只有一个语音形式，而书面语上却有三个不同的汉字："他"、"它"、"她"。用这三个不同的汉字分别表示男性、中性和女性。曾经有一段时间还流行过一个表示动物的"牠"。

汉字的特点给口语和书面语在使用词语方面还带来一些不同于其他语言的特点。

在以拼音文字为书写工具的语言中，汉字拼写要反映现代的读音，古今的分野比较明显。书面语不容易直接引用古代的读音。所以书面语和口语的一致性比较强，谁如果套用几世纪以前的读音，就会闹笑话，当然他（她）也没有那个客观条件去套用。

对汉语来说，词语的读音虽然古今有别，但文字的写法却是一样的，这在客观上便于沟通古今。而且中国人崇尚古代的典籍，古代的词语和句式的用法往往可以通过师生传授，代代相传，一直沿用下来。人们常可以把公元前常用的词语和其后若干世纪产生的词语一起引用，甚至是口语中早就不用的旧词语和旧句式仍旧可以在书面语中通行无阻，如"居心叵测"等。类似的现象在使用拼音文字的语言中是少见的。

其次，在以拼音文字为书写工具的语言中，文字反映的是共同语的发音。书面语可以通过教育、阅读等途径对口语产生很大的影响，使书面语中的词语穿着共同语的语音外衣进入方言区，起着推广共同语的作用。

汉语的情况则有些不同。由于汉字不与统一的读音相联系，汉语书面语就不容易把共同语的语音形式推广到方言区。书面语的词语不是通过"读"的方式，而是直接通过被"看"的方式进入不同的方言区，与当地的方音挂钩。它的读音在不同的地区可以各不相同。碰到不认识的字，方言区的人只要知道它读如某字，就可以用自己方言里那个字的音去读它。只有在汉语这样的语言中，才能看到书面语和口语的这种特殊的关系。

3. 口语和书面语各自使用的句子结构有所不同。

口语是自然即兴的，口头交际讲求效率，人们常边想边说，因此口语多用短句，句子结构较简单松散，逻辑性不强，语句前后有时会省略一些内容。还可以有重复、脱节、颠倒、补说，也有起填空作用的"呃，呃""这个，那个"之类的废话。口语句子有时甚至会伴有一些语法错误。口语中出现不符合语法的句子可以被接受，但书面语中这样的句子被认为是错误的。

在书面语中，口语中的各种伴随因素是不起作用的，只有标点符号还起一点作用，但也有限。书面语只能用别的手段来弥补不足。如：扩大用词的范围，使用比较复杂的句子结构，尽量排除废话，讲究篇章结构、连贯照应等。因此书面语的句子结构较严密，更有逻辑性，在某种程度上，书面语句比口语句子要更规范，更符合语法，其表达的意思更准确，更完整。书面语句中关联词语的使用也比较多一些。

4. 口语和书面语在使用修辞方面也有差异。

①修辞主题有动态与静态之分。口语修辞多以具体的人或物为中心。书面语修辞多以抽象的概念为中心。在口语中，说话者可以根据不同的交际场合，变更自己的话语，使修辞适应其所处的环境，因此这种修辞是动态的。书面语的修辞者往往是在创作时设定了主题，然后运用修辞把主题的概念通过文字表达出来，因此其修辞主题是相对静态的。

②传递修辞信息的角色不同。在口语中，说话者承担了传递修辞信息的角色。在书面语中，书面的文字承担了传递修辞信息的角色，文字的书写作者则是隐藏在文字之后。

③口语修辞在词句语段等的组合与选择上更具灵活性。书面语修辞更多依靠自身的修辞手段，特别是辞格和辞律。

（三）所需语境的差异

1. 对语境的依赖程度不同。

口语与书面语的使用都离不开语境，即语言环境和非语言环境，但两者对语境的依赖程度不同。

一般来说，口语对语境的依赖程度要远高于书面语对语境的依赖。口语交际一个很大的特点就是，参与者的各种非语言因素，例如：姿势、手势、神态、表情等非语言手段都在实际上起到了辅助交际的作用。如果不注意说话时的语境就无法准确把握说话者的真实意图。但所有这些语境信息，在书面语中，都被忽略或者失去了作用。因为文章是印在纸上，它无法直接把丰富多变的声音和神态各异的表情表达出来，只能借想像，用不同的标点符号和字体图案等书写手段来辅助表达意思。

口语具有实时的互动性，它更适合面对面的交流。在语言交流中说话者之间的对话一般并没有做预先的准备，说话者所说的语句常会在语法和逻辑等方面出现某些缺失，但这却不影响语义的表达，因为说话者可以适时使用重音、手势、表情等语言手段和非语言手段来帮助听者进行理解。因此口语对语境的依赖程度较强。口语交际就不要求句子那么完整，可以允许省略一些词语或句子成分。

如："都八点了！"这句话，在不同的时间、地点、场合，就有不同的语义。

如果这句话是在早晨说，并且是在家里对正睡觉的孩子说，那么，这句话的语义是在催促孩子快起床上学；如果是上午八点在学校里或在教室里说的，那么这句话的语义有可能是指上课的时间到了；如果是在假日或晚上，在饭店里说这句话，那么这句话的意义则可能指朋友间约定的会面时间。

一般说来，书面语常被认为对语境的依赖程度较弱。书面语更直接，更独立，它多不需要非语言环境以及作者与读者的互动。读者可以通过书面材料去理解语句所表达的意思，至少不至于曲解其中的意思。

在书面交际中，作者与读者所处的时空不同，作者可以独立完成整个语言交流，而不需要依赖读者的互动。因此，书面语要求表达得严密、完整、确切。

由此，可以看出口语与书面语既相互独立，又相互有联系。在实践运用中，口语实时交流的功能较强，书面语的记录功能较强，口语较多依赖语境。因此口语与书面语各有其特征和作用，对它们的学习和研究都是有必要的。

2. 所受限制不同。

口语交际要受到时间和空间的限制。在运用口语交际的时候，参与交际的双方，包括说话者和听话者，必须处在同一个时空之中，否则无法进行正常的交际。即使是使用电话、电脑视频等现代化通讯工具，也要求同一个时空，只不过是空间范围比以前扩大了很多而已。我们也可以用录音笔将声音记录下来，但如果不是同一个时间交流，那就只能有信息传递而不会有即时的反馈，例如录音电话，还不能算作是双方正常的口语交际。可以说，同一个时空环境是口语交际的充分和必要的条件，二者缺一不可。

书面语可以突破文字的记录，突破口语在时间和空间上对交际的限制，而把信息传于异时，流于异地。

此外，口语和书面语分别强调语言的不同方面。口语强调语言情感表达和交际功能，口语的参与双方或多方可以进行实时互动。书面语是单方面表达，强调语言的描述和论述功能。

二、如何将书面语言变成口头语言

书面语是在口语的基础上产生的，按理人们应该更重视口语，至少也应该对它们一视同仁。但是实际情况正好相反，存在着一种"重文轻语"的倾向。为了读书写文章，人们不惜十年寒窗苦读，而学习说话的过程是孩提时期不知不觉完成的，很少有人去研究。出现这种倾向有社会的原因，也有历史的原因。

自有文字以来，政府法令、契约文书、经典文献、圣人立言等等都是用文字来记载的。一切"高级"的、重要的交际任务都由书面语来完成，口语只用来料理衣、食、住、行等日常的交际。在这样的情况下产生"重文轻语"的倾向是不奇怪的。

但现在时代变了，以前非得由书面语来完成的交际任务也都能用口语来代替。录音、录像、通信、广播等设备已经普及，口头信息能够在顷刻之间传递到千里以外的地方去，同时为千万人听到；也能录成音档，和书籍一样被大量复制，可以被长期保存下来。现在，口语克服了空间和时间的限制，也能够传于异地，留于异时。口语的特点是快，随着生产和科技的飞速发展，它将更多地进入过去由书面语独占的交际领域，扩大使用的范围。这就需要提高口语的表达能力。

由于时代变了，传统的"重文轻语"的现象也得改变，口语和书面语应该两条腿走路，同时并重。但是人们的认识往往落后于客观形势，"重文轻语"的倾向至今仍然相当严重，学校里只教"书面语"，不大教"口语"。这种现象应该逐步纠正过来。我们应该重视口语训练，学习如何恰当地将书面语言变成口头语言，在语言交际中，不断地提高自己的口语表达能力和交际能力。

(一) 变书面词语为口语词语

在用词方面，俗语、俚语、熟语、歇后语、方言等都是口语的常用词。多用口语中表现感情色彩的后缀成分、表现情态作用的重叠成分和表现语气口吻的语气词与感叹词。如：

①"众位亲友，我们先走一步，我们得拾掇拾掇去，新安家呀！"

②"老妹子，您这儿坐着吧，我们不等吃晚饭啦，我们得去安置安置。"

要把书面语包含了大量表示抽象概念的词语和术语，转变成口语中常见的俗语、俚语、熟语、歇后语等。如：靠积蓄过日子→吃老本，受人欢迎→吃香，受到照顾→吃小灶。

另外，要把书面语与口语相对应的双音节词转换为口语中常用的单音节词。如：给予→给，购买→买，观看→看，肮脏→脏，美好→好，河流→河，树木→树，耄耋之年→七老八十。

还有些词语，口语可以用，书面语也可以用，称为"通用词语"。如"盐巴"是方言，通常用于口语，"食盐"是书面语，"盐"则是通用词语。有的是口语和书面语的不同，如：吓唬——恐吓（口语——书面语）、小气——吝啬（口语——书面语）。有的是一般用语和特殊用语的不同，一般用语指口头和书面都常用的普通用语。如：可以——准予，后者多用于公文。又如：唱——歌唱，后者多用于文艺作品。又如：脑袋——头部，后者多用于司法文书等。

(二) 变书面语句式为口语句式

若要是把书面语改为口语，就得改变一下句式，如：

1. 把修饰语挪到后面作谓语，例如：

①他买了一本缺一页的书。（书面语）——→他买了一本书，缺一页。（口语）

②前面来了一个高个子、大眼睛、穿着一身灰布衣服的人。（书面语）

——→前面来了一个人，高个子，大眼睛。（口语）

2. 把"有……的 + 宾语"变为没有"的"的连动句，例如：

①我有完成任务的决心。（书面语）——→我有决心完成任务。（口语）

②他们有还清贷款的能力。（书面语）——→他们有能力还清贷款。（口语）

3. 用复指方法把包含"的"字的句子分成两句或多句，例如：

① 以上这些新兴的书面语格式的势力正在扩展。（书面语）

——→以上这些新兴的书面语格式，它的势力正在扩展。（口语）

②日本福岛核电站的核泄漏事件的严重性正在显现。（书面语）
　　——→日本福岛核电站的核泄漏事件，它的严重性正在显现。（口语）
4. 把可要可不要的"的"字删去，例如：
①地平线上的初升的太阳（书面语）——→地平线上初升的太阳（口语）
②他成为建筑工程界的有名的专家。（书面语）
　　——→他成为建筑工程界的有名专家。（口语）
5. 将长而复杂的书面语句变成若干个简单的口语短句，例如：

有三十多位学者在大会和分组会上作了正式发言，就老舍的思想发展及其在文学上的地位，如何评价老舍早期小说《猫城记》，老舍的剧作和戏剧艺术观，老舍作品的语言特色、艺术风格和民族性等方面展开了讨论。

这个长句变为口语句子的办法是，或删去句套"就……方面"，改为几个动词短语并列的句式，即改作"……作了正式发言，讨论……讨论……讨论"；或保留"就……方面"的句套，中间几个小句都用"就……方面"套住，变成作"……就老舍……方面，就……方面，　就……方面展开了讨论"。这样一来句子念起来上口，也能听得清楚明白了。

（三）变书面语篇式为口语语篇

例如：

片段一："我内心很不平静地站在这个特殊的讲台上进行演讲，虽然我工作九年来并没有干过什么轰轰烈烈的事情，但是我可以自豪地、问心无愧地说我爱护自己的每一个学生并为他们的成长倾注了情感。都说人的一生中能遇上几位好老师是莫大的幸福，我希望我的学生因为遇到我受到我的教育而倍感幸福。"

片段二："站在今晚这个特殊的演讲台上，我的内心很不平静。参加工作九年来，虽然我没有干出什么轰轰烈烈的事来，但是我可以自豪地，问心无愧地说，我一直用心关爱着每一位学生，用心关注着学生的成长。有人说，人的一生中能遇到几位好老师是莫大的幸福。我希望我的学生幸福。"

片段二听起来更顺畅，片段一听起来比较别扭，为什么相同的演讲内容会给人不同的感觉呢？最重要的原因在于前者是书面语，不适合用于演讲，它主要用了复杂的长句；而后者多用短句。日常交际中，声音转瞬即逝的特点决定了我们的口头语不能太繁琐、太复杂，因为听众没有时间反复推敲和仔细琢磨，所以，口语中使用长句容易让听众顾此失彼，即使能勉强理解，也不可避免给他们造成一种疲于追赶的紧张感，时间久了，自然会产生厌倦和疲惫心理，必然使演讲效果大大降低。

多采用短句,则可以让表达更明确,听众不需要努力辨听就能轻而易举地理解演讲内容,感觉轻松;另外,短句句式多变,还能采用排比、对偶、顶针、回环等修辞手段化散为整,将短句整合成整句,这样便会让表达更紧凑有力,严密集中。

　　口语和书面语都是人类不同语言交际方式,它们有着密切的联系,又有明显的差异。口语与书面语之间的转换,应该根据实际的需要进行。它们之间的转换,应该遵从它们自身的特点,遵从语言的规律。我们应该摒弃口语随意性的缺陷,保留口语通俗性、简洁性、生动性、灵活性的特点,并兼有书面语的规范性、集中性和有序性。

习 题:
1. 什么是口语?举例说说口语有什么特点?
2. 什么是书面语?举例说说书面语有什么特点?
3. 举例说说如何将书面语言变成口头语言?

第四章

汉语的审美特征

世界上任何一种语言,都能通过自身的表现形式和手段体现其美感和特色。正如恩格斯所说:"意大利语像和风一样清新而舒畅,像最美丽的花园里盛开的百花;西班牙语像林间的清风;葡萄牙语宛如满是芳草鲜花的海边的波浪声;法语像小河一样发出淙淙的流水声;荷兰语如同烟斗里冒出的浓烟,给人以舒适安逸的感觉。"[1] 汉语与这些欧洲语言相比,在语音、词汇、语法结构等方面具有独特的审美特征。如语音结构在音乐形式美方面的特征;词汇中同义和近义词的纷繁丰富、感情色彩的细腻、反映概念差异的细微;多种多样的遣词造句的语法结构造成的审美表现特征等等,都使汉语产生巨大的审美表现力。

第一节 汉语语音的审美特征

现代汉语语音从审美的角度看,其显著的特征是具有音乐美。刘勰在《文心雕龙·声律》中说,"声画妍蚩,寄在吟咏;吟咏滋味,流于字句;气力穷于和韵。"这正是强调语言的音乐美,能够达到"声转于吻,玲玲如振玉;辞靡于耳,累累如贯珠"的审美境界。这是由汉语语音特点决定的。

现代汉语在语音上具有以下几个特点:一、元音在音节中占主要地位,由复元音构成的音节居多,乐音占绝对优势;二、元音收尾的音节较多,响亮的开口呼音节占全部音节的半数,韵多声少,响亮悦耳;三、没有复辅音,辅音

---

[1] 转引自许永佑《语言学趣谈》,北京,书目文献出版社,1983。

中清辅音多;四、每个音节都有固有声调,且调值区别大。这些特点使现代汉语在语音上表现出声韵和谐、抑扬顿挫、节奏鲜明的特点。

一、声韵和谐之美

(一) 声韵的和谐之美,集中体现在韵律的安排上

这在诗歌的语言形式上得到了充分的体现。所谓诗的韵律,主要是指押韵。押韵就是选择同韵的字,把它们有规则地安排到诗行中,使同韵成分在诗作中重复出现,这些同韵的字叫韵脚。押韵能够强化诗歌的节奏,构成同韵相应、回环流畅的韵律美。如:

①空山新雨后,天气晚来秋。
　明月松间照,清泉石上流。
　竹喧归浣女,莲动下渔舟。
　随意春芳歇,王孙自可留。

(王维《山居秋暝》)

②天上飘着些微云,
　地上吹着些微风。
　啊!
　微风吹动了我头发,
　叫我如何不想她?

　月光恋爱着海洋,
　海洋恋爱着月光。
　啊!
　这般蜜也似的银夜,
　教我如何不想她?

　水月落花慢慢流,
　水底鱼儿慢慢游。
　啊!
　燕子你说些什么话?
　教我如何不想她?

枯树在冷风里摇,
野火在暮色中烧,
啊!
西天还有些儿残霞,
教我如何不想她?

(刘半农《教我如何不想她?》)

例①是一首五言律诗,二、四、六、八句中的"秋、留、舟、留"押韵。例②是首新诗,诗歌的押韵要求比较宽松,但韵脚的配置仍有一定的规则,每一节的韵脚不同,使诗歌在回环往复中显出声韵之美。我国诗歌自古及今都注重声韵效果,并在长期的发展中形成了一整套有关字音、音韵、句式的基本规则,这就是声韵。

诗歌和音乐是姊妹艺术,二者有相通之处,因为诗歌是语言的艺术,音乐是声音的艺术,而语言要通过语音传达出来。现代流行音乐的一些词作家,继承了诗歌押韵的特点,创作了优秀的歌词,这些歌词单独读起来也有一种诗的韵味,也体现了和谐之美。如:

③以敦煌为圆心的东北东
　　这民族的海岸线像一支弓
　　那长城像五千年来待射的梦
　　我用手臂拉开这整个土地的重
　　蒙古高原南下的风写些什么内容
　　汉字到底懂不懂 一样肤色和面孔
　　跨越黄河 东 登上泰山顶峰
　　我向西 引北风 晒成一身古铜……

(歌词《龙拳》)

民间谚语,也大都是押韵的。例如:春打六九头,农夫不用愁。／大人望种田,小伢望过年。／三代不读书,犹如一屋猪。／好狗不咬鸡,好汉不打妻。／住在一方,靠在一邦。／当官不为民作主,不如回家卖红薯。／

有些歇后语也是押韵的。如:麻雀生鹅蛋——好大的屁眼(本事大);／狗拿耗子——多管闲事。

谚语和歇后语语音上的这个特点,使得它们读起朗朗上口,也便于记忆。

日常生活中的广告用语、新闻标题、网络顺口溜、校园顺口溜中也充分利用了这个特点,如:

④不喝董酒不懂酒，喝了董酒回味久。（董酒广告词）

⑤长春铃木，骑车风度！（长春铃木摩托车广告）

⑥陪了夫人又见班房 法国酒鬼状告酒商（新闻标题）

⑦辛辛苦苦国外引进设备，

　　大大方方花去一笔外汇，

　　回来一看产地原在国内，

　　哈哈一笑又交一次学费。（网络顺口溜）

⑧大一俏，大二娇。大三拉警报，大四没人要。（大学校园顺口溜）

（二）双声叠韵也能增强语言的韵律，体现汉语的声韵美

两个音节的声母都相同的词叫双声词，两个音节的韵母都相同的词叫叠韵词。"叠韵如两玉相扣，取其铿锵；双声如贯珠相联，取其宛转。"（李重华《贞一斋诗说》）可见双声叠韵读起来两个节拍或同起或同落，前起后随，彼响此应，表现出铿锵、婉转、荡漾、促节的音乐美。例如：

⑦清秋幕府井梧寒，独宿江城蜡炬残。

　　永夜角声悲自语，中庭夜色好谁看。

　　风尘荏苒音书断，关塞萧条行路难。

　　已忍伶俜十年事，强移栖息一枝安。

（杜甫《宿府》）

⑧花已向晚 / 飘落了灿烂 / 凋谢的世道上 / 命运不堪 / 愁莫渡江 / 秋心拆两半 / 怕你上不了岸 / 一辈子摇晃 / 谁的江山 / 马蹄声狂乱 / 我一身的戎装呼啸沧桑 / 天微微亮你轻声地叹 / 一夜惆怅如此委婉

（歌词《菊花台》）

例⑦中"清秋""永夜""荏苒"是双声，"幕府""独宿""夜色""风尘""萧条""伶俜""栖息"是叠韵，另外加上"寒、残、看、难、安"五个韵脚，使得这首诗充分展示了和谐悦耳之美。例⑧中韵脚"晚、烂、堪、半、岸、山、乱、叹、婉"的配置使这首歌词读起来回环复沓，别有韵味，"灿烂、沧桑、惆怅、委婉"四个双声叠韵词的使用强化了这种审美效果。

汉语还有一类词兼有双声叠韵的作用，即叠音词。叠音词是指两个音节的声音形式（包括声母、韵母和声调）完全相同的词。例如：

⑨寻寻觅觅，冷冷清清，凄凄惨惨戚戚！乍暖还寒时候，最难将息。三杯两盏淡酒，怎敌他，晚来风急！雁过也，最伤心，却是旧时相识。满地黄花堆积，惟悴损，如今有谁堪摘。守着窗儿，独自怎生得黑！梧桐更兼细雨，到黄昏点点滴滴

滴。这次第，怎一个愁字了得？

(李清照《声声慢》)

⑩紫紫红红处处莺莺燕燕，朝朝暮暮年年雨雨风风。

(杭州西湖花神庙楹联)

叠音词的使用，除了具有双声词和叠韵词的音乐效果之外，还使言语出现一种回环流动的意味，烘托人物的情致和情趣。例⑨中叠音词"寻寻觅觅，冷冷清清，凄凄惨惨戚戚、点点滴滴"营造了如泣如诉、缠绵萦回的情感氛围，淋漓尽致地表现了作者复杂的情感体验。例⑩中这份对联全由叠音组成，情境与韵味相互生发，读来颇有情趣。

二、抑扬顿挫之美

汉语有阴平、阳平、上声、去声四个声调，声调的高低变化也就是音节的高低变化，平声显得高而扬，上、去则或折或降显得较为低沉，它们之间的高低变化，就像音乐中的滑音，从一点滑向另外一点。巧妙地运用声调的这种特质，能够造成言语的抑扬顿挫之美。平仄节奏的优势主要表现在古典诗歌和韵文中。如：

(10) 李白乘舟将欲行，(仄仄平平仄仄平)
　　　忽闻岸上踏歌声，(平平仄仄仄平平)
　　　桃花潭水深千尺，(平平平仄平平仄)
　　　不及汪伦送我情。(仄仄平平仄仄平)

(李白《赠汪伦》)

"诗歌中的的格律概括起来只有一条原则就是寓变化于整齐之中。整齐中有变化，变化中有整齐，抑与扬有规律地交替和反复，以造成和谐的音调"[1]。具体方法是一句之内平仄相间，也就是平声连接仄声，仄声再接着平声；相续的两句之间平仄相对，也就是两句对应的句法位置上，平声对应仄声，仄声对应平声。现代散文虽然不像古典诗歌那样讲究平仄，但在一些关键的语句中把声调高低安排得当，会给人留下更为深刻的印象。如：

(11) 与其说他们吃的是美味佳肴，不如说他们嚼的是人生苦果。

上例中"美味佳肴"是上声、去声、阴平、阳平，"人生苦果"是阳平、阴平、上声、上声，读起来非常悦耳。很多文学家在谈创作体会时就谈到这一点，如老舍在《戏话戏论：〈小花朵朵〉》中说："在汉语中，字分平仄。调

---

[1] 黎运汉、盛永生：《汉语修辞学》，广东教育出版社，2010。

动平仄，在我们的诗词形式发展上起过不小的作用。我们今天既用散文写戏，自然就容易忽略了这一端，只顾写话而忘了注意声调之美。其实，即使写散文，平仄的排列也还该考究。'张三李四'好听，'张三王八'就不好听。前者是二平二仄，有起有落；后者是四字皆平，缺乏抑扬。四个字尚且如此，那么连说几句就更该好好安排一下子。'张三去了，李四也去了，老王也去了，会开成了'，这样一顺边的句子大概不如'张三、李四、老王都去参加，会开成了'，简单好听。前者有一顺边的四个'了'，后者'加'是平声，'了'是仄声，抑扬有致"。林语堂说："汉语具有分明的四声，且缺乏末尾辅音，读起来声调铿锵，洪亮可唱，殊非那些缺乏四声的语音之可比拟。……中国人要自己的耳朵训练有素，使之有节奏感，能够辨别平仄的交替。这种声调的节奏甚至可见于散文佳品中，这一点也恰好可以用来解释中国散文的'可吟唱性'。"（以上分别转引自王希杰《汉语修辞学》，192、189）

可见，汉语具有声调的这个特点，使汉语具有音高的高低变化，协调平仄是汉语音乐美的特有的修辞手段，使汉语表现出独有的审美特征和鲜明的民族风格。

三、节奏鲜明之美

节奏也叫音步、顿歇或节拍。朱光潜先生说："声音节奏在科学文里可不深究，在文学文里却是最主要的成分，因为文学必须表现情趣，而情趣就大半要靠声音节奏来表现。"这从汉语诗歌常常体现出来的鲜明节奏可以看出。汉语的诗句主要分为四言、五言和七言，它们的顿歇规律为：四言句为2（字）+2（字）两顿，五言句为2(字)+1(字)+(2)字或2(字)+2(字)+1(字)三顿，七言句为2(字)+2(字) +2(字)+1(字) 或2(字)+2(字) +1(字) +2(字)四顿。如：

(12) 迢迢／牵牛／星，皎皎／河汉／女。
　　　纤纤／握／素手，札札／弄／机杼。
　　　举手／长／劳劳，二手／同／依依。

（古诗十九首）

(13) 清明／时节／雨／纷纷，路上／行人／欲／断魂。
　　　借问／酒家／何处／有? 牧童／遥指／杏花／村。

（杜牧七绝《清明》）

例（12）是五言古诗，前两句停顿节奏是2（字）+2（字）+1（字），后两句是2（字）+1（字）+2（字），例（13）是七言诗，前两句的停顿节奏是2（字）+2（字）+1（字）+2（字），后两句是2（字）+2（字）+2（字）+1（字）。

五言诗三节拍，七言诗四节拍，五比三，七比四都比较接近形式美的"黄金分割律"。诗歌的顿歇节奏的妙趣还可表现在，同一篇诗作改变顿歇可表现不同的音律美。苏轼就仅仅改变了几处顿歇，将上面的《清明》改变成一首属于散句的绝妙小令

清明/时节/雨，纷纷，路上/行人，欲/断魂。
借问/酒家/何处？有/牧童，遥指/杏花/村。

（苏轼小令《清明》）

后来还有人改变这首诗的顿歇，将它改编成一个小小的剧本，同样精彩：

清明时节。雨纷纷。
路上。
行人：（欲断魂）借问酒家何处有？
牧童：（遥指）杏花村。

除诗歌外，其它句子的顿歇节奏不固定，但也有鲜明的顿歇。如：

小草/偷偷地/从土里/钻出来，嫩嫩的，绿绿的，园子里，田野里，瞧去，一大片/一大片，满是的。坐着，躺着，打/两个滚，踢/几个球，赛/几趟跑，捉/几回迷藏，风/轻轻的，草/软软绵绵的。

（朱自清《春》）

汉语中的四字格短语也表现出很强的顿歇节奏，一般读成2（字）+2（字），这种配置顺口悦耳。如节外/生枝、口是/心非、五花/八门，即使有些从结构和意义上是3（字）+1（字）或1（字）+3（字）的，也要都成读成2（字）+2（字），如：力不/从心、成人/之美、身临/其境、败家/之将、弦外/之音等。

节奏能给人以听觉上的快感和美感，语言的节奏把握得好，就会使语言上口顺耳。中央电视台有个节目"新闻30分"，之所以不按照常规的说法"新闻30分钟"，是因为"2（字）+2（字）+1（字）"的语言模式更具有音乐美。[1]

此外，利用词语的意义和声音的特点也能让汉语呈现出动人的魅力，如运用异形同音词和同形异音词，形成"异形同音趣、同形异音趣"。明代大才子解缙写了一副春联：蒲叶桃叶葡萄叶，草本木本；梅花桂花玫瑰花，春香

---

[1] 王希杰：《汉语修辞学》，173页，北京，当代世界出版社，1980。

秋草。这幅对联用蒲、桃谐音葡萄，"梅、桂"谐音"玫瑰"，这里利用了异形同音，体现了"异形同音趣"。"同形异音趣"是利用汉语中单音节词形相同音不同而构成的语音情趣。如山海关孟姜女庙对联："海水朝朝朝朝朝朝朝落；浮云长长长长长长长消"，上联"朝"是多音字，可念 zhāo，名词；也可念 cháo，动词，同"潮"；下联"长"也是多音字，可念 zhǎng，也可念 cháng，通"常"。这幅对联应该读成：海水潮，朝朝潮，朝潮朝落；浮云长，常常长，常长常消。

第二节 汉语字词的审美特征

一位外国汉学家说："汉语的语法没有斯拉夫族语言那么复杂，但是在另一方面，汉语的词汇，因为它是汉语和汉族文学三千年来发展的产物，却具有一个几乎是取之不尽用之不竭的表现方式的宝库，可以描绘任何最细致的感情色彩。……"丰富多彩的汉语词汇宝库为词语的选择提供了优质的资源。我国古今的文学大师都非常善于用字（词），对词语进行反复推敲、选择、更换，以找到最能传情达意的词语，如"鸟宿池边树，僧敲月下门"中的"敲"，"春风又绿江南岸，明月何时照我还"中的"绿"，都是经过反复斟酌推敲，力求表达最恰当的效果。

从审美的角度看，现代汉语词语词义丰富、词语修辞色彩多样，能体现出表达效果灵活多样之美。

一、词义丰富

汉语词语的意义非常丰富，包括多义词、同义词、反义词和模糊词语等，词义的丰富之美充分体现在这些词的运用上。

所谓多义词，是指具有几个相互联系的不同意义的词，但是这些词的意义的地位是不同的，包括最初的根本义（本义）、引申义和比喻义。例如，"这里的河水很深。"，这里的"深"是指从上到下或从外到里的距离大。"这道题很深"一词中的"深"为其引申义，意为深奥。又如，"风浪"的本义为：水面上的风和波浪。比喻义为：比喻艰险的遭遇。如，"他是个久经风浪的人，面对着邪恶势力，毫不畏惧，顽强地斗争。"灵活运用多义词可以造成委婉、含蓄和生动形象的效果。例如：

①老年人放下包袱，解除精神负担，达到心理平衡，就能为健康快乐100岁

奠定坚实的基础。

(汤德明《放下包袱踏上长寿路》,载《浙江老年报》2006年3月8日》)

例①中的"包袱"本义是是用布包起来的衣物包裹,派生出来的比喻义是不利于老人心理平衡和健康快乐的负担,这样使用"包袱"一词就有生动、含蓄之美。

除了多义词,同义词的巧用也能体现不一样的效果。所谓同义词,是指对同一事物有许多不同的说法或名称。人们可巧妙地利用同义词,避免用词重复,呈现错综变化之妙。例如:

②我吸川上流,君喝川下水。川流永不息,彼此共甘美。

(陈毅《赠缅甸友人》)

③土客机坠毁72人遇难,美客机事故21人丧生 (人民网,2003年1月9日)

④微风过处,送来缕缕清香,仿佛远处高楼上渺茫的歌声似的。这时候叶子与花也有一丝的颤动,像闪电般,霎时传过荷塘的那边去了。……月光如流水一般,静静地泻在这一片叶子和花上。薄薄的青雾浮起在荷塘里。叶子和花仿佛在牛乳中洗过一样;又像笼着轻纱的梦。

(朱自清《荷塘月色》)

例②中的"吸"和"喝","川"和"流",例③中的"遇难"和"丧生",例④中的"仿佛……似的"、"像……般"、"如……一般"、"仿佛……一样"和"像",这些词语可以互相代替,参差有别,让语言有更多的变化,有错落多姿之美。

其实大多数的同义词之间,多少有些差异,可能是含义侧重不同,可能是程度范围或搭配对象有差异,那么是需要作者按照需要选择最准确的,以达表意精确的效果。例如:

⑤他悠悠地踱着步子,嚼着牙花子,慢吞吞地吐着每一个字。好像是在掂每一个字的分量;又像是在咂每一个字的滋味。是的,他的话语就像五香牛肉干,浓缩,醇厚。

(王蒙《说客盈门》)

例⑤中,作者精心选用了"踱""嚼""吐""掂""咂"五个同义词,把那个擅长于端架子、打官腔、说套话的官僚习气十足的"他"(县革委会主任老赵)的形象生动得体地勾勒出来。

⑥她比所有的女宾都漂亮、高雅、迷人,她满脸笑容,兴高采烈。

(莫泊桑《项链》)

例⑥中有三个同义词：漂亮、高雅、迷人，语意一个比一个强，三个词语排列在一起有加强语势的效果，更能突出路瓦戴夫人的虚荣心得到满足时的幸福感。

反义词是指意义相反或相对的一对词，反映客观事物的矛盾和对立。反义词配对放在语句中可以使要表达的意思更加鲜明，常有含义深刻、耐人寻味之美。

⑦长大后，我终于领悟到，高密东北乡无疑是地球上最美丽最丑恶，最超脱最世俗，最圣洁最龌龊，最能喝酒最能爱的地方。

（莫言《红高粱》）

⑧生当作人杰，死亦为鬼雄。

例⑦中作者使用了"美丽"和"丑恶"，"超脱"和"世俗"，"圣洁"和"龌龊"这三对反义词用在同一事物上形成对立，的确起了很好的凸显的效果。例⑧中的"生"和"死"，"人杰"和"鬼雄"，放在一起加以比较，能清楚地表达这一铿锵有力的感情。

在语言表达中，意义精确的词语很重要，准确的使用固然能让人领会意思，达到沟通之目的，但是有时候意义模糊的词语的表达也是不可或缺，能给人以灵活多样的联想空间，创造另一番的审美效果。例如：

⑨王小玉便启朱唇，发皓齿，唱了几句书儿。声音初不甚大，只觉入耳有说不出来的妙境，五脏六腑里，像熨斗熨过，无一处不伏贴，三万六千个毛孔，像吃了人参果，无一个毛孔不畅快。唱了十数句之后，渐渐的越唱越高，忽然拔了一个尖儿，像一线钢丝抛入天际……

（刘鹗《老残游记》）

例⑨运用了很多模糊词语，如"几句"、"三万六千个毛孔"、"千回百折"等，非常恰当地描写了这声音之妙，给人以无限想象的空间，这正是模糊词语之美所在。

汉语词语的意义丰富多样，巧用多义词、同义词、反义词和模糊词语等能带来多样的表达效果，给读者带来美的享受。

二、修辞色彩多样

恩斯特·卡西尔："我们一进入审美领域，我们的一切词语就好像经历了一个突变。它们不仅有自己的抽象意义，好像还融化着自己的意义。"（卡西尔，《人论》）。的确，我们使用的词语本身就含有表达特定情感和气氛的独特格调。在交流的过程中，为了适应特定的语言环境和交际对象的要求，人们会恰当地运用词语，使其发挥出特有的修辞色彩。而汉语词语的修辞色彩多样，包括感情色彩、形象色彩、联想色彩、语体色彩、风格色彩等，修辞色彩的多样之美充分体现在这些词的运用上。

词语的感情色彩有褒义、贬义和中性。词语的感情色彩反映了人们对事物爱憎感情和褒贬评价。"纯洁"、"高尚"、"坚韧"、"刚强"、"淳朴"等是褒义词，带有褒扬、尊敬、喜爱等感情色彩；"毒辣"、"折磨"、"愚蠢"等为贬义词，带有贬斥、憎恶的感情色彩；"发动"、"保护"、"结果"、"害怕"等为中性词，不带褒贬的感情色彩。根据表达的需要，选用适当感情色彩的词，才能把自己的思想感情准确、鲜明地表达出来。例如，1949年后，社会对残疾人的称呼上就有一个大的改变。比如人们把"聋哑学校"改为"复聪学校"、"启聪学校"、"启智学校"。前者虽指的是客观现实，但是却带有贬义色彩，有歧视弱势群体之嫌。

但在特定的语言环境中，为了起到讽刺或幽默的效果，可以采用"说反话"的方法。在这种情况下，用褒义词表示的是贬义，用贬义词则表示的是褒义。例如：

⑩我们全党全民要把这个雄心壮志牢固地树立起来，扭着不放，"顽固"一点，毫不动摇。

（邓小平《目前的形势和任务》）

例⑩中的"顽固"本是贬义词，在这里用作褒义，是坚定不移的意思，因此加上引号。

汉民族的思维方式，具有形象思维的特点，人们对视觉性强、富于形象色彩的事物情有独钟，很为敏感。这就形成了汉语造词的一个突出特点——乐于以具体实在、表象丰满的客观事物，作为蕴含着丰富内涵的词义的外形，所以汉语有很多具有形象色彩的词语。

具有形象色彩的词语，大多是形象感强的词语，我们可以从感觉体验方面对具象性词语进行具体的分析，例如：

以视觉形象认识为基础的词语有：向日葵、猫头鹰、凤尾竹、美人蕉、鸡冠花、滚雪球、捧腹大笑、拍案而起、穿连裆裤、九牛一毛、胡子拉碴、胁肩谄笑、豆腐渣工程、一个鼻孔出气、一瓶子不满，半瓶子晃荡；

以听觉形象为基础的有：嗡嗡响、嘻嘻哈哈、稀里哗啦、呱呱坠地、穷得丁当响、响当当的左派、肚子饿得咕咕叫、狗撵鸭子呱呱叫；

以嗅觉形象为基础的有：香喷喷、香饽饽、臭烘烘、腥乎乎、臭名昭著、臭名远扬、墙里开花墙外香、顶风臭八百里；

以味觉形象为基础的有：甘甜、苦涩、甜丝丝、酸溜溜、辣乎乎、嘴甜心苦、甜言蜜语、酸甜苦辣、苦不堪言、甜蜜的事业、吃香的喝辣的；

以触觉形象为基础的有：软绵绵、硬梆梆、凉丝丝、冷飕飕、滑溜溜、热气腾腾、冰凉梆硬、软磨硬泡、冷水浇头、如被冰雪、话糙理不糙、热锅上的蚂蚁、吃软不吃硬等。

但是有时有着同样的形象特点的词语也表示完全不同的意思，例如，"行云流水"，比喻自然不拘束，含褒义；"落花流水"，比喻惨败，含贬义。在这两个汉语成语里，同样一个"流水"，却表达迥然不同的意思，褒贬色彩也截然相反。

又如：

(11) 枯藤老树昏鸦，小桥流水人家，古道西风瘦马。夕阳西下，断肠人在天涯。

（马致远《天净沙 秋思》）

例（11）中，"枯藤"、"老树"、"乌鸦"、"古道"、"西风"、"瘦马"的形象义鲜明，引发人们的联想，共同构建一个悲凉的画面。

汉语词语的联想色彩常在比喻中体现。自然现象是人类共同的认知对象，不同的民族在面对某种事物而产生的联想，有时是大体相同的。例如："雷鸣般的掌声""迅雷不及掩耳""顺水推舟""水中捞月"等，在英语和其他语言中可能有类似的比喻说法。

但这种大致相同的比喻，在语言中所占的比例并不大。由于民俗文化的差异，不同民族运用的比喻往往呈现出明显的迥异。对于同一个事物，不同的民族会用不同的比喻材料来比方。例如，比喻事物大量涌现，汉语用"雨后春笋"，而俄语则用"雨后的蘑菇"；比喻事出有因，汉语用"无风不起浪"，而俄语则用"无风不生烟"；比喻在一个人失势或遭难时，许多人便趁势欺侮他，汉语俗语用"墙倒众人推，破鼓乱人捶"，而阿拉伯俗语则用"牛倒众人宰"；汉语俗语用"死猪不怕开水烫"，而阿拉伯俗语则用"死羊不怕剥皮痛"等等。

在叙事、描写、形容、说理时，为了增强形象性、生动性和趣味性，人们常使用比喻性的成语。例如形容做起来不费力的事情，多用比喻的方法，如："易如反掌""如运诸掌""举手之劳""如汤泼雪""如拾地芥""探囊取物""垂手而得""唾手而得""不费吹灰之力"等等。形容很熟悉的、很容易办的事情，用"轻车熟路""驾轻就熟"；形容条件具备、时机成熟，事情很容易办成，用"瓜熟蒂落""水到渠成"。反之，由于违反了客观规律，方法不对头，就会导致徒劳无功，人们就会用"隔靴搔痒""挑雪填井""炊沙做饭""画蛇添足""刻舟求剑""守株待兔"等成语来形容。

　　汉语有一种比喻性的谚语，形成前后并列的两个句式。用来比喻的喻体句式和显示本意的本体句式前后对照呼应，达到形象化和哲理性的统一，通俗易懂，富有表现力。喻体居前，本体在后的谚语比较多见，例如：

"岁寒知松柏，危难见人心"

"煮饭要放米，说话要讲理"

"一个篱笆三个桩，一个好汉三个帮"

"长江后浪推前浪，世上新人继旧人"

"良药苦口利于病，忠言逆耳利于行"

　　本体居前，喻体在后的谚语比较少见，例如：

"人挪活，树挪死"

"人闲就得病，石闲就生苔"

"人无头不走，鸟无头不飞"

"同人不同命，同伞不同柄"

　　在汉语口语里，使用比喻歇后语对某个人物的某种状况或言行，进行曲折而生动的褒贬评价和表示。例如：

"竹篮打水"（省略本意"一场空"）

"狗拿耗子"（省略本意"多管闲事"）

"兔子尾巴"（省略本意"长不了"）

"小葱拌豆腐"（省略本意"一清二白"）

"泥菩萨过江"（省略本意"自身难保"）

　　或者直接用比喻型的俗语，进行生动的表达，广泛运用于口头表达，例如：

"杀鸡给猴看"

"活鱼摔死了卖"

"脱了裤子放屁"

"煮熟了的鸭子飞了"

"是骡子是马，拉出来遛遛"

　　汉语的很多词语有着其特点的语体色彩，一般分为口语语体和书面语体两大类。例如："爹娘"、"爸妈"、"父母"，所指的客体都是"父母"，但语体风格特征不一样。"爹娘"一般用于口语中，风格特征亲切，具有一定的乡土气息。"爸妈"也是多适用于口语，也是一种亲切称呼，但文雅一些。"父母"则比较正式，多用于书面语或者正式严肃的场合。

比如，1999 年焦波在北京大学举办了一个关于他父母的摄影展，展览名为《俺爹俺娘》。"俺爹俺娘"不仅具有亲切感，而且有乡土气息。而当时《北京大学校刊》刊登了一篇关于该摄影展的报道，题目是《我看〈我的父亲母亲〉》，与原展览名的所指没有变，但是失去了原有的亲切朴实的乡土气息。而同年有一部电影名为《我的父亲母亲》，作者没有用"俺爹俺娘"意在突出庄重、正式。当然，也与影片叙述的一个乡村教师的恋情不无关系。2003 年 7 月中旬，中央电视台播出的一部名为《好爹好娘》电视剧，体现了亲情和乡情，有很浓的亲切感。

另外，有一些汉语词语表达同样的意思，但是风格色彩不一样。例如，"解决"、"搞定"、"摆平"、"搞掂"，都有把问题解决、把事情办成的意思，但它们的风格特征不一样。"解决"的语体特征不明显，既可以用于口语，也可用于书面语。但"搞定"、"摆平"、"搞掂"，则多用于口语中，具有诙谐功能。

孤立地看，汉语词语本身并无好坏之分，只有在具体的语境中，词语经过使用者的选择进入到句子中，才能体现出词义丰富、词语修辞色彩多样的特点，才能充分地体现它的语用价值和审美价值。

第三节　　汉语句子结构的审美特征

句子所表达的意义和内容比词语完整，它的修辞资源也比词语丰富。汉语与印欧语系相比在语法上具有鲜明的特点：语序的变化对语法结构和语法意义起重大影响；词类和句子成分不存在简单的一一对应的关系；虚词的运用对语法结构和语法意义有重要的作用；短语结构与句子结构以及词的结构基本一致。这些特点使汉语在句子成分的语序安排、句子格式及其选用上呈现出独特的审美韵味。

一、语序灵活

汉语缺乏词形变化，语法意义主要靠词序来表达。语序不仅是语法手段，而且是修辞手段。

词语语序的变化或多或少会影响句子所表达的意思，但影响程度的大小依据具体情况而定，各有不同。

（一）词语语序如发生变化，句子的意思就发生变化

汉语的词序一般情况下不能任意变动，变动后意义会大不相同。梁启超的《饮冰室文集》里载有一则轶事：某考官批阅三篇劣等文章时，按等级分别在上面写了三条批语："放狗屁"、"狗放屁"、"放屁狗"。虽然使用的是相同的三个字（词），但词序不同，等次分明，而且极富感情色彩，令人拍案叫绝。"放狗屁"，这里隐去了主语是"人"，表达人在放狗屁的意思；"狗放屁"，主语是"狗"，狗放屁与人放屁相比较是等而下之；"放屁狗"，是说这条狗别无长处，只会放屁，与狗在放屁相比较又等而下之。有一种关于爱吃辣椒的说法："四川人不怕辣，湖南人辣不怕，江西人怕不辣。"这里也通过语序的变化，显示出一个比一个更能吃辣的。再看以下两例：

①某处书法家在屋外贴了一张字条："不可随处小便"，有人把字条揭走重新排列，变成了"小处不可随便"。

②鲁迅先生当年一句"无聊才读书"的讽刺，恐怕今天恰恰要变成"无才聊读书"了……于是，人们由"无聊才读书"逐步演变成"无聊书才读"……既然"无聊书才读"，读书就谈不上；既然"无书才聊读"，聊也不过是空聊。

"不可随处小便"与"小处不可随便"，"无才聊读书"与"无聊书才读"、"无书才聊读"，都只是调换了语序，但意思却完全不同。这类例子还有很多，如：不很好——很不好 // 自然的美——美的自然 // 没有什么——什么也没有 // 活死人——死活人——活人死 // 读死书——读书死——死读书 // 不很注意——很不注意。在同一语境中，利用汉语语序的这种特点，造成不同的句子，能够营造很好的修辞效果，增添阅读情趣。

（二）词语语序发生变化，句子意思基本不变，但能产生特殊的修辞效果

为获得某种特定的修辞效果，汉语可改变常规的句子结构，将句子成分相应变动顺序，产生变式句。常见的形式有：主语谓语发生位移，述语和宾语发生位移，中心语和修饰语发生位移。如：

③起来，不愿做奴隶的人们！

（《义勇军进行曲》）

④去吧，野草。连着我的题辞！

（鲁迅《野草·题辞》）

⑤你是纷飞琴键上的小精灵,我一直都很相信。

(方文山《故事的第一行》)

⑥原来曾爱过的记忆,抹不去

(方文山《葬花笛》)

⑦轻轻的我走了,正如我轻轻的来,……

(徐志摩《再别康桥》)

⑧她一手提着竹篮,内中一个破碗,空的。

(鲁迅《祝福》)

以上句子都与常规的语序不同,都是变式句。③④主谓倒装,加重了语气。⑤⑥述语和宾语的位置进行了调整,将宾语位移到句首,作为话题,强调了宾语。⑦将状语移到句首,强调了修饰语所表示的程度,而且增强了诗歌的音律美,避免了与下句在结构上的重复。⑧把定语从依附性的语法位置提升到了具有一定独立性语法位置,它所传递的信息—"空",更容易凸显在人们的视野中。

二、句式丰富

句式是句子的形式。汉语的句子格式丰富多彩,可分为长句和短句、整句和散句、紧句和松句、主动句和被动句、肯定句和否定句、设问句和反问句。不同的句式有不同的表达作用,句式的多样化为句式的选择提供了一种可能性。

(一) 长句和短句

长句是有较强的修饰语或者词组作句子成分的而形成结构比较复杂的句式。短句是结构比较简单,字数比较少的句式。长句严谨缜密,在论证辩驳中气势逼人,在叙述描写中则细致绵密;短句效果则是轻松随意、活泼自如。

⑨在他流下了一大缸咸涩的汗水而使他成了全公社赫赫有名的"亩产千元"的"种烟状元",安哥拉长毛兔给他带来的一千多元进项又使他获得"养兔大王"的光荣称号之后;在他别出心裁地打破自西汉时代流传至今的"五脊六兽",青砖到顶的传统设计,用钢筋水泥预制板盖起了使山民们叹为观止的三间新式平顶屋之后;在迎亲"炮手"李赖孩儿骑到树杈上点燃了千头火鞭,迎来了系着大红彩绸的汽车,媒人王大脚兜头盖脸地朝新娘身上撒了满满一升五谷掺和着硬币的"喜钱"之后;在从"响器沟"高价请来的"唢呐王"第四代玄孙鼓起腮帮、涨红脸庞,吹奏着《抬花轿》的古老曲牌,同从嵩阳街租来的三洋牌收录机里传出的"毛毛雨啊,啊,毛毛雨"进行了声嘶力竭的拼搏之后;在公社秘书兼主婚人、新郎的本家叔李兴福吸着带嘴儿的喜烟,向满院子喝着喜酒,嗍着喜糖的喜客们

发表了"巧种烟赛过摇钱树,光棍坡飞来金凤凰"的长篇贺词之后;在麦收娘为她的从小没爹的苦孩子的一个迟到的婚配,用衣襟、用袖口、用头巾、用干涩的手掌抹去无数次辛酸的眼泪之后,二十八岁的李麦收终于有个媳妇了。

(张一弓《流泪的红蜡烛》)

(10) 啊,美,伟大的美,令人陶醉的美。

(峻青《沧海日出》)

(11) 中学生,副教授。博不精,专不透。名虽扬,实不够。高不成,低不就。瘫趋左,派曾右。面微圆,皮欠厚。妻已亡,并无后。丧犹新,病照旧。六十六,非不寿。八宝山,渐相凑。计平生,谥曰陋。声与名,一齐臭。

(启功《自撰墓志铭》)

⑨是个长句,时间状语很长,由6个复杂的并列介词短语构成,(10)、(11)由短句组成,(10)中"美"与短语"伟大的美"、"令人陶醉的美",构成具有递进关系的感叹句,间接明了地表达了作者对日出美景的赞叹。(11)中的句子都很短,由三个字构成,却收到了简洁、明快、清晰利落的表达效果。短句是汉语的优良传统之一,最能体现汉民族语言风格,它节奏明快,急促有力,能使语言形成豪放的气势。

(二) 整句和散句

长句和短句是就某个句子的内部构造而言的,整句和散句是就句子之间的关系而言的。整句指相邻的几个句子或分句结构相同或相似,散句指相邻的几个句子或分句句式同,长短不一。包含对偶、排比修辞格的多为整句。如:

(12) "我也曾花果山伏虎降龙,我也曾上天堂大闹天宫。饥时把老君的丹,略略咬了两三颗;渴时把玉帝的酒,轻轻呼了六七钟。睁着一双不白不黑的金睛眼,天惨淡,月朦胧;拿着一条不短不长的金箍棒,来无影,去无踪。说甚么大精小怪,那怕他急懒膪脓!一赶赶上去,跑的跑,颤的颤,躲的躲,慌的慌;一捉捉将来,锉的锉,烧的烧,磨的磨,舂的舂。正是八仙同过海,独自显神通!"

(13) 余光中曾说过,中国大陆是他的母亲,台湾是妻子,香港是情人,欧洲是外遇。

(彦火《琴台客聚·余光中这道文学风景》)

例(12)中的复句都由两个结构相同的分句组成,(13)的宾语由四个结构相同的比喻句构成,从这两例我们可以看出整句,整齐匀称,结构和谐,气势贯通,能够把内容表达得鲜明集中。人们在日常说话、写文章时,则更多用的是散句。如:

（14）小鸟啼鸣，祝福新生的喜悦。不知从哪儿传来了小啄木鸟敲啄树干的声音。对面山上白花花地摇曳着什么，大概是辛夷花吧。

（东山魁夷《自然与色彩》）

散句句式灵活而富有变化，自然活泼、舒卷自如。不管是长句、短句，还是整句和散句，通常是交叉出现，相互配合、错落有致。老舍先生曾举了个例子："她是个活泼可爱的姑娘，她的眼睛很大，她的嘴巴很小，她的个子不高"这样的句子，句法单一，形式呆板，没有变化，不如"她是个活泼可爱的姑娘，大眼睛，小嘴巴，个子不高"生动活泼。仔细分析不难发现，前者是一个整句，将四个主谓结构的句子并列铺排在一起，完全没有变化；后者整散交错使用，在句子的结构类型上有明显的变化："她是个活泼的姑娘"是主谓结构，"大眼睛"、"小嘴巴"是定中结构，"个子不高"又变成了主谓结构，不变中有变，变中有不变，形成一种变化美，当然就活泼起来了。

以上介绍了长句、短句和整句、散句的表达作用。除此之外，主动句和被动句，肯定句和否定句、设问句和反问句，为我们的遣词造句也提供很多的选择。

习 题：

1. 请用普通话朗读周杰伦的《菊花台》，并请分析这首歌的歌词为什么读起来也能朗朗上口？

你的泪光柔弱中带伤
惨白的月弯弯勾住过往
夜太漫长凝结成了霜
是谁在阁楼上冰冷的绝望
雨轻轻弹朱红色的窗
我一生在纸上被风吹乱
梦在远方化成一缕香
随风飘散你的模样

菊花残满地伤

第四章　汉语的审美特征　　077

你的笑容已泛黄

花落人断肠我心事静静淌

北风乱夜未央

你的影子剪不断

徒留我孤单在湖面成双

菊花台钢琴演奏版

花已向晚飘落了灿烂

凋谢的世道上命运不堪

愁莫渡江秋心拆两半

怕你上不了岸一辈子摇晃

谁的江山马蹄声狂乱

我一身的戎装呼啸沧桑

天微微亮你轻声地叹

一夜惆怅如此委婉

菊花残满地伤

你的笑容已泛黄

花落人断肠我心事静静淌

北风乱夜未央你的影子剪不断

徒留我孤单在湖面成双

2. 请分析这一令人啼笑皆非的笑话的词语运用。

　　丈夫（行窃回来）："看，收获不小吧？"

　　妻子："你干这种事时，为什么不替我和孩子想想？"

　　丈夫："我想到了。不过这家商店没有女人和孩子的衣服。"

3. 请分析以下词语表达的意思和色彩，说一说可以如何运用？

　　垂柳、飞天、流萤、闪电、蝴蝶结、山羊胡、蘑菇云、笑面虎

　　生米煮成熟饭

　　放着河水不洗船

　　鸡蛋里挑骨头

　　拉不出屎赖茅房

　　黄鼠狼给鸡拜年

茶壶里煮饺子

夜猫子进宅

肉包子打狗

4. 明代大文人徐渭（字文长）写了一副读书奇联："好读书不好读书　好读书不好读书"，你认为这幅对联"奇"在何处？如何体现汉语的审美特征的？

5. 下面是柳青的作品《梁生宝买稻种》的句子，请你将原稿和修改稿中的句子进行比较，试分析作者从句式上作了哪些调整，调整后表达效果如何？

　　a. 原句：度过了讨饭的童年生活，在财东马房里睡觉的少年，青年时代又在秦岭荒山里混日子，他不知道世界上有什么可以叫做"困难"！

　　b. 改句：他童年时讨过饭，少年时候在财东马房里睡过觉，青年时候又在秦岭荒山里混过日子，简直不知道世界上有什么可以叫做困难。

中篇

ZHONG PIAN

言语的组织
言语的表达策略
让说的像唱的那样好听
对不同的人说不同的话
学会用神态和动作说话
学会艺术式的表达方法
言语的实战运用

策略

发音　　言语

　　　　　运用

表达

　　　组
　　　织

第五章

言语的组织

言语的最基本单位是句子。它由两个部分组成：一是词或词组，它提供认知意义；二是语调所表示的语气部分（语气词是语气的辅助工具，属于语气部分），它提供主观感情和语用内容。

第一节　中心的确立

所谓中心，即中心思想或主题、主旨，是指作者在文章中要表达的贯穿全文的核心，是提纲挈领的道理，是作者在文章中努力通过各种细节来阐明的中心议题。简单地说，中心就是作者要告诉我们的道理和内涵。

说话和写文章一样，要有中心，有条理。要使说话的中心突出，条理清楚，所说的每一句话都要紧紧围绕必要讲清的内容主流，抓住内容的重点，说话前要理清思路和线索，不要颠三倒四，指东说西，无关紧要的枝节统统都要去掉。古人说过："意犹帅也，无帅之兵，谓之乌合。"意思是说，中心好比统帅，无统帅的士兵，只能称它为乌合之众。那么，如何很好地确立中心呢？

第一，中心要单一。主题多了，说话就没有个重点，让人听了之后，不知道这么多观点里面，你到底要阐述的是哪一个问题。

第二，中心要鲜明。鲜明，就是说话的主旨肯定什么，否定什么，赞扬什么，批评什么，提倡什么，要明确，不能含糊不清，模棱两可。

第三，中心要简洁。语言简洁，指的是语言表达要简明扼要，言简意赅。古人云：立片言以居要。言不在多，达意则灵。

典型案例1：

英国首相丘吉尔一生最精彩的演讲，也是他最后的一次演讲，是在英国剑桥大学的一次毕业典礼上。据说，当时整个会场有上万个学生和其他听众，正迫不及待地要听这位伟大首相那美妙而幽默的励志演说，感受伟人的风采。

丘吉尔在他的随从陪同下准时走进了会场，慢慢地迈着自信的步伐登上讲台。他穿着厚重的外套，戴着黑色的礼帽。在听众的欢呼声中，他脱下外套交给随从，又慢慢地摘下帽子从容地放在讲台上。他看上去很苍老、疲惫，但很自豪、笔直地站在听众面前。

听众渐渐安静下来，他们知道这可能是老首相的最后一次演说了。无数张兴奋、期待的面孔正注视着这位曾经英勇地领导英国人民从纳粹黑暗走向光明的老人，这位未上过大学，却知识渊博、多才多艺的举世闻名的政治家、外交家和诺贝尔文学奖获得者。作为政治家、诗人、艺术家、作家、战地记者、丈夫、父亲，丘吉尔走过了充实而丰富的人生之路，他被英国人称为"快乐的首相"。不论在公开场合，还是与家人在一起，他的谈话总是充满幽默感。甚至在生命垂危之时，他也没有忘记幽默。他曾说过："你能看到多远的过去，就能看到多远的未来"这句名言。那么，今天丘吉尔将如何将毕生的成功经验浓缩在这一次演说中？究竟会对即将走向社会参加工作的大学生们提出什么宝贵的忠告呢？

听众热切地期盼着，掌声雷动。

丘吉尔默默的注视着所有的听众。过了一分钟，他打着"v"型手势向听众致意，会场顿时安静下来。

过了一分钟，他幽默地语重心长地说了四个字："Never, never, never, never give up!（永不放弃）"

一分钟后，掌声再次响起。

丘吉尔低头看了看台下的听众。良久，他挥动着手臂，又打着"v"型手势向听众致意，会场又安静了。他铿锵有力说出了四个字：

"永不放弃！"

这次他呼喊着，声音响彻整个会堂。

人们惊讶着，等待着他接下来的演说。

会场又安静下来了。

但大多数听众意识到了其实不需要更多的话语，丘吉尔已经道出了他一生的感悟和成功的秘诀，已经道出了他对学生的忠告。

听众知道，在丘吉尔一生所遭遇的危难中，他永远没有放弃他所要做的事情，世界因为他的出现而改变了。

丘吉尔说完，慢慢地穿上外套，戴上帽子，大家意识到演说已经结束。

他转过身准备走下讲台，这时整个会场鸦雀无声，人们注视着他，期待着他继续演说。

又停顿了一分钟。丘吉尔转过身来，依然默默地看着听众。此时，他看上去红光满面，炯炯有神。接着，他又开口了，这次声音更加洪亮：

"永不放弃！"

丘吉尔再一次停顿下来，他那刚毅的眼中饱含着泪水。

听众想起了纳粹飞机在伦敦上空肆虐，炸弹落在校园、住宅和教堂上；想起了那个左手紧握着雪茄，右手挥舞着胜利的手势，带领大家从噩梦中冲出来的丘吉尔；想起了曾几次竞选首相失败的丘吉尔，但他毫不气馁，仍然像"一头雄狮"那样去战斗，最后终于取得了成功。他说过："我想干什么，就一定干成功。"他不但意志坚强，而且待人十分宽厚，能够谅解他人的过失，包括那些曾强烈反对过他的人。他的虚怀若谷，使他摆脱许多烦恼。在长时间的沉默和回想中，听众都感动地流下了眼泪。

丘吉尔又打着"v"型手势向听众致意，转身走下讲台，离开会场。

会场又爆起了热烈的经久不息的掌声。

这是丘吉尔一生中最精彩的一次演说，也是世界上最简短最震憾的一次演说。这次演说的全过程大概持续了20分钟，但是在这20分钟内，年迈的丘吉尔只讲了三句相同的话——"永不放弃！"却成了中外演说史上的经典之作。

在这次演说中，丘吉尔用他一生的成功经验告诉人们：成功根本没有什么秘诀。如果真有的话，就是两个：第一个就是"永不放弃"；第二个就是当你想放弃的时候，回过头来看看第一个秘诀，还是"永不放弃"。

放弃，这是衡量失败的唯一标准。"永不放弃"，蕴含了生活的真谛、成功的哲理、人生的智慧、深邃的思想。

确立中心应注意以下两个问题：第一，不要无中心。如果中心不明确，随想随说，想到哪儿就说到哪儿，东拉西扯，听者不知道你在说什么。第二，不要多中心。多个中心实际就是没有中心。"中心"即古人说的立意，"立意"就好像军中统帅，只能有一个，否则就会在作战时混乱不堪。

典型案2：烛之武巧言退秦师

春秋时期，晋国和秦国联合包围了郑国的都城，郑国危在旦夕。烛之武受郑文公的委派，见了秦穆公，说："秦、晋两国联军围攻郑国都城，郑国人知道自己死定了。如果灭亡掉郑国能够对您有好处，您劳师动众自然还值得。但是，隔着晋国的大片疆土来把远方的郑国作为贵国的边疆，您会懂得这是不大好办的。何必帮助灭亡掉郑国来便宜您的邻邦？邻邦的版图扩张，就是贵国的实力削弱啊。如果能够保留下郑国，作为您东方通道上的接待站，这对您也并没有害处。再说，那个晋国，哪里会有满足的时候呢，等它在东方向郑国开拓了疆土，就会再向西方去搞扩张。如果不去损害贵国，它又好向哪里去夺取土地！像这样损害贵国来养肥晋国的做法，您要多考虑啊！"秦穆公听了打心底同意，就跟郑国定了和约。晋国看到这种情况，也就撤兵回国了。

烛之武的说话有明确的中心，他紧紧围绕灭郑对秦国没有好处这一中心来谈，突出了问题的关键。他用充足的理由来说服秦穆公：一开头就表明自己是为秦国的利益来做说客的，这就消除了对方的戒心；接着从地理位置分析灭郑对秦有害，存郑对秦有益；最后指明晋国才是秦国的潜在敌人。这番话说的有条有理，使人一听就信服。

第二节　三段式结构

古人写文章讲究"凤头、猪肚、豹尾"，就是文章的开头像"凤头，小巧玲珑，精美好看；中间如猪肚，内容丰富，充实饱满；结尾如豹尾，收束有力，短小精悍。这就为文章提出了基本构架——三段式结构。讲话结构一般来讲也分为三段式：吸引人的开头、充实的中段、有力的结尾。开头要简练精巧；中间要充实、舒展，有分量；结尾要简洁有力，不拖泥带水。

典型案例：温家宝总理在哈佛大学的演讲——

把目光投向中国

校长先生，

女士们，先生们：

衷心感谢萨莫斯校长的盛情邀请。

哈佛是世界著名的高等学府，精英荟萃，人才辈出。建校367年来，曾出过7位总统，40多位诺贝尔奖获得者。这是你们的光荣。

今天，我很高兴站在哈佛讲台上同你们面对面交流。我是一个普通的中国人。我出生在一个教师家庭，有过苦难的童年，曾长期工作在中国艰苦地区。中国有2500个县（区），我去过1800个。我深爱着我的祖国和人民。

我今天演讲的题目是——把目光投向中国。

中美两国相隔遥远，经济水平和文化背景差异很大。但愿我的这篇讲演，能增进我们之间的相互了解。

要了解一个真实的、发展变化着的、充满希望的中国，就有必要了解中国的昨天、今天和明天。

昨天的中国，是一个古老并创造了灿烂文明的大国。

大家知道，在人类发展史上，曾经出现过西亚两河流域的巴比伦文明，北非尼罗河流域的古埃及文明，地中海北岸的古希腊——罗马文明，南亚印度河流域的古文明，发源于黄河——长江流域的中华文明，等等。由于地震、洪水、瘟疫、灾荒，由于异族入侵和内部动乱，这些古文明，有的衰落了，有的消亡了，有的融入了其它文明。而中华文明，以其顽强的凝聚力和隽永的魅力，历经沧桑而完整地延续了下来。拥有5000年的文明史，这是我们中国人的骄傲。

中华民族的传统文化博大精深、源远流长。早在2000多年前，就产生了以孔孟为代表的儒家学说和以老庄为代表的道家学说，以及其他许多也在中国思想史上有地位的学说流派，这就是有名的"诸子百家"。从孔夫子到孙中山，中华民族传统文化有它的许多珍贵品，许多人民性和民主性的好东西。比如，强调仁爱，强调群体，强调和而不同，强调天下为公。特别是"天下兴亡、匹夫有责"的爱国情操，"民为邦本""民贵君轻"的民本思想，"己所不欲，勿施于人"的待人之道，吃苦耐劳、勤俭持家、尊师重教的传统美德，世代相传。所有这些，对家庭、国家和社会起到了巨大的维系与调节作用。

今年9月10日中国教师节，我专程到医院看望北京大学老教授季羡林。他已经92岁高龄，学贯中西，专攻东方学。我很喜欢读他的散文。我们在促膝交谈中，谈到近代有过"西学东渐"，也有过"东学西渐"。17、18世纪，当外国传教士把中国的文化典籍翻译成西文传到欧洲时，曾引起西方一批著名学者和启蒙思想家的极大兴趣。笛卡尔、莱伯尼兹、孟德斯鸠、伏尔泰、歌德、康德等，都对中国传统文化有过研究。

我年轻时读过伏尔泰的著作。他说过，作为思想家来研究这个星球的历史时，首先要把目光投向包括中国在内的东方。

非常有意思的是，一个半世纪前，贵国著名的哲学家、杰出的哈佛人——爱默生先生，也对中国的传统文化情有独钟。他在文章中摘引孔孟的言论很多。他还把孔子和苏格拉底、耶稣相提并论，认为儒家道德学说，"虽然是针对一个与我们完全不同的社会，但我们今天读来仍受益不浅。"

今天重温伏尔泰和爱默生这些名言，不禁为他们的睿智和远见所折服。

今天的中国，是一个改革开放与和平崛起的大国。

费正清先生关于中国人多地少有过这样的描述：美国一户农庄所拥有的土地，到了中国却居住着整整一个拥有数百人的村落。他还说，美国人尽管在历史上也曾以务农为本，但体会不到人口稠密的压力。

人多，不发达，这是中国的两大国情。中国有13亿人口，不管多么小的问题，只要乘以13亿，那就成为很大很大的问题；不管多么可观的财力、物力，只要除以13亿，那就成为很低很低的人均水平。这是中国领导人任何时候都必须牢牢记住的。

解决13亿人的问题，不能靠别人，只能靠自己。中华人民共和国成立以来，我们的建设取得了很大成就，同时也走了一些弯路，失去了一些机遇。从1978年开始改革开放，我们终于找到了一条发展自己的正确道路。这就是：中国人民独立自主地建设中国特色的社会主义。

这条道路的精髓，就是调动一切积极因素，解放和发展生产力，尊重和保障中国人民追求幸福的自由。

中国的改革开放，从农村到城市，从经济领域到政治、文化、社会领域。它的每一步深入，说到底，都是为了放手让一切劳动、知识、技术、管理和资本的活力竞相迸发，让一切创造社会财富的源泉充分涌流。

中国在相当长时间内曾实行高度集中的计划经济体制。随着社会主义市场经济体制改革的深入和民主政治建设的推进，过去人们在择业、迁徙、致富、投资、资讯、旅游、信仰和选择生活方式等方面有形无形的不合理限制，被逐步解除。这就带来了前所未有的、广泛而深刻的变化。一方面，广大城乡劳动者的积极性得以释放，特别是数以亿计的农民得以走出传统村落，进入城市特别是沿海地区，数以千万计的知识分子聪明才智得到充分发挥；另一方面，规模庞大的国有资产得以盘活，数万亿元的民间资本得以形成，5000亿美元的境外资本得以流入。这种资本和劳动的结合，就在中国960万平方公里的国土上，演进着人类历史上规模极为宏大的工业化和城市化。过去25年间，中国经济之所以按平均9.4%的速度迅速增长，其奥秘就在于此。

25年间中国创造的巨大财富，不仅使13亿中国人基本解决了温饱，基本实现了小康，而且为世界发展作出了贡献。中国所有这些进步，都得益于改革开放，归根到底来自于中国人民基于自由的创造。

我清醒地认识到，在中国现阶段，相对于有限的资源和短缺的资本，劳动力的供应是十分充裕的。不切实保护广大劳动者特别是进城农民工的基本权利，他们就有可能陷于像狄更斯、德莱塞小说所描写的那种痛苦境地。不切实保护公民的财产权利，就难以积累和吸引宝贵的资本。

因此，中国政府致力于两个保护：一个是保护劳动者的基本权利；一个是保护财产权利，既要保护公有财产，又要保护私人财产。关于这一点，中国的法律已经作出明确规定，并付诸实施。

中国的改革开放正是为了推动中国的人权进步，两者是相互依存、相互促进的。改革开放为人权进步创造了条件，人权进步为改革开放增添了动力。如果把两者割裂开来，以为中国只注意发展经济而忽视人权保护，这种看法不符合实际。正如贵国前总统罗斯福曾指出的"真正的个人自由，在没有经济安全和独立的情况下，是不存在的"，"贫者无自由"。

我并不认为，今天中国的人权状况是尽善尽美的。对人权方面存在的这样那样的弊端和消极现象，中国政府一直认真努力加以克服。在中国，把发展、改革和稳定三者结合起来，具有极端的重要性和艰巨性。百闻不如一见。只要朋友们到中国实地看一看，对改革开放以来中国的人权进步和中国政府为保障人权所作的艰苦努力，就会有客观的理解和认识。

中国是个发展中的大国。我们的发展，不应当也不可能依赖外国，必须也只能把事情放在自己力量的基点上。这就是说，我们要在扩大对外开放的同时，更加充分和自觉地依靠自身的体制创新，依靠开发越来越大的国内市场，依靠把庞大的居民储蓄转化为投资，依靠国民素质的提高和科技进步来解决资源和环境问题。中国和平崛起发展道路的要义就在于此。

当然，中国仍然是一个发展中国家。城市和农村、东部和西部存在着明显发展差距。如果你们到中国东南沿海城市旅行，就会看到高楼林立、车流如织、灯火辉煌的现代景观。但是，在我国农村特别是中国西部农村还有不少落后的地方。在那些贫穷的偏僻山村，人们还在使用人力和畜力耕作，居住的是土坯房，大旱之年人畜饮水十分困难。古诗云："衙斋卧听萧萧竹，疑是民间疾苦声"。作为中国的总理，每念及还有3000万农民同胞没有解决温饱，还有2300万领取最低生活保障金的城镇人口，还有6000万需要社会帮助的残疾人，我忧心如焚、寝食难安。中国要达到发达国家水平，还需要几代人、十几代人甚至几十代人的长期艰苦奋斗。

明天的中国，是一个热爱和平和充满希望的大国。

中华民族历来酷爱和平。2000年前，秦始皇修筑的长城是防御性的。1000年前，唐朝开辟通向西域的丝绸之路，是为了把丝绸、茶叶、瓷器等销往世界。500年前，明朝著名的外交家和航海家郑和七下西洋，是为了同友邦结好，带去了精美的产品和先进的农业、手工业技术。正如俄罗斯伟大文学家托尔斯泰所说，中华民族是"最古老的民族，最大的民族"，"世界上最酷爱和平的民族"。

近代以来，由于封建王朝愚昧、腐败和闭关锁国，导致社会停滞、国力衰竭，列强频频入侵。中华民族尽管灾难深重、饱受凌辱，但始终自强不息、愈挫愈奋。一个民族在灾难和挫折中学到的东西，会比平时多得多。

中国已经制订了实现现代化的"三步走"战略。从现在起到2020年，中国要全面实现小康。到2049年，也就是中华人民共和国成立100周年的时候，我们将达到世界中等发达国家的水平。我们清醒地估计到，在前进的道路上还要克服许许多多可以想见的和难以预料的困难，迎接各种各样严峻的挑战。我们不能不持有这样的危机感。当然，中国政府和中国人民有足够的信心，励精图治，艰苦奋斗，排除万难，实现我们的雄心壮志。这是因为：

——当今世界的潮流是要和平、要发展。中国的发展正面临非常难得的战略机遇期。我们已下定决心，争取和平的国际环境和稳定的国内环境，集中精力发展自己，又以自己的发展促进世界的和平与发展。

——中国坚持的是充满生机和活力的社会主义。社会主义是大海，大海容纳百川，永不枯竭。我们立足国情，大胆推进改革开放，勇于吸收人类一切优秀文明成果来充实自己。一个善于自我调整、自我完善的社会主义，其生机和活力是无限的。

——改革开放25年来已积累起一定的物质基础，中国经济在世界已占有一席之地。中国亿万人民追求幸福、创造财富的积极性，乃是推进国家现代化取之不尽、用之不竭的巨大力量。

——中华民族具有极其深厚的文化底蕴。"和而不同"，是中国古代思想家提出的一个伟大思想。和谐而又不千篇一律，不同而又不彼此冲突；和谐以共生共长，不同以相辅相成。用"和而不同"的观点观察、处理问题，不仅有利于我们善待友邦，也有利于国际社会化解矛盾。

女士们、先生们：

加深理解是相互的。我希望美国青年把目光投向中国，也相信中国青年会进一步把目光投向美国。

美国是一个伟大的国家。从移民时代开始，美利坚民族的顽强意志和拓荒气慨，务实和创新精神，对知识的尊重和人才的吸纳，科学和法治传统，铸就了美国的繁荣。美国人民在遭受"9·11"恐怖袭击时所表现出来的镇定、互助和勇气，令人钦佩。

　　进入二十一世纪，人类面临的经济和社会问题更加复杂。文化因素将在新的世纪里发挥更加重要的作用。不同民族的语言各不相同，而心灵情感是相通的。不同民族的文化千姿百态，其合理内核往往是相同的，总能为人类所传承。各民族的文明都是人类智慧的成果。对人类进步作出了贡献，应该彼此尊重。人类因无知或偏见引起的冲突，有时比因利益引起的冲突更可怕。我们主张以平等和包容的精神，努力寻找双方的共同点，开展广泛的文明对话和深入的文化交流。

　　贵国著名诗人梅尔维尔在《麦尔文山》中曾这样写道："无论世界怎样变化，树木逢春便会绿叶招展"。

　　青年代表着国家和世界的未来。面对新世纪中美关系的广阔前景，我希望两国青年更加紧密地携起手来！

　　女士们，先生们：

　　中华民族的祖先曾追求这样一种境界："为天地立心，为生民立命，为往圣继绝学，为万世开太平"。今天，人类正处在社会急剧大变动的时代，回溯源头，传承命脉，相互学习，开拓创新，是各国弘扬本民族优秀文化的明智选择。我呼吁，让我们共同以智慧和力量去推动人类文明的进步与发展。我们的成功将承继先贤，泽被后世。这样，我们的子孙就能生活在一个更加和平、安定和繁荣的世界里。我坚信，这样一个无限光明、无限美好的明天，必将到来！

　　谢谢诸位。

　　温总理这篇演讲的开头非常简短明确，4000多字的演讲，开头只用了不到200个字；演讲的中间部分，分成三个部分，分别是中国的昨天、今天和明天，条理清晰而且内容相当充实，素材运用非常丰富，显得充实、舒展、有分量；演讲的结尾用字不多，但简洁有力，干脆利落，体现了豹尾的风格。

第三节　见解独到，一鸣惊人

　　口才亦如写文章。打开思维，放得开收得拢，这样的谈话才能吸引人，既给人大量的知识熏陶，又启发我们的心智，具有超强的说服力。

　　说话要见解独到，要遵循以下原则：

　　第一，淡泊名利。很多人喜欢人云亦云，就是为了个人名利，趋炎附势。只有淡泊名利，才有独立的人格，这是学术和思想独立的前提。

第二，深入思考。思想要独特，必须深入思考，直追根源。深入思考不是从一个角度，而是要从多个角度，每个角度都要深入，从而才有综合平衡，利弊比较，方案择优。

第三，增加阅历。要博览群书，深入社会，立足实践，只有这样，才能增长知识，发现规律，达到真知灼见。

第四，防止教条。方法、立场很重要。教条主义总是死搬书本，死套公式，死套模式，死套经验，因而，永远不可能实现独到和创新，只能是东施效颦，让人感觉愚蠢可笑。毛泽东指出，理论和实践都不是完全的知识。必须防止教条，要具体问题具体分析，做到理论和实践结合。教条主义者永远无法指望得到"独特的视角，独立的思想，独有的发现，独到的见解。"因而，永远符合不了创新要求。

我们要先学会从一个词语来打开思路，特别是成语。成语是汉语中的一朵奇葩，一直深受人们喜爱。如果对人们习以为常的成语，稍加改造，甚至反其义而用之，往往会妙趣横生，可获得意想不到的效果。这也是我们思路突破的技巧，可以点石成金化腐朽为神奇！下面举三例，且看名人是如何来"改造成语"的。

例一："程门立雪"与"马门立雨"

宋朝的学者杨时，对程颐的学说十分尊崇，为了求教，曾冒着大雪在程颐的门前站着。后世以"程门立雪"形容尊敬老师，虔诚求教。

建国初期，陈毅同志任上海市市长时，求贤若渴，礼贤下士，曾留有"马门立雨"的感人佳话。马一浮是颇负盛名的学者，志向高雅，多次拒绝国民党政府的入仕邀请。1951年4月的一天，陈毅亲赴杭州马宅拜访。到后正值马老午睡，陈阻止叫醒马老。为了不影响马老，他还谢绝入室内憩坐，在门外静等一小时。正赶上下雨，衣帽鞋袜都淋湿了。马一浮醒来后，很过意不去。寒暄之后，陈对马说："过去人家掌权，您老不肯出山，现在人民当家了，您老总不能袖手旁观吧！"马被陈的诚恳感动，答应出任上海文物管理委员会委员。过后说到此事，陈毅调侃说他这是"马门立雨"。好一个"马门立雨"，把陈毅求贤、尊贤的诚恳态度，展现得淋漓尽致。

例二：华罗庚"弄斧必到班门"

"班门弄斧"——在鲁班门前摆弄斧头，形容在比自己本领高的人面前卖弄才能。数学大师华罗庚当年到伯明翰参加世界解析数论大会后，美、法、德、荷等国的著名大学，都竞相邀请他前去讲学。他准备了十个数学问题，准备哪个大学在哪方面占优势，就到哪里讲这方面的问题。友人梁羽生说："这真是艺高人胆大呀！"华罗庚回答："这不是艺高人胆大，是我一贯主张的'弄斧必到班门'。中国的成语说，不要到'班门弄斧'，我的看法是'弄斧必到班门'。如果'鲁班'能够指点指点，那么我们的进步就快些。如果'鲁班'能够点头称许，那对我们攀登高峰，也可增加信心。"

"弄斧必到班门"反映出数学大师敢于挑战的精神气概。同样，我们学口才也要找高手挑战，敢于找大师挑战，那才会进步更快。

例三：沈福彭"鞠躬尽瘁，死而不已"

"鞠躬尽瘁，死而后已"，出自诸葛亮《后出师表》，意思是恭敬谨慎，用尽力量，至死而止。青岛医学院沈福彭教授，把一生无私地奉献给了医学事业，临终又留下遗嘱将自己的遗体捐献出来，并叮嘱学子，让他们把自己的骨骼穿连成骨架标本，放置在教室门口，以便永远为后代学子服务。沈教授说："想以此实现自己'鞠躬尽瘁，死而不已'的夙愿。"从"死而后已"到"死而不已"，奉献精神得到进一步阐释，沈教授的精神境界也得到进一步提升。

改造成语，出奇制胜，可以让我们讲话不落窠臼、一鸣惊人。

习 题：

1. 讲述一件现在回想起来还很后怕的事情。如：受到惊吓、死里逃生等。
2. 说惊险的事对表达有什么帮助？
3. 表达欲望对表达有什么作用？

第六章

言语的表达策略

第一节 字词的选择

词语的选择和使用，修辞学上称为词语的锤炼，又称炼字。

一、选择和使用词语的一般要求

（一）词语要规范

这是用词的最起码要求。使用文言词、方言词、外来词、新造词，都要考虑有无必要，不能滥用。还有一个词与非词的问题。有的语素，如"桌、椅、窗、袜、衣、语、素、骨、丰"等是不能单独作为一个词来用的。一个字的姓氏、人名、地名、国名，都不能单独作为一个词来用。

（二）用词要准确

每个词语都有独特的含义，用在不同的地方所表达的意思不尽相同。在运用词语时，要准确把握词语的含义，不能滥用。特别是一些同义词、近义词和反义词，在选用时更须谨慎。

二、选择词语的进一步要求

（一）力求使寻常词语艺术化

用词不在于堆砌美丽的辞藻，而在于恰到好处。尤其要注意一句话中的动词。

（二）注意词语的声音配合

一般会说到压韵、平仄、叠音等，其实这里最重要的是音节匀称问题。

（三）用词要富于变化

在同一句话里，或相邻的几个句子里说到同一个对象时，要尽量把词穿插开来，避免单调、呆板。

三、"炼字"的具体要求

（一）意义的锤炼

1. 同义词语的选用

这里主要指选择同义词。任何一种语言都有大量的同义词，现代汉语的同义词尤其丰富。如果想要准确地表现大千世界，万事万物，不能不进行同义词的比较选择。同义词往往是同中有异，"异"就是差别，"异"表现出来了，用词就准确了。所以同义词选用的作用就在于表意准确。例如：

不大一会儿，果见一着装女郎走过来坐在我对面。四目相对，竟吓了我一跳！美，出奇的美！美得使我心惊肉跳，不敢再看，可不看又不行，为什么不行，我也说不清，于是又偷看了一眼，正好她也看我。人家那种看，不像我这种看，人家是用一种审视的目光，上下打量，似乎要辨清我这身草绿色包装里，装的是个什么躯体，为什么老偷眼盯人家姑娘的脸？！我有点尴尬，继而心虚，但仍想再瞟她一眼，……

（于济川《夸妻》）

这段话里集中用了许多"看"的同义词语。描写作者自己的用了："看、偷看、盯、瞟"；描写"她"的用了："看、审视、打量、辨清"等。由于恰当地使用了一系列同义词，非常细腻而有趣地展现出男女主人翁初次见面都被对方容貌吸引的神情心态。试想，如果把描写男女主人翁眼睛不同状态的词语，都换用一个"看"，而不进行同义词的比较选择，那就只会是一种呆板乏味了。

2. 同义词语的变换

如前所述，现代汉语里表达某个意思往往不止一个词，常常有几个甚至很多词语。如：表示程度深的副词就有"很、挺、好、非常、十分、特别、极其、最、太"等；表示相象的动词有"好象、酷似、宛如、仿佛、像、如、似"等。所谓"同义词语的变换"指的是为了避免语言文字重复单调，有意使用同义不同字面（变换字面）的同义词语，以表达相同或相近的意思。变换词语有一个前提，即要求跟上下文中某个词语有变化（如果是追求整齐统一的表达效果，则要求跟上下文中某个词语有统一或同一）的对应性，例如：

（1）我们以我们的祖国有这样的英雄而骄傲，我们以生在这个英雄的国度而自豪。

（魏巍《谁是最可爱的人》）

（2）就和洞庭湖有"八百里洞庭"的佳称一样，太湖，也有"八百里太湖"的美誉。

（秦牧《太湖的云彩波光》）

（3）每逢春天来临，这地里头的白菜，萝卜吐绿，韭菜、蒜苗儿泛青。翠生生、青棱棱，一片绿的世界。

（刘三省《在改革的大潮中》）

（4）解放后，他也曾四处奔波，那是参加各种会议，北京、上海、西安、青岛……总是来也匆匆，去也忙忙。

（姜滇《巧克力豆》）

（5）一丝透明的寂寞，一缕隐隐的渴望，就在这秋雨敲窗，天冻如水的深夜，悄悄潜入了我的内心。

（田晓菲《情到深处》）

以上各例中的"骄傲-自豪"、"佳称-美誉"、"吐绿-泛青"、"匆匆-忙忙"、"丝-缕"都是一组组意义相同相近的词语，由于字面有了变换，不仅避免了雷同，也加强了语意，生动而有趣。

有的词语变换使用在语义上还可跳出同义范围，在结构上还可跳出词的范围。如：

（6）追求名牌似乎是港澳某些人的通病。……名牌逢在袋上，贴在裤上，镶在鞋边，加在袖端，虽然印在胸前，似乎自己做了广告牌，但是名牌，用家也在所不辞。

（澳门李鹏翥《濠江浪花》）

（7）婆婆为媳妇着想，是真心实意，媳妇为婆婆着想，也没有半点掺假，她向婆婆说的全是真心话。

（赵本夫《"狐仙"择偶记》）

（6）句里的"逢"、"贴"、"镶"、"加"等词本义虽然相差很远，但在这句中，却是义近而小有差异的，与上下文搭配起来既富于变化又很恰切。

（7）句"真心实意"、"没有半点掺假"、"说的全是真心话"是意义非常相近的短语，但语言的结构形式相差较远，排列起来，富于变化，通俗而生动。

3. 色彩词语的安排

色彩词语指的是具有鲜明的感情色彩、语体色彩、形象色彩的词语。言语交际中适当选用这类词语，能增加语言的鲜明生动性，给人留下深刻的印象。感情色彩的词语同学们一般比较熟悉，这里只谈语体色彩和形象色彩词语的选用。

（1）语体色彩词语的选用

"语体"又叫"文体"，是以语言交际功能为依据而建立的语言风格类型，它是在适应不同交际目的、内容、范围的需要中所形成的；具体表现为由有意地选择词语、句式、语音手段、修辞格等表达手段而形成的语言特点系列。语体根据其特点可分为口头语体和书面语体两大类型。"语体色彩"是词语修辞色彩的一种，指的是词语同某一类语体具有稳定的适应关系而同其他语体相排斥的表达功能上的特色。带有口头语体色彩的词就叫口语词。它是人们生活工作中最习用的部分，具有亲切、平易、轻松活泼等风格特点。例如：

连队还只吃了早上那顿饭，现在十几个小时水米没沾牙，他们的肚子可受得住？他乜斜着眼睛望望西照的日头，自说自唠着："这还有个天日没有"……

正好，对面碰上连长了，可他没吱声。因为他知道吃饭的事找连长白搭，更何况抢修正在急火头上，山洞子里的列车等着开，桥北大站物资等着运，这时跟他说，准碰你一鼻子灰。

（郑直《激战无名川》）

这段话是对炊事班长李成孝心理活动的描写。其中用了一连串口语词，显得通俗平易、显豁明快，有强烈的生活气息，也符合炊事班长这个人物的身份，和文化程度相适应，显得整体和谐。

带有书面语体色彩的词就叫书面语词。它经常用于科学论文、政论文、文告、新闻报道等说道理的书面语言里，具有庄重、文雅、华丽等风格特点。例如：

温馨而美丽的四月的夜，分外幽静迷人。隅庄，在这温馨的四月的夜里静静地酣睡着。它睡得是那样的幸福、安宁。在那些黑洞洞的散发着睡眠的气味的屋子里，不时传出了年轻姑娘们的幸福的梦呓声，甜蜜的躺在母亲怀里的孩子们的酣睡声。

（峻青《老水牛爷爷》）

这是峻青《老水牛爷爷》的一段景物描写，用了一定数量的书面语词，显得含蓄清丽，具有浓厚的抒情色彩，风格也很协调。

(2) 形象色彩词语的选用

选择形象色彩词语是词语修辞的一种，指的是选用的词语要尽量完美地表现所表事物、行为、状态、颜色的形象特征。词语的形象色彩可以分为分静态和动态两类。

表静态形象色彩的词语很多，情况也各不相同：

①词语的形象色彩体现在后一个语素上，两个语素之间的关系是明喻关系。如：柳絮 松针 烟柱 浪花 情网 烛泪 眼帘 泪珠 眉峰 人流……

②词的形象色彩体现在前面的语素上，两个语素之间的关系也是明喻关系。如：剑眉 笔直 冰糖 火红 鸭舌帽 喇叭花 金字塔 凤尾竹 羊肠小道 鸡皮疙瘩……

③词的形象色彩体现在整个词面上，它们与被指称的事物之间是借喻关系。如：鸡眼 猴头 龙眼 草包 蜂拥 龟缩 鱼跃 蚕食 雀斑……

④词的形象色彩体现在整个词面上，它们与被指称的事物之间的关系是借代关系。如：须眉 丹青 口舌 干戈 裙钗 红娘……

⑤色象词。如：月白 桃红 鸭黄 草绿 天蓝 银灰 茶色 绿油油 白花花 金灿灿 奶油色 咖啡色……

表动态形象色彩的词语有：挤 摇 甩 挂 跑 脱 穿 排 飘 瞟 盯 嚼 流 吹上钩 流动 抛售 抽泣 撒泼 跳槽 吞并 洗尘 吃醋 咬耳朵 拆墙脚 吹喇叭 跌眼镜 兜圈子……

无论是静态形象色彩的词语，还是动态形象色彩的词语，常常一个词就是一幅画或一个具体可感的动作行为，其作用在于引起人们丰富的联想。文艺语体中恰当地利用它们，可以加强语言的鲜明性、生动性。例如：

①黎明，洱海东方的天空一片五颜六色，在太阳将要升起的山顶泛起一层美丽的光环，淡黄、浅绿、青紫、紫红……

（景宜《岸上的秋天》）

这一句用了较多的颜色词，描摹出了初升太阳光五彩斑斓的颜色。

②她约莫三十岁左右，高身段，戴着墨镜，耳朵上摇着两只金色的大耳环，怪好看的。……

（杨朔《埃及灯》）

这个句子用好了一个"摇"字，这个"摇"字把女舞蹈家那婀娜多姿的体态生动地描写出来了。

③在那山径上，碧水边，姑娘们飘着彩色长裙，顶着竹篮、水罐，走回开满

波斯菊的家园。

（魏巍《依依惜别的深情》）

这一句则是"飘"字显出了生动。它写出了轻盈的步态，仿佛姑娘们裙下生风，正轻快地走来。试想，如果不是用"飘"，而是用"穿"，还有动感美感吗？

（二）声音锤炼

语言表达应当声情并茂，这里的"声"就是词语语音锤炼的内容。词语声音配合得好，念起来顺口，听起来悦耳，印象深刻，还能给人以美感。

汉语词语的声音要配合得当，做到顺口悦耳，给人以美感，必须从以下几个方面努力。

1. 注意音节的整齐匀称

一句话的音节整齐匀称就可以形成节奏，节奏是汉语语音美的一个重要内容。汉语里同一个词常常会有单音节、双音节甚至三音节的形式。例如：

如－像－宛如－好象－好似－仿佛是－湿润－潮湿－湿淋淋－湿漉漉……

在言语交际中，单从意义上看，似乎用哪个都可以，但是从音节配合形成的节奏上看，就有选择调配的必要。在一般情况下，往往是单音节配单音节、双音节配双音节，当然，也可以是三个音节配三个音节或者四个音节配四个音节。总之，只要注意音节数能前后整齐匀称，就可以形成节奏。比方"路"是单音节的，与它搭配的动词最好也是单音节的，如："修路、筑路"等，前面有了"修路"，后面最好是"建桥"，而不用"建设桥"、或"建桥梁"或"建设桥梁"。

汉语里不但诗歌讲究节奏，而且散文、口头表达也同样是讲究节奏的。成功的作品都遵守着节奏规律，忽视了节奏的作品，就不是美的作品。

下面是著名作家叶圣陶先生修改文章在音节搭配上的例子，可以作为我们学习的榜样。

① 送你到幼稚园去，……消磨那悠闲的岁月吧。

（悠闲的岁月）（《熊夫人幼稚园》）

这句单音词"闲"改成了双音词"悠闲"，并且在其中加了助词"的"，节奏显得舒缓了。

② 那笑声普遍而骤止，仿佛初秋的晴天突然洒一阵从云中吹来的细雨。（骤然止住）

（《小铜匠》）

这句的"骤"和"止"都分别是单音节的文言词，把它们都改成双音节后，音节显得舒缓，便于朗读，同时词义也明确，更容易听懂。

③两人手接触着手，眼端相着眼，她就有了全世界了。（手触着手，眼看着眼）

（《被忘却的》）

这一句是为了协调音节把原来用的双音词改成了单音词。因为"手"和"眼"都是单音节词，而"接触"和"端详"都是双音节词。改成单音节词不仅音节协调，同时也显得简洁。

2. 注意声调的平仄相间

所谓声调的"平仄"，平指古四声中的平声，仄指古四声中的上、去、入三声。仄就是声调倾斜，不平的意思，与"平"相对。

平仄是汉语诗文韵律中对声调的另一种分类。即：

阴平（入声字）平声平

普通话四声阳平（入声字）平古四声上声

上声（入声字）去声仄

去声（入声字）仄入声

一般散文或现代诗歌按照普通话的平仄划分选用字是可以的；但是如果做韵律严格的格律诗最好按照传统的平仄划分为好。

汉语平声高昂平直，仄声婉转低沉，平仄交错搭配，可以使声音形成抑扬顿挫的变化美。我国南北朝以后，古人做诗填词就很讲究平仄，不仅要求一句内平仄相间，而且要求上下句平仄相对。以此，创造出了诗词格律。如：

王之涣《登鹳雀楼》（｜：仄。—：平）

白日依山尽，｜｜——｜，

黄河入海流。——｜｜—。

欲穷千里目，———｜｜，

更上一层楼。｜｜｜——。

可见，这首五言绝句的平仄是很工整的。（"白""一"古入声字，均属仄声；第三句首字"欲"属仄声，用在了平声的位子上，但格律诗中有"一三（五）不论，二四（六）分明"的说法，因此第三句首字是可平可仄的。这样"欲"也是不违规的。

一般来说，说话作文虽不像做诗填词那样要求工整的平仄，但是适当地注意声调上的高低、缓急、轻重和长短的变化，做到有扬有抑，有顿有挫，以此来增强语言的感染力，是很有必要的。老舍先生在《对话浅论》中说：即使是散文，平仄的排列也该讲究。说"张三、李四"好听，说"张三、王七"就不好听。原因在于后者四字都是平声。

3. 力求韵脚和谐

"韵脚"指一句诗文末尾字音的韵母。所谓"韵脚和谐"就是指一首诗歌或一段文章中句子末尾字音的韵母相同相近。也叫"押韵"。例如：

嘴上没毛，办事不牢。不比不知道，一比吓一跳。（谚语）

一从心里起，二从鼻孔来，绣花姑娘停针坐，读书哥哥笔头呆。（谜语。谜底：喷嚏）

年龄是个宝，文凭少不了，德才做参考，后台最重要。（时下民谣）

"省优""部优"，买到手就丢。"誉满全球"，用起来就发愁。（时下民谣）

押韵是诗歌音乐美的基本条件。它主要产生一种回环的音乐美。韵脚关上连下，像一根红线，把分散的诗句、跳跃的内容、奔腾的感情串联起来，形成一个和谐的整体，以此来加强结构和形象的完整性，达到传递感情、打动人心的目的。押韵的句子和谐悦耳，琅琅上口。易懂、易记、易唱、动听。所以不仅诗歌，而且谚语、谜语以及针砭时弊的社会流行语甚至一些抒情散文也都讲究押韵。

4. 注意运用双声叠韵与叠音的词语

要做到语言表达的声情并茂，还要注意运用一些双声、叠韵和叠音词。刘勰在《文心雕龙·声律》中说："凡声有飞沉，响有双叠。双声隔字而每舛，叠韵杂句而必睽；沉则响发而断，飞则声飏不还，并辘轳交往，逆鳞相比；迂其际会，则往蹇来连，其为疾病，亦文家之吃也。"可见，双声、叠韵、叠音等词语在语音上有着重要修辞作用。

（1）双声词：指的是声母相同的词语。例如：

参差 仿佛 忐忑 伶俐 崎岖 玲珑 琵琶 尴尬 丁冬（联绵双声词）

大地 美满 虚心 拘谨 漆器 取巧 将军 夫妇 导弹（非联绵双声词）

（2）叠韵词：指的是韵母相同的词语。例如：

逍遥 苍茫 彷徨 霹雳 烂漫 哆嗦 翩跹 叮咛 咔嚓（联绵叠韵词）

辛勤 沙发 事实 松动 推委 艳羡 照抄 珍闻 娇小（非联绵叠韵词）

（3）叠音词：两个音节的声韵调基本相同、只是轻重有区别的词语。例如：

潺潺 皑皑 茫茫 悄悄 区区 蒙蒙 赫赫 涓涓 呵呵（联绵叠音词）

翩翩 渐渐 刚刚 徐徐 整整 闪闪 哥哥 叔叔 姑姑（非联绵叠音词）

双声词、叠韵词和叠音词常用在诗词中，以增强作品的表现力和美感，如：

①杜甫《独步寻花》

　　黄四娘家花满蹊，千朵万朵压枝低。
　　留连戏蝶时时舞，自在娇莺恰恰啼。

②李清照《声声慢》

　　　寻寻觅觅；冷冷清清凄凄惨惨戚戚。乍暖还寒时候，最难将息。三杯两盏淡酒，怎敌他晓来风急。雁过也，正伤心，却是旧时相识。满地黄花堆积。憔悴损，如今有谁堪摘？守着窗儿独自，怎生得黑！梧桐更兼细雨，到黄昏点点滴滴。这次第，怎一个愁字了得！

以上二例的双声叠韵及叠音词语的运用，既增强了语言的音乐美，又渲染了气氛、突出了思想内容，历来被赞誉为成功运用双声叠韵叠音词语的典范。

第二节　句式的选择

　　句式，通常是指句子的结构方式。现代汉语常见的句式有：长句和短句、主动句和被动句、整句和散句、单句和复句、陈述句和疑问句、肯定句和否定句。

　　长句是指词语较多、结构复杂的句子。短句是词语较少，结构简单的句子。长句子主要用于书面语的议论和描写之中，短句主要用于口语、演讲词中。

　　主语是动作或行为的实施者的句子叫主动句。用"把"字将谓语动词支配的对象提到谓语动词前的特殊句式叫"把"字句。主语是动作行为的受事者的句子叫被动句。

　　结构相同或相似的一组句子叫整句；相反，结构不整齐、各式各样的句子交错运用的一组句子叫散句。整句主要是排比、对偶句等；散句主要是长句短句交错、非排比句、非对偶句等。

　　句式不同，表达效果也不同。

　　就语气而言，同一个意思，若使用下列句式——单重否定句、一般陈述句、双重否定句，则越往后，语气越强。反问句相当于一重否定句。

　　就意思而言，语气与语意在程度上成正比。但是约定俗成的正反句，常常表达同一个意思，例如："好热闹"和"好不热闹"，"好容易"与"好不容易"，"差点儿忘了"和"差点儿没忘"，"小心摔了"和"小心别摔了"，"难免出问题了"和"难免不出问题"等等都属于这种情况。

一、长句和短句

按照语言文字的一般要求，句子宜短不宜长；但从修辞的角度看，长句有长句的作用，短句有短句的效果，适应语境，根据需要分别采用，就会增加语言的表达效果。

（一）长句

长句指的是形体长、用词多，结构复杂的句子。这种句式可以把相关联的事物连缀起来，一气说出，显得表达周密，气势畅达。所以，长句的修辞效果主要就是表意周密严谨、精确细致、气势畅达。例如：

当你坐在飞机上，看着我们无边无际的像覆盖上一张绿色地毯的大地的时候；当你坐在汽车上，倚着车窗看万里平畴的时候；或者，在农村里，看到一个老农捧起一把泥土，仔细端详，想鉴定它究竟适宜于种植什么谷物和蔬菜的时候，或者，当你自己随着大伙儿在田里插秧，黑油油的泥土吱吱地冒出脚指缝的时候，你曾否为土地涌现过许许多多的遐想——想起它的过去，它的未来，想起世世代代的劳动人民为要成为土地的主人，怎样地斗争和流血，想起在绵长的历史中，我们每一块土地上曾经出现过的人物和事迹，他们的痛苦、愤恨。

（秦牧《土地》）

这个长达 223 字的句子，在语法上只是一个单句；在修辞上是一个反问句。它的主干是：你曾否为土地涌现过许许多多的遐想？只有 16 个字。如果仅仅用这 16 个字的句子，就表达不出是在什么样的情况下"涌现出的遐想"和一些什么样的遐想。这个单句复杂在两个方面：一是状语复杂，二是宾语复杂。在句子的主干前面，用了"当／看到……的时候"这样四个状语分别从高空、平地、老农、自己等不同的角度描写对大地泥土的热爱之情，来充实烘托主干句。宾语则复杂在破折号后面的解释成分上，这个解释成分是一个并列的复句形式（"想起……，想起……，想起……"）充当的。它表达了"遐想"的具体丰富内容。

这个长句前面四个"当……时候"和后面三个"想起……"构成了并列的排比形式，气势酣畅，结构严谨、表意精细，确实起到了长句的修辞作用。

（二）短句

短句指的是形体短、用词少、结构简单的句子。其修辞效果主要在于表意简洁明快、犀利有力。例如：

盼！盼！——在张村公社医院的大门口，社员们、医护人员们正焦急地盼望着……

汽车开来了！——好！

马上拿下药箱！

马上注射！

注射剂十分灵效，立竿见影，病人立刻止住了疼痛，恢复了神智。

（《为了六十一个阶级兄弟》）

这段话中，"盼！盼！""好！"，是独词句；"马上拿下药箱！""马上注射！"是非主谓句；"汽车开来了！""注射剂十分灵效"是主谓句。这一系列的短句的运用，表现了病势的严重，情况的紧急，人们的焦虑，行动的迅速和药到病除的欣慰之情。这是在一种特定情况下运用短句的修辞效果。

短句多用于演讲，或用于描写急剧的情态、迅速变化的事物，渲染紧张的气氛和激动的情绪，表达坚定的意志和语气。另外，由词或名词性的短语，也可以表达丰富的含义。剧本小说中常用来写景，如"月夜。""蓝天。微风。"简短，含蓄，能给读者留下想象的余地。

句子的长短是相对而言的，没有一个绝对的度量标准。长短之间有一个过渡地带，不存在一个截然划开的鸿沟。长句须达到相当的长度，短句须短到一定程度，才能充分发挥它们的表达作用。而处于过渡地带的句子，只能在相对比较中或多或少地显示出修辞效果来。有些学者曾用计算机对巴金和倪海曙的有关作品做过句长的统计，结果是：每句平均词数，巴金为20.75；倪海曙为15.79；每句平均字数，巴金为40.65；倪海曙为20.05。

由此看出，倪海曙用的短句多，显示出他作品语言接近口语的风格；巴金长句多，显示出他语言描写细腻的特点。

（三）长句改为短句的方法

没有特殊的表达要求，句子宜短不宜长。把长句化短的方法一般有两种。

（1）把长句的附加成分抽出来，变为复句里的分句，或者单独成句。

（2）把复杂的联合短语拆开，重复跟联合短语直接相配的成分，形成排比并列句式。

下面举例加以说明：

①一日，王庆到营西武功牌坊东侧首，一个修合丸散、卖饮片、兼内外科、撮熟药、又卖杖疮膏药的张医士铺里，买了几张膏药，贴疗杖疮。

这个句子简缩以后为：王庆到……张医士铺里，买膏药贴疗杖疮。句子长在修饰语上——即"张医士铺里"前带了两个复杂的定语，因此可以把它们抽出来单独成句。改为：

一日，王庆到张医士铺里，买了几张膏药，贴疗杖疮。这张医士修合丸散、卖饮片、兼内外科、撮熟药、又卖杖疮膏药。他的铺子在营西武功牌坊东侧。

修改以后的句子简练晓畅多了。

②为了充分发挥广大群众的积极性和创造性，提高工作效率，节约国家资材，更有效的支援农业生产，我们必须坚决贯彻上级这一重要指示。

这个句子是"为了"后面的联合词组太长，也可以把它抽出来单独成句。改为：

为了充分发挥广大群众的积极性和创造性，为了提高工作效率，为了节约国家资材，为了更有效的支援农业生产，我们必须坚决贯彻上级这一重要指示。

③在前线暂时平静的时期中，就有一批胡须刮得很干净的、非常干练的、细心的、总是什么都知道的少校军需官在城里安居了下来。

这个句子压缩以后是：

在……中，有一批……军需官在……安居了下来。

可以看出，是"军需官"前面的定语太复杂，所以要改短，就把定语抽出来单独成句。改为：

在前线暂时平静的时候，就有一批胡须刮得很干净的少校军需官在城里安居了下来，他们非常干练，也很细心，什么都知道。

二、整句和散句

（一）整句

一对或一串结构相同或相似的句子，叫做"整句"。整句由于句子结构相同或相似，在形式上显得整齐匀称，其修辞效果较好，能使声音和谐、气势贯通、意义鲜明。对偶句、排比句、反复句、顶真句、回环句等都属于整句。整句适合于表达丰富的感情，能给人鲜明深刻的印象。例如：

①我常想：杨柳婀娜多姿，可谓妩媚极了，桃李绚烂多彩，可谓鲜艳极了，但它们只是给人一种外表好看的印象，不能给人以力量。

（陶铸《松树的风格》）

这个句子属于对偶整句。

②但我需指出，马思聪的全部作品是真诚的，是他的感情的结晶，心血的凝聚，爱国的证件，历史的记录，珍贵的遗物，价值连城的国宝，壮丽的精神财富，汉民族文明的一座高峰。

（徐迟《马思聪》）

这个句子是排比整句（宾语部分排比）。

③柔软的波浪不停地舔着沙滩，咿哟，咿哟，咿哟，像催眠曲，像咏叹调，同时把一些圆形石头子儿洗刷干净，向岸上推去，好象是说："送给你，送给你，送给你……"

（秦兆阳《海边销魂记》）

这一句是反复整句，即使用了反复修辞格。

④咱们做的事越多，老百姓就来得越多；老百姓来得越多，咱们的力量就越大；咱们的力量越大，往后做的事也就越多。

（欧阳山《高乾大》）

此句是顶真整句，使用了顶真修辞格。

⑤啊呀啊呀，真是愈有钱，便愈是一毫不肯放松，愈是一毫不肯放松，便愈有钱……

此句则是回环整句，使用了回环修辞格。

以上这些整句对表情达意都起到了很好的作用。

（二）散句

散句的句子结构形式不同，长短不一，没有刻意安排相同的词语。如：

在一个炎热的夏天的中午，地头树阴下坐着一群歇晌的人，忽然从大路上老远走过来一个人，大伙儿挺纳闷：是谁呢，顶着这么毒的日头赶路？

（柯岩《追赶太阳的人》）

这组句子各个分句的结构都不相同：开始一个介词短语打头，紧接着两个存现句，一个有主语，一个没有主语，主谓句的宾语是个复句。整个句子内部各种句式交错运用，属于典型的散句。

散句结构自由，形式多样，音节也参差错落，修辞效果在于可以使句子活泼多变，从而避免语句的单调，呆板。

整句和散句各有修辞作用。整句一般多用于诗歌、唱词、抒情散文等；散句一般多用于叙事、说理文章。但也不是绝对的，较多的情况是整句与散句结合起来使用。一般说来，作者想把意思或情感的重心放在什么地方，什么地方就往往用整句来表达。

三、主动句和被动句

（一）主动句

在动词谓语句中，主语是动作行为的发出者，这样的句子就叫做"主动句"，或"主动式"。如在"同学们在打扫教室"这句话中,"打扫"这个动词由主语"同学们"发出。在汉语里主动句的谓语动词没有什么限制,只要表示主语是施事的句子都是主动句。主动句的作用主要在于强调施事——行为动作的发出者。

(二) 被动句

又叫"被动式"。被动句有广义与狭义之分。广义的被动句指在动词谓语句中,谓语动词所表示的动作行为不是主语发出的,而是由主语接受的。狭义的被动句就是"被"字句,如在"教室被打扫得干干净净"这句话中,"打扫"这个动作不是主语"教室"发出的,而是由它接受的。在不改变被动意义的条件下,这种句子一般都可以用介词"被"引出主动者,如"教室被同学们打扫得干干净净。"

被动句的特点我们在语法部分的"被"字句里已经谈到,这里不再重复。这里主要应关注被动句的修辞作用。

被动句的作用主要表现在以下三个方面:

第一,强调受事——行为动作的接受者;

第二,表示不如意、不愉快的事情;

第三,使句子主语一致,语义连贯,脉络清晰。

例如:

①太阳还在西边的最低处,河水被晚霞照得有些微红,他痛快得要喊叫出来。

(老舍《骆驼祥子》)

这个句子中被动句"河水被晚霞照得有些微红"如果改成主动句"晚霞把河水照得有些微红。"似乎也能表达大致相同的意思,但是突出对象不同了,不合作者的本意。因为作者原本要突出的是"河水",而不是"晚霞"。

又如:

②小二黑挣扎了一会儿,无奈没他们人多,终于被他们七手八脚打了一顿捆起来了。

(赵树理《小二黑结婚》)

如果将这句话改为"小二黑挣扎了一会儿,无奈没他们人多,他们终于七手八脚把小二黑打了一顿捆起来了",意思虽然差不多,但读起来疙疙瘩瘩,不如原句通顺流畅,而且也破坏了主语一致的紧凑结构,显得文脉不通。

被动句根据其特征可以分为三类:

1. 有表示被动标志("被"、"叫"、"让"、"给"等)的句子,叫做"被"

字句，是汉语语法里的一种句型。如：

一个细瓷罗汉都给抄走了。

饭被他烧煳了。

2. 句中没有"被"等标志，但是谓语动词是表示"遭受"、"挨"等不利意思的，语义指向主语受事。例如：

他那时受到严密的监视，没有人身自由。

小王挨了他爸爸一顿训斥。

那里即将遭受炮火攻击。

3. 句中既没有"被"的标志，也不表示"遭受""挨"等不利意思。例如：

信寄走了。

报纸送来了。

这类句子的主语多是无生命的事物，不能发出某种动作行为。如果句子主语可以发出动作，句中又没有出现表被动的词语，句子就会出现歧义。如：

曹操在历史上年代也是颇短的，自然也逃不了说坏话的习惯。

(鲁迅《魏晋风度及文章与药及酒之关系》原文)

这句话从字面上看很容易使人以为是曹操说坏话，其实作者的本意是说曹操被别人说坏话。原因就在于句子缺少了表被动的词语。后来作者改为"……自然逃脱不了被后朝人说坏话的公例"，意义就清楚了。

四、肯定句和否定句

对事物作出肯定判断的句子，叫肯定句；对事物作出否定回答的句子，叫否定句。

修辞学上讨论肯定、否定，限于那些本来可以用肯定形式表达的意思，却用的否定形式。这样做，可以产生特定的修辞效果。请看下面几个例子：

① 赵老讲他老婆：她长得不寒伧。

② (我们不能过多地责备长春光机所和骊山微电子公司没有照顾好蒋筑英和罗健夫) 但是痛定思痛，我们仍然不能不想到，在这些方面未必没有许多欠缺。

双重否定的语气究竟是加重，还是减轻，要看上下文的意思。一般来说，语气会显得婉转。可是正因为婉转，也就显得更有力量。

五、口语句式和书面语句式

口语句式和书面语句式是两个互相对立的术语。口语句式是经常用于口头语体的一类句式。一般来说，句形都比较简短，结构也比较简单，语句间的联系也很少用关联词语。而且不完全句多，句式灵活，富有变化。其修辞作用主要是简洁、活泼、自然。

书面语句式则是经常用于书面语体的一类句式。一般来说，句形比较长，结构比较复杂，大多有扩展成分和从属句群，层次多，常用关联词语，表意显得严谨、完整。多用在庄重的交际场合和科技、公文、政论语体中。它的修辞作用主要是严谨、周密、文雅。

（一）口语句式

下面以几个例子说明口语句式的特点。

①鲁大海：放开我，你们这一群强盗！

周 萍：（向仆人们）把他拉下去。

鲁 妈：（大哭）哦，这真是一群强盗（走到周萍面前）你是萍，——凭，——凭什么打我的儿子？

周 萍：你是谁？

鲁 妈：我是你的——你打的这个人的妈。

（曹禺《雷雨》）

上面这些对话里的句子结构松散，短句较多，省略多，口语词多，关联词少，这些都是口语句式特点。

②小二黑自己没有错，当然不承认，嘴硬到底，兴旺就下命令把他捆起来送交政权机关处理。幸而村长脑筋清楚，劝兴旺说："小二黑发疟是真的，不是装病，至于跟别人恋爱，不是犯法的事，不能捆人家。"

（赵树理《小二黑结婚》）

这个句子的结构也较松散，短句和省略多，口语词多，关联词少。

（二）书面语句式

书面语句式也有自己的特点，请看以下几个例子：

①除因国家安全或者追查刑事犯罪的需要，由公安机关或者检查机关依照法律规定的程序对通信进行检查外，任何组织或者个人不得以任何理由侵犯公民的通信自由和通信秘密。

（《中华人民共和国宪法》）

这一长串的话语其实只是一个句子，即"除……外，组织或个人不得……

侵犯公民的通信自由和通信秘密。"它是个长句。

②由于人们生理心理的原因，艺术化的变异修辞语言的形式美在不涉及所摹拟的物象时，不仅能使受话人凭直觉而得到快感，而且具有表情达意的作用。它所表达的一般是一种不确定的朦胧情感。

（骆小所《语言美学论稿》）

上面这两句呈现的特点是：结构比较严谨，长句多，层次多，关联词语多，书面语词多，属于较典型的书面句式。

与口语和书面语两种句式并列的还有一种句式——通用句式，这就是：既适用于口语又适用于书面语的句式。在文学作品中，人物对话大都用口语句式，但为了显示人物的特殊身份，也有使用书面语句的。作者的叙述、描写，则是根据作者自身语言风格的特点在通用句式、口语句式和书面语句式中显示其倾向性。

现代汉语的句式多种多样，除了前面谈到的以外，还有变式句和常式句，松句和紧句，文言句、欧化句等等。

所谓"松句""紧句"分别指组织结构疏松舒缓或组织结构紧凑严密的句子。例如："伟大、光荣、正确的中国共产党万岁！"就是一句紧句；而"我们的党是一个伟大的党、光荣的党、正确的党！"就是一个松句。一般说来，紧句容量大、组织严密、表意紧凑；而松句则有助于从容不迫地叙事说理或描绘事物的情状。

文言句是指按照古代汉语特有而现代汉语没有的句法结构组成又运用于现代汉语中的句子。例如：

"怕'人家'笑话的，倒是自己忘了党的优良传统；如果是坚持了无产阶级的好作风，何羞之有？如果因为坚持或者学习无产阶级作风而被'人家'嘲笑，又何羞之有！"

（艾丰《从"最没有政治"的地方看看》）

这里的"何羞之有"就是文言句式。其修辞作用在于使表达言简意赅，精悍有力。

欧化句式是指具有印欧语句法特点的句子，如状语后置的句子、或者人称代词有定语的句子等。语言中恰当地使用欧化句式能丰富汉语的表现力。如：

但我总记得见过这一篇好的故事,在昏沉的夜……(状语后置)

(鲁迅《好的故事》)

秦姐,写这部书的眼镜兄,就是你的那位他吧?(人称代词有定语)

(金浩《我们的女资料员》)

状语后置、人称代词带定语,都突出了原来的状语和人称代词,目的在于使语意显赫。

第三节 风格的选择

所谓风格(言语风格)是指人们运用语言创作作品时或在交际时呈现出来的风貌和格调。风格是我们选择和安排词语与句子方式的结果。人们选择不同的词语去表达他们的思想,而每个人有一种独特的语言风格。

语言风格是非常重要的;语言风格通常与我们扮演的角色相联系。

当我们在演讲台上、宴会上、面试中、谈判桌上开始说话的时候,我们会因为掌握了高超的说话艺术而感到前所未有的放松、自信和满足;我们的每一个动作、神情,甚至每一个词句都展现了我们之所以是我们的那些东西——那些只属于我们自己的个性的东西。这时候的我们是独一无二的。

这是说话高手的必备特征。他们让自己说的每个词、每句话都带着他们自己的风格,形象鲜明地准确抵达对方的耳朵里,对方因此被深深地吸引。他们的声音与众不同、语调生动有趣、举止恰到好处……凡是与他们有关的东西都能够体现出他们的特色。

这就是说话高手的风格。对说话高手而言,只有这些风格才是真正有价值的。为了拥有自己的说话风格,人们需要进行一系列重要的基础训练。

一、声音:一开口就与众不同

声音是人们讲话内容的载体。你的声音反映出你的感觉、你的心情和现在的状态,是你说话中强有力的、必不可少的工具。当我们与听众交流思想的时候,要使用许多发音组织和身体的各个部分。我们会做出这样的动作:耸肩、挥动手臂、皱眉、增大音量、改变高低调门和音调,并且依据场合与题材变换语速,以发出不同的声音来。

选择什么样的说话声音,完全取决于你的个性、场合以及你所要表达的感情。在一般情况下，你的发音要做到清脆而洪亮。说话清晰，才显得有自信心、目的性明确和善于表达，这会给对方泰然自若的感觉。在公众场合，如果别人的谈话正处在争论不休的阶段，你站起来说一句话，语句简短、声音洪亮，则会产生震撼人心的作用。

当你需要强调某一个重点的时候，你可以适当地提高音量。在某个重要的地方提高音量，可以引起大家的注意。当然，有的时候适当地降低音量也能使你达到这个目的。在任何情况下，音量的变化都可以使你突出重点。

这里有一个运用重音的例子。

一天，林肯正低着头擦靴子，有位外国外交官看见了，嘲讽林肯说

"总统先生，你经常给自己擦靴子吗？"

"是的，"林肯答道，"你经常给谁擦靴子？"

林肯的这句话巧妙地转移了对方的重音，使自己脱离了被嘲讽的境地，并置对方于尴尬的处境

另外，你需要使你的声音有变化。变音涉及到音高程度。如果你一直采用高音来说话，有谁愿意听这样尖锐的声音呢？而且，当你普遍地使用高音的时候，你的声音会显得过于单调。因此，你必须在音高上有所变化，这样能够使你的声音悦耳而且更有活力。与调节音量一样，当你要阐明某个观点时，变音也会使你更加积极地传达信息。你可以采取略高或略低的声音来表示你对某个观点的重视程度。

我们平时与人交谈时，声音会高低起伏不断变化，就像大海不断起伏一样。这种说话方式显然能使人感到愉快、自然。然而，有时候，当我们开始某种正式的讲话时，我们的声音却变得枯燥、平淡而单调，就像一片沙漠一样。当你发现自己出现以上状况时，就要停下来反省了。

我国有句古话："工欲善其事，必先利其器。""器"指的是工具，而声音就是你跟听众交流的工具，你需要彻底掌握你的"器"。

二、节奏：说话不能拖泥带水

你肯定希望自己给人干练、明快的印象，那么，你必须掌握好说话的节奏。影响说话节奏的主要有两个因素：讲话的快慢和说话内容的简繁。

在语言交流中，讲话的快慢程度会影响你向对方传达信息。速度太快就如同音调过高一样，会给人以紧张和焦虑的感觉。如果你说话太快，以至于某些词语模糊不清，他人就会听不懂你所说的东西；而节奏太慢又会表明你过于拖

沓、过于迟钝。

华特·史狄文思在《记者眼中的林肯》一书中写道：

"他（指林肯）会以很快的速度说出几个字，但是遇到他希望强调的词句时，就会拖长声音，一字一句说得很重。然后，他会像闪电一样迅速地把整个句子都说完……他会尽量拖长所需要强调的字句，差不多与说其他五六句不重要的句子所使用的时间一样长。"

比如，"今天我们要向大家介绍的就是我们公司的这款商品。"当你在说这句话的时候，你可以先用平缓略低的声音说到"公司的"这三个字为止，然后稍作停顿，热情地大声说出"这款商品！"利用这种技巧你一定能够收到意想不到的效果。

社交语言要简洁、精练，并尽可能地承载更多和更有用的信息，这样才能使你的说话节奏明快，使听众觉得你果断、直接和对说话内容肯定。如果空话连篇、言之无物，你的说话节奏必然拖沓，并且似乎很犹豫，好像在回避什么东西似的。

有的说话者在表达自己观点的时候讲得太多，而且持续的时间太长。我在前面曾经举过林肯在葛底斯堡讲话的例子。当时林肯只讲了两分钟，全篇讲话只有226个字，但是爱德华·伊韦瑞特却讲述了两个小时。结果是，林肯获得了成功。

为了使你的说话不拖泥带水，你的信息最好简短、直接、集中一点，并具有明快的说话节奏。

习 题：

1. 讲述一件让你感到发自内心的欣喜的事情。
2. 结合本章知识，谈谈在表达上应注意什么？
3. 主持一次活动或会议。

第七章

让说的像唱的那样好听

俗话说:"工欲善其事,必先利其器。"要使说话或歌唱发出美妙动人的声音,就必须了解与掌握发音的一般原理和发音器官的构造与运动功能。就好比要做出一件精致的巧活来,就必须有得心应手的适用工具一样。人体发音器官发出的声音为什么有刚有柔,有高有低,有强有弱?为什么会有不同的个性与特色?怎样才能使自己的声音优美,使它产生诱人的魅力?

要发出美妙动人的声音,就必须了解与掌握发音器官的构造与运动功能,掌握呼吸、发声、吐字方法,通过调节呼吸、吐字状态等,用技巧驾驭自己的声音,呈现出声音的强与弱、高与低、刚与柔等多种变化形式,方可达到吐字圆润饱满、声音富于变化,让说的像唱的那样好听。

第一节 发音器官与语音标准

声音的产生是由于物体颤动的结果,但物体的颤动发音必须有外力的冲击力量。说话、歌唱的声音形成,先是气息冲击声带产生音波,音波再到咽腔、口腔、鼻腔等产生共鸣,扩大音响。随着口腔中发音部位与发音方法的变化,就产生了千变万化的声音。人声的产生不仅要具备生理器官的条件,而且还要受心理情感的制约。

人体的发音器官是一部最巧妙和完善的乐器。它不仅通过语音表达复杂的思想感情,也通过歌声塑造声音的艺术形象。掌握发音的生理机能是了解和运用人类发音器官的关键,一件精巧完善的乐器要善于使用,才能更好地发挥它的作用。

人体的发音器官包括：呼吸器官、振动器官、共鸣器官和出字器官。

一、发音器官

（一）呼吸器官

呼吸器官也叫动力器官，这是因为呼吸的气流是人类说话、歌唱发音的原动力。

呼吸器官主要是由肺、胸腔、横膈膜等部分组成的呼吸运动的联合体。横膈膜是肺下端的一层有弹性的膜，横膈膜的膈肌收缩时，横膈膜就拉下去，胸腔就扩大，可以帮助吸气；它一松弛，横膈膜又缩上去，胸腔就缩小，可以帮助呼气。

（二）振动器官

振动器官的发音体主要是指喉头中的声带。

声带作为人体发音的振动体，是两条具有弹性的韧带，它的运动取决于喉内肌与喉外肌的收缩。在发音时，拉紧声带的肌肉和起着不同作用的喉肌收缩，使两侧声带达到必要的紧张度并相互靠拢、闭合。由于声带有节律的运动，气流通过声带时，造成空气稠密稀疏相间的振荡而形成音波，音波经喉、咽、口、鼻等共鸣腔的扩大与美化，就形成了人的嗓音或美妙动人的歌声。人体这种最珍贵的发音体就珍藏和固定在为它"特制"的一个精巧的"音盒"——喉头之中。

声带的厚薄、长短、紧松，以及不同的发声状态，会直接关系着声音的表现。

（三）共鸣器官

共鸣器官包括全部发声系统的空腔。如胸腔、喉腔、咽腔、口腔、鼻腔和鼻窦等，其中咽腔与口腔为可调节的共鸣腔，其他则反之。

声音好听悦耳，主要是共鸣器官的作用。共鸣器官可形成三种共鸣方式。即：

口腔共鸣。这是最重要的共鸣，发声时不仅要运用口腔咬字、吐字，而且其他腔体的声音振动，必须以口腔共鸣作基础，否则，声音就无法为歌词和语言服务。

头腔共鸣或鼻腔共鸣。鼻腔共鸣不仅增加音色的美感，而且有助于高音的演唱。鼻音与鼻腔共鸣有很大的区别，鼻腔共鸣可以增强声音的效果，但鼻音却损害声音的表现，最严重的是造成有声无字，或使每个字都成了鼻化音。因此，鼻腔共鸣与口腔共鸣联系起来，并以口腔共鸣作为基础，才能更好地发挥共鸣作用。

　　胸腔共鸣。包括气管、支气管与整个肺部。胸腔共鸣不是喉音，胸腔共鸣并不妨碍吐字清晰，但喉音却使字音浑浊不清。

　　在发声上最好三种共鸣全起作用，即以口腔共鸣为主的混合共鸣效果。

（四）出字器官

　　出字器官主要是指口腔，口腔既发挥共鸣作用，同时也是咬字、吐字的重要器官。人类交际、交流思想的语言，之所以千变万化，主要靠口腔内的唇、舌、齿、牙、喉等不同部位的活动及口的开合、大小、圆扁等变化形成的。在口腔中最重要的活动器官就是舌头。

　　口腔中与咬字、吐字有关的部位必须分辨清楚，因为不同的字音就是由于不同部位或共鸣腔形状的改变造成的。同时要纠正方音，必须熟悉发音部位，才能准确发音。

二、语音标准

　　语言训练是以汉语普通话为标准音。普通话中元音占主导地位，辅音中清音占优势，发音响亮、悦耳。其中双音节占优势，其约定俗成的轻重格式，听起来节奏分明，起伏跌宕；儿化语语音带来柔美细腻的感觉。鼻韵母较多，给人以鼻韵美感。

（一）语音的性质

　　音色——声音的个性、特色。普通话声母、韵母都有自己的个性。从语音的生理特性来说，声腔的形状和受阻状态，声带的颤动与否，决定着不同的音色。

　　音高——声音的高低。从声学观点看，音高是由于在一定时间里发音体颤动次数的多少来决定的，震动次数多音就高，少就低。发音体在一定时间内的颤动次数叫"频率"，因此，音高也叫"音频"。

　　音强——声音的强弱、轻重。就语音本身讲，"浊音"比"清音"响，开口度大比开口度小的响。如 a 比 i 响。

　　音长——声音延续的长短。在播音中需要根据思想感情和内容的具体要求，掌握长短、快慢。要做到：快而不乱，慢而不断，长而不拖，短而不促。

（二）音节与音素

　　音节——语音的自然单位。一个汉字就是一个音节。例如：你　我　他

　　音素——语音的最小单位。它是从音节中分析出来的更细小的成分。拼音字母就是代表音素的符号。在汉语里一个音节包含一至多个音素。例如：

啊	大	山	美
a	da	shan	mei
①	②	④	③

（三）元音与辅音

音素就其性质分为元音、辅音两大类。

元音——也叫"母音"。发音时声带颤动，气流自由呼出，不受任何阻碍；气流比辅音弱，声音响亮、清晰；发音器官的各部分肌肉紧张均衡。例如：普通话里的 a、o、e、i、u、ü。

辅音——也叫"子音"。发音时，气流在口腔内受到一定阻碍，口腔肌肉局部紧张，气流比元音强。例如：普通话里的 b、p、m、f、d、t、n、ng 等。

元音是音节中必不可少的成分，每个音节之响亮，关键在于元音，在吐字发声训练中（包括唱歌），一定要精确的掌握元音的发音方法。元音发音只要是由于声带颤动造成音波，经过口鼻咽腔扩大共鸣而发出响亮悦耳的声音。各元音不同音色的变化，是由于舌位的高低、前后形成的。口腔形状的大小、开合；唇的圆、展形状不同而形成的。

第二节　发声与正音

发音器官中的各器官是一个相互牵制和协调的有机整体，在发音发声过程中每个部分都参与活动，并根据思想交流的需要灵巧自如地变换发音器官中的能动部位，和谐一致地完成传情达意的任务。

要调动发声手段的各种因素与方法、技巧，为声音情感的真挚动人创造一切声音条件。人体自然条件的"本钱"再好，也必须进行坚持不懈的锤炼。为此，要使发声优美就必须练习，以充分适应"声音造型"的要求。

一、呼吸训练

"气为声之本。"呼吸不仅是人类赖以维持生命的生理机能，而且也是说话、歌唱得以发声的原动力。呼吸的训练与声音的表现有密切的关系。声带的振动、共鸣的发挥，声音的变化，情感的表达等全有赖于气息的控制与运用。

在呼吸方法中，胸式和腹式呼吸法都不足取。前者由于吸气扩胸，使胸上部压挤憋闷，影响气息的出入与调节，并直接造成喉部肌肉紧张，妨碍发声的自然舒畅；后者则因吸气延缓，迫使横膈膜下降，胸腔下步受累，不仅影响共鸣的畅通，而且难以支持高音的演唱。实践证明采用胸腹式联合呼吸的方法最适宜，这种方法易于调动呼吸器官的整体运动，使胸腔、横膈膜、腹部同时控制与调节气息的出入。呼吸有力，肺活量大，气息充足，才能够自如地运气发声。

（一）吸气

1. 用鼻子闻花的感觉来深吸气。练习时感觉花的香味随着缓慢、柔和的吸气动作，同气息深深地吸进小腹。吸气时，留意小腹起伏的动作上：小腹鼓则为吸气，小腹收则为呼气（自然放松，不用猛吸）。

2. 用数数的办法练习快速吸气、换气。嘴里不停地有节奏的数数，不去想怎样吸气和换气，在数与数之间要停顿，只留意腰部的"缓劲"和小腹的起伏动作上，气息就会自然而然的被动地吸入。

（二）控制

1. "慢吸5秒——停吸5秒——慢呼5秒"的练习方法。在"慢吸5秒"时，小腹缓慢地鼓腹吸气。"停吸5秒"时，收腹提臀，腰围膨胀。"慢呼5秒"时，腰围要保持吸气的膨胀感，缓慢均匀地呼气。初步体验气息被控制的感觉。

2. "打哈欠"练习。"打哈欠"可以使呼吸器官腔体大幅张开。在练习"打哈欠"时，体会"打哈欠"时"气息回流"、"气息倒灌"的感觉。

3. "s"（咝）音吹气练习。上下齿轻合，嘴唇微开，舌尖抵下牙床。小腹深吸气之后，让气息从齿间缝隙摩擦而出，发出不出声音的"s"的送气长音。

（三）流动

1. 叹气练习。这个练习分两个步骤进行：

第一步，深吸气之后略作停顿，然后从胸口"嗓子眼儿"（第二个纽扣）的位置，以叹气的感觉发出一个无声的"嗨"字，将气息痛快地叹出来。"叹气"时下巴、舌根、颈部一定要有"懒洋洋"的松弛感。

第二步，继续以叹气的感觉在胸口发声位置（第二个纽扣）说出"嗨——"的声音，让声音先虚着出来，以气带声，慢慢把声音说响。

2. 哈气练习。吸气后略停顿一下，然后张开大嘴向前哈气。在哈气的同时，主观想着边"哈"边"吸"，建立"又呼又吸"的感觉，腰的四周明显膨胀。

（四）换气

1. 练习数数，找换气的感觉。

2. 学"小狗喘气"：狗在夏天天热时常常吐着舌头快速地喘气。这种练习可以使练习者体会到横膈膜在呼吸换气中快速颤动的活动状况，从而掌握换气要领。

二、正音练习

所谓练字就是训练咬字和吐字。字是口头语言的书面符号，它是构成语言的表音基本自然单位，而且是表意抒情的依据。将书面符号变为说、唱口头语言的再创造过程，气与声只有和字有机地结合起来，才具有审美价值。为此，气与声在某个程度上是为字音和字义服务的。字音的准确纯正是咬字、吐字的最基本的艺术基础。

练字首先要审字辨音。审字辨音就是要求审正与辨清字音的正确读法。练字实际上是练口腔的形态变化，练口腔的开合大小、圆扁宽窄，练舌头的前后上下、伸缩平卷等，既要使它们敏捷灵活、运动自如，又要使它们快慢有节、控制得法。如其中举例说："风字之声扁，宫字之声圆。""风"（fēng）的主要母音是"e"，其口形是"扁"的；而"宫"（gōng）的主要母音是"o"，其口形确实也是"圆"的。因此这种感觉的声音形态实际上是口腔形态变化的感觉。所以说"欲改其声，先改其形"，说明声音要准，首先口腔形态要准。

练字是行腔的基础，是说或是唱，是念字或是唱字，都与日常生活语言的表现不同，字要有力度、弹性、穿透力，才能声传达远，清晰可辨。

三、生动的语言

（一）声音的弹性

"说话像唱歌一样好听"，美化声音，给声音做造型，让声音艺术化、说话艺术化，给人以美的感受，强化内容的感染力，这就需要声音富有"弹性"。

1. 获取声音弹性的条件

人的思想感情在一定的语言环境中是不断运动的，而人的声音通过控制调节是可变的，声音的可变又要依靠气息自如、喉部放松、口齿灵活，这是取得声音弹性的两个必要条件。运动着的感情是声音弹性的内在依据，是取得声音弹性的先决条件。

2. 气随情动　声随情变

气息运动是由内部体验到外部体现的贯穿性技巧，要解决声音弹性问题，必需注意气随情动。当我们沉浸于一篇感情动人的诗歌、散文、谈话时，我们的感情随着文章的推进而运动，有时轻松，有时愤慨；我们的呼吸状态也随之而变化，时而平缓，时而深沉有力，时而激越，要善于与所描述的事物"同呼吸共脉搏"。这就是气随情动的状态。这种状态在生活中是自然而然的，是随着体验而进行的反射活动。所以说，有弹性的声音，应该是富于感情色彩变化的声音。我们的语言表达，既要有感情色彩的千姿百态，也应该有声音色彩的万紫千红。只追求一种固定的声音色彩，是不能描绘出丰富多彩的感情世界的变化的。

（二）语言的色彩

人们在用语言表达感情的时候，丰富的情感将会产生多样化的语言色彩。多样化的语言色彩，是由不同的语气、不同的音量、不同的音色构成的。

1. 语气变化

人们在说话时，情感变化是语气变化的依据。正因为人的感情、情绪、心境等种种心理活动的复杂性、变化性，由此而表现的说话语气也是复杂的、变化的。例如：人在心境好的情况下对人和事感到满意时，说话语气就平和、亲切；如果对人和事有不满或反感时，语气就会变得冷淡、生硬……这种情感、情绪的差别所表现的语气各不相同。在说话时要掌握好语气的分寸感，使咬字吐词的语气同情感表现结合的更贴切、得当。

2. 音量变化

用音量来表达说话时的情感，是人们用语言表达思想感情的重要方法之一。不同的感情是用不同的说话音量表现的。表示恋爱之情的语言，决不是大吵大嚷的音量；激烈争吵的声音，也决不会是娓娓动听的柔弱声音。人的感情发生变化时，说话的音量也随之而发生变化。生活中常看到这样的情况：两人为了一点小事发生争执，开始时，双方都在心平气和地讲着自己的理由，这时，说话的语气平和、音量适中。当双方互不讲理时，火气便越来越大，说话的语气越来越激愤，说话音量也变得越响亮。这是人类用语音的音量表现感情的自然现象。

3. 音色变化

在日常生活中，人与人交往，也常常通过说话时音色的变化来表现情感的发展、变化。人在表达爱恋之情时，说话的音色总是柔美的；人在欢乐的时候，说话的音色总是明朗的，人在悲哀的时候，说话的音色总是暗涩而又粗糙的……于是，语言音色自然而然地成为感情表达的一种方式方法。

第三节　声音的声腔美

在发声中，语言与声乐的发声有着类似的共性，但也有着明显的个性。说与唱的艺术表现从来就是相互依存共同创造的。声乐是音乐化的语言艺术，那么他们之间必然有着密切的关系，这是我们在练声中首先要明确的。语言与声乐的发声或者说是说与唱的发声，具备了同样的生理发声条件，如呼吸气源、发音体与共鸣腔等。这就说明，在声音塑造中，唱要练声，说也要练声，唱的练声在一定程度上还必须建筑在说的练声基础上。这不仅因为声音要说与唱相辅相成地共同创造，而且在发声造型上也存在着相互依存的关系。

一、练声

练声是使人体自然的嗓音经过锻炼以适应与符合声音造型艺术要求的基本功。每个人的声音本色是独具个性的，俗话说："闻其声知其人。" 发声的音质好坏既取决于先天的发声器官的构成，如人体的高矮、胖瘦，声带的长短、厚薄，共鸣腔的宽窄、大小，肺活量的呼吸多少等，也决定于后天的发声训练，通过练声逐渐达到改善音质的目的，从而增强声音的美感效果。

改善音质、扩展音域、调节音响、丰富音色是使声音优美的重要因素，也是使语言音乐化的基本声音条件。要达到这些要求，自然要进行全面系统的发声训练。

（一）常用的发声练习及要求

在中声区范围内，进行连音、跳音和简单的变换元音的练习。

1. 音阶练习

　　较慢地、连贯地

① 1 2 3 2 ｜ 1 - - -‖

　　a……

② 5 4 3 2 ｜ 1 2 3 4 ｜ 5 4 3 2 ｜ 1 — ‖

　　a……

　　平稳地、较慢地、连贯地

③ 1 1 2 2 ｜ 3 3 4 4 ｜ 5 5 4 4 ｜ 3 3 2 2 ｜ 1 1 1 ‖

　　a i ……

在一个音上练长音和换速音阶上练长音的要求：

加强横膈膜的锻炼，体会横膈膜的呼吸支持感；

腹肌、两肋、腰部都要积极配合起来行动，要有兴奋的横向的扩张感；

起音要用软起音，仿佛带点"ha"即"哈"的感觉；

要尽量唱得连贯，唱的慢一些、唱长一点；

在一个音上变换音时，位置要在音色、音量、力度上保持一致。

2. 跳音练习

1 0 3 0 | 5 0 3 0 | 1 0 - ||

(h) a……

跳音练习要求腹肌和横膈肌积极地、灵活地弹跳，同时也要求灵敏而清楚地声门闭合。

3. 哼鸣练习

5 4 3 2 1 — ||

Hm

要求：

用擤鼻涕的感觉来带着哼；

笑肌要提起，自然地面带微笑状；

喉咙不能紧，要打开，喉位要低；

要在横膈膜有力的支持上哼；

全身要通畅，尤其是肩、胸口要放松，不要想着给劲，向下叹着哼。

4. 打嘟噜练习：

5 4 3 2 | 1 2 3 4 | 5 4 3 2 | 1 — ||

du……

此练习好处在于，能够帮助体会横膈肌的支持，但一定要注意是"du"而不是"dū"，否则喉咙容易逼紧。

(二) 练声时需要注意的问题

1. 练声。发声练习应该是渐进的，而不是跳进的，即在逐渐的适应中不断提高发声效果。这是因为发音器官的运动，声带的松紧张弛，肌肉的伸缩韧性，口腔的开关闭合，以及声音的振动位置等都有一个适应的过程，只有当这种适应变得十分习惯的时候，才能使嗓音产生自然和谐的效果。要以科学的态度练唱，既要有歌唱时的激情，又要有理智，要时刻保持清醒的头脑。因此，在发声练习中，任何超出发音器官的适应性的强制手段都是无益的，不仅得不到应有的效果，反而会把嗓子毁掉。

2. 共鸣控制。共鸣是丰富音色的重要的声音造型手段，美好的共鸣是提高声腔美表现力的关键。要在发声实践中掌握其变化规律并加以调节，在字与声的有机结合中寻找最佳的共鸣效果，但应以不影响词义的表达为原则。此外，共鸣效果还要与音乐的旋律变化及情感表达的要求相协调，使音色的情感因素为字正腔圆、声情并茂的整体艺术效果服务。

二、依字行腔

艺术化的"说"与日常生活语言中的"说"有着明显的区别。艺术化的"说"，字音要纯正清晰，喷吐有力，声传达远，气息自然要饱满，在共鸣与音色表现上同样要具有美感、音响大小轻重变化自如，能适应各种语言造型与性格化的要求，嗓音要具有持久的韧性。

依字行腔，实际上是练字与练声的呼吸、发音、共鸣、咬字、吐字、抒情叙意等的综合练习，要求达到"腔圆"的艺术效果。练气、练声、练字最终要与练腔结合起来，这样才可能以字表情达意，以声美化字音。练腔自然是练字与练声的有机结合，如果从口腔的变化形态来说，字的说腔自然是字的唱腔的基础，所谓"字正腔圆"也应该包含这个方面的意思。

联音发声练习：

```
        1  3  | 5  3  | 1  -  ||
b       伯 伯   掰 饽    饽
b       婆 婆   拍 皮    袍
m       妈 妈   买 馍    馍

        5 4 3 | 5 4 3 | 3 2 1 | 1 - ||
d       雕叼刀， 雕叼刀   刀   掉。
t       筒捅桶， 筒捅桶   桶   通。
n       妞  妞， 妞   妞  念 奶奶。
l       姥  姥， 姥   姥  恋 兰兰。

        1 2 3 4 | 5 4 3 2 | 1 - | 1 - ||
g       敢 干    挂 桂     冠
k       坎 坷    靠 刻     苦。
h       好 汉    获 红     花。
```

```
    3 4 5 | 2 3  4 | 3· 2 | 1 - ||
j   姐 姐  击    剑   急。
q   青 青  骑    轻   骑。
x   小 肖  下    湘   西。

      1  3 | 5  3 | 1 - ||
z   走 卒   怎 自   责。
c   三 嫂   送 笋   丝
s   曹 操   错 猜   测。

     1 2 3 | 3 4 5 | 5 4 3 2 | 1 - ||
zh  只 知 捉 蜘 蛛, 捉     蜘 蛛。
ch  车 床 愁 生 产, 愁     生 产。
sh  史 实 是 事 实, 是     事 实。
r   溶 溶 仍 忍 让, 仍     忍 让。
```

　　人体发声本身就是一个各器官协调动作的生理与心理的整体运动过程,要达到语言音乐化的完美要求,只有在基本功练习的基础上,才能提高声音造型的表现力,达到诱人乐听的艺术效果。

习 题:

1. 生动的语言具有哪些特点?
2. 要使语言有色彩,需要从哪些方面努力?

第八章

对不同的人说不同的话

第一节 在不同的环境下说不同的话

任何谈话都是在特定的环境和场合中进行的。环境和场合对人们的心态和情绪会产生明显的作用。环境不同，人们的心情也会不同，他们对一些问题的心理感受、态度以及理解的程度也会不同。无论是欢乐的气氛还是悲伤的气氛，都会对身处这种环境中的个体带来一种心理暗示和情绪感染。对于谈话者来说，应该根据不同的环境场合选择不同的说话方式和交流技巧。

鲁迅先生曾在一篇散文《立论》中讲到了一个故事，说的是一户人家生了一个男孩，全家高兴极了。满月的时候，这户人家把孩子抱出来给客人看，自然是想讨点好兆头。一个人说："这孩子将来要发财。"于是这个人得到一番感谢。一个人说："这孩子将来要做官的。"于是这个人收回几句恭维。最后一个人说"这孩子将来要死的。"于是这个人得到一顿大家合力的痛打。最后一个人所说的虽然是事实，但在这种喜庆的场合中显得极不合适，别人自然不爱听。

在不同的环境场合中，人们都会形成一种潜在的心理期待，同时也会对某些事物存在一种心理排斥。同样一句话，在此场合被认为是合理的，但在彼场合就可能会引起他人的不快和厌恶。例如，在喜庆的场合中，人们不愿意听到扫兴的消息，措辞造句也讲究好意头。在正式的场合中，人们通常十分注重个人形象的表现，所以希望他人在言谈中体现出充分的尊重。如果一个人在正式场合出言不逊、口无遮拦，甚至是取笑挖苦别人，只会使人反感。

英国女王维多利亚，与其丈夫阿尔伯特相亲相爱，感情和谐。妻子是一国之君，整天忙于公务和应酬，而丈夫却不太关心政治，对社交缺乏兴趣。有一天，女王忙完公事，已经深夜了，她回到卧室，见房门紧闭，就敲起门来。阿尔伯特问："谁？"维多利亚回答："我是女王。"门未开，再敲。丈夫又问："谁？"女王答："维多利亚。"门未开，再敲。丈夫又问："谁？"女王这次回答："对不起，亲爱的，我是你的妻子。"门开了，维多利亚走了进去。"女王"是在庄重公开的场合下的一种称呼，它虽然威严却少了些亲密感，在阿尔伯特看来，私人场合中使用"女王"的称呼显得冷冰冰，夫妻之间应该以亲人称呼，而非职务。

《三国演义》中有这样一则故事：官渡之战前，许攸投奔曹操，献了一系列妙计，为曹操击败袁绍，夺得河北之地立下了赫赫功劳。但是，在曹军占领冀州城后，一次聚会，许攸却当着曹操众多部下的面，直呼曹操小名，说道："阿瞒，不是我献计，你能得到这座城池吗？"曹操部将许褚大怒，拔刀杀了许攸，曹操事后也只是责备了几句。许攸被杀，正是因为说话不分环境场合。在庄重的场合，当着众人的面，说话大大咧咧，一点不顾忌曹操的面子，触怒了曹操部下，终于惹来杀身之祸。

小赵和小李是同事，平时关系不错，在一起时总爱嘻嘻哈哈地开开玩笑。有一次，小李病重住院了，小赵去看望他，一见面就说："平时，我去健身房锻炼身体，总叫你一起去，可你就是不去。就你这体格，我看这次要玩完！"话音刚落，小李脸色煞白，生气地说："你说什么呢！"把他赶了出去，此后见了小赵也爱理不理的了。小赵犯的错误同样是说话不分场合。小李生病本来就情绪低落，最希望的是别人能安慰他鼓励他，可小赵却反过来批评他平时不锻炼身体，丝毫没有考虑到别人的心理感受。由此可见，开玩笑一定要看场合，而不是张嘴就来，否则会带来尴尬的局面。

一个高明的谈话者，首先要掌握语言的环境，根据语言环境组织自己的语言，使谈话富有魅力。意大利前总统佩尔蒂尼访华时曾在北京大学受到了热烈的欢迎，在回答青年学子们的敬意时，他很风趣地说："我在青年们面前算不得什么，如果你们能给我青春，我宁愿把总统的职务交给你们。"这句"愿以总统换青春"的话语，与大学校园环境极为吻合，赢得了青年们的热烈掌声。

简单来说，说话场合可以分为以下几种：

一、自己人场合和外边人场合

所谓自己人场合,是指谈话交流的主体都是自己人,大家彼此之间很熟悉,对各人的性格习惯也都很了解。在这种场合中,谈话内容和谈话方式都较为随意,无需有太多的顾忌。但如果是外边人场合,则需要注重礼貌礼节,讲究谈话方式和遣词造句。

二、正式场合与非正式场合

正式场合的谈话内容和谈话时间通常有较为清晰的规定,事先要有所准备,谈话应该严肃认真、言之有物、紧扣主题、连贯一致,不能信马由缰、信口开河。非正式场合则可以随便一些,谈话内容和谈话方式都可以较为灵活,有时如同聊家常一样,侧重于情感交流。如果在正式场合大大咧咧、毫无顾忌,会让他人觉得缺少基本的涵养。如果在非正式场合硬要咬文嚼字、说话文绉绉,则会让他人觉得别扭、不够自然。曾任美国总统的卡特有一次因为在正式场合说了不该说的话而使自己陷入窘境。那时卡特出访盐湖城,参加摩门教信徒颁发"本年度家庭男人"的仪式活动。他的参谋为他写了一份讲稿,特别注明"幽默",于是助手给了他三四个笑话。他在发表讲话时全用上了。卡特和他的助手们没有意识到,摩门教徒一贯教育他们的孩子不要轻率地看待世事,自然在这样的场合也就不能乱说幽默的话。当时,教堂里有两千多人,卡特讲笑话时,这么多人只是瞪着他,呆若木鸡。

马克·吐温曾经说过,有一次他去听一位牧师传教,开始听得很有好感,准备捐献身上所有的钱。过了一小时,他听得厌烦,决定留下整钱,只捐些零钱。又过了半小时,他决定分文不给。等到牧师说完了,他不仅不给,还从捐款的盘子中拿出两块钱作为时间的补偿。显然,牧师说话拖沓冗长、空话连篇,使听者觉得是在浪费时间。

三、庄重场合与随便场合

在庄重场合,说话者应使自己的语言尽量符合庄重的氛围,充分考虑说话对象的心理感受。在随便场合,由于没有太多约定俗成的规则,说话者可以灵活自由发挥,运用轻松随和的语言,调动现场气氛。一般来说,在庄重而严肃的场合,不宜随意开玩笑。有这样一个例子。美国前总统里根一次在国会开会前,为了试试麦克风是否好使,张口便说:"先生们请注意,5分钟之后,我将对苏联进行轰炸。"此语一出,众皆哗然。里根在错误的场合、错误的时间里，开了一个错误的玩笑。为此，苏联政府提出了强烈抗议。

一位新秀歌手参加歌唱比赛获得了冠军。主持人问这位歌手有什么感受时，他说："今天我博得了第一名非常高兴。我赌得了奖金，而且也赌到了名声。""赌"字一出口，全场嘘声不断。在这样正式庄重的公开场合，如此说话只会给人以粗俗浅薄之感，会使人们对这位歌手的评价大打折扣。

四、喜庆场合与悲痛场合

喜庆场合中，说话内容与说话语气都应与场合中的愉悦、欢快的气氛相协调。例如，在剪彩、乔迁、结婚、庆功等场合，不说扫兴的话、不说悲伤的话、不说不吉利的话等。而在悲痛的场合中，不能说逗乐的话和调侃的话，而应该使用沉痛、悲哀、忧戚、肃穆性的语言。在一次婚礼上，正当大家高高兴兴地向新郎、新娘祝福时，一位客人忽然打碎了一只精致的茶杯。一时间，掉杯子的客人尴尬，新郎、新娘难堪，众人兴头也受挫，气氛顿时有些变凉。这时，一位思维敏捷的人灵机一动，马上喊道："这是吉兆啊，'岁岁平安'嘛！"这句话立即引得大家群起响应，哄堂大笑，婚礼气氛又热烈起来。

五、适宜多说的场合与适宜少说的场合

谈话要注意审时度势。哪些场合适宜多说，哪些场合适宜少说，都应视具体情况而定。如果某一活动现场时间安排紧凑，参加者都很忙，那么说话应简明扼要，不能拉拉杂杂、没有边际。有一次，艾森豪威尔将军参加一个重要的餐会。餐会前安排重要贵宾致辞，艾森豪威尔被排在第五位。前四位贵宾都讲得十分冗长，在场来宾已经饿得不得了，有的还直打哈欠。好不容易轮到艾森豪威尔将军，他上台之后只说了两句话："每一个演讲会都有句点，今晚我就为大家画上句点吧！"说完，鞠躬退场。虽然艾森豪威尔的话很短，但一定给在场的来宾留下了深刻的印象。

第二节 对不同的人说不同的话

有效的人际沟通，除了要适应不同的场合环境之外，还应注意谈话对象的具体情况。从传播学的角度来说，传播方式和传播技巧的使用应依受传者而定。日本社会心理学家古烟和孝曾经说过："即便是最有效的发送者传播最有效的信息内容，如果不考虑接受者方面的态度及其条件，也不能指望获得最大效果。"

鬼谷子《权篇》中说："与智者言，依于博；与博者言，依于辨；与辨者言，依于要；与贵者言，依于势；与富者言，依于高；与贫者言，依于利；与贱者言，依于谦；与勇者言，依于敢；与愚者言，依于锐。"这段话表达的也是根据不同的对象说不同的话。

一、说话时考虑对方的身份

谈话时首先要弄清楚对方的身份。例如，对方处于怎样的社会地位，他的职业是什么，他是长辈还是后辈等等。说话者要根据说话对象的身份地位来选择说话方式。对长辈谈话应保持谦虚，对后辈谈话应沉着稳重，并寻找双方的共同点。对于不同身份地位的人，都应能站在对方的立场和视角来看问题，并体现出充分的尊重，既不用对地位高的人卑躬屈膝，也不能对地位低的人颐指气使。

据说古代有个叫许允的人在吏部做官，提拔了很多同乡。魏明帝觉察之后，便派人去抓他。许允的妻子告诉他："明主可以理夺，难以情求。"因为她深知跟九五之尊的皇帝打交道，难于求情，却可以"理"相争，依皇帝的身份地位是不可能随便以情断事的，皇帝以国为大，以公为重，只有以理断事和以理说话，才能维护好国家利益和一国之主的身份。所以，在魏明帝审讯许允的时候，许允直率地回答说："陛下规定的用人原则是'举尔所知'，我的同乡我最了解，请陛下考察他们是否合格，如果不称职，臣愿受处罚。"魏明帝派人考察许允提拔的同乡，他们确实很称职，于是不仅将许允释放了，还赏了一套新衣服。许允没有因为皇帝的身份地位高，就无原则地妥协，而是根据皇帝的身份地位，以皇帝的立场来看待事物的标准，并以诚恳的言辞与皇帝进行沟通，取得了良好的效果。

还有一个现代的例子。李先生是一家 IT 公司的总经理助理。他的顶头上司王总是搞技术出身，由于工作重点长期落在研究开发领域，因此对企业管理仍然一知半解。出于对技术的钟爱，王总直接插手技术部门的事，把管理的层级次序搞得乱七八糟，其他部门虽然表面若无其事，但私下却诸多抱怨，让李先生与其他部门沟通协调颇感吃力。经过思考，李先生对王总说："真正意义上的领导权威包含着技术权威和管理权威两个层面，王总的技术权威牢固树立，而管理权威则有些薄弱。"王总听后，若有所思。后来，王总果然越来越多地把时间用在人事、营销、财务的管理上。李先生考虑到了对方的身份，能够站在上司的立场上发表观点，既充分照顾到上司的自尊，又维护了上司的权威，易于被上司接受。

二、说话时应考虑对方的接受能力和接受习惯

一个 3 岁的孩子在吃苹果时发现苹果变颜色了,就问爸爸:"爸爸,这苹果怎么变成褐色了?"爸爸对孩子说:"因为苹果发生氧化了,当你把苹果皮啃掉后,苹果肉与空气接触,使苹果发生氧化,果肉的分子结构改变了,所以颜色也改变了。"可想而知,幼小的孩子听不懂这些话。

一个人口普查员问一位乡村老太太:"有配偶吗?"老人想了半天,然后反问:"什么配偶?"普查员只得换一种说法:"是老伴呗。"老太太笑了,说:"你说老伴不就得了,俺们哪懂你们文化人说的什么配偶呢?"

以上两个例子都说明说话时应考虑对方的接受能力和接受习惯。对幼小的孩子来说,太深奥的名词和道理他们难以理解。对于老人来说,一些太书面或是新潮的名词他们也听不懂。

三、说话应考虑到对方的心理期待

在言语交际过程中,应考虑到谈话对象在特定情境下的心理期待,采用合适的方式进行表达。例如,孩子总是希望家长对自己多多进行肯定和鼓励,如果家长总是以教训的口吻来与子女交流,则会使子女产生逆反心理。又如,家人之间希望得到的是理解与宽容,如果彼此在交流的过程中互相猜忌,则会使双方隔阂越来越深。

有个班级举行同学聚会。同学们好多年没见面了,大家都很高兴。有位男同学开玩笑地对一位女同学说:"你真是越长越'苗条'了!可惜啊,中国没有相扑运动。"女同学一听这话扭头就走,男同学讨了个没趣。女性都是爱美的,她们不希望别人嘲笑自己的体型,而这位男同学没有考虑到对方的心理期待,乱开玩笑,导致谈话的失败。

19 世纪,维也纳上层社会的妇女中,时兴一种筒高、檐宽的帽子,而且在帽檐上装饰着五颜六色的羽翎。女士们一进入剧场,观众就只能看到她们戴的帽子,而看不见戏台。剧场经理在无可奈何的情况下,只好一再请求女士们脱下帽子,可谁也不予理睬。这时,经理灵机一动,根据女士们爱美、爱年轻的心理特点说:"年纪老一点的女士可以照顾不脱帽。"话一出口,女士们竟纷纷脱下了帽子。因为她们面临着"美女"与"老妇"的选择。维也纳的上层妇女当然谁也不愿意做老妇。她们戴那种高高的帽子,也是为了追求美。

四、说话应考虑到接受对象的性格特征

言语表达的内容和方式要因人而异，符合接受对象的个性特点，才有可能产生"同声相应，同气相求"的效果。如果对方喜欢委婉地交谈，说话就应该含蓄些；如果对方喜欢率直地交谈，说话就应该爽快些；如果对方崇尚学问，说话就应该富有哲理；如果对方喜谈琐事，说话则应该通俗些。

两千多年前，孔子就注意针对学生的不同性格来回答他的问题。有一次，孔子的学生仲由问："听到了，就可以去干吗？"孔子回答说："不能。"另一个学生冉求也问同样的问题："听到了，就可以去干吗？"孔子的回答是："那当然，去干吧！"公西华听了，对于孔子的回答感到有些疑惑，就问孔子说："这两个人问题相同，而你的回答却相反。我有点儿糊涂，想来请教。"孔子答："求也退，故进之；由也兼人，故退之。"孔子的意思是，冉求平时做事好退缩，所以我就给他壮胆；仲由好胜，胆大勇为，所以我要劝阻他，做事要三思而行。可见，孔子诲人不是千篇一律，而是因人而异，因材施教，特别注意学生的性格特征，因此能够使学生听进自己的话。

五、说话时应考虑对方的语言习惯

交流的情境是复杂多样的，由于地域、民族、宗教、时代等因素的影响，不同的谈话对象有着不同的语言习惯。在言语交流的过程中，应考虑到对方的语言习惯。

有个牧师，想翻译《圣经》给非洲居民读，可是译到"你们的罪恶虽然是深红的，但也可以变成像雪一样白"的时候，难题就出现了。因为热带的土人，根本不知道雪是什么东西，雪的颜色和煤的颜色有什么不同。后来，牧师从椰子得到启发，把这句话改译成"你们的罪恶虽然是深红的，但也可以变成像椰子肉一样白"，这样，非洲居民就懂了。

六、说话时应考虑对方的兴趣爱好

言语交际过程也讲究"投其所好"，即为了打开谈话局面，或是使谈话过程更加深入，在谈话过程中融入对方感兴趣的内容，使对方乐于参加到谈话过程中，并愿意对说话者敞开心扉。俗话说，"话不投机半句多，言逢知己千句少"。如果交谈能够找准话题，把话说到对方心里去，就能收到理想的谈话效果。

据说每一个拜访过美国前总统西奥多·罗斯福的人，都会对他渊博的知识感到惊讶。哥马利尔·布雷佛写道："无论是一名牛仔或骑兵、纽约政客或外

交官,罗斯福都知道该对他说什么话。"他是怎么办到的呢?很简单。每当有人来访的前一天晚上,罗斯福都翻读这位客人特别感兴趣的话题的资料。罗斯福明白,打动人心的最佳方式是:找准话题,与对方心灵产生共鸣。

小林是保险促销员,一次,他去拜访一位大客户,某公司的经理王先生。见面之后,小吴先对自己公司的险种做了大体说明,使王先生有所了解。但是,王先生在听的过程中哈欠连连。就在这时,小林发现王先生背后的书橱里放着许多关于《论语》方面的书,并且办公桌的案头也有一本《论语》。于是小林灵机一动,找到了突破口。小林说:"王先生是不是对中国的古典文化非常感兴趣,尤其是《论语》,您应该有高妙的见解吧?"本来昏昏欲睡的王先生听到小林谈到《论语》,一下子又有了精神,说:"嗯,我对《论语》非常感兴趣,对于丹讲的《论语》有的地方是赞同的,有的地方也是有保留意见的。"小林顺势说:"其实,我也看过'百家讲坛'于丹讲的《论语》,但是我研究不多,听不出她讲的还有不对的地方!如果有时间还希望王先生您能不吝赐教。"王经理马上被吸引了过来,一下子有了兴致,和小林讨论开来。而且,在讨论的过程中,两个人简直就是相见恨晚,保单也顺利地签了,小林还和王经理成了朋友。

第三节 有不同的目的说不同的话

说话要明确目的,即"我为什么要说?"或者"人家为什么要我说?"人际交流过程中,只有谈话目的明确,才能取得良好的效果。说话者明确了目的,才知道应该准备什么话题和材料,采取何种说话风格,运用哪些说话技巧,才能做到有的放矢,灵活应变。如果目的不明,就难免说话不得要领,重点不突出,东拉西扯,叫听者无所适从。

一、说话目的的分类

说话的目的可以分为以下几个大类:

(一)传递信息或知识。如课堂教学、学术讲座、新闻报道、产品介绍、展览解说等。在这些情况下均需要将信息和知识表达得清楚准确,注重严谨性,同时要求重点突出,条理清晰,易于为对方所掌握。

(二)引起注意或兴趣。此类说话多是出于社交目的,或为了交际,或为了沟通，或为了表明自身的存在，或为了引起他人注意，如打招呼、应酬、寒暄、提问、拜访、导游、介绍、主持人讲话等。这类情况注重话语的生动性和个性化，即如何用合适的方式吸引对方的注意，给对方留下深刻的印象。

（三）争取了解和信任。如交谈、叙旧、拉家常、谈恋爱等，往往是为了结交朋友加深感情，交流思想。这类交流属于情感上的深度交流。交流效果首先取决于双方的态度。只有敞开心扉、互相理解、乐意倾听，才能拉近双方的心理距离。

（四）激励或鼓动。这类说话旨在加强人们现有的观念，坚定信心，引起精神上的兴奋，有时也要求得到行动上的反应，如赞美、广告宣传、洽谈、请求、就职演说、鼓动性演讲，以及聚会、毕业典礼和各种纪念活动、庆祝活动中的讲话等。这类交流要求具有强烈的感染力，语言上多采用丰富的修辞手法。

（五）说服或劝告。此类说话诸如谈判、论辩、批评、法庭辩护、竞选演说、改革性建议等，大多是为了让别人接受自己的观点，争取自身利益而改变他人信念。此类交流技巧性较强，需要对谈话对象的具体情况有充分的了解和把握，并抓住谈话对象的心理变化适时适当地展开对话。

二、不同目的之下的言语交流

（一）祝贺与慰问

祝贺是指向他人道喜。每当亲朋好友在工作或是生活上有了新的进展，或是恰逢节日喜庆之际，致以热情的吉语佳言，会使对方心情更加舒畅，使双方的关系更为密切。

祝贺语的选择应分清场合和对象。亲朋好友结婚、生育、乔迁、晋职、获奖、过生日等，一般可采用各种约定俗成的祝贺语。如祝贺结婚可用"白头偕老"、"百年好合"、"比翼齐飞"等，祝贺乔迁可用"生活幸福"、"阖家平安"等，祝贺晋职可用"大展宏图"、"前途无量"、"事业成功"等。

慰问是在他人遭遇重大变故，如患病、失业、失恋、破产等，或是遭遇困难挫折并感到痛苦忧伤之时，对其进行安慰、问候及鼓励，使其稳定情绪，减轻哀伤。

慰问他人，应表现出充分的诚意，并能体现出"同情心"和"同理心"。说话者应站在对方的立场上体会对方的情绪状态，无论是表情，还是动作、语言，都应该显示出"患难与共"、"同舟共济"，让对方感受到体贴和关心。慰问时切忌语言随意轻浮，不能讽刺、挖苦、嘲笑、指责对方。例如，"当初我也碰上过这种事,但我可不这样"、"我早就提醒过你,你不听"、"不听好人言、吃亏在眼前"等说法都是不恰当的。

(二) 称赞与感谢

要建立良好的人际关系,恰当地称赞别人是必不可少的。被人称赞是令人喜悦的事情。恰当的称赞能使人感受到人际之间的理解,产生双方良好的心理交流。

卡耐基曾写过一本书叫《人性的弱点》,在书中他写道:"一次我到纽约的一家邮局寄信,发现那位管挂号信的职员对自己的工作很不耐烦。于是我暗暗地对自己说:'卡耐基,你要使这位仁兄高兴起来,要他马上喜欢你。'同时,我又提醒自己:要他马上喜欢我,必须说些关于他的好听话。而他,有什么值得我欣赏的呢?非常幸运,我很快就找到了。等到他给我寄信件时,我看着他,很诚恳的对他说:'你的头发太漂亮了。'他抬起头来,有点惊讶,脸上露出来无法掩饰的微笑。他谦虚地说:'哪里,不如从前了。'我对他说:'这是真的,简直像是年轻人的头发一样!'他高兴极了。于是,我们愉快地谈了起来。当我离开时,他对我说最后一句话是:'许多人都问我究竟用了什么秘方,其实它是天生的。'"卡耐基讲的这个故事说明称赞有助于改善人际关系,通过改变对方心理情绪的方式促进人际交流的完成。

称赞别人应有感而发,诚挚中肯,不同于拍马屁、阿谀奉承。称赞要实事求是,不能虚情假意、言过其实,乱给别人戴高帽子。如果你的朋友在工作中取得了一些成绩,你说"真不容易",对方听了会很高兴。但是假如你称赞说"这是一项划时代的伟大贡献"、"揭开了某某领域的新篇章"、"是一座里程碑",那么就会使对方觉得不舒服,因为这种称赞太过头了。

称赞的语言应得体,避免词不达意,给人造成误解。如有人说:"您今天穿的这件衣服,比昨天那件好看多了!",这可能被对方误解为"昨天穿的衣服太差劲了"。

称赞他人也应因人而异。不同的人内心渴望获得的赞赏不同,在人际交流过程中应根据交流对象的不同情况,选择合适的称赞语。称赞的语言要说得自然,使对方乐意接受并能感受到真诚,不能太生硬造作,也不能"千篇一律"。

对他人给予自己的关心、支持和帮助,要表示必要的感谢。表示感谢应真心实意,并使被感谢者体会到这一点。

(三) 说服与劝告

说服是让他人接受自己的意见、建议、主张和批评。说服是人际影响的一种形式，在日常人际交往中较为常见。巧妙地说服他人不是诡辩骗人，而是为自己的意见制造一个适当的环境，从而有效地把自己的意见表达出来，进而获得对方的赞同，使对方接受并按之行事。

说服首先要动之以情。说服不是压制，也不是强迫。人们都喜欢自由支配自己的行动，而不愿被他人所指挥，让人摆布。如果强迫某人做某事，会让对方感到自主权受到了伤害，会导致逆反情绪。所以，在说服他人的时候，应与对方进行平等的交流和真诚的沟通，以情感的力量打动对方。正如卡耐基曾经说过的一段话："与人交谈，要让对方接受自己的观点，不要先讨论双方不一致的问题，而要先强调，并且反复强调你们一致的事情。让对方开始就说'是'、'对的'，而不要让对方一开始就说'不'。"

说服总是需要摆事实、讲道理，用严谨的逻辑来说服对方。说服要善于寻找最佳突破点。寻找突破点需要了解对方的性格、特点、兴趣爱好以及情绪状态，捕捉对方思想、态度方面流露出的点滴信息，把握对方思想问题症结所在。不同性格的人，接受他人意见的方式和敏感程度是不一样的。说服过程中用对方感兴趣的事情打开"话匣子"，能较为容易地达到说服目的。

伽利略从小立志在科学上有所成就，因此，他希望得到父亲的支持和帮助。

一天，他对父亲说："父亲，我想问你一件事，是什么促成了您同母亲的婚事？"

父亲说："因为你的母亲十分吸引我。"

伽利略又问："那您有没有娶过别的女人？"

父亲说："没有，孩子。家人曾经要我娶一位富有的女士，可是我只对你母亲钟情，况且她当时可是一位风姿绰约、令人倾慕不已的姑娘。"

伽利略说："您说得一点也没错，她现在依然风韵犹存。而您不曾娶过别的女人，因为您爱的是她。可是您知道吗？我现在也面临同样的处境！除了科学以外，我不可能选择别的职业，因为我喜爱的正是科学！其他事物对我而言，都毫无用途与吸引力！难道我要去追求财富或是荣誉？科学是我唯一的需要，我对它的爱，就如同对一位美貌女子的倾慕。"

父亲说："像倾慕女子那样？你怎么会这样说呢？"

伽利略说："一点也没错！亲爱的父亲，我已经18岁了！别的学生，哪怕是最穷的学生都会想到自己的婚事。可是，我却从没想过。因为别人都想寻求一位标致的姑娘当终身伴侣，我却只愿与科学为伴。"

父亲不说话了，只是静静地听。

伽利略继续说：“亲爱的父亲，您有才干但没有力量，可是我却能兼而有之。为什么您不能帮助我达成自己的愿望呢？我一定会成为一位杰出的学者，并能获得教授身份。如此，我便能以此为生，而且比别人生活得更好。"

父亲为难地说：“可是我没有钱供你上学。"

伽利略激动地说：“父亲，您听我说，很多穷学生都能领取奖学金，这些钱是公爵宫廷给的，所以我为什么不能去领一份奖学金呢？您在佛罗伦萨有许多朋友，交情也都不错，他们一定会尽力帮助您的。也许您能到宫廷去处理这件事，我们只需要请他们去问问公爵的老师奥斯蒂罗利希就行了，他了解我，知道我的能力！"

父亲被说动了：“嗯，你说得有理，这是个好主意。"

伽利略抓住父亲的手，开心地说：“父亲，求您尽力而为。我向您表示感激之情的唯一方式，就是保证自己成为一个伟大的科学家！"

伽利略最终说服了父亲，实现了自己的理想，成为世界著名的科学家。

伽利略之所以能够说服自己的父亲，是因为他从父亲认同的价值观入手，巧妙地运用了"心理共鸣"的说话方法，逐步让父亲理解了自己的想法。

说服过程中应抓住对方心理，最大程度地获取对方的信任，消除对方的戒备心理，心悦诚服地接受某种意见和观点。

有一家电器公司的推销员挨家挨户推销洗衣机。当他到一户人家里，看到这户人家的太太正在用洗衣机洗衣服，就忙说：“哎呀，这台洗衣机太旧了，用旧洗衣机是很费时间的，太太，该换新的啦……"结果，不等这位推销员说完，这位太太马上反感地驳斥道：“你在说什么啊，这台洗衣机很耐用的，到现在都没有故障，新的也不见得好到哪儿去，我才不换新的呢！"过了几天，又有一位推销员来拜访。他说：“这是令人怀念的旧洗衣机，因为很耐用，一定对您有很大的帮助。"这位推销员首先站在这位太太的立场上说出了她心里的话，这位太太很高兴，她说：“是啊，这倒是真的。我家这台洗衣机确实用了很久，是太旧了点，我倒想换台新的洗衣机。"于是推销员马上拿出预先准备好的宣传册子，给这位太太作参考。

（四）拒绝

在人际交流中，经常会遇到要拒绝别人的时候。有人曾说，世界上最难的事就是对他人说"不"。人们常常会陷入两难境地：如果拒绝别人，怕影响双方的关系，或是不给对方面子。如果答应别人，又有违自己的原则和内心真实的想法。当然,掌握了拒绝的技巧和方法,这种两难境地是可以避免的。

拒绝的首要原则是真诚。当他人向你提出要求时,首先应注意耐心地听他诉说。倾听会让对方有被尊重的感觉。不等听完他人的话,就急忙拒绝他人是不礼貌的行为。有了充分的倾听,当你提出拒绝的时候,对方会更容易接受,而不至于认为你不明任何情况就断然拒绝。倾听还有一个好处是,你虽然拒绝了对方的请求,但你可以根据他的情况建议他采用合适的解决方法。如果你提出了更好的建议,对方并不会责怪你拒绝了他的请求。

拒绝可以采用多种方法。如可以采用拖延的方法。如果是熟人找你做一件事,而你对那件事情没有兴趣,就可以说:"可以呀,不过我最近这段时间太忙了,都是上面压下来的任务。也许一个星期以后我可以效劳。"拒绝还可以采用回避的方法。例如,你和朋友一起去看了一部电影,朋友问:"你觉得这部片子怎么样?"你可以回答:"我更喜欢抒情点的片子。"拒绝的语气应该友好,才能让对方愉快地接受。一位作家想同某教授交朋友。作家热情地说:"今晚我请你共进晚餐,你愿意吗?"不巧教授正忙于准备学术报告会的演讲稿,实在抽不出时间。于是,他亲热地笑了笑,带着歉意说:"对你的邀请,我感到非常荣幸。可我正忙于准备演讲稿,实在无法脱身,十分抱歉。"这位教授的拒绝礼貌而友好,使人愿意接受。

拒绝可以采用"先扬后抑法"。对于别人的一些想法和要求,先用肯定的口气表示赞赏,再来表达你的拒绝,这样不会直接伤害对方的感情和积极性,而且使对方容易接受,并为自己留下一条退路。通常,你可以采用下面一些话表达你的意见,"这真是一个好主意,只可惜由于……我们不能马上采用它";"这个主意太好了,但我担心眼下的条件使我们不得不放弃它,我想以后肯定会有用的";"你是一个体谅朋友的人,我知道,如果不是十分信任我,并认为我有能力做好这件事,你是不会找我的,但是我实在忙不过来了,下次有什么事情我一定尽力"等等。

在拒绝后如果能为对方指明方向或提供建议,可以巧妙地避免拒绝的尴尬。美国的威廉·雷利博士曾在《成功的人际关系》一书中谈及怎样处理下属希望晋职而他本身的条件又不够的情况时,建议企业主管采取这种说法:"是的,乔治,我理解你希望得到提升的心情。可是,要得到提升,你必须先使自己变得对公司更重要。现在,我们来看看对此还要多做点什么……"

(五) 道歉

当我们做错事情的时候,需要采用道歉的表达方式。勇于承认错误并向他人诚恳道歉是一种美德。只有态度诚恳，人们才会接受你的道歉。如果只是迫不得已、敷衍了事，那么道歉就不会起到好的效果。

道歉的前提是要了解自己错在哪里。清楚地认识到错误并做有针对性的道歉，效果会更好。道歉一定要出于真诚，语气一定要真挚。一位学者曾经说过："在我最初的记忆中，母亲对我讲过，在向人道歉的时候，眼睛不要看着地上，要抬起头，看着对方的眼睛。这样对方才相信你是真诚的。"道歉不能含糊其辞，要发出清楚、直接、诚恳的道歉信息。

道歉要态度大方。道歉时要堂堂正正，就事论事，不要吞吞吐吐，遮遮掩掩。道歉没有必要夸大其词，把所有责任揽到自己头上，更不用低声下气、贬低自己。

二战中，德国的纳粹组织曾经杀死了欧洲许多无辜的人民。全世界的人们对纳粹充满了仇恨。但是德国人用自己的真诚化解了这些仇恨。1970 年，德国时任总理勃兰登，在华沙犹太殉难者纪念碑前，出人意料地双膝下跪，沉痛谢罪，赢得了人们的尊重。前任总理施罗德，也面对华沙起义死难者纪念墙深深鞠躬，表达了对当年纳粹暴行的羞愧和道歉。后来，德国政府又在柏林市中心，当年希特勒自杀的遗址附近，建造了占地 2 万平方米的大屠杀纪念碑林，旨在纪念 600 万在二战中死难的犹太人，再一次向世界表明"不忘历史"的决心。德国人深刻反省的态度，得到了欧洲人民的宽恕和谅解。德国前总理施罗德还告诫所有德国公民一定要认识到，纳粹分子的暴行让许多国家深受其害，德国民众必须向他们真诚地道歉。并强调说："纳粹暴行给德国留下了不光彩的一页，我们必须忏悔，不能再让历史重演！"施罗德真诚的道歉让德国和周围的邻国相处越来越融洽，并且世界各国也纷纷与德国建交，德国因此赢得了国际上更多的朋友。施罗德的一句话说得有道理："真诚的道歉不但不会失去朋友，反而会赢得更多的朋友！"

（六）批评

在日常生活和工作中，我们不可避免会遇到"批评"这种交流方式。必要的批评能够使人认识缺点，改正错误以利于进步。必要的批评还能促进彼此之间的关系。但是，有的批评由于不注意表达方式和技巧，使人无地自容。所以，我们需要学习一些批评的技巧和方法，既让对方意识到自己的错误，又能理解你善意批评的意图。

首先应该明确批评的目的。批评是为了指导、帮助他人，而不是为了贬低他人，更不是借机报复他人。批评需要尊重他人人格，态度真诚，不要冷漠尖刻。批评应实事求是，不能将对方的错误故意夸大，注意有根有据，不能仅凭一些道听途说的话就胡乱批评人，不能乱打棍子，语气要温和委婉。

批评可以从称赞入手。即先称赞对方的某一优点，营造良好的心理氛围，然后慢慢引入缺点再加以批评。有一次，一个学生在扫完地以后，垃圾没有倒而是放在墙角边，于是，老师这样批评他：第一步——赞扬："今天的地面扫得很干净"，第二步——提醒（实为批评）："只是还有一个地方需要再完善一下"，第三步——激励："这是个小问题，我相信，以后不会再有了"。听完老师的话，这个学生立即把垃圾扫起来倒掉了。

批评可以采用暗示的方法，间接地让对方意识到自己的错误，使其主动改正自己的错误。有这样一个例子，一个企业的老总撞见几个雇员正在生产车间抽烟，而他们的头顶上正挂着"请勿吸烟"的牌子。这位老总并没有指着牌子说："你们难道不识字吗？"而只是走过去，递给每人一支烟，然后说："老兄，如果你们到外边抽，我会很感谢你们。"这位老总使用的就是"暗示批评法"。

批评时可以运用幽默的表达方式。幽默式批评能缓解受批评者的紧张情绪，启发受批评者思考，使对方容易接受，并能增进相互间的感情交流。有一位老师平时非常幽默。如果有学生迟到了，他就会等在门口"恭候"，那人来时，便说一句"看来老师比你来早了"。一句玩笑话，给了别人台阶，也让他下次自然记得来早点。如果学生在黑板上做题时写得一边高，一边低，他就会大加赞赏道："真是'一行白鹭上青天'啊！"有一个学生的字写得太宽、太大，超出方格子不少。他一边批改，一边叹气："你的字也该减减肥了！"2010年2月26日，云南红河州开远市召开党代会。大会开始约一个小时后，开远市委书记李存贵发现一名挂着代表证的党代表正靠在椅子上睡觉，这让李存贵非常生气，他指着这名代表说："作为一名党代表，应该起好表率作用，而你却在这里很舒服地睡觉。这里的公共场合不是你睡觉的地方，去宾馆开房还要钱呢，要睡觉，请你交房费来。"这位代表受了批评后，立刻纠正姿态。

在批评过程中，运用激励的方式指出对方潜在的优势，肯定对方的某种能力，既保护了被批评者的自尊心，又能让被批评者愉悦地接受批评。陶行知先生当校长的时候，有一天，他看到一位男生用砖头砸学生，便将其制止，并让他到校长室去。陶先生回到办公室的时候，男生已经在那里等候了。陶先生掏出一颗糖奖给男生："这是奖励你的，因为你比我先到办公室。"接着又掏出一块糖："这也是给你的，我不让你打同学，你立即住手了，说明你很尊重我。"男生将信将疑地接过糖果。陶先生又说："据我了解，你打同学是因为他欺负女生，说明你很有正义感。我再奖你一块糖。"这时，男生哭了："校长，我错了，同学再不对，我也不能采取这种方式。"陶先生又掏出一块糖："你已认错了，我再奖你一块。我的糖发完了，我们的谈话也结束了。"陶行知先生的批评很有技巧，既没有伤害到学生的自尊，又巧妙地对学生进行了教育。

　　批评他人时，切忌讽刺、挖苦的言辞。例如一位教师在批评一个快速跑练习中跑得最慢的学生时这样说："你这种速度乌龟都跑得比你快。"尽管这种批评方式也能引起哄堂大笑，可这位学生的自尊心却受到伤害，因此也难以取得好的教育效果。

　　批评也需因人而异。不同的人际关系之间，批评的方式都应区别对待。例如批评孩子，在言语和态度上都要非常谨慎，千万不能用讽刺和嘲笑的言语，免得引起孩子的反感和难堪，可以多用激励的方式，并对其提出改进的建议。

习题：

1. 当你与某人讲理时，他恼羞成怒，向你举起拳头威胁，你怎么说服他放下拳头？
2. 几个朋友喝酒猜拳，夜深了，邻居都要休息，你怎么劝说这些正在兴头上的朋友散席回家？
3. 某人不止一次向你复述同一件事或同一个笑话，而且讲一次要花很长时间。这次他又开始讲了，你如何说服他不讲了？
4. 有一则这样的笑话：春秋时期，越国有一个人大摆筵席，宴请宾客。时近中午，还有几个人未到。他自言自语地说："该来的怎么还不来？"听到这话，有些客人心想："该来的还不来，那么我是不该来了？"于是找个借口起身告辞而去。这个人很后悔自己说错了话，连忙解释说："不该走的怎么走了？"其他的客人心想："不该走的走了，看来我是该走的！"也纷纷起身告辞而去，最后只剩下一位多年的好友。好友责怪他说："你看你，真不会说话，把客人都气走了。"那人辩解说："我说的不是他们。"好友一听这话，顿时心头火起："不是他们！那只能是我了！"于是长叹了一口气，也走了。你认为从这一则笑话中，可以总结出怎样的交流技巧？

第九章
学会用神态和动作说话

神态是指人的面部表情、神色和姿态，是人通过面部形态变化所表达的内心的思想感情和神情态度。它所指的是人类在神经系统的控制之下，面部肌肉及其各种器官所进行的运动、变化和调整，以及面部在外观上所呈现出的某种特定的形态。

人体的其他部分也有表情，但表情主要体现于人的面部，因此在一般情况下，人们所说的神态，往往就是指面部表情。

神态与动作一样，同是人的无声的语言。传播学认为，它属于人际交流之中的"非语言信息传播系统"。其共同点是：神态和动作在传播信息时更为直观，更为形象，更为人们所易于觉察和理解。

传播学认为：在人们所接受的来自他人的信息之中，只有45%来自有声的语言，而55%以上来自无声的语言。由此可见神态与动作在人际交往中所处的重要位置。正如法国生理学家科瑞尔所说："脸反映出了人们的心理状态"，"脸就像一台展示我们人的感情欲望、希冀等一切内心活动的显示器"。伟大的启蒙思想家狄德罗则指出："一个人心灵的每一个活动都表现在他的脸上，刻画得很清晰，很明显。"。

人类是生物界的宠儿，人类的神态变化多端，动作不可胜数。罗曼.罗兰就曾感慨道："面部表情是多少世纪培养成功的语言，是比嘴里讲的要复杂到千百倍的语言。"

神态大都具有共性，它超越了地域文化的界限，成为一种非类的世界性"语言"，民族性、地域性差异较少。它与动作共同构成了人类活动中的特殊"语言"体系。

在人们现实生活中,神态与动作一起并用,就会自然而然地呈现出某种个人气质。人们常说:言行举止要大方得体。一个人的言行举止在某种程度上反映了某种人的内在修养和外在气质,这里所说的举止就是动作语言。

第一节 具有现代人气质,给人美好的第一印象

气质是通过人的姿态、长相、穿着、性格、行为等元素给别人的一种感觉或者印象。气质在现代社会所表现的,是一个人从内到外的一种内在的人格魅力,然后所发挥的一个人内在魅力的质量的升华。这里所指的人格魅力有很多,如修养、品德、举止行为、待人接物、说话的感觉等;所表现的有高雅、高洁、恬静、温文尔雅、豪放大气、不拘小节等内涵。所以,气质并不是通过人自己所说出来的,而是他(她)长久的内在修养及文化修养的结合,是持之以恒的结果,是一个人心智和良好道德修养的结果。不同的气质,留给人们的第一印象是不同的,但是能给人留下第一美好印象的气质却有相同的特征。

因此,只有清晰地了解气质的类型和特征,才能在交际中准确判断和掌握别人的心理活动,才能在交往中有的放矢,应用自如。

一、气质的心理特征及其类型

(一)气质的心理特征

气质的心理结构十分复杂,它由许多心理活动的特征交织而成。按照心理学的分析,我们可以将这些特征主要概括以下六个方面:

1. 感受性。人对外界刺激的感觉能力,这是神经系统通过大脑对外界环境刺激的强弱所表现的特征。

2. 耐受性。人在接受刺激作用时表现在时间和强度上的承受能力,是神经过程强度特征的反映。

3. 反应敏捷性。指心理反应和心理过程进行的速度(如记忆的快慢、思维的敏捷程度、注意转移的灵活性、动作迅捷等)。它是神经过程灵活性的表现。

4. 可塑性。人根据外界环境变化调节自己以适应外界的难易程度。它与神经过程的灵活性关系密切。

5. 情绪兴奋性。包括情绪兴奋强弱与情绪外观的强烈程度。情绪兴奋性

既和神经过程的强度有关,也和神经过程的平衡性有关。

6. 倾向性。心理活动、言语和动作反应是表现于外部还是内部的特性。倾向性与神经过程强度有关,外向是兴奋过程强的表现,内向是抑制过程强的表现。

以上六个气质的心理特征,在实际的交往中并不是单一地呈现,往往是几种心理特征都同时反映与呈现。其原因在于,人们所面对的常常是一个复杂的环境和多变的事件活动中,这种复杂性和动态变化性决定了人们的气质的心理特征的变化。因此,在现实的交际中要善于发现每个人的心理特征,并能及时采取相应的心理活动与人互动。

(二) 气质类型

早在公元前5世纪,古希腊著名医生希波克拉底就观察到人有不同的气质。他认为人体内有四种液体,即血液、粘液、黄胆汁和黑胆汁。人的气质取决于四种液体匀称比例被破坏的情况。后来古医学家根据不同体液在人体中所占比例的不同,把气质分为四种基本类型:多血质、胆汁质、粘液质、抑郁质。古代学者用以解释气质类型的学说虽然缺乏科学依据,但他们通过日常观察所概括出的四种气质类型及其特征却有一定的典型性,因而他们所使用的四种气质类型名称也流传至今并被许多学者所认同。

气质类型是指在一类人身上共有的或相似的心理活动特征的有规律的结合。由上述气质心理特征指标的不同结合便构成各种不同的气质类型。一般认为典型的气质类型有多血质、胆汁质、粘液质和抑郁质。具体表现如下:

1. 多血质。多血质相当于神经活动强而均衡的灵活型。这种气质的人热情、有能力,适应性强,喜欢交际,精神愉快,机智灵活,注意力易转移,情绪易改变,冷淡时办事重兴趣,富于幻想,不愿做耐心细致的工作。

2. 胆汁质。胆汁质相当于神经活动强而不均衡型。这种气质的人兴奋性很高,脾气暴躁,性情直率,精力旺盛,能以很高的热情埋头事业,兴奋时,决心克服一切困难,精力耗尽时,情绪又一落千丈。

3. 粘液质相当于神经活动强而均衡的安静型。这种气质的人平静,善于克制忍让,生活有规律,不为无关事情分心,埋头苦干,有耐久力,态度持重,不卑不亢,不爱空谈,严肃认真;但不够灵活,注意力不易转移,因循守旧,对事业缺乏热情。

4. 抑郁质。抑郁质相当与神经活动弱型,兴奋和抑郁过程都弱。这种气质的人沉静,深含,易相处,人缘好,办事稳妥可靠,做事坚定,能克服困难;

但比较敏感，易受挫折，孤僻、寡断，疲劳不容易恢复，反应缓慢，不图进取。

　　为了能使读者明白自己或者他人所具有的气质类型，我们设置了以下60道测试题，通过这个简单的测试题可以帮助你测一测自己的气质类型，可以让你在交际礼仪中扬长避短，驾轻就熟。

　　答题方法很简单，你可以根据下面的问题进行记分便可。选题中以为很符合自己的情况，记2分；比较符合的记1分；介于符合与不喜欢之间的记0分；比较不符合的记－1分；完全不符合的记－2分。

　　气质类型测试题：

　　（1）做事力求稳当，不做无把握的事。

　　（2）宁肯一个人干事，不愿很多人在一起。

　　（3）遇到可气的事就怒不可遏，想把心里话全说出来才痛快。

　　（4）到一个新环境很快就能适应。

　　（5）厌恶那些强烈的刺激，如尖叫，危险镜头等。

　　（6）和人争吵时，总是先发制人，喜欢挑衅。

　　（7）喜欢安静的环境。

　　（8）善于同别人交往。

　　（9）羡慕那种善于克制自己感情的人。

　　（10）生活有规律，很少违反作息制度。

　　（11）在多数情况下抱乐观态度。

　　（12）碰到陌生人觉得拘束。

　　（13）遇到令人气愤的事能很好的自我克制。

　　（14）做事总是有旺盛的精力。

　　（15）遇到问题常常举棋不定，优柔寡断。

　　（16）在人群中从来不觉得过分拘束。

　　（17）情绪高昂时，觉得干什麽都有趣；情绪低落时，又觉得什么都没意思。

　　（18）当注意力集中于一事务时，别的事很难使我分心。

　　（19）理解问题总是比别人快。

　　（20）碰到危险情景，常有一种极度恐怖和紧张感。

　　（21）对学习、工作、事业怀有很高的热情。

　　（22）能够长时间做枯燥、单调的工作。

　　（23）符合兴趣的事情，干起来劲头十足，否则就不想干。

　　（24）一点小事就能引起情绪波动。

(25) 讨厌做那种需要耐心、细致的工作。

(26) 与人交往不卑不亢。

(27) 喜欢参加热烈的活动。

(28) 常看感情细腻，描写人物内心活动的文学作品。

(29) 工作、学习时间长了，常常感到厌倦。

(30) 不喜欢长时间谈论一个问题，愿意实际动手干。

(31) 宁愿侃侃而谈，不愿窃窃私语。

(32) 别人说我总是闷闷不乐。

(33) 理解问题常比别人慢些。

(34) 疲倦时只要短暂的休息就能精神抖擞，重新投入工作。

(35) 心里有话宁愿自己想，不愿说出来。

(36) 认准一个目标就希望尽快实现，不达目的，誓不罢休。

(37) 学习、工作同样一段时间后，常比别人更疲倦。

(38) 做事有些莽撞，常常不考虑后果。

(39) 老师或师傅讲授新知识、技术时，总希望他讲慢些，多重复几遍。

(40) 能够很快的忘却那些不愉快的事情。

(41) 做作业或完成一件工作总比别人花的时间多。

(42) 喜欢运动量大的体育运动，或参加各种文艺活动。

(43) 不能很快的把注意力从一件事转移到另一件事上去。

(44) 接受一个任务后，就希望把它迅速解决。

(45) 人为墨守陈规比冒风险强些。

(46) 能够同时注意几件事情。

(47) 当我烦闷时，别人很难使我高兴起来。

(48) 爱看情节起伏跌宕，激动人心的小说。

(49) 对工作报认真严谨，始终一贯的态度。

(50) 和周围人们的关系总是相处不好。

(51) 喜欢复习学过的知识，重复做已经掌握的工作。

(52) 希望做变化大、花样多的工作。

(53) 小时候会背的诗歌，我似乎比别人记得清楚。

(54) 别人说我出口伤人，可我并不觉得这样。

(55) 在体育活动中，常因反应慢而落后。

(56) 反应敏捷，头脑机智。

(57) 喜欢有条理而不甚麻烦的工作。
(58) 兴奋的事常使我失眠。
(59) 老师讲新概念，常常听不懂，但是弄懂以后就很难忘记。
(60) 假如工作枯燥无味，马上就会情绪低落。

记分参考题号结果如下：

胆汁质：2 6 9 14 17 21 27 31 36 38 42 48 50 54 58
多血质：4 8 11 16 19 23 25 29 34 40 44 46 52 56 60
粘液质：1 7 10 13 18 22 26 30 33 39 43 45 49 55 57
抑郁质：3 5 12 15 21 24 28 32 35 37 41 47 51 53 59

简单记分说明：

以上四种气质类型得分中，得分最高对应的气质类型就是您的气质类型；一般说来，正分值越高，表明该项气质特征越明显；反之，分值越低或越负，表明越不具备该项气质特征。当最高和第二高分差距≤3时则为两种气质类型的混合型，以此类推。单一气质类型的人非常少，大多数人都属于两种或三种气质类型的混合型。

气质本身是一个心理学概念，它指的是人类典型的稳定的心理特点。每个人都有自己独特的气质，气质影响人的行为，也是决定一个人是否具有魅力的重要因素。那么，我们怎样培养自己的良好和高贵气质呢，概括起来唯一的方法是：竭力去塑造一个鲜明的迷人的个性。

我们都生活在现实社会中。客观现实的各种因素通过我们的各种活动，不断的影响我们。这些影响不断地积累着，充实着，丰富着人的内部世界，使人成为完整的具体的现实的一个社会单元，即有个性的人。要塑造鲜明的个性，首先，我们要客观地了解自己，对自己的气质、能力、性格等有一个正确的评估，判断出自身性格中的优缺点，并从自己的能力出发，去改正性格中那些不足之处。其次，要有较强的自控力，坚决改变自身性格中的不良习惯，保持一定的风格。再次，要培养自己的气质，就必须注意思想品德的修炼，情操的陶冶和文化修养的提高。一个人的文化素养如何，直接影响到人的个性。因此，我们必须有广博的学识，深刻的理解力，良好的审美观和丰富的联想力。比如，一个医务工作者如果只对与医疗诊治方面的知识感兴趣，而对其他知识一概不知，就会造成文化素养上的偏缺，不利于个人的全面发展，也不利于专业上的提高。因此，我们不能忽视文化修养，要多看书，多学习，经常为自己充电，以大气典雅的气质和倔强与温柔交织于一身的个性赢得社会对我们的认可。

在生活中，我们要成为自己命运的主宰者，用我们自己主观的信心和力量去战胜和克服各种不利因素，认识到自己在社会中的位置和自己对社会的影响。这样才能为自己塑造出一个具有真正意义上的高贵气质。

二、如何提高个人气质美，给人留下美好的第一印象

（一）影响气质美的相关因素

气质是指人相对稳定的个性特征、风格以及气度。性格开朗、潇洒大方的人，往往表现出一种聪慧的、温文尔雅的高洁的气质；性格爽直、风格豪放的人，气质多表现为粗犷；性格温和、风度秀丽端庄的人，气质则表现为恬静……无论聪慧、高洁，还是粗犷、恬静，都能产生一定的气质美感。相反，刁钻奸滑、孤傲冷僻，或卑劣萎靡的气质，除了使人厌恶以外，绝无美感可言。

气质的特性尽管是最稳定的一种心理特性，然而它仍然会受后天的教育或环境的影响而发生一定的变化，即具有可塑性。丽质可以天生，而气质却可以培养。人在一定程度上可以改变气质的某些特点，至于哪些会改变则因人而异，因环境而异。因此，影响人气质美的因素有很多，有先天遗传的个性因素，也有后天教育、培养的因素。对于大多数人来说，先天遗传中不佳的气质都是可以在后天修复和培养的。当每个人都清晰地了解自己的气质类型，并根据自己的气质特点，采取适宜的方式进行磨练修养，良好的气质美就可以修炼和培养出来。

良好的气质美表现在高尚的道德情操和渊博的知识上，受到思想、文化的影响。因此，要培养良好的气质，就必须加强思想理论的学习和道德修养，树立正确的世界观和人生观和价值观；同时也要加强科学文化知识的学习，不断提高自己的文化水准。不论男性还是女性，真正而持久的美，往往表现在不俗的言谈举止中所流露出的内在的气质美，这是一种才识与素养的体现。否则，外表一流，胸无点墨，是很难有高雅气质的。

良好的气质美表现在温文尔雅的性格上，也就是说气质美受性格影响。要养成优良的性格，就要具体分析自身的气质，注意涵养，磨练意志，提高自我约束能力，忌怒、忌狂，克己让人，对人对事始终保持一种乐观的心态。

良好的气质美表现在兴趣爱好上，也就是受兴趣爱好的影响。高雅的兴趣也是良好气质的一种表现，如爱好文学、欣赏音乐、喜欢艺术等等，是培养良好气质的重要途径。许多人注意接受文学艺术的熏陶，又用丰富的知识充实自己的内心世界，因而形成独具魅力的气质风度。

良好的气质美还表现在丰富的内心世界中，也就是受内心世界的影响。理想则是内心世界丰富的一个重要方面，因为理想是人生的动力和目标，没有理想的追求，内心空虚贫乏，是谈不上气质美的。品德是气质美的另一重要方面。为人诚恳，心地善良是不可缺少的。文化水平也在一定的程度上影响着人的气质。此外，还要胸襟开阔，内心安然等因素。

一个人的真正魅力主要在于特有的气质，这种气质对同性和异性都有吸引力。这是一种内在的人格魅力。

简单地说，也可以认为一个人的气质是指一个人内在涵养或修养的外在体现。气质是内在的不自觉的外露，而不仅是表面功夫，如果胸无点墨，那任凭用在华丽的衣服装饰，这人也是毫无气质可言的，反而给别人肤浅的感觉。所以，如果想要提升自己的气质，做到气质出众，除了穿着得体，说话有分寸之外，就要不断提高自己的知识，品德修养，不断丰富自己。

我们常常会说到一个人的气质如何如何，日常生活中有的人看来装扮和别人没什么不同，但却在人群中显得很出众，容易引起别人的兴趣，其实这就是他注意塑造自身形象的结果。那么我们应该怎样正确地塑造自身形象，提高自身的形象气质呢？

（二）培养自己的气质美，给人留下美好的第一印象

气质美看似无形，实为有形。它是通过一个人对待生活的态度、个性特征、言行举止等表现出来的，表现的得体就会给人留下美好的第一印象。气质表现在一个人的举手投足之间、走路的步态，待人接物的风度等方面。朋友初交，互相打量，如果彼此都具有某种气质美，则立即产生好的印象。这种好感除了来自言谈之外，就是来自作风举止了。热情而不轻浮，大方而不傲慢，就表露出一种高雅的气质。狂热浮躁或自命不凡，就是气质低劣的表现。

人与人第一次交往时给人留下的印象，在对方的头脑中形成并占据着主导地位，这种效应即为首因效应。因此我们常说的"给人留下美好的印象"一般就是指的第一印象，这里就存在着首因效应的作用。在交友、招聘、求职等社交活动中，我们可以利用这种效应展示给人一种极好的形象，为以后的交流打下良好的基础。这就要求我们要具有良好的气质。良好的气质造就了第一印象，因此，有人说气质是人的最外一层衣服。

那么如何给人留下美好的第一印象呢？

第一、注意外表和身体语言。

中国有句俗话，叫人靠衣装马靠鞍。确实，得体的衣着、打扮在交往中很

容易给人留下一个鲜明而深刻的印象。所谓得体，就是要符合个人的年龄、性别、性格、职业、社会角色等特征。衣着、打扮如何，要注意时间、地点与场合。曾经有一个中专毕业生，在前往某商场招工面试之前，特意去高级发廊做了一个时尚的发型，并且化了淡妆，然后满怀信心地去参加面试。尽管这位女学生在校的成绩不错，可结果还是被淘汰了。问题恰恰就出现在她新做的发型上。

面试的主考官对不录用这位女生的理由解释很简单："她打扮得不像个学生，让人看着不舒服。"由此可见，打扮得体是多么重要。

身体语言是树立良好形象的重要内容。外表讨人喜欢是一项很宝贵的资本，这种人很容易获得他人的关心和信任。因此，在交往中我们每一个人都需要首先检查自己的外表，注意自己的身体语言，努力排除一切干扰良好印象形成的因素。比如，握手时的手部无力和目光偏离，听人说话时的注意力分散等，都会影响良好第一印象的建立，而这些表现都是可以通过事先的注意而加以避免的。同时，我们还要尽量在最短的时间内了解对方的特点，并根据对方的特点设计自己的身体姿势和说话的内容、方式，使自己在交往的一开始就被对方以一种喜欢、接纳的态度对待。如果交往一开始就被对方不喜欢或不接纳，那么以后的交往就很难以和谐的方式继续了。

第二，学会倾听。

第三，善于听别人说话有时比注意自己讲话更重要。在交往过程中，擅长听话的人在别人的心目中都会留下良好的第一印象。要做到"会听"，首先要有正确的"听"的态度，专心地听对方谈话，态度谦虚，始终用目光注视对方。其次，在听的过程中，要善于通过身体语言和口头语言给对方以必要的反馈，做一个积极的"听众"。例如，听话时适当地点头"嗯"、"是吗？"、"真的吗？"等表示自己确实在听和鼓励对方继续说下去；思考对方所说的话以填补停顿时间；重新说一遍自己听对方提到的内容等等。最后，还要能够巧妙地表达自己的意见，不要坚持与对方明显不合的意见。因为几乎所有的说话者都希望别人听他说话，或者希望听的人能够设身处地地为他着想，而不是给他提意见。同时，还要注意，不要轻易打断或试图打断别人的谈话。

第四，很多接受过心理咨询的人都可以体验到，一个好的心理医生就是一个最好的"听众"。他们总是积极关注你的发言，并且从不将自己的观念强加于你。他们积极地诱导你、鼓励你说出心中的苦闷、迷惘。他们为你的悲伤而悲伤，为你的快乐而快乐。你必然在与他们短暂的交流中对他们产生好感。

总之，我们在与别人说话时要注意积极倾听，在初次交往的很短时间内就能加入对方的谈话中,并且察言观色、随机应变,给对方留下美好的第一印象。

第五,善于处理各种情境。

在人际交往的过程中,常常会出现各种各样出乎意料的情境,比如说窘境,对这些情境处理得好坏会直接影响到一个人在他人心目中的印象和交往的发展。我们应该注意积累别人有效地处理尴尬情境的经验,运用自己的智慧和幽默感,随时将出现的尴尬局面化解。

有关专门研究人际关系的学者提出了一些有效地增加自己良好印象的技巧。比如,有人在调查研究的基础上,提出了在最初的交往中有效地表现自己的"SOLER 技术"。SOLER 是五个英文单词的首字母,分别代表五个技巧:

S(SIT):坐或站要面对别人。

O(OPEN):姿势自然开放。

L(LEAN):身体微微前倾。

E(EYES):目光接触。

R(RELAX):放松。

事实证明,如果我们在人际交往中,有意识地在适当场合运用 SOLER 技巧,改变其他一些不适当的自我表现,显示出自己良好的气质,就可以有效地增加别人对我们的好感,形成良好的印象。

追求美而不误解美、亵渎美,这就要求我们每一个热爱美、追求美的人都要从生活中领悟美的真谛,把美的外貌和美的气质、美的德行与美的语言结合起来,展现出人格、气质、外表的一个完整的美好形象来。

第二节　礼貌、诚实、自信,用好目光语和微笑语

社会交往中,礼貌是维护公共秩序的基础,诚实是取得信任的关键,自信是建立长期稳固的核心。礼貌、诚实、自信是促进人际关系中不可或缺的重要因素。在言语交际中,由于用语不当,或出言粗鲁无礼,引起相互间的误解,导致交际上的失败的情况十分常见;由于不够诚实,不守信誉而导致信任危机的惨痛教训比比皆是;由于自己的自信力不够而导致的职位、事业裹足不前的现象也常常出现。因此使用礼貌语言,诚实交往,充满自信都能保持交际双方的良好社会关系,使交际在和平友好的气氛中进行,从而顺利地实现交际目的。

一、礼貌、诚实、自信的培养

(一) 礼貌

1. 礼貌的概念

礼貌是人与人在接触交往中，相互表示敬重和友好的行为规范，是文明行为的最起码要求。

礼貌主要是人对人的一种态度和情感。一方面，它可以是说话人或作者对他的接受者（包括听众，读者以及作者所描绘的人物等）的一种情感，比如喜欢、热爱、关心或愤怒、讨厌、不满等，也可以是他们对其接受者的行为或人品的一种态度，如赞扬、热心、钦佩或厌恶、鄙夷、诅咒等。能使发话人实现这些情感和态度的形式是多种多样的，如身势语中的一个眼神（赞许、鄙视等），一种面部表情（赞扬的微笑、讽刺的嘲笑等），或是发话者特地与接受者保持某种距离来谈话（表示热情的近距离、表示冷漠的较远距离等）。然而，语言依然是实现这些情感和态度的主要形式。由于不同的语言承载着不同的文化，而语言本身又有其特异性，因此为实现同一情感和态度所使用的语言形式在各种文化中是有差异的。另一方面，同一语言形式的功能作用在不同的文化中也是难以保持同样的价值的。

礼貌是人与人交际时必不可少的礼节，然而对于礼貌的概念，不同的学者却有着不同的看法。Grundy（1995）认为，蕴含着说话者和受话者之间最为恰当的关系的语言功能可称作语言礼貌。也有学者把礼貌当作是一种目的和手段，或者是一种社会行为的规范和准则，甚至更详细点说，是为降低人类交往中潜在的矛盾和冲突而设置的一种人类交往体系（何自然，1995；Fraser，1990；Lakeoff，1990）。尽管关于"礼貌"的概念各学者众说纷纭，然而著名学者Leech却提出了有关语言使用的普遍性适用原则，但其是否真正能在全世界不同的文化背景下都能适用却又遭到了一些学者的质疑。贾玉新（1997）认为，Leech提出的礼貌原则乃至其涵盖的准则和实施方略都可能因文化而异。至少，中国社会中人们遵循的礼貌原则，无论在其内涵、方略等方面都与Leech提出的礼貌原则有所迥异。

对于礼貌的理论研究一直是语用学的一个热点问题，学者们对礼貌原则，礼貌策略，面子理论等各抒己见，其中主要理论有以下一些：

（1）莱可夫的礼貌规则

莱可夫（Lakoff，1973）描述了三种不同的、说话人可以遵守的礼貌规则（politeness rules）即：

A　不要强求于人。它适合于交际双方权势和地位不均等的场合，比如：领导和下属之间。强求于人就意味着违背对方行事的意愿，反之就尊重了对方的意愿。

　　B　给对方留有余地。它适合于交际双方权利和地位平等，但在社交关系不很密切的场合，比如火车上邻座的两个陌生人之间，给对方留有余地意味着提供选择的机会，即让听话人自己作决定（接受或拒绝等）。

　　C　增进相互之间的友情。它适用于好友、亲密朋友、甚至恋人之间，目的是为了增进交际双方的友情或友谊。

　　（2）布朗和列文森的礼貌与面子观

　　布朗和列文森（Brown & Levinson, 1987）系统的阐述了他们的礼貌理论。该理论实际上包括了三个基本概念：面子（face）、威胁面子的行为（face threatening acts）以及礼貌策略。他们认为面子就是指每个人意欲为自己争取的公众的自我形象，并进一步把面子分成了正面面子和负面面子两种。前者指的是希望得到别人的赞同和喜欢，后者指的是不希望别人强加于自己，即自己的行为不受别人的阻碍。而每个人的面子可能会受到某些行为的威胁，如命令、建议或提议等。他们把这样的行为称为"威胁面子的行为"因而，说话人就应该在说话时考虑自己的言语行为在多大程度上会强求对方，在此基础上，说话人才能决定采用何种礼貌策略或手段。继而，他们又把礼貌策略分为：A　直接性策略；B　正面礼貌策略；C　负面礼貌策略；D　间接性策略；E　放弃实施威胁面子的行为。

　　（3）利奇的礼貌原则

　　礼貌原则的提出解释了合作原则无法解释的问题，为说话人为什么要故意违反合作原则的某条次则找到了答案。利奇把礼貌原则划分为六类，每类包括一条准则和两条次则。

　　A　得体准则（Tact Maxim）：减少表达有损于他人的观点
　　①尽量少让别人吃亏；
　　②尽量多让别人受益。

　　B　慷慨准则（Generosity Maxim）：减少表达利己的观点。
　　①尽量少使自己受益；
　　②尽量多让自己吃亏。

　　C　赞誉准则（Approbation Maxim）：减少表达对他人的贬损。
　　①尽量少贬低别人；

②尽量多赞誉别人。

D 谦逊准则（Modesty Maxim）：减少对自己的表扬。

①尽量少赞誉自己；

②尽量多贬低自己。

E 一致准则（Agreement Maxim）：减少自己与别人在观点上的不一致。

①尽量减少双方的分歧；

②尽量增加双方的一致。

F 同情准则（Sympathy Maxim）：减少自己与他人在感情上的对立。

①尽量减少双方的反感；

②尽量增加双方的同情。

2、礼貌的主要内容：

A 遵守社会公德

公德是指一个社会的公民为了维护整个社会生活的正常秩序而共同遵循的最起码的公共生活准则。公德的内容包括：爱护公物、遵守公共秩序，尊重妇女、关心老人，救死扶伤等。

B 遵时守信

遵时就是遵守规定或约定的时间；守信就是要讲信用，不可言而无信。

C 真诚友善

所谓人际交往时的真诚，是指交往时必须做到诚心待人，心口如一。

D 理解宽容

理解，就是懂得别人的思想感情，理解别人的观点立场和态度；宽容就是宽容大量，能容人，能原谅别人的过失。

E 热情有度

热情是指对人要有热烈的感情，使人感到温暖；有度是指对人热情要有一定尺度，既不可显得过于热情，也不能缺乏热情。

F 互尊互帮

互尊就是人与人之间要互相尊重；互帮就是人与人之间要互相帮助。

G 仪表端庄，讲究卫生

即穿着和打扮得体，注意个人卫生。

H 女士优先

即要遵循凡事"先女后男"的原则，以及不问及女士、小姐的个人私事（含年龄、胖瘦、收入等）。

(二) 诚实

1. 诚实的概念

诚实，即忠诚老实，就是忠于事物的本来面貌，不隐瞒自己的真实思想，不掩饰自己的真实感情，不说谎，不作假，不为不可告人的目的而欺瞒别人。做人不但要诚实而且要守信，这就是说在人际交往中要在诚实的前提下讲信用，讲信誉，信守承诺，忠实于自己承担的义务，答应了别人的事一定要去做。忠诚地履行自己承担的义务是每一个现代公民应有的职业品质。

孔子认为，在社会生活中，信是一个人立身之本，如果没有诚信，也就失去了做人的基本条件。他把信列为对学生进行教育的"四大科目"（言、行、忠、信）和"五大规范"（恭、宽、信、敏、惠）之一，强调要言而有信，认为只有信，才能得到他人信任（"信则人任焉"）。孔子说："人而无信，不知其可也。大车无輗（大车辕端与衡相接处的关键），小车无軏（小车辕端与衡相接处的关键），其何以行之哉！"这就是说，一个人，如果失去信，就像车子没有轮中的关键一样，是一步也不能行走的。孔子在谈到统治者怎样才能得到老百姓信任时说："民无信不立"，如果一个国家对老百姓不讲诚信，就必然得不到老百姓的支持；只有对老百姓讲诚信，才能够树立起自己的威信。先秦以后的思想家们，都把诚和信作为立身处世的基本道德要求。宋明道学家们，对诚赋予了更重要的地位。周敦颐把诚提到"五常之本，百行之源"的高度；朱熹说："诚者，至实而无妄之谓。"陆象山则强调忠信，认为"忠者何？不欺之谓也；信者何？不妄之谓也"，"人而不忠信，何以异于禽兽者乎？"从上述这些思想家的言论可以看到，在中国古代传统道德中，诚信占有很重要的地位。

诚实守信是人和人之间正常交往、社会生活能够稳定、经济秩序得以保持和发展的重要基础。对一个人来说，诚实守信既是一种道德品质和道德信念，也是每个公民的道德责任，更是一种崇高的人格力量。对一个企业和团体来说，它是一种形象，一种品牌，一种信誉，一个使企业兴旺发达的基础。对一个国家和政府来说，诚实守信是国格的体现，对国内，它是人民拥护政府、支持政府、赞成政府的一个重要的支撑；对国际，它是显示国家地位和国家尊严的象征，是国家自立自强于世界民族之林的重要力量，也是良好国际形象和国际信誉的标志。从经济生活来看，诚实守信是经济秩序的基石，是企业的立身之本和一种无形的资产；从政治道德来看，诚实守信是一种极其重要的品性，是政治意识和责任意识的体现，是一个从政者必须具有的道德品性和政治素质；从人际关系来看，诚实守信是人和人在社会交往中最根本的道德规范，也是一个人最主要的道德品质。人们在交往中，相互信任是相处的基础，其关键就在于诚实守信。诚实待人，守信诺言的人往往能在人际交往中容易被别人接受并能建立长期稳定的交际关系。

2. 如何做到诚实守信

诚实是人的立身之本。它要求人们言行要跟内心思想一致，不虚浮不伪装，说话办事实事求是，讲究信用等，其实这种诚实守信的原则要从小建立起来，这主要是后天的教育来培养。一个人如果受到了良好的教育，一般都能做到诚实守信。

对于诚实守信，我们可以从以下几个方面来培养。

（1）诚实待人，不说谎

人的本质属性是社会性。我们每一个人都是社会中的人，生活在一定的社会关系之中，这就要求正确处理自己与他人的关系，诚实待人便是其中之一。诚实待人要求我们不说谎话，具体来说要做到：首先，同学之间交往要诚实，无论是借东西，还是问问题，都要以诚相待。其次，与老师交往要诚实，请假、老师了解情况等都如实回答。第三，对家长要说实话，无论是问自己在学校的表现、学习情况、老师的情况等，都应该如实回答；放学后回家晚了，还是节假日找同学玩耍，都应该如实向家长说明情况。第四，对其他人也要以诚相待，别人向自己问路等，知道或不知道，都要如实回答。

（2）讲求信誉、守信用

人与人之间的交往应该是最真诚的，即要做到言行一致，表里如一。具体要求是：首先，遵守诺言，做到"言必行，行必果"。对同学、老师、家人等许下的诺言一定要履行，即使困难再大也不反悔，如果实在不能履行的话，要及时向他人说明原因。其次，背后不说别人的坏话，对他人的评价要做到客观公正，实事求是，不能当面一套，背后一套，这样最后吃亏的只能是自己。

（3）知错就改，求谅解

在日常的学习和生活中，由于多种原因，人们难免会犯这样或那样的错误。问题发生了不要怕，关键在于如何认识和改正，正确的做法应该是：首先，要认真查找发生这些问题的原因，是自己的原因，还是其它原因，如果是自己的原因，就要深刻查找，以便于改正。其次，要把这些原因完全地原汁原味地告诉对方，以求得谅解。第三，结合出现问题的原因，制定出切实可行的改正措施。第四，在以后的工作、学习和生活中要严格按照这些措施去做，真正把措施落到实处。

(4) 公平竞争、不作弊

在现代社会，人们面临着各种竞争。以学生为例，除学习外，还有书法比赛、运动会、文艺演出等比赛活动，同学之间和班级之间难免会产生竞争。如何对待这种竞争呢？首先，对竞争要有个正确的思想认识，要看到这些竞争只是手段，促使大家提高才是目的。其次，在竞争中，要尽自己的最大努力去发挥，力求取得优良成绩，不能为了一时的荣誉而投机取巧，骗人害己。

(5) 实事求是、讲究原则

人们犯错误是难免的。对方犯了错误后，我们应该如何处理呢？首先，要向对方讲清错误的危害性，使他们真正认识并改正错误。其次，实事求是、坚持原则进行处理。

3. 诚信守信的故事

故事一：

北宋词人晏殊，素以诚实著称。在他14岁时，有人把他作为神童举荐给皇帝。皇帝召见了他，并要他与一千多名进士同时参加考试。结果晏殊发现考题是自己10天前刚练习过的，就如实向真宗报告，并请求改换其他题目。宋真宗非常赞赏晏殊的诚实品质，便赐给他"同进士出身"。晏殊当职时，正值天下太平。于是，京城的大小官员便经常到郊外游玩或在城内的酒楼茶馆举行各种宴会。晏殊家贫，无钱出去吃喝玩乐，只好在家里和兄弟们读写文章。有一天，真宗提升晏殊为辅佐太子读书的东宫官。大臣们惊讶异常，不明白真宗为何做出这样的决定。真宗说："近来群臣经常游玩饮宴，只有晏殊闭门读书，如此自重谨慎，正是东宫官合适的人选。"晏殊谢恩后说："我其实也是个喜欢游玩饮宴的人，只是家贫而已。若我有钱，也早就参与宴游了。"这两件事，使晏殊在群臣面前树立起了信誉，而宋真宗也更加信任他了。

故事二：

18世纪，英国有位有钱的绅士，一天深夜走在回家的路上，被一个蓬头垢面衣衫褴褛的小男孩儿拦住了。"先生，请您买一包火柴吧"，小男孩儿说道。"我不买"，绅士回答说。说着绅士躲开男孩儿继续走。"先生，请您买一包吧，我今天还什么东西也没有吃呢！"小男孩儿追上来说。绅士看到躲不开男孩儿，便说："可是我没有零钱呀！""先生，你先拿上火柴，我去给你换零钱"。说完男孩儿拿着绅士给的一个英镑快步跑走了。绅士等了很久，男孩儿仍然没有回来，绅士无奈地回家了。

第二天，绅士正在自己的办公室工作，仆人说来了一个男孩儿要求面见绅士。于是男孩儿被叫了进来，这个男孩儿比卖火柴的男孩儿矮了一些，穿的更破烂。"先生，对不起了，我的哥哥让我给您把零钱送来了。""你的哥哥呢？"绅士道。"我的哥哥在换完零钱回来找你的路上被马车撞成重伤了，在家躺着呢！"绅士深深地被小男孩儿的诚信所感动。"走！我们去看你的哥哥！"去了男孩儿的家一看，家里只有两个男孩的继母在招呼受到重伤的男孩儿。一见绅士，男孩连忙说："对不起，我没有给您按时把零钱送回去，失信了！"绅士却被男孩的诚信深深打动了。当他了解到两个男孩儿的亲父母双亡时，毅然决定把他们生活所需要的一切都承担起来。

（三）自信

1. 自信的概念

自信，就是自己相信自己，有自信心、信心十足。自信是一种健康的心理状态，是个人对自己所作各种准备的感性评估。自信能促进成功。相信自己行，是一种信念。自信是人对自身力量的一种确信，深信自己一定能做成某件事，实现所追求的目标。自信不能停留在想象上。要成为自信者，就要像自信者一样去行动。我们在生活中自信地讲了话，自信地做了事，我们的自信就能真正确立起来。面对社会环境，我们每一个自信的表情、自信的手势、自信的言语都能真正在心理中培养起我们的自信。广义地讲，自信本身就是一种积极性，就是在自我评价上的积极态度。狭义地讲，自信是与积极密切相关的事情。没有自信的积极，是软弱的、不彻底的、低能的、低效的积极。自信是发自内心的自我肯定与相信。自信无论在人际交往上、事业上还是在工作上都非常重要。只有自己相信自己，他人才会相信你。自信是对自身力量的确信，深信自己一定能做成某件事，实现所追求的目标。把许多"我能行"的经历归结起来就是自信。自信，不是拿自己的优点和别人的缺点比，不是拿自己的缺点和别人的缺点比，也不是拿自己的缺点和别人的优点比（从而产生自信的反面自卑），说白了，自信其实和别人没有什么关系，因此，不是因为个人拿自己的成就和别人比而得来所谓的自信。

2. 如何建立自己的自信

有位哲人说过："一个人，从充满自信的那刻起，上帝就在伸出无形的手在帮助他。"这个世界有上帝吗？有，上帝就是你的自信心！老子说："江海所以能成百谷王者，以其善下之，故能为百谷王。"百川之所以汇集江海，因为它善处下游地位，所以能成为百川之王。这正是老子对谦虚作用的写照。谦虚是什么？谦虚是自信的一种表现！

自信正是一种美妙的生活态度，当我们一事无成时，我们会怀疑自己的能力，被自卑感所打倒，于是我们觉得生活痛苦、暗淡无光；我们建立了自信，思想上也变得乐观、豁达，从而我们的生活也随之变得美好了。所以只要我们有自信心，它就会激发我们的生命力量，这种力量如同火，可以焚烧困难，照亮智慧。人不能失去自信，否则生活的重担就无法挑起，前进的路上就会寸步难行，心中的希望就会暗淡无光。

　　自信对于我们的事业、爱情、生活、工作都非常重要。自信给人以力量，给人以快乐。我们生活的每一天，我们前进的每一步，都是在帮助别人又被别人帮助，服务于别人又在被别人服务的过程中度过的。正是有了自信，人们才充满了睿智，你和我的心中才升腾起无尽的希望。

　　2. 如何培养自信心？

　　那么，当我们缺乏自信时应该怎么办呢？下面有大家介绍几种建立自信的方法，帮助你重组自己的信心！

　　（1）学会进入别人的视线

　　你是否注意到，无论在会场或教室，后排的座位是怎么先被坐满的吗？大部分占据后排座的人，都希望自己不会"太显眼"。而他们怕受人注目的原因就是缺乏信心。坐在前面能建立信心。当然，坐前面会比较显眼，但要记住，有关成功的一切都是显眼的。

　　（2）学会正视别人

　　一个人的眼神可以透露出许多有关他的信息。某人不正视你的时候，你会直觉地问自己："你想要隐藏什么呢？他怕什么呢？他会对我不利吗？"

　　不正视别人通常意味着：在你旁边我感到很自卑；我感到不如你；我怕你。躲避别人的眼神意味着：我有罪恶感；我做了或想到什么我不希望你知道的事；我怕一接触你的眼神，你就会看穿我。这都是一些不好的信息。

　　正视别人等于告诉你：我很诚实，而且光明正大。我相信我告诉你的话是真的，毫不心虚。

　　（3）学会当众发言

　　在会议中沉默寡言的人都认为："我的意见可能没有价值，如果说出来，别人可能会觉得很愚蠢，我最好什么也不说。而且，其他人可能都比我懂得多，我并不想让你们知道我是这么无知。"这些人常常会对自己许下很渺茫的诺言："等下一次再发言。"可是他们很清楚自己是无法实现这个诺言的。每次这些沉默寡言的人不发言时，他就又中了一次缺少信心的毒素了，他会愈来愈丧失自信。从积极的角度来看，如果尽量发言，就会增加信心，下次也更容易发言。所以，要多发言，这是信心的"维他命"。

不论是参加什么性质的会议，每次都要主动发言，也许是评论，也许是建议或提问题，都不要有例外。而且，不要最后才发言。要做破冰船，第一个打破沉默。也不要担心你会显得很愚蠢。不会的。因为总会有人同意你的见解。所以不要再对自己说："我怀疑我是否敢说出来。"用心获得会议主席的注意，好让你有机会发言。

（4）运用肯定的语气

有些女人面对着镜子，当她看到自己的形影或肤色时，忍不住产生某种幸福的感受。相反地，有些女人却被自卑感所困扰。虽然彼此的肤色都很黑黝，但自信的女人会以为："我的皮肤呈小麦色，几乎可跟黑发相媲美。"而她内心一定暗喜不已。可是，一个缺乏自信的女人却因此痛苦不堪地呻吟起来："怎么搞的，我的肤色这么黑。"两种人的心情完全不同。有的女人看见镜子就丧失信心，甚至在一气之下，把镜子摔破。由此可见，价值判断的标准是非常主观而又含糊的。只要认为漂亮，看起来就觉得很漂亮，如果认为讨厌，看来看去都觉得不顺眼。尤其，关于自卑感的情况，也常常会受到语言的影响，所以说，否定意味的语言，对于一个人的心理健康有百害而无一利。

（5）抬头挺胸走快一点

心理学家将懒散的姿势、缓慢的步伐跟对自己、对工作以及对别人的不愉快的感受联系在一起。但是心理学家也告诉我们，借着改变姿势与速度，可以改变心理状态。你若仔细观察就会发现，身体的动作是心灵活动的结果。那些遭受打击、被排斥的人，走路都拖拖拉拉，完全没有自信心。

抬头挺胸走快一点，你就会感到自信心在滋长。

（6）学会坦白

内观法是研究心理学的主要方法之一，这是实验心理学之祖威廉·华特所提出的观点。此法就是很冷静地观察自己内心的情况，而后毫无隐瞒地抖出观察结果。如能模仿这种方法，把时时刻刻都在变化的心理秘密，毫不隐瞒地用言语表达出来，那么就没有产生烦恼的余力了。例如初次到某一个陌生的地方，内心难免会疑惧万分，这时候，不妨将此不安的情绪，清楚地用语言表达出来："我几乎愣住了，我的心忐忑地跳个不停，甚至两眼也发黑，舌尖凝固，喉咙干渴得不能说话。"这样一来，不但可将内心的紧张驱除殆尽，而且也能使心情得到意外的平静。不妨再举一个很实在的例子。有一个位居美国第5名的推销员，当他还不熟悉这行工作时，有一次，他竟独自会见美国的汽车大王。结果，他真是胆怯得很。在情不自禁之下，他只好老实地说出来了："很惭愧，我刚看见你时，我害怕得连话也说不出来。"结果，这样反而驱除了恐惧感，这要归功于坦白的效果。

(7) 做自己能做的事

做自己做得到的事时，个性会显现出来。重要的是，与其极欲恢复自我的形象，不如找出当下可以做的事。知道应该做的事，然后加以实行，就可以从自我的形象中获得解放。总之，要试着记下马上可以做的事，然后加以实践，没有必要非是伟大、不平凡的行动，只要是自己能力所及的事就足够了。因为我们就是想一步登天，所以才找不到事做。

一个健全的灵魂，会向往自己能够做到的事。心智发育未成熟的人，会不断采取非常强烈的自我中心的态度。这种表现型，以自我中心的人一旦订立目标，一定是立刻吸引众人注意的那个目标，然而，因为执着于那个目标而迷失了此时此地自己应该做的事，到了最后就是独来独去，标新立异。年轻时候喜欢标新立异的人，老了以后往往抑郁度日，就是这个缘故。

(8) 培养自信

缺乏自信时更应该做些充满自信的举动。为了克服消极、否定的态度，我们应该试着采取积极、肯定的态度。我们应该像砌砖块一样一块一块砌起来，堆砌我们对人生积极、肯定的态度。

3. 自信成功的故事

故事一：

《史记·李将军列传》中，讲到一个故事：汉代飞将军李广，一日外出打猎，隐约看到远处草丛里卧着一只老虎。他弯弓搭箭，猛力一射，但不见那只虎有什么动静。走近一看，原来隐约看到的那只虎是块大石头，只见整个箭头都射进石头中了。过后，他退回原地，几次再射，但箭头始终不能再射进去了。

李广把石头误当老虎，不敢轻敌，只想一箭将老虎置于死地，因而凭着臂力和百倍信心，一箭射过去箭入石中。后来他知道那只是块石头，不会伤人，也知道箭难穿石，于是信心不足，因此再怎么射也射不进去了。可见信心对于人们来说是多么的重要！

故事二：

成立于1927年的美国布鲁金斯学会，曾培养出成千上万个优秀推销员。该学会有个惯用的做法，每到一定的时候，出一道刁钻的推销试题，让学员去"做"。2000年的题目是："请把一把斧头卖给小布什总统"。天，总统要斧头干什么？就是要，用得着他亲自来买吗？开什么国际玩笑！但是，有位叫乔治·赫伯特的人成功了。赫伯特发现小布什家有个小农场，所栽的桔树死了一些，应该砍掉，小布什又有抽空"务农"的爱好，当作消遣。于是写了封信给小布什，说自己有把大小适中的斧头，爷爷手中留下来的，正好适合总统料理果园。殊不知，小布什果真寄给赫伯特15美元，于是赫伯特送上斧头，好一个"一手交钱,一手交货"。

有人问赫伯特卖斧头的成功经验是什么?他哈哈一笑:"总统也是人,如果把他看得太伟大,太神秘,我就没有了卖斧头给他的信心了。事情一开始,我认为把斧头卖给总统是完全可能的"。这说明赫伯特自信力相当高,不因为有人说某一目标不能实现就放弃,不因为某种事情难办就失去信心。

二、如何用好目光语和微笑语

(一) 目光语

目光语是运用眼睛的动作和眼神来传递信息和感情的一种体态语言。在传递细微情感方面,目光语是起到其他语言行为与非语言行为无法替代的作用。在不同的文化里,目光语运用的方法和表达的内涵有差异。

眼睛是心灵的窗口,目光是面部表情的第一要素。一双眼睛能传出喜、怒、哀、乐等不同的情感。荷兰一位心理学家曾把表现不同情感的演员的头像照片裁成只留双目的细条,让人辨别,结果大部分人都能从眼神中辨别出喜、怒、哀、乐。因此,在交际中要善于运用目光传达自己的情感。

眼神,是对眼睛的总体活动的统称。对自己而言,它能够最明显、最自然、最准确地展示自身的心理活动;对他人而言,与其交往所得信息的87%来自视觉,而来自听觉的信息则仅为10%左右。所以孟子才说"存乎人者,莫良于眸子,眸子不能掩其恶。胸中正,则眸子瞭焉。胸中不正,则眸子眊焉。听其言,观其眸子,人焉瘦哉。"

人们在日常生活中常常借助于目光语来传递信息。在人类的五种感觉器官中,眼睛最为敏感,它通常占有人类总体感觉的70%左右。因此,泰戈尔指出:"一旦学会了眼睛的语言,表情的变化将是无穷无尽的。"

"凝视"就是目光专注于某一点,也是一种最常用的目光语。这种目光语的运用尤应注意分场合,看对象。彼此关系很亲密,那么,亲切的凝视会缩短人们之间的距离,加深感情的交流。若是陌生人,你老是盯着他,就会令其恼火,像是受到了侮辱。例如:《法制日报》曾报道过这样一条消息:美国加利福尼亚州一位警察吃了官司,原因是有7名女同事向法庭投诉,说他经常目不转睛地盯住她们,使她们感到不舒服。

但是,与人见面时,目光左顾右盼效果也不好,那样往往会给人漫不经心,不在乎的感觉。那么应当怎样使凝视表现得恰到好处呢?一般说来,与人见面时,可以把自己的目光放虚一些,不要聚集于对方身上的某个部位,而要把目光放在对方的嘴、头顶、脸颊两侧和脖子这一较大范围上。

目光可以表现出不同的情感,因此懂礼仪、有教养的人往往注意控制自己的目光，使其在不同对象面前表达出不同的意义。比如，在长辈面前，目光应略为 向下，以示恭敬谦虚；对待晚辈，目光则温和亲切，以示自己的爱心；在朋友面前，目光应是热情洋溢，以示自己的友好。在一般情况下，都应尽力避免使用鄙夷或不屑的眼神，因为这常会深深伤害对方的自尊心，是一种无礼的表现。

目光语的运用在工作、生活、社交以至爱情生活中都是很重要的。在谈恋爱中，一般开始不会长时间对视，只是偶尔偷偷地"瞟"一眼，又急速把目光移开，但如果双方长时间停留在这种状态上而不敢突破，他们的关系就很难取得进展。如真心相爱，就应在恰当的时机，大胆地用亲昵的目光注视对方，那么对方也自然会给予回报。随之两人的关系定会越来越亲密。研究专家们普遍注意到，男人与女人相比，在用眼睛传达信息方面，女人要大大地胜出一筹。当一个女人对某位男子产生爱慕之情时，一般不会用嘴说出，而是习惯于通过眼睛巧妙地射出丘比特之箭。

（二）微笑语

微笑是交际活动中最富有吸引力、最有价值的面部表情。无论是在办公室、舞场、谈判桌上，还是在周游世界的旅游中，只要你不吝惜微笑，往往就能左右逢源、顺心如意。这是因为，微笑表现着自己友善、谦恭、渴望友谊的美好的感情因素，是向他人发射出的理解、宽容、信任的信号。有人把微笑称为一种有效的"交际世界语"，这是十分恰当的。正如罗杰·艾克斯泰尔所指出的："有一个世界通用的动作，一种表示，一种交流形式，它存在于所有的文化与国家中，人们不分国别、分种族地使用它，并理解它的含义。它可以帮助你与各种关系的人交往，不论是业务伙伴，还是朋友，它是人们交流中惟一最有用的形式。那就是微笑。"

微笑是交际时的一种适宜的表情。与人初次见面，面露微笑，就好像具有一种磁力，使人顿生好感；见到老朋友，点头微笑，打个招呼，会使人感到你不忘旧情，是个重礼仪的；服务人员自然地面露微笑，则会给人一种宾至如归的感觉。纽约一家百货公司的经理曾说过，在录用女店员时，小学未毕业却能经常微笑的女子，比大学毕业而满脸冰霜的女子机会大得多。

1. 微笑的要求

微笑的作用虽然很大，但不能滥用，必须注意礼仪要求。首先，微笑要做到真诚，即是发自内心的。而虚伪的假笑、牵强的冷笑则会令人感到别扭和反感。

其次，微笑要做到甜美。这种表情由嘴巴、眼神及眉毛等方面来协调完成。

再次，微笑要有尺度，即热情有度。在交际中突然哈哈大笑，表情过于夸张，让客人感到不自然，而且会令客人莫名其妙。另外，微笑加上得体的手势，这样会更自然、大方、得体。

2. 微笑的训练

微笑是可以训练养成的。据说，日本在培养空中小姐时，就要进行长达几个月的微笑训练。人们微笑时，首先表现在口角的两端要平均地向上翘起。笑的关键在于用眼睛来笑。如果一个人的嘴上翘时，眼睛仍是冷冰冰的，就会给人虚假的感觉。

需要强调的是，微笑是发自内心的对人友好的一种情感，一个心地善良、乐于助人、对生活充满着挚爱的人，才能在交际活动中完美地掌握这种最高级的社交手段。

一般情况而言，训练微笑的方法有以下几种可以参考：

笑不露齿：即嘴角两端稍稍用力向上拉，使两端嘴角向上翘起，让唇线略成弧形，在不牵动鼻子、不发出笑声、不露出牙齿的前提下，微微一笑。

借助技术辅助，在训练时，经常念到一些词、字，正好是微笑最佳的口型，如"钱"、"茄"，英文字母"G"、"V"等。

微笑语除了在悲伤或肃穆的场合不宜使用外，在其他任何场合都可以使用。

习 题：

1. 气质的心理特征有哪些？
2. 如何培养个人的气质美？
3. 如何用好目光语和微笑语？

第十章
学会艺术式的表达方法

我国自古以来，对人与人之间交往沟通的语言极为重视。孔子教学四科"文、行、忠、信"，"信"就是语言科。翻开《论语》，孔子与学生的教学中，语言方面的专业教育、训练，几乎随处可见。而孔子本人也是语言大师。他简洁、明了的语言风格，通俗兼具雅化，使得他的语言极具艺术性。

正确地使用语言，在政治、经济、文化和人们的日常生活中都至关重要，正如古语所言："一言可以丧邦"，"一语可以伤人"，等等。语言十分有益于一个人的学习、生活和工作。不会讲话的人，"语无伦次"，"前言不搭后语"，遇事总是讲不清，道不明。长此以往，会严重地影响一个人的学习、生活和工作。

语言的表达方式，大体可分为直接表达与艺术式表达两种方式。

艺术式表达方式，是相对直接表达方式而言，也就是相对不加任何修饰的、直白表达方式而言。其实古今都一样。例如《诗经》，它的表达方式，即"赋"为直接表达，而"比"和"兴"则为艺术式表达。虽然"饥者歌其食，劳者歌其力"，但它也有直接表达与艺术表达的方式不同。言语的艺术式表达大致可分为言语的文学式表达和言语的歌舞式表达。本章所论"言语"，专指口头表达，书面语言不在此列。

第一节　言语的文学式表达

言语的表达方法，尽管会因诉求对象的不同，时间、地点、场合的不同而有所区别，但却可以显示一个人的文化程度、气质修养、性格特质等。语言表达时的第一要求是清晰明白、真实客观。如果连这一点都做不到，那就叫不会说话。东汉王充说："口则务在明言"，《论衡》强调的就是这一点。这可以说是对表达的第一要求。上古伊耆氏时代，语言直白，不加修饰，直接表达上古人类的诉求。当洪水泛滥、土地被淹没时，他们祈求天地所发出的"咒语"是："土反其宅，水归其壑，昆虫毋作，草木归其泽。"（《礼记·郊特性》）。正如高尔基所说："人们是多么深刻地相信自己语言的力量……他们甚至企图用'咒语'去影响神"（《论文学》）。"咒语"明白地表达了上古时代人类的诉求，他们希望因为地震，滑坡而崩塌的土地恢复到原来的状态，希望泛滥的洪水回归川壑，希望昆虫灭绝、草木荣茂。在这里，上古人类的祈祷直接而明确。很难想象，当人类面临不可抵御的自然灾难时，恐惧伴随着对生存的渴求，使他们在诉求上苍和神祇时，还能对"咒语"进行修饰。所以这些流传下来的原始咒语，只能是直接叙述的"赋"的方式。

然而，仅仅做到这点是不够的。随着人类的劳动生活和社会生活日渐丰富，人类的语言也随之日益丰富。为了更有效地表达人类感情与对生存的欲求，也就在直白地表达基础上有了对语言表现的更高要求。《诗经》的"比"和"兴"表现方法在某种意义上是补"赋"这种表现方法的不足的。"比"和"兴"，是人类在思维方式上的联想能力和想象能力的典型表现，是人类智慧的生动演绎，因而在语言表达上，属于一个更高层面的表达形式。孔子将《诗经》作为言语科的教材，明确告诉学生"小子何莫不学《诗》？《诗》可以兴，可以观，可以群，可以怨。迩之事父，远之事君，多识于鸟兽草木之名。"（《论语》）所谓"兴"，就是激发想象的能力，亦即培养人的形象思维能力；所谓"观"，就是培养人的观察能力、思维能力，也就是逻辑判断能力；所谓"群"，是与人的交往、沟通能力；所谓"怨"，是人的表达能力，亦即语言文字表达能力。《诗经》是咏唱的，所以更多指的是语言表达能力。孔子是重视语言表达的，他教学中的四项指标就包括了语言一项，其中的佼佼者就是大名鼎鼎的弟子子贡和宰予。

其二，孔子把"兴、观、群、怨"与"鸟兽草木"相呼应，更清晰地表示了语言表达时应借助物形象的艺术表达方法，换言之，这就是说《诗经》的"比"和"兴"。

我们试举几个例子说明"比"和"兴"这种艺术性的语言表达方法的作用。

例一：魏晋时期刘义庆编辑了一部极负盛名的《世说新语》。这本书汇集了魏晋时期许多文人贵族的言谈举止，名士玄虚清淡，言约旨远，其言语的艺术魅力影响千古。

西晋时著名文人潘岳有一名书童叫孙秀，潘岳待他不好，孙秀受尽屈辱。几年后，孙秀投靠了赵王司马伦，而潘岳与司马伦结怨。司马伦篡位之日，孙秀作为赵王府总管，权势炙手可热。有一天，潘岳遇见孙秀，内心忐忑恐惧，他小心翼翼的试探着问："孙令犹记昔日的周旋么？"孙秀冷冷答道："中心藏之，何日忘之。"《诗经》中优美的诗句掩饰了孙秀欲报昔日受辱的深仇大恨，但却又让潘岳不寒而栗。孙秀之所以用八个字作答，那仅仅是他还没有准备好如何置潘岳于死地而已。但他一定要让潘岳活在恐惧之中，同时又不让潘岳感到绝望而作困兽犹斗，从精神上彻底瓦解潘岳的斗志。

例二：孔子死后，有人诋毁孔子的学问和人格，孔子的弟子子贡起来捍卫老师的的学问成就。《论语》上记载了子贡与叔孙武、陈子禽的对话：

叔孙武叔语大夫于朝，曰："子贡贤于仲尼"……子贡曰："譬之宫墙，赐之墙也及肩，窥见室家之好。孔子之墙数仞，不得其门而入，不见宗庙之美，百官之富。得其门者或寡矣！"

子贡的意思是说："以房子的围墙做比喻：我的围墙只到人家肩膀的高度，从外面就可以看到室内陈设的美好；老师的围墙高达数丈以上，如果不从门户进去，就没有办法看到里面设施的富丽堂皇，内在的种种美轮美奂了。能找到门户进去的人可能是很少的。"

叔孙武毁仲尼。子贡曰："无以为也。仲尼不可毁也。他人之贤者，丘陵也，犹可逾也；仲尼，日月也，无得而逾焉。人虽欲自绝，其何伤于日月乎？多见其不知量也！"

这段话的意思是说：孙书武叔毁谤仲尼。子贡说："不要这样做啊！仲尼是毁谤不了的。别的贤人，如丘陵，还可以越过去；仲尼，如日月，是无法越过的。有人虽然想要自绝于日月，对日月有什么损伤呢？只是看出这种人不自量力啊！"

从上面两段对话中我们可以看出，子贡不愧为孔门弟子言语类中的佼佼者。从他对叔孙武叔侄、陈子禽的反驳中，不仅可见出他对自己老师孔子的评价和尊重，而且还可见出他在语言方面出类拔萃的造诣。企图以抬高子贡的办法诱其入彀，而子贡坚守捍卫老师名誉的立场，予以还击。他用宫墙之高，日月经天，天阶难及三个形象来比喻孔子学问之深、形象之高，令对手自取其辱。语言艺术式表达的巨大作用，与此可见一斑。

例三：《尚书·盘庚》记载了殷王盘庚率领臣民从山东曲阜迁都到河南安阳时的三次讲演。作为君主诰示训诫反对迁都的商代臣民，盘庚的讲演并不是直接指责，而是在充满激情的演讲说辞中，用了三个通俗的比喻，极其生动而形象地批评群臣以"浮言"煽动国民反对迁都，其危险如"火之燎于原"；用"射之有志"，表示他迁都之决心不可动摇，如箭射出一定要达到目标；用"乘舟"来表示君臣必须同舟共济，其中有一段极精彩的带有威胁和情感的话：

非予自荒兹德，惟汝含德，不惕予一人。予若观火，予亦拙谋，作乃逸。若网在纲，有条而不紊；若农服田，力穑乃亦有秋。

盘庚说："并不是我有什么过错，而是你们这班臣子把我对国民的好意隐瞒，秘而不宣。你们对我毫无敬畏。你们的心思（反对迁都——注），我像观火一样清楚。只是我一时拿不出好的办法，你们便放纵妄为。你们要明白，只有网集结在网的大绳上，方可有条不紊，才能把事情办好。就像农夫努力耕作，秋天才能有好的收成！"

很明显，即便是被韩愈视作"佶屈聱牙"（《劝学》）的《尚书》，即使是国君的演讲辞，他们都深知"比"和"兴"的作用，可见言语的艺术性何等重要。历史告诉我们的是，盘庚第三次讲演后，殷商开始举国西迁。

从盘庚的讲演联系到今天我们生活中的现象，一些单位的领导平日里不看书、不学习，不提高自身文化素养，连作报告的文稿都要秘书执笔，开会时照本宣科，言语干扁无味，错漏百出。其文无用，其人可笑！

学会艺术的语言表达方法可以使诉求达到最佳效果，这是直接叙述语言难以达到的。艺术式的言语表达集结了人类智慧，展现了崇高的精神面貌，塑造了完美的人物形象，在当今社会人际交流中，语言是不可或缺的交流工具，而艺术式的言语表达就更具必要性和重要性。

2013年3月4日，十二届全国人大一次会议在北京人民大会堂举行新闻发布会。大会发言人傅莹回答中外记者提问。当日本共同社记者煞费苦心地用中国成语"咄咄逼人"（语出《世说新语》）来形容中国的外交政策时，中国记者都笑了。中国记者笑得有道理，因为日本记者搜肠刮肚找出来的这个成语恰恰表明了日本对中国外交政策的误解，甚至恰恰反映了日本外交政策的真实态度。作为一名长期从事外交职业的傅莹，以她优雅和博学的大国外交官的风度，从容而鲜明地表示，"中国希望通过对话、磋商，通过商谈去解决分歧和矛盾。中国人经常讲'一个巴掌拍不响'，要双方都有这样的意愿。如果对方选择的是强硬的举措，选择的是背弃共识的做法，那么中国还有一句话叫'来而不往非礼也'。"傅莹用一句俗话，一句孔子的话，形象而准确地表达了中国人民的立场。日本记者用中国成语发问，她以中国俗语、成语作答，针锋相对，威严而具气度，实在可成为艺术式语言表达之经典。

叙事性语言表达诉求，要求直白，犹如绘画中的白描，具有直观、写实、不加任何修饰的特点，使人们在真实中体悟客观的存在。它在一切言语表达方法中是先决的、必要的。它必须反映人类与客观社会的关系，反映人类主观认知与客观社会的统一，因而，它必须是真实的，其表现为直观、写实。所以，语言在人类的生活中的重要性首先表现在必须懂得说话。你不可以"信口雌黄"，不可以"语无伦次"，更不可以"胡说八道"、"颠倒黑白"、"指鹿为马"。如果你的语言表达是这一种，轻则失信于人，重则一言丧邦！

叙事性语言是让你如何说话；艺术式表达是让你如何说好话，它充分调动言语中包含的各种元素，例如各种修辞手法，各种音调表现的人类的情绪，将人的诉求表现得淋漓尽致。上文提到的几个例子就充分地说明了这一点。

有的语言学家认为，语言表达能力包括了人的语音能力（生理的），语音运动中枢以及语言中枢（生理和心理的）。普通语言能力是基础，而语言中枢因有更高级的神经中枢参与，以及心理上的有联想、想象的通感能力的参与，于是才有了语言的艺术式表达，于是才有了"口若悬河"、"舌生莲花"的精彩纷呈的语言世界。

我们试着将这一理论运用于人类语言的发展状态。

人类初始对客观世界的反映首先是生理的。例如牲畜牛、羊、狗、马、猫的发音即与牲畜的发声相似，牛声低沉，羊声清锐，狗声开张，马声绵长，猫声婉媚，各尽其妙。后来的语言及文字的发展沿着这一规律，形声、象形。《诗经·魏风·伐檀》中的"坎坎伐檀兮"即是模仿伐木之声入诗歌，意味隽永。

《易经》中的文字，多为观物取象，给学《易经》者以极大的想象空间，演绎成《易经》的精深博大。孔子学《易经》，不仅学得《易经》之学说思想，更得其语言的堂奥，于是我们才能看到《论语》中孔子与学生坐而论道时，孔子那生动、形象的语言。吸引学生"终日不倦"的应当不止是孔子的学说，还应当是他精妙绝伦的语言。如"何伤乎，亦各言其志矣！"、"天厌之，天厌之！"、"逝者如斯夫，不舍昼夜"、"一言以蔽之，思无邪！"、"岁寒，然后知松柏之后凋"、"朽木不可雕也"、"斗筲之人，何足算哉！"借助于形象及语音节奏美感的语言，孔子将他的追求情感的内心世界宣泄得淋漓尽致。其文学式表达的口语，读后口齿留香，泽被千秋。

先秦诸子亦得其道。孟子善辩，其凌厉夺人的语言风格得益于他的取喻设譬及系列排比；庄子论道，其文字汪洋恣肆，其深沉的哲学思考、生命意义，以巧思美文，拈花向佛，举重若轻，将思辨、逻辑与形象幽默地结合在一起。韩非寓言，荀子博喻，所有的语言大师荟萃其时，这才造就了几千年前中国文化的灿烂时代。

葛兆光在《中国思想史·作为思想史的汉字》一节中谈及："在古代中国常常可以通过联想，借助隐喻，然后在同类意义的意符系连起一批字……延伸贯连起一连串的意义。"

不仅在中国古代，当代社会，语言的文学式表达更是翻空出奇。在当今政治、经济、文化、外交、生活中的各个领域，语言交流的频繁，促进了语言的文学式表达。

毛泽东，这位当代语言大师是这样表达他对东西方两大阵营的看法的："不是东风压倒西风，就是西风压倒东风"，以自然现象作比喻，形象地阐释了两大阵营不可调和的矛盾。凤凰卫视在一期评说中国与昔日盟友苏联的关系时，其标题即为《东风破》，直接取喻毛泽东的这句名言和周杰伦的歌名，匠心独具，可谓一字千金。

1973年，美国总统尼克松访华，中美两国之间冷冻了半个世纪的双边关系解冻。在答谢宴会上，尼克松总统引用了毛泽东的《满江红》词，"多少事，从来急；天地转，光阴迫。一万年太久，只争朝夕。"一下就拉近了与中国人民的距离。长期以来，中国人民都将美国作为中国的头号敌人，这种仇恨心理一下就消融在这熟悉的词句里。美国人聪明地表示了对毛泽东的尊重，也表达了中美两国刻不容缓的友好关系必须建立的紧迫感。这一次的答谢词是语言文学式表达的极其成功的典型。

中华人民共和国的总理从来就是以天下为己任，新中国的第一任总理周恩来，为拯救民族，曾发出"天下皆肥，吾人独瘦"的誓言；前任总理温家宝，温文儒雅。他在一次回答采访"两会"的中外记者的提问时，曾援引了林则徐的"苟利国家生死以，岂因祸福避趋之"两句诗，以表明自己今后的工作态度，以沉着冷静的姿态表现了总理的襟怀胆识。这段话获得记者们热烈的掌声。

20世纪90年代后期，中华人民共和国当时的总理朱镕基以经济决策的独断和施政风格，为其赢得"经济沙皇"和"铁面宰相"的称号。朱镕基在答记者问题时令外界称颂的豪语亦甚多，例如，我已经准备好了一百口棺材，九十九副留给贪官，一副留给我自己。除了暗示贪官污吏势力猖狂，同时也表达了一位共产党人与党内腐败分子血战到底、同归于尽的决心。悲壮之情令人血脉贲张。他发表的演说还有：不管前面是地雷阵，还是万丈深渊，我将勇往直前，义无反顾，鞠躬尽瘁，死而后已。为了改革，他要克服一切艰难险阻，哪怕前面是地雷阵，是深渊，他也将一往无前的闯过去。作为中国的领导者，他有独特的领袖魅力，在众多领导干部的惧事怕事的氛围中，唯有他率性直行，震铄华夏。朱镕基直言不讳的坦率言论，显得如此与众不同。其时而自嘲似的幽默，时而真情流感的文学式语言表达方式，都赢得许多百姓的喝采。

有这么一则故事：北京公交车上，由于急刹车，站立着的一位老先生撞到了身边一位女性乘客怀里。女乘客很生气，鄙夷地吐出一句骂人的话"德性！"。老先生恢复站姿后，扶了扶眼镜，轻轻地说了句："对不起，这不是德性，是惯性。"。顿时，整车人都释然笑了，那女乘客也怔住了。一场争执化为无形，全赖这语言艺术表达的魅力。

这种利用语言变化的艺术表达而达到良好传播效果的例子多不胜数，尤其是在广告用语中，如："人头马一开，好事自然来"，"世事无绝对，只要真情趣"。在一则白酒广告中，饮酒者将朋友杯中酒往自己杯中倒，旁白说出"朋友不在酒量，而在体谅。"一个谐音字，充分体现了广告语创作者的语言素养以及人文关怀。

文学性的语言表达不是为了附庸风雅，不是为了光鲜形象，它源自一个人的品格气质，它源自一个人的明鉴识见，它源自一个人的文学修养。只有具备了这几点，才能充分表现语言文学式表达的魅力。

第二节 言语的歌舞式表达

在歌舞式表达中，歌唱的发声表达人的情感与祈求是比较明显的，对于喜怒哀乐的诉求十分明白。而舞蹈则不同，它在诉求表达时比较含蓄、隐约，人们只能通过舞姿、动作的设计，节奏的快慢，肢体的力度去感觉、领悟舞者的表达。舞蹈一经与歌声配合，就会使诉求相得益彰，从而使观看者心领神会。相对于直接的叙事性表达，舞蹈的表达更显艺术魅力，更能深入和震动人心。

美国著名女舞蹈家邓肯认为，舞蹈是"借身体动作以表达思想感情"，亦即人的诉求。德国的玛丽·魏格蔓也说"舞蹈是表现人生命的情调的一种活生生的语言"。这就是说，将舞蹈称之为人的语言，指的是人们创造一些人体动作，这些动作或动态，静态（造型），通过组织编排，融入编舞者或舞者对自然或社会人群的体验与分析，再以精炼的运动形式和技巧，表现人的思想和情感。

第十章 学会艺术式的表达方法

舞蹈语言包含舞蹈动作、舞蹈组合、舞蹈语汇，或者说舞蹈语言就是由它们组成的。不过有一个前提，那就是：它们要具有一定的传情和达意的功能，或是要具有表现某种抽象精神内容和一定的象征功能，或是要具有以此物比彼物和寄托隐含意念的譬喻和寓意功能。

对于原始歌舞的记载，古代典籍颇为繁多，而且生动。如《尚书·典尧》：诗言志，歌咏言，声依永，律和声。八音克谐，无相夺伦，神人以和。夔曰：於！予击石拊石，百兽率舞。又如《吕氏春秋·古乐》：昔葛天氏之乐，三人操牛尾，投足以歌八阙。再如《淮南子·道应训》：令夫举大木者，前呼'邪许'，后亦应之，此举重劝力之歌也。更为生动的还有《河图玉版》中的描述：古越俗祭防风神，奏防风古乐。截竹长3尺，吹之如嘷，3人被发而舞。古代越地的风俗是祭一个叫防风的神。祭祀时奏一种叫防风的古乐，把竹子截成3尺长，吹起来就像嘷叫一样，同时3个人披头散发地跳舞。

所有的历史记载都清楚地说明，上古初民们或操牛尾，或执竹管，或击石拊石，手舞足蹈。这些歌舞，有演示他们的生活状态的，有祭祀神灵的，无论唱和、呼喊还是啸吹，都表达了初民们的精神状态、情感抒发和愿望的祈求。他们通过歌舞的形式进行交流与沟通。

值得注意的是，上述典籍中歌舞是紧紧结合在一起的。后人注意到这一点，西汉学者毛亨为《诗经》所作的《大序》中总结到：情动于中而行于言，言之不足故嗟叹之，嗟叹之不足故咏歌之，咏歌之不足，不知手之舞之足之蹈之也。

这段话清晰地表明，初民们倾注感情，传达诉求，采用了多种传达方式，从语言到表情到歌唱，直至以舞蹈动作。而其中最为生动的，当属歌舞式的表达。

关于初民歌舞的起源，研究者们有多种说法。有源自掌管歌舞女神之说，有源自生命模仿之说，有源于"游戏的冲动"，有源自劳动，源自图腾崇拜和宗教祭祀，还有源于人类性爱活动等等。

由于资料缺乏，我们对初民们生存状态的把握不足以判断歌舞产生的原点究竟在何处，但有一点可以肯定，歌舞是初民们宣泄情感，表现他们生存方式的最为生动且明了的诉求形式，歌舞形式延绵至今，仍保有如此强大的生命力，即是明证。

两千多年前，木叶秋风，洞庭波下。一位峨冠博带、形容憔悴的诗人曾写下了一组名为《九歌》的组诗。组诗共为十一章，计有天地神八位。这是屈原流落江南时观摩了民间的祭神歌舞后有感而作的。《九歌》为屈原诗作中最具艺术魅力的，其最为突出的就在于他丰富的想象力。

虽然我们认为歌舞起源于劳动、性爱等，但我们不能不考虑到一点，即表现劳动、性爱等的歌舞均是一种模仿行为，并不拥有作为高级精神活动的联想力和想象力的特质。而有联想力和想象力参予其中的，恐怕只能是祭神活动了。在这个意义上，对神的崇拜、娱神、与神沟通、诉求人类对神灵的祈求，才应是歌舞形式表达的意义所在。在初民看来，劳动是生存的唯一途径，然而能否收获，还取决于神的庇佑。歌舞的产生，很大程度上是为此目的。尼采在《悲剧的诞生》中的一段话也许可以作为注脚：

人们都以歌声和舞蹈来表达他的意思，如同一个高境界团体中的分子。大家忘了如何走路，如何说话。人们只是达于飞舞之境。人的每一个动作都显示了一种喜悦，由着他，唱出了自然力的歌声。这个能力又使得动物能发为言语。大地涌出美乳与甜蜜。他觉得他自己简直变成了神。他的步伐意气扬扬，充满欢欣。犹如同他在梦中所见神灵一样。不再有艺术了，他自己已变成了一件艺术品。宇宙的创造力现在由他的心神荡游之中，展现了出来，这太初之惟一，这伟大的满足。

不仅西方人是这样认识的，东方人亦作如是观。《韩非子》中是这样记载黄帝参加歌舞活动的："昔者黄帝合鬼神于泰山之上，……作为《清角》"。《吕氏春秋·古乐》如是记载尧帝乐舞之盛："帝尧立，乃命质为乐。质乃效山林溪谷之音以歌。乃以麋鞈置缶而鼓之，乃拊石击石，以象上帝玉磬之音，以致舞百兽。……以祭上帝。"（注：这段话出自《吕氏春秋》，讲的是尧和野兽动物在一起玩耍的事。）

"合鬼神"、"以祭上帝"即是人与神的沟通，即人们为了获得神的庇佑和帮助，必须通过祭祀的形式与神接近。人们在忘情的歌舞中，表现出对神的敬畏和亲和，使之有了真正意义上的天人合一的境界，感动鬼神，表达诉求，这才是歌舞式表达的真正内涵。

在当今社会，上古初民歌舞式表达已日渐式微。造成这一状况的原因十分简单：现代文明使人们不再将神灵当作人类的主宰，认为冥冥中并没有神灵的存在。既然没有神灵，何须娱神？其次，人类诉求的手段日益丰富先进，这种作为古老诉求方式的歌舞式表达也就渐行渐远了。

然而，古人所采用的歌舞式表达方法，在人类的文化精神活动中依然存在，并具有独特的艺术魅力。

俗话说，"此时无声胜有声"，舞蹈恰恰是这方面情形的体现。你说话了，甚至呐喊了，可能都不如你手之舞之足之蹈之，它的魅力就在这里。

有些内容用舞蹈表现比语言更快、更直接，如人的外貌、性格、仪表，如果用语言来描述则需要大篇幅的文字才能表达清楚,而用舞蹈就能充分的表现出来。一个眼神,一个手势,一颦一笑,一招一势,举手投足间,就将人们要表达的意思表达得清清楚楚。舞蹈艺术能够传达各种情感。无论我们去欣赏哪个国家的舞蹈,都能和舞者产生共鸣,得到熏陶、滋养及思想与情感的交流。

舞蹈艺术语言的交流作用,主要体现在国与国,地方与地方的文化艺术的交流活动中,体现在舞蹈艺术的表演与欣赏过程中,体现在群众性喜庆欢乐歌舞场面中,体现在舞蹈艺术的表演活动过程中(如双人舞、三人舞、群舞、领舞与群舞等,舞者与舞者之间,在表演时的思想情感的交流)。

印度古典舞的语言性较强。它的舞蹈语言被世人称为"眼睛会说话,嘴唇会运动,睫毛会颤抖,眉毛能弯弓,十指能传情"。印度古典舞主要以手语为主。它的手语有24个单手势,28个联手势。凭此可变化出上百种手语,表达成千上万种语意。如鹦鹉嘴,其手势是无名指弯曲,形似鹦鹉嘴,它可以示意为"不是我","不是你","不要这样",还有祈祷、告别和轻蔑等含义。再如山峰,又称尖塔,手势是大拇指立起,余下四指握拳,象是山峰或尖塔。它可以示意鞭子、缰绳、棍棒、弓、投枪八种事物和意义。

中国古代的戏剧,其主要表现形式是歌舞,在漫长的形成、整合与完善过程中,终于固定为唱、念、做、打的综合性艺术形式。古代的戏剧同样源自祭祀。现在记载下的《东海黄公》,即是一个人们希望禳祛老虎为患的仪式。黄公在表演时,嘴里念念有词,拔剑作欲与老虎搏杀状,曼声的吟哦,挥洒的台步,表达着人们祈求平安的诉求。《兰陵王破阵曲》歌舞式的演出更显威武雄壮。兰陵王因面貌美姿(即今天人们所说的奶油小生),临阵常为对手小窥,甚为羞涩。于是兰陵王每临敌,则带狰狞面具,擂鼓呐喊,冲锋陷阵。这种类如歌舞式表达出来的是一种惊天地泣鬼神的气概。当然狰狞恐惧的面具,也隐含了对鬼神的敬畏。

我国戏曲语言,手、眼、身、法、步的语汇和程式十分丰富,而且语义也较为明确。它的丰富性,可以说成千上万,无以计数,现仅举几个例子就可说明。据说程砚秋大师在舞台记录片《荒山泪》中,连贯用了二百多个水袖动作。戏曲艺人根据不同情感表演的需要,吸取大自然中一些动物的姿态,编出许多舞蹈语汇,并编成如下口诀:

喜悦得意掬翎蝙蝠蹁跹形,

气急惊恐绕翎蜻蜓点水形,

深思忧虑搅翎二龙戏珠形,

愤怒已极抖翎蝴蝶飞翔形，

施礼搭话涮翎双钩钓鱼形，

拂袖而去摆翎燕子穿檐形。

在舞扇子方面，也有一套套口诀。如"文扇胸，武扇肚，僧扇袖，道扇领，女扇鬓，老人扇胡须，盲目之人扇眼睛。"这仅是举一两个例子。戏曲表演中，手、眼、身、法、步等，其中又有各门各派，各有各的表演经验。这些表演经验，长期以来都是口传心授，散落在浩如烟海的戏曲艺术实践之中。总而言之，戏曲语汇在表演之中是相当丰富的，语义相对而言是明确的，只是还没有这样的语言专家将它们总结归纳出来。

现代派舞蹈具有反传统的特点，所使用的语言几乎完全从生活中提炼和概括出来。仅以现在所掌握的资料看，他们所研究的舞蹈语言，更是强调其高度的概括性。19世纪中叶，法国人德尔沙特将人体的表现功能分成三个部分：即头部动作可以显示智慧；躯体动作可表现情绪；下肢动作能表现活力等。而整个肢体动作，又可分成对称动作和不对称动作。再往下分，又可分成对抗式和连续式两类。其中对抗式动作，能表示进攻、战斗、生动有力、富于戏剧性；而连续性动作，则表现飘浮、温顺、柔和、流畅和富于音乐性等。

现今歌舞式表达最常见的是大型歌舞晚会。每年的"春晚"、"星光大道"、"欢乐中国行"等，无意不表达中国希望欢乐、祥和、进步、光明的美好寄望和人民内心的美好诉求。其实1964年大型音乐舞蹈史诗《东方红》即已开其先河。那时，中国经历了三年特大自然灾害，熬过了与苏联关系的决裂，中国共产党与中国人民重新开始共和国新的长征。《东方红》即是这一新的长征的宣誓词。其可歌可泣可惊可叹的歌舞演绎，震撼了整整一代人。歌舞式表达已经成为中国社会表达诉求的一个象征、一个符号。

从另一方面来说，概括就是艺术的本质，艺术形象就是从生活中提炼概括出来的。同样，描绘艺术形象的艺术语言，决不会去琐细地描绘，也同样需要概括。，包括舞蹈艺术语言在内，一切艺术语言都具有这种概括职能。如舞蹈《奔腾》中，有描述马的奔腾雄姿，这些舞姿就是一种舞蹈艺术语言的概括。因为在现实生活里，马的奔腾雄姿千奇百态，舞蹈语言不可能一个个地去描绘，只能从生活中提炼出某一种概括的语言予以描绘。它就是在众多的基础上进行概括了的艺术语言。

歌舞式表达以肢体动作为符号语言。它不似普通语言，而是有概念的组合运动,可以抒情,也可以叙事和说理等。肢体语言擅长抒情,不善于叙事,更不善于说理。即使在现实生活中,有些动作也有较明确的含义,如举手敬礼,或是挥手再见等,但究竟是极少数,远远没有普通语言那种约定俗成,成为社会共识。它不似普通语言那样,是全社会、全人类的,用于思想和感情交流的不可少的语言。但这并不表示歌舞式表达一无是处,已被淘汰。歌舞式表达,是人类各种表达方式的一种必要的补充,它闪耀着人类的机智、幽默、想象力和创造力,其光彩足以令人击节赞叹。若能巧妙的运用其表达方式,将会使人们的言语交际活动效果锦上添花。

第三节 言语的综合式表达

在言语交流过程中,说话者可以综合使用多种表达方式和手段,提升言语表达的效果。所谓言语的综合式表达,指的是在特定的言语表达情境中,不拘泥于某种固定的表达方式,灵活运用各种符号进行编码,采用多种交流技巧,以准确传递说话者的谈话内容和意图。

一、艺术化表达的特征

上文提到,言语交流过程应学会进行艺术化的表达。艺术化的表达使言语表达更加生动,能充分体现出说话者的个性特点,加深谈话对象的印象,使人更乐于接受。艺术化的表达要求言语表达过程中能体现出艺术化的特点,那么何为艺术化的特点呢?

(一)形象性。形象性是艺术的基本特征。任何艺术化的表达都是具体、感性的。它必须是以具体可感的形态作用于接受者的感官。普列汉诺夫曾经说过,艺术"既表现人们的感情,也表现人们的思想,但是并非抽象的表现,而是用生动的形象来表现。这就是艺术的最主要的特点"。言语表达应该言之有物、形象生动,使听者易于接受,避免晦涩难懂、抽象空洞。如果接收者在接收到言语信息之后仍是一头雾水、不明所以,那么言语表达是失败的。

(二)情感性。一切艺术都是情感的艺术,没有情感就没有艺术。言语表达应体现出真情实感,让对方体会到说话者的情感状态,并能产生一定的情感共鸣。在言语交流中,说话者自己应对谈话内容产生一种认同感,并融入自己的感性体验,不虚伪、不造作,真诚地与传播对象进行交流,使双方产生高度的情感互动。传播者应带着感情说话才能感动别人，如果以一种冷冰冰的方式与别人进行对话，只会让人产生疏离感，谈话过程难以深入。有一次，美国著名谈话节目主持人奥普拉主持几位曾有过吸毒经历的母亲的一期节目。其中一位母亲讲到，她是因为害怕失去男朋友才染上毒瘾的；另一位母亲则说，自己所以来参加节目，公开自己的隐私，是因为奥普拉从来不说假话。这时候，奥普拉再也忍不住了，冲口而出："我也吸过可卡因的，咱们同病相怜！"话音刚落，一旁的同事惊慌不已，她却坦然道："没事儿，一切都过去了，一切都会好的。"正是在她的带动下，谈话者才都坦然地道出自己的真实故事。

（三）审美性。审美性是内容美和形式美的有机统一。艺术化的表达，首先需要明确想要表达的内容是什么，并将谈话内容进行一定的组织和梳理，确定谈话的中心思想，然后以一定的艺术化形式表达出来。说话内容应有美感，而不能肤浅粗俗，更不能空穴来风、信口雌黄、混淆黑白。表现形式上，无论是肢体动作、面部表情、眼神交流，还是语调语速等方面，都应恰如其分。同时可借助故事式、幽默式、哲理式、歌舞式等表现手法增强言语交流的效果。成功的艺术化表达能使接收者如沐春风、心悦诚服、回味无穷，使谈话过程变成一种享受。而富有审美意味的言语交流对传播者个人魅力的塑造也具有明显的作用。

（四）创造性。因表达主体的不同，艺术化表达体现出创造性。不同的表达主体在同一情境中就同一事件的表达可能有着巨大的差异。每一种言语表达，都体现了说话者鲜明的风格和独特的个性。由于每一个人观察问题和思考问题的角度各不相同，生活经验和人生阅历千差万别，艺术化表达呈现出独一无二、不可重复的特点。

二、艺术化表达的原则

（一）表达方式视场合而定。俗话说，"到什么山上唱什么歌"。言语表达总是在特定的情境中展开的，说话者需对谈话场合作出明确的判断，以确定采用何种言语表达方式。很显然，在一个庄严肃穆的场合不能载歌载舞，语言随意、举止夸张也是不合适的。而在一些轻松愉悦的场合，如聚会、联谊活动等，表达方式可以灵活多样，充满创意。

（二）表达方式视对象而定。言语交际总是面对特定的谈话对象。所谓"看碟下菜，量体裁衣"，在交谈中，想要更好地影响传播对象，应充分认识他们的具体情况，包括他（们）的年龄、文化背景、宗教信仰、职业、生活环境、

第十章 学会艺术式的表达方法 | 175

生活经验等，尽量使用对方熟悉和认同的语言。例如，华中科技大学校长李培根在2010届学生毕业典礼的讲话中，就运用了大量青年学子熟悉的网络流行语，如"躲猫猫"、"俯卧撑"、"打酱油"、"蜗居"、"蚁族"、"被就业"等，取得了很好的传播效果。另外，李培根校长还在他的讲话中提到华中科技大学学生最为熟悉的校园生活，容易使学生产生共鸣，以下是讲话中的若干段落：

在华中大的这几年，你们会留下一生中特殊的记忆。你一定记得刚进大学的那几分稚气，父母亲人送你报到时的情景历历；你或许记得"考前突击而带着忐忑不安的心情走向考场时的悲壮"，你也会记得取得好成绩时的欣喜；你或许记得这所并无悠久历史的学校不断追求卓越的故事；你或许记得裘法祖院士所代表的同济传奇以及大师离去时同济校园中弥漫的悲痛与凝重气息；你或许记得人文素质讲堂的拥挤，也记得在社团中的奔放与随意；你一定记得骑车登上"绝望坡"的喘息与快意；你也许记得青年园中令你陶醉的发香和桂香，眼睛湖畔令你流连忘返的圣洁或妖娆；你或许"记得向喜欢的女孩表白被拒时内心的煎熬"，也一定记得那初吻时的如醉如痴。可是，你是否还记得强磁场和光电国家实验室的建立？是否记得创新研究院和启明学院的崛起？是否记得为你们领航的党旗？是否记得人文讲坛上精神矍铄的先生叔子？是否记得倾听你们诉说的在线的"张妈妈"？是否记得告诉你们捡起路上树枝的刘玉老师？是否记得应立新老师为你们修改过的简历，但愿它能成为你们进入职场的最初记忆。同学们，华中大校园里，太多的人和事需要你们记忆。

请相信我，日后你们或许会改变今天的某些记忆。瑜园的梧桐，年年飞絮成"雨"，今天或许让你觉得如淫雨霏霏，使你心情烦躁、郁闷。日后，你会觉得如果没有梧桐之"雨"，瑜园将缺少滋润，若没有梧桐的遮盖，华中大似乎缺少前辈的庇荫，更少了历史的沉积。你们一定还记得，学校的排名下降使你们生气，未来或许你会觉得"不为排名所累"更体现华中大的自信与定力。

我知道，你们还有一些特别的记忆。你们一定记住了"俯卧撑"、"躲猫猫"、"喝开水"，从热闹和愚蠢中，你们记忆了正义；你们记住了"打酱油"和"妈妈喊你回家吃饭"，从麻木和好笑中，你们记忆了责任和良知；你们一定记住了姐的狂放，哥的犀利。未来有一天，或许当年的记忆会让你们问自己，曾经是姐的娱乐，还是哥的寂寞？

我记得，你们都是小青年。我记得"吉丫头"，那么平凡，却格外美丽；我记得你们中间的胡政在国际权威期刊上发表多篇高水平论文，创造了本科生参与研究的奇迹；我记得"校歌男"，记得"选修课王子"，同样是可爱的孩子。我记得沉迷于网络游戏甚至濒临退学的学生与我聊天时目光中透出的茫然与无助，他们还是华中大的孩子，他们更成为我心中抹不去的记忆。

我记得你们的自行车和热水瓶常常被偷，记得你们为抢占座位而付出的艰辛；记得你们在寒冷的冬天手脚冰凉，记得你们在炎热的夏季彻夜难眠；记得食堂常常让你们生气，我当然更记得自己说过的话："我们绝不赚学生一分钱"，也记得你们对此言并不满意；但愿华中大尤其要有关于校园丑陋的记忆。只要我们共同记忆那些丑陋，总有一天，我们能将丑陋转化成美丽。

又如，著名健康问题专家洪昭光在一次题为《生活方式与身心健康》的演讲中是这样讲解医学知识的：

遗传的影响，我们简单用一个例子来说明一下。小白兔应该吃什么呢？本应该吃萝卜，但假如从今天开始，让小白兔改吃鸡蛋拌猪油，蛋黄胆固醇高，猪油是动物脂肪，四个礼拜胆固醇增高，八个礼拜动脉硬化，十二个礼拜小白兔个个得冠心病。下面，我们换用北京鸭子做实验，让它吃蛋黄拌猪油。结果很奇怪，鸭子怎么吃，天天吃，胆固醇不高，动脉也不硬化，更没有冠心病。唉！这就奇怪了，怎么兔子一喂就动脉硬化，鸭子就没有动脉硬化呢？道理很简单，兔子是兔子，鸭子是鸭子，遗传不同啊。人也是一样：为什么张三一吃肥肉，胆固醇高，动脉就硬化，冠心病也来了，而李四天天吃肥肉，他什么事也没有？因为张三是兔子型的，李四是鸭子型的，鸭子型就没事，你兔子型就倒霉，先天性倒霉。为什么有人你看他吃得并不多，可就减肥不下来，那个吃得很多的人却胖不了？就因为人类型不同，有些东西遗传100%，有些遗传是个倾向。高血压、冠心病是一个倾向。

洪昭光的演讲将专业的医学问题用生动形象的比喻表达出来，妙趣横生，易于理解，充分考虑到了接受对象的实际需求。

（三）将信息准确完整清晰的表达出来。我们提出言语表达中可以采取艺术化的表达方法，其前提是准确无误地传递谈话内容。沟通的目标是传递、理解、接受、行动。有效的沟通是让接收对象准确理解信息的含义。所以，说话者不能顾此失彼、舍本逐末，即过分追求言语表达的艺术化效果，而忽视了信息表达的准确性和完整性。否则会使言语表达变成一种花哨矫情的文字游戏。

三、几种常见的言语表达方式

（一）幽默式表达

幽默是一种艺术，是一个人的学识、才华、智慧、灵感、人生阅历在语言表达中的闪现，它以诙谐的形式表现美感，可以带给人们欢笑和感染。幽默是任何人都可以使用的一种语言艺术，它不拘性别、不拘年龄、不拘社会地位、不拘教育程度。英国作家哈兹里特说，"幽默是说话的调味品"。有了它，言语交流会别开生面、饶有趣味。日本心理学家多湖辉则把幽默称作"语言的酵母"。幽默的表达方式能使言语交流增色，给对方留下深刻的印象。

幽默也是一种智慧的表现，能表现出一个人深厚的文化涵养、高雅的气质和超凡的人格魅力。央视著名主持人白岩松曾作客《鲁豫有约》节目，鲁豫问白岩松会不会让儿子也当主持人时，白岩松回答："我可不想当儿子的导演和编剧，我只想当他的观众。"面对鲁豫的提问，白岩松的回答充满智慧，暗示他不会干预儿子自己的职业选择。这一回答表现了白岩松极强的临场应变能力，同时也反映出他的思想深度。还有一次节目进行过程中，现场放映了一段白岩松第一次主持《东方之子》的画面，尽管白岩松呼吁大家"一定要做好心理准备"，但画面出来后还是一片笑声——白岩松身着一套显得特别肥大的西装，戴一副超大镜框的眼镜，身形瘦削……片花放完，白岩松一脸苦不堪言，他说："我以为看的是喜剧呢，回头一看是恐怖片。那是我体重最惨的时候，110多斤，我现在160多斤，多了一袋子面。我觉得自己以前长得非常尖锐，现在长得善良多了，而且比以前好看多了。"白岩松用幽默的方式来"自嘲"，具有亲和力，拉近了与观众之间的距离。

美国第三十任总统柯立芝有一次批评他的女秘书："你这件衣服很漂亮，你真是一个迷人的小姐。只是我希望你打印文件时注意一下标点符号，让你打的文件像你一样可爱。"女秘书对这次批评印象非常深刻，从此打印文件很少出错。作为美国总统，柯立芝没有用生硬的命令式语气以居高临下的姿态去教训女秘书，而是用幽默的表达方式让对方欣然接受了批评。

幽默是人际关系的润滑剂，它可以帮助化解矛盾、消除尴尬、拉近距离。有这样一个小故事：在一辆行进中的公共汽车上，由于车子突然急刹车，车厢里有个人猝不及防，撞到一个姑娘身上。姑娘责怪他说："德性！"那个人立刻解释道："对不起，这和'德性'无关，是惯性！"这话引起乘客们一阵笑声。还有一个例子。在一家高级餐厅里，一位顾客坐在餐桌旁，很不得体地把餐巾系在脖子上。餐厅的经理见状十分反感，叫来一个服务生说："你去让这位绅士懂得，在我们餐厅里，那样做是不允许的。但话要尽量说得和气委婉些。"服务生接受了这项任务，来到那位顾客的桌旁，有礼貌地问："先生，你是想刮胡子，还是理发？"那位顾客愣了一下马上明白了服务生的意思，不好意思地笑一笑，取下了餐巾。

马克·吐温素以言吐幽默著称。有一次，他要去一个小城，临行前别人告诉他，那里的蚊子特别厉害。到了之后，正当他在旅店登记房间时，一只蚊子在马克·吐温眼前盘旋，这使得旅店职员尴尬万分。马克·吐温却满不在乎地说："贵地蚊子比传说中的不知聪明多少倍，它竟会预先看好我的房间号码，以便夜晚光顾，饱餐一顿。"一句话逗得服务员不禁哈哈大笑。结果，这一夜马克·吐温睡得十分香甜。原来，当天晚上旅馆全体职员一齐出动，驱赶蚊子，免得这位受人欢迎的大作家遭受蚊虫叮咬。

在言语交流过程中，可以尝试以幽默的方式开头，吸引听众，营造氛围，也可以将幽默融入自己的话语之中，使语言出彩。说话者要善于"就地取材"，结合交谈场合和交谈对象的实际情况，针对谈话内容，运用双关、夸张、借题发挥、反语、对比等方式，形成幽默的语言效果。在美国，曾发生过这样一件事：美国哲学家乔治·桑塔亚那决定结束自己在哈佛大学的教授生涯，于是他选定了一个宣布自己这一决定的日子。这天，他在哈佛大礼堂像往常一样为大家讲课，只是这是他在哈佛讲的最后一节课。课堂接近尾声时，一只美丽的知更鸟停在窗台上，不停地欢叫着。桑塔亚那出神地打量着小鸟，过了一会儿，他转向讲台下的学生，轻轻地说道："对不起，诸位，我要失陪了，因为我与春天有个约会。"言毕，微笑着走了出去。这句美好的结束语风趣幽默，还充满了诗意，赢得了学生热烈的掌声。

幽默是一种气度，是遇事不慌的一种冷静。当言语表达陷入僵局时，幽默会起到意想不到的作用。英国大文豪萧伯纳的剧本《武器与人》首次公演即获得巨大成功。演出后，观众们要求萧伯纳上台接受观众的祝贺。当萧伯纳走上舞台，准备向观众致意时，突然有人对他大声喊叫："萧伯纳，你的剧本糟透了，谁要看？收回去，停演吧！"不少观众以为萧伯纳这时肯定会气得发抖，哪知道，萧伯纳不但不生气，还笑容满面地向那个人深深地鞠了一躬，很有礼貌地说："我的朋友，你说得很好，我完全同意你的意见。"接着，萧伯纳转向台下的观众说："遗憾的是，只有你我两人反对这么多观众能起到什么作用呢？你我能禁止这个剧本演出吗？"萧伯纳话音刚落，全场就响起了一阵快乐的笑声，紧接着观众对萧伯纳鼓起暴风骤雨般的掌声。那个挑衅者只好灰溜溜地逃出了剧场。

（二）故事式表达

这种表达方式是指在言语交流过程中，用讲故事的方法来表达某些观点，论述某些问题，或者说服传播对象。人们容易被故事吸引，讲故事具有引起听者注意的作用。故事具有亲和力，是一种有效的沟通手段。社会心理学研究显示，将信息以故事的方式展现出来能使接受者更迅速、更准确地记住。讲故事的表达方式适应多种场合，政治会议、竞选演说、团队激励、宣传推广、人际沟通等等，都可以运用讲故事来提升传播效果。王保成是济南军区某炮兵团防空导弹连一名班长、二级士官。一次，王保成给战士们上理论课，讲的是"科学发展观"，在自由提问环节，有人问道："王班长，请你解释一下，'又快又好'发展为什么改成'又好又快'发展？"王保成略作沉思，就给出了自己的解答："草原上，一只猎豹正在追击羚羊，眼看就要追上了，猎豹却突然减速，放弃了即将到手的猎物。原来，猎豹虽然是陆地上跑得最快的动物，时速可达120多公里，可它最致命的弱点，同样是速度。由于奔跑过快，导致体温急剧上升，这样就使得猎豹高速奔跑只能持续几十秒，如果在这个时间内仍然没有追到猎物，就必须停下来休息，否则就可能因体温过高而丧命。那么，对于社会发展我想也是同样的道理，过于追求速度必然会给社会带来诸多问题，所以必须在好的基础上求快。"话音刚落，全场掌声雷动。

2012年诺贝尔文学奖获得者、中国作家莫言在瑞典学院发表了一场精彩的演讲，题为《讲故事的人》。莫言讲述了他如何走上文学之路，讲述了他与母亲的故事，讲述了他的文学故事所依托的现实根源。整个演讲没有晦涩难懂的专业术语，没有高深复杂的文学理论，只是用一个个动人的故事向听众展现了作家对生活的感悟和对文学的看法。其中，当作家满怀感情诉说着他对母亲的记忆时，他用到了"我记忆中最早的一件事"、"我记得最深刻的一件事"、"我最后悔的一件事"等来说明他与母亲之间的情感交流，让人们看到了一个作家的朴实和真诚。

选择故事式表达，应根据谈话内容挑选恰如其分的故事，并用简练生动的语言将其表达出来。在故事陈述完毕之后，应回到谈话主题，作出简短的解释，强调观点和结论。

（三）亲和式表达

亲和力是使人亲近、愿意接近的一种力量。在言语交际中，亲和力能够增强人与人之间的信任感，使人际交流产生一种和谐的氛围，使交际更富有人缘魅力。亲和式表达首先表现为平易近人的风范，无论交流对象是大人物还是小人物，都能以一种谦恭守礼的姿态与之进行交流。其次表现在语言所能产生的共鸣效应。说话者应尽可能地从谈话对象的角度来思考问题，充分地尊重对方，真诚地去感受谈话的情境,并诚恳地将自己的想法以适当的语言表达出来。新学期伊始,某大学的生物系举办迎新晚会,作为系主任的著名植物分类学教授一上台就说:"生物学,过去大家都认为是采采标本,捕捕蝴蝶什么的。"两句话,惹得大家都笑了,气氛一下子活跃起来。很显然,这位教授并未以专业人士自居、高高在上,而是从谈话对象出发展开话题,显得易于接近。

2008年11月3日晚,台湾海基会董事长江丙坤在世界第一高楼台北101设接风宴,为首次来台的大陆海协会会长陈云林接风。陈云林在致答谢词时,即兴讲了这么一段话:"置身于这座华丽的101大厦,我俯瞰夜幕下的台北,万家灯火、车水马龙。在这片可爱的土地上,台湾同胞是热情、友好、勤劳、文明的人民。在这块热土上,他们以自己的打拼精神和聪明才智,创造了名列亚洲四小龙的奇迹,为中华民族赢得了光荣。为了两岸同胞的福祉,两会已展开制度化协商。我衷心希望两岸和平发展,台湾经济不断增长,台湾同胞幸福安康,衷心祝愿两岸关系就像101大楼一样超过满分,更上一层楼。"陈云林的一番话诚挚动人,很好地契合了当时当地的情境,真实情感的流露使谈话具有亲和力。

让对方感受到说话者的热心和诚意是沟通成功的关键。"情自肺腑出,方能入肺腑。"如果说话者自身都意未明、情未动、言不由衷,又如何让谈话对象感受到诚意呢?所以在言语表达过程中,应该充分体现出对他人的尊重,热忱投入到谈话过程中,以诚感人,才能体现出亲和力。

1952年,艾森豪威尔竞选美国总统,年轻的参议员尼克松是他的副总统搭档。正当尼克松为竞选四处奔波时,《纽约时报》突然报道尼克松在竞选中秘密受贿的丑闻,这给共和党的竞选带来极为不利的影响。为摆脱困境,共和党花了数万美元让尼克松利用媒体,向全国选民作半个小时的公开声明。很显然,这是澄清事实,取得选民认同的关键机会。当时,全美国有64家电视台、700多家电台把镜头、麦克风对准了尼克松。

而尼克松万万没有料到,当他走进全国广播公司的录音室之前,他被告知,助选的高级顾问已决定要他在广播结束后提出辞呈。这意味着共和党和艾森豪威尔,已经在最关键的时刻抛弃了他。

于是,尼克松只好采取了一个在政治史上少见的行动:他把自己的财务状况全部公之于选民,先是公布了他的财产,再公布他的负债情形。就这样,尼克松争取到了选民的同情,接着他就详细地说明自己的经济状况,连同怎样花掉每分钱都如实地告诉大众,这几乎是每天发生在大家身边的事,听来那么熟悉，那么真实可信。

最后他满怀感恩地说："我还应该说的是，我太太帕特没有貂皮大衣……还有一件事，也应该告诉你们，获得提名之后，我们确实收到一件礼物。得克萨斯州有一个人在收音机中听到帕特提到我们两个孩子很想要一只小狗，就在我们这次出发作竞选旅行的第一天，通过巴尔的摩市的联邦车站送来一只西班牙长耳小狗，带有黑白两色的斑点，我六岁的小女儿西娅给它取名叫切克尔斯，她非常喜欢那只小狗。现在我只要说明这一点，不管别人说什么，我们都要把它留下来。"

连尼克松自己都没有想到，他的演讲获得了巨大的反响。当他走出录音室时，到处是欢呼声，有数百万人打来了电话、电报或寄来信件，几乎每个著名的共和党人都发给尼克松赞扬的函电，从邮局汇来的小额捐款就达六万美元。事实澄清之后，尼克松反而赢得了大批同情的选票。

尼克松演讲的成功，主要在于亲和式的表达。尼克松以普通人的形象出现在公众面前，和大家亲切交谈，对公众袒露心迹，他所叙述的生活细节真实动人，富有人情味，以诚意打动了听众。

对于新闻记者来说，为了打开谈话局面，首先需要赢得对方的信任。记者可以从对方熟悉的事物入手，采取亲和式表达，拉近双方的距离，使对方消除戒备心理，并愿意对记者敞开心扉。崔永元在《小崔会客》节目中曾采访了时任湖北省副省长的刘友凡，他们是这样开始对话的：

崔永元：刚才咱们在化妆室里是第一次见面，咱们两个都被化妆师给化了一下，现在咱们两个人都特别精神。

刘友凡：我感到很满意，形象这么简单地扫描了一下，感觉真是好多了。

崔永元：好多了，增色多了。刚才也看到了您不化妆的时候，说句心里话，没现在这么白。

刘友凡：没这么白。搞农业，一天到晚就是野外作业，白不起来。

崔永元：那能不能这样说，凡是比较白的省长就是不下基层的？

刘友凡：不是这样，那是他的基因好。

崔永元：就是有的人怎么晒也不黑是吧？

刘友凡：也不黑。

崔永元：您在农村生活的时候是什么年代的事情？

刘友凡：我是生在农村，老三届，上山下乡，当了三年农民，后来工作之后，主要是跟农民接触。

崔永元：您能不能给我们举个例子，说说当时农村的穷，有多穷？

刘友凡：知识青年下乡，那个时候都是18岁、19岁，应该说年轻体棒，一天10个工分，到分配的时候，不到四毛钱，就是这样。

崔永元：不到四毛钱，那就是最多的了。

刘友凡：那就是最多的了，所以我当时想，"人间辛苦是三农，要得一犁水足，望年丰"，这首词原来在课堂上学的感觉和我们到田间的感觉不一样，农民真是艰辛。

崔永元：包括最经常听的，比如说"锄禾日当午，汗滴禾下土"，那时候都能有特真切的感受。

刘友凡：你只有在田间劳动，和农民犁耙声响在一起的时候，你才有那种感觉。

崔永元：在这个过程当中培养了对农民的感情。

这段对话自然平实，如话家常。崔永元从肤色问题自然地过渡到刘友凡特别熟悉的农村生活，从闲聊导入正题，使采访对象能够打开话匣子，也使对方感受到了极强的亲和力。

（四）哲理式表达

在言语交流中，如果能够借助哲理式表达，通常可以提升传播效果。哲理式表达是在沟通交流中，运用富有哲理的语言说明某一问题或表达某一观点。哲理能带给人思考、感悟，耐人寻味。哲理通常透过辩证式的语言体现出来，可以借助引用、比喻、类比、对比、联想、象征、引申等方式。具体而言，在谈话中可以引用某位名人富有哲理意味的句子来说明问题，也可以在同类事物之间作类比启发人们的思考，或者通过事物对比阐明某一主张。哲理式表达应做到寓理于事、寓理于情，具有针对性，一针见血，能够消除对方的某种疑惑或阐明关键道理。

林肯当总统期间，有人向他引荐某人为阁员，由于林肯早就知道该人品行不好，所以一直没有同意。一次，朋友生气地问他怎么到现在还没结果。林肯说，我不喜欢他那副"长相"。朋友一惊，说道："什么！那你也未免太严厉了吧，'长相'是父母生就的，也怨不得他呀！"林肯说："不，一个人超过四十岁就应该对他脸上那副'长相'负责了。"朋友当即就听出了林肯的话中话，再也没有说什么。很显然，这里林肯所说的"长相"和他朋友所说的"长相"，根本不是一回事。林肯巧妙地运用哲理式的表达，说明了"相由心生"这一道理。虽然在林肯的话语中没有一句直接的挖苦讽刺，但却鲜明地表达了自己的态度。

一组事业上大有成就的同学一起去访问他们以前的大学教授。然而谈话的内容很快变成埋怨在工作和生活中的各种压力。为了向客人提供咖啡，教授到厨房拿出一大壶咖啡和各类杯子，材质各不相同，有陶瓷的、塑料的、玻璃的、水晶的，一些看起来很普通，一些则比较昂贵精致。教授告诉大家，这些杯子是提供给他们喝咖啡的。当所有的学生都有一杯咖啡在手时，这位教授说："如果你注意到，所有漂亮的昂贵的杯子都被选了，留下普通和廉价的。虽然你只想要最好的体验这是正常的，但这也是你们烦恼和压力的根源所在。要知道，杯子本身并不能使咖啡更香醇，在大多数情况下，这只是使咖啡更加昂贵而已，并且在某些情况下甚至隐瞒我们所喝的东西。你真的想要的是咖啡，而不是杯子，但你有意识地去争取最好的杯子，然后你开始盯上对方的杯子。现在想想这些，生活就是咖啡，而工作、金钱、社会地位只是装咖啡的杯子。它们不过是承载生活的工具。我们拥有什么样的杯子并不能定义，或是改变我们生活本身的品质。有时候，过于集中在杯子上，我们就不能很好地享受上帝给我们提供的咖啡了"。这位教授的一番话具有深刻的哲理意义。他没有进行简单地说教，而是拿现实中大家都能体会到的事物来说明深奥的人生道理，言之有理，使人心悦诚服。

四、如何使言语表达艺术化

艺术化的言语表达作为一种交流技巧，需要在日常生活中长期积累和训练才能掌握。我们可以从以下几个方面入手：

（一）养成细致观察的习惯，做生活的有心人。在日常生活中细心观察，可以形成对生活的审美感受，也能增强对生活的深刻认知和体会。艺术化表达需要具备较强的临场应变能力，而细致入微的观察通常能使谈话出现意想不到的效果。说话者要对自己所处的交流情境有细致的观察，同时也应注意说话对象的表情、语气、动作等，通过这些来调整自己的说话方式和说话风格。

（二）对生活多些感悟。艺术化的表达来源于生活。无论是幽默感还是亲和力，都源于对生活的感悟。以积极乐观的人生态度去感悟生活中的点点滴滴，在与他人进行社会交往的过程中体会个人的社会角色，并将这些感悟和体会内化为自己的人生观和价值观，这对于产生富于魅力的言语表达艺术是非常重要的。

（三）培养深厚的文化底蕴。艺术化的表达必须有深厚的知识积累和文化底蕴为基础。知识贫乏、眼界狭窄很难产生言语交流中的亮点，也无法创造出艺术化的表达。所以，艺术化的表达并非一日之功，需要广泛涉猎多种知识，博闻强记，多阅读、多积累，并且善于举一反三、触类旁通，在阅读的过程中积极思考消化，将读到、看到、听到的东西转化为自己的知识储备，为我所用。

（四）训练自己的思维。艺术化的表达与思维方式密切相关。在言语交流过程中，联想式思维、发散式思维、形象思维、逆向思维等思维方式的运用都能够创造艺术化的表达方式。所以，在日常生活中，应该训练自己思维的灵活性和敏捷性，学会打破既有框框，突破"常规"，随机应变。

习 题：

1. 语言的文学式表达的含义是什么？
2. 如何提高语言的艺术式表达能力？
3. 什么是语言的歌舞式表达？
4. 你平时注意进行语言的歌舞式表达吗？如何提高自己进行语言的歌舞式表达的水平？

第十一章

言语的实战运用

第一节 朗诵

一、朗诵艺术概说

朗诵艺术是一门古老的艺术。宋代陆游的《浮生》诗中曰:"横陈粝饭侧,朗诵短檠前。"可见在宋朝以前,朗诵就已经和书法、唱歌、吟诗等艺术一样,是生活中的一种常态现象。确实,朗诵艺术源远流长,它在人类产生语言交流以后就诞生了。同时,朗诵艺术也是一门年轻的艺术。在现今社会,人们越来越注重这门艺术,朗诵已经和小提琴、钢琴、古筝等艺术一样,设立了评价考级,深受广大人民群众的喜爱。可以说,朗诵艺术永葆青春,无论在悠久的过去,还是在辉煌的现在,都彰显着这门艺术璀璨的未来。

那么,朗诵究竟是什么呢?"朗"是清清楚楚的意思,指声音清晰、响亮。"诵",是指用有高低抑扬顿挫的腔调去念、去诵读。朗诵就是用清晰、响亮的声音,结合各种语言手段来完善地表达作品思想情感的一种语言艺术,也就是把文字作品转化为有声语言的一种创作活动。朗诵艺术有着其独特的艺术性,同样的作品,由不同的人朗诵出来,效果截然不同;同样的作品,由同一个人朗诵出来,也会因为朗诵方式的变化而判若两人;即使是同一个人用同一种方式朗诵,在不同的地点进行也会让观众有完全不同的感觉。这是因为朗诵艺术除了运用声音、手势、姿态外,还可以通过添加很多辅助的效果,如音乐、灯光、化妆等来强化感情和渲染气氛,给人以独特、丰富的艺术美感和审美享受。

朗诵艺术需要通过多种手段来表达思想情感,这就决定了朗诵是一个复杂的系统性工程。和演讲、朗读、主持等语言艺术不同，朗诵艺术不仅仅是口耳艺术，它还综合了许多门类艺术的特点。绝大多数的朗诵都是要面对广大听众进行的，这就决定了朗诵既不是自言自语的说话，也不是自我欣赏式的宣泄，朗诵者要懂得与广大听众进行语言的、眼神的、肢体的、心灵的交流。同时，朗诵作为一种舞台节目的形式，往往要站在舞台上进行，这就与朗诵者的灯光、背景甚至站位的选择设计有着紧密联系，任何一个环节都可以影响整个朗诵作品的艺术水准。

朗诵艺术具有悠久的实践历史与较为完整的理论建构。它与人类劳动发展相伴相随，在人类历史进程中具有巨大的社会传播功能、交际功能。朗诵的理论体系也慢慢地在朗诵实践中得以诞生并回过来指导朗诵实践，使朗诵艺术蓬勃发展、日益完善。从大的方面说，人们利用朗诵活动相互交流思想、传达文化、陶冶情操，通过朗诵，我们的胸怀、眼界会更加开阔，阅读能力、艺术鉴赏水平能大幅提高。往小的方面说，通过朗诵，可以有效地培养对语言词汇细致入微的体味能力，以及确立口语表述最佳形式的自我鉴别能力。因此，我们一定要重视朗诵艺术。发展朗诵艺术，提高自身艺术水平，也是时代发展的必然要求。

二、 朗诵前的准备

朗诵艺术是朗诵者的一种再创作活动。与很多艺术一样，朗诵艺术在准备工作上要花大力气。在很多时候，没有朗诵前的准备，朗诵便无法进行。朗诵艺术这种再创作行为，首先不能脱离朗诵材料，又不能对着材料照本宣科，简单的读出来。它要朗诵者对原来作品的内涵、精神进行深入理解，以声音为主要手段通过各种形式传达出原作的精神面貌和艺术美感。同时，在这个基础上，融入朗诵者的个人情感因素，达到另一种艺术效果和审美情趣。要想达到这些目的，展现出朗诵艺术真正的魅力，毫无疑问，朗诵者面临着大量的准备工作。

（一）提纲挈领，掌握诵材的思想和内容

掌握朗诵材料的基本内容和中心思想，是朗诵的最基本要求。这一点要求我们宏观上把握作品，只有全面掌握了诵材的思想和内容，才能定准朗诵的大方向和基调，朗诵的时候才能犹如行云流水，得心应手。要做到这一点，要求我们通读全文，尤其是节选的诵材，更加要理清楚上下文的关系。同时，要深入理解全文，把握住作品的中心主题。只有对诵材了然于胸，朗诵的时候，才能顺利地把听众带入作者想表达的情感领域中去，而不会误入歧途。

(二）细致入微，准确理解每一个字词

在进行朗诵准备时，当我们在宏观上把握了作品的大概内容和中心思想以后，就要在微观上踏踏实实，精益求精，准确把握颂词中每一个字词的读音和含义，即：必须对诵材中的不确定的字、词的读音进行查找注释；对诵材中意思不明确的字、词或是不甚了解的成语俗语谚语等，要查字典、找资料，了解它们的准确含义，这样朗诵者才能把作品的思想感情准确地、全面地表现出来。总而言之，我们一定要在朗诵前清除各种基础障碍，千万不要囫囵吞枣、望文生义。

(三）深入作品，领会具体感受和感情色彩

朗诵艺术，本身属于一种情感的艺术。优秀的朗诵表演，能带领着听众的情感四处流动，从而给听众独特的审美感受。因此，我们在朗诵之前，必须深入到作品中去领会作品描述的场景，与作者感同身受。比如作品描绘雪景，我们就要想象自己处于一片白茫茫的世界中。只有这样融入到作品的情景中去，才能真切体会到作者的具体感受。同时我们又要细读作品，发掘作品的情感起伏，敏锐把握感情色彩的波澜变化。比如一些小说中，主人公的思想情感在短时间内是起伏不断的，咋一读起来确很难发现。只有在事先的准备中，捕捉到了这些情感的变化，才有可能作出完美的朗诵表演。

(四）其他准备

其他准备包括长期的准备和眼前的准备。长期的准备就是指基本功的准备，包括普通话、基本姿态、习惯手势的训练等。要想表演出优秀的朗诵艺术，必须使用标准的普通话、恰当的姿态、自然的手势。如果做不到这几点，就会让人觉得朗诵很生硬，水平难以提高。眼前的准备则是指朗诵过程中所需要的硬件准备，包括舞台背景、音乐、灯光、化妆等。一首激情澎湃的朗诵作品配上激昂的音乐，会进一步增强朗诵效果；反之，则会破坏朗诵的气氛，影响朗诵效果。

三、 朗诵的基本技巧

朗诵非常讲究技巧。最常见的朗诵技巧有停顿技巧、音量技巧、语速技巧、音调技巧、态势语技巧等。把握了这些朗诵技巧，才能声情并茂、淋漓尽致地展现朗诵艺术的魅力。

(一）停顿技巧

停顿指语句或词语之间声音上的间歇和中断，包括生理停顿、语法停顿、

强调停顿三个方面。也就是说，停顿一方面是由于朗诵者在朗诵时生理上的需要；另一方面是句子结构上的需要；再一方面是为了充分表达思想感情的需要。同时，停顿也可给听者一个领略和思考、理解和接受的余地，帮助听者理解文章含义，加深印象。因此，停顿是朗诵艺术中不可或缺的重要手段之一。

合理地利用停顿，可以达到以下几个目的：

第一，利用停顿，对诵材进行划分组合，使得表达出来的东西层次感更加分明，脉络清晰。

第二，利用停顿表达出需要强调的内容，更好的抒发情感，使感情强烈化，从而让整个表演更富表现力和感染力。

第三，利用停顿营造一种疏密有秩的节奏感，收到既朗朗上口，又清晰入耳的效果。

第四，利用停顿能营造一种悬念的气氛，调动听众的思维，增强朗诵效果。

总之，停顿是积极的。声音短暂的停歇，不等于思想感情的空白。恰恰相反，停顿的时候，是思想感情运动的起伏和延续。停顿也是语言的组成部分，沉默是另外一种表达方式。停顿的瞬间，能引起听众的猜想、回味、期待，能引人入胜，与朗诵者思想交流碰撞，引起朗诵者和听众的共鸣。因此，停顿运用得恰到好处，常常能产生"此时无声胜有声"的效果。反之，如果不仔细揣度作品而随意作停顿，不仅让听众觉得突兀，有时候还会使人产生误解。例如在贺敬之《雷锋之歌》中的有这样一句诗："来呵！让我们紧紧挽住雷锋的这三条刀伤的手臂吧！"有人在"三条"之后略作停顿，就会给听众造成"三条手臂"的错觉，影响理解的正确性。

（二）音量技巧

停顿技巧主要是针对诵材句段的分合，而音量技巧则主要解决朗诵材料内容词语关系的主次。音量技巧体现在每一个句子中需要表达情感的关键词上面。

音量技巧是指朗诵过程中，合理运用重音和轻音去进行表达的技巧。重音是指朗诵、说话时句子里某些词语念得比较重的现象。轻音则相反。一般用增加或减低声音的强度来体现轻音和重音。这里要注意的是，重音不是简单的加重声音，轻音也不是像普通话中的"轻声"，重音和轻音都是出于表达情感上的需要。通过把句子中重要的字词或者含有特殊意义的词组或短语用重音和轻音技巧加以处理，会使得听众感受到鲜明的色彩。

重音和轻音的表达方法，有时候是加强音量或者减低音量，有时候是刻意拖长音节或者一下带过。也有时候，是重音和轻音结合起来运用。比如重音轻读，要求我们朗诵的时候，有力地进行转读，但是从音量上说，却是非常轻柔的，由于语气的凝重，从而得到的效果又是深沉感人的，这就是重音轻音使用得当产生的奇特效果。

例如鲁迅先生的《社戏》中有这样一句话："真的，一直到现在，我实在再也没吃到那夜似的好豆，——再也没看到那夜似的好戏了。"这一句话中，"真的"、"实在"、"再"等字眼用重音技巧去处理，"再也没有"这半句用轻音处理，就会给人一种回忆从前无限唏嘘的感觉。这就是音量技巧的魅力。

（三）语速技巧

语速是指说话或朗诵时每个音节的长短及音节之间连接的紧松。语速把握得当，一方面能让朗诵者收放自如，另一方面又能让听众享受朗诵艺术的过程更加舒适。而最重要的是，语速是由说话人的感情决定的，朗诵的速度则与文章的思想内容紧密相联。一般说来，热烈、欢快、兴奋、紧张的内容，或是在朗诵者高兴、愉悦的情绪下，朗诵的速度要快一些；平静、庄重、悲伤、沉重、追忆的内容，或是在朗诵者低落、消沉的情绪下，朗诵速度会放慢一些。而一般的客观性叙述、说明、议论则用中速。朗诵时语速轻重缓急的把握，也就是我们常说的节奏。总而言之，语速快慢、节奏变化的根本，是思想感情的运动。把握好语速技巧，就是要求我们把握住情感的运动。例如：

"大渡河是长江的一条支流，两岸都是蜿蜒连绵的高山，河宽三百多米，水深十几米，我们去时刚好遇上暴洪，之间湍急的河水闪着青光，喷着白浪，从很远的地方就能听到哗哗的水声。这里历来是兵家必争之地，据说曾经威震一时的太平天国翼王石达开，就战死在这里。"

这一段文字的速度节奏变化很大，开始用普通速度叙述，"刚好遇上暴洪"一句开始慢慢由慢到快，"只见湍急的河水闪着青光喷着白浪"气势急激猛烈，速度最快。"哗哗"是象声词，读的时候要形象生动一些。最后一部分追思古人，应当速度放缓，让人低吟浅叹。这就是语速技巧的运用。

（四）音调技巧

在汉语中，字有字调，句有句调。我们通常称字调为声调，是指音节的高低升降。而句调我们则称为语调，是指语句的高低升降。句调是贯穿整个句干的，只是在句末音节上表现得特别明显。声调和语调的表达，我们统称为音调技巧的表达。音调根据表示的语气和感情态度的不同，可分为四种：升调、平调、降调、曲调。

1. 升调，即前低后高，语势上升。一般用来表示疑问、反问、惊异、命令等语气。也出现在情绪亢奋,感情激动的时候,也可表示语气未完结等。比如"这比山还高,比海还深的恩情,我们怎能忘记?"这句话朗诵起来,情绪很浓重,又是反问句,就毫无疑问要使用升调。

2. 平调,是指语势平稳舒缓,没有明显的升降变化。用于不带特殊感情的陈述和说明,通常运用在客观阐述上;同时平调还可表示庄严、悲痛、冷淡、思索等感情。比如"其实地上本没有路,走的人多了,也便成了路。"这句话朗诵起来,就应该使用平调。因为句中透露出了深刻的哲学思维,没有太多的感情倾向,同时又发人深思。

3. 降调,与升调相反,前高后低,语势渐降。一般用于陈述句、感叹句、祈使句,表示肯定、坚决、赞美、祝福等感情。比如"醉过方知酒浓,爱过才知情重;你不能做我的诗,正如我不能做你的梦。"这句话感叹意味非常深厚,有一种肯定、触动的感情在里面,我们朗诵起来,就要使用降调,语势减低地去体会句中的味道。

4. 曲调,是指音调带着高低起伏的变化。具体表现在令音节加重、加高、拖长、曲折变化等方面。一般运用于表示夸张、讽刺、特别惊异等语气上,也用于双关、暗示、言外之意的表达上。例"是我的错,你没有错。"这句话仔细用曲调去朗诵,就可以明显地体会到诵材之中讽刺、暗示等言外之意。

(五) 态势语技巧

势态语是朗诵艺术表达的辅助手段。但是,我们千万不能小看这些辅助手段,运用得好,它们能让朗诵更好,运用不当,它们又能让朗诵彻底破坏。把握态势语的运用技巧,主要做好下几个方面。

1. 眼神的运用。朗诵者与听众之间的思想感情交流,除了借助声音的表达外,最主要是眼神的运用。朗诵时想象力的发挥是其中最主要的条件,朗诵不同于相声、戏剧,我们的身体各部分器官,多少要受到限制,所以要准确贴切地表达想象,只有尽量利用我们最灵活而且不受限制的眼睛。

2. 面部的表情。朗诵是声情并茂的艺术,朗诵到情感突出的地方,必须用面部表情加以模拟凸显出来。面无表情,是朗诵的大忌,给人一种死气沉沉的感觉,很难调动听众情绪。当然,强调面部表情,也不能表情过火,矫揉造作则会过犹不及。总而言之,面部表情要丰富,又要得当,与诵材情绪相互呼应。

3. 手势动作的使用。朗诵中究竟要不要使用手势动作,是一个有争议的问题。强调朗诵文学性的人认为,只有在声音技巧不足,黔驴技穷的情况下,才会乞灵于手势和动作,认为手势动作的使用,是朗诵水平不够高的表现。而强调朗诵综合性的人则认为，朗诵是多种艺术的结合，朗诵过程中，必须配上手势和动作。手势动作与朗诵内容相结合，更是一种艺术形式和享受。这两种观点或许都有一点偏激，但是都很有道理。随着时代的发展，文学作品的内涵越来越丰富，朗诵艺术的艺术要求也越来越高，因此，我们认为手势动作的使用还是必要的。但是手势动作一定要精心设计，与朗诵的内容相辅相成，合理得当，以帮助加强朗诵效果为出发点，否则只造成听众注意力分散，从而适得其反。

四、朗诵练习名篇

（一）《致橡树》——舒婷

我如果爱你——
绝不像攀援的凌霄花，
借你的高枝炫耀自己；
我如果爱你——
绝不学痴情的鸟儿，
为绿荫重复单调的歌曲；
也不止像泉源，
常年送来清凉的慰藉；
也不止像险峰，增加你的高度，衬托你的威仪。
甚至日光。
甚至春雨。
不，这些都还不够！
我必须是你近旁的一株木棉，
做为树的形象和你站在一起。
根，紧握在地下，
叶，相触在云里。
每一阵风过，
我们都互相致意，
但没有人，
听懂我们的言语。
你有你的铜枝铁干，
像刀，像剑，

也像戟；
我有我的红硕花朵，
像沉重的叹息，
又像英勇的火炬。
我们分担寒潮、风雷、霹雳，
我们共享雾霭、流岚、虹霓，
仿佛永远分离，
却又终身相依，
这才是伟大的爱情。
坚贞就在这里：
爱，不仅爱你伟岸的身躯，
也爱你坚持的位置，足下的土地。

（二）《蜀道难》——李白

噫吁嚱！危乎高哉！蜀道之难，难于上青天。蚕丛及鱼凫，开国何茫然！尔来四万八千岁，不与秦塞通人烟。西当太白有鸟道，可以横绝峨眉巅。地崩山摧壮士死，然后天梯石栈相钩连。上有六龙回日之高标，下有冲波逆折之回川。黄鹤之飞尚不得过，猿猱欲度愁攀援。青泥何盘盘！百步九折萦岩峦。扪参历井仰胁息，以手抚膺坐长叹。

问君西游何时还，畏途巉岩不可攀。但见悲鸟号古木，雄飞雌从绕林间。又闻子规啼夜月，愁空山。蜀道之难，难于上青天！使人听此凋朱颜。连峰去天不盈尺，枯松倒挂倚绝壁。飞湍瀑流争喧豗，砯崖转石万壑雷。其险也如此，嗟尔远道之人胡为乎来哉？

剑阁峥嵘而崔嵬，一夫当关，万夫莫开。所守或匪亲，化为狼与豺。朝避猛虎，夕避长蛇。磨牙吮血，杀人如麻。锦城虽云乐，不如早还家。蜀道之难，难于上青天，侧身西望长咨嗟。

（三）《假如生活欺骗了你》——普希金（俄）

假如生活欺骗了你
不要悲伤 不要心急
忧郁的日子里须要镇静
相信吧 快乐的日子将会来临
心儿永远向往着未来
现在却常是忧郁

一切都是瞬息
一切都将会过去
而那过去了的
就会成为亲切的回忆

第二节　演讲

一、演讲概述

演讲又叫讲演或演说，是指在公众场所，以有声语言为主要手段，以体态语言为辅助手段，针对某个具体问题，鲜明、完整地发表自己的见解和主张，阐明事理或抒发情感，进行宣传鼓动的一种语言交际活动。

演讲的类型有很多，不同类型的演讲会产生不同的艺术效果，其偏重方向、感情色彩也有所不同。从表达方式去划分，演讲可以分为命题演讲和即兴演讲。前者是按他人拟定的题目或范围，并经过一段时间的准备以后所做出的演讲。一般的演讲比赛就是如此。而即兴演讲则是指演讲者在实现毫无准备的情况下，就眼前的情景临时即兴发表演讲。而从严格的学术意义上去划分，则可以分为"陈述型演讲"和"说服型演讲"，前者主要是指一些报告、汇报等，后者主要指为达到某种目的而进行的讲话，如竞选演讲、拉票宣言等。在一般情况下，人们会按照演讲的内容去对演讲进行划分，如政治演讲、学术演讲、法律演讲、竞职演讲等等。

但不管哪种演讲，都不会是天花乱坠的胡扯瞎吹，任何演讲，都是有章可循的。演讲作为一种语言表达艺术，主要具备以下特征：即真实性、艺术性、综合性、鼓舞性。也就是说，任何演讲都是在保证材料真实、内容确凿的基础上，在语言、表达上进行艺术的处理，或幽默、或感人，通过各种表达方式和表达技巧，鼓舞听众，引起听众的共鸣，从而达到演说者的目的。

近年来，演讲在越来越多的场合被重视起来。演讲已经不再是名人的专利，逐渐成为考察人的综合素质的重要途径。工作上，想要当选职务，得竞选演讲；当上了，得发表就职演讲，还要定期做述职报告。生活中，在生日、结婚等场合，经常需要做个祝福贺词的小演讲去开场搞气氛。还有毕业典礼、赛前动员、总结发言等等，都必须通过演讲这个途径去进行。

我们在日常生活中，肯定都听过了各种各样的演讲。我们会发现，同样的话题，不同的话讲出来，效果会截然不同；同样的话，不同的人讲，效果也有好坏之分。有的讲话，能让我们热血沸腾，有的讲话却让人昏昏欲睡；有的讲话让人兴趣盎然，有的讲话让人觉得索然无味。为什么会造成这么明显的区别呢？其原因在于演讲中语言交流艺术是否运用得当。毫无疑问，很多时候，好的讲话，能改变人们的看法，能树立良好的形象、甚至能改变一个人的命运。

那么，怎样才能做好一场优秀的演讲呢？其实，要做好一场优秀的演讲，只要做到两点就可以了：第一，要将演讲稿写好；第二，要把演讲稿表达好。

二、怎样写好演讲稿

（一）演讲稿的特点

要写好演讲稿，首先必须要明确演讲稿的特点。演讲稿是演讲者在演讲前事先写出来的文稿或者提纲（即使是即兴演讲，通常也事先有一个简单的腹稿）。演讲稿是演讲时的依据，在整个演讲过程中显得至关重要。

总的说来，任何演讲稿都必须具备"可讲性"和"临场性"的特点。

"可讲性"包括了内容真实、丰富，语言优美动听等要求。因为演讲稿要将无声的文字转化为有声的语言，给演讲人去"说"。因此，稿子的内容必须真实，语句必须朗朗上口，这样演讲人演讲起来才会"好讲"。而演讲者"说"的最终目的是要给听众去"听"。因此，演讲稿必须内容丰富、动听入耳。如果稿子内容枯燥、生涩难懂，听众听不懂，或者听起来难以理解，自然就会产生接受上的障碍。演讲稿必须写得通俗、易懂、简洁，这就是演讲稿必须具备的"可讲性"。

虽然演讲稿是演讲者在事先准备好的，但是任何演讲稿在实际的演讲中都不可能是一成不变完全照念的。因为演讲者在演讲过程中，总会遇到各种预料之外的情况，比如观众冷淡，或者观众的反应跟预料的不同甚至截然相反等等，这个时候演讲者必须根据现场的情况临场调节自己的演讲。这就要求演讲稿在写作的时候有弹性，无论是长度还是语句或是例子都有一个可以调节的伸缩性。这就是演讲稿的"临场性"。

（二）演讲稿的结构

1. 开头

开场白在整个演讲过程中起着非常重要的作用，因此开场白的写作也显得尤其重要。因为从听众的角度来说，开场的好坏往往决定他们是否有兴趣听下去。好的开始是成功的一半，那么，怎么样才能写好开头呢？其实，写演讲稿

的开头是要讲究策略的,目的是吸引听众的注意力。根据这一要求,常见的开头方法有:

(1)设置悬念。这是一种很常见的开场方式。这种开场通常是在演讲的开头设置悬念,从而让听众产生兴趣和欲望,使听众急切地想听下面的内容。例如:

尊敬的各位代表、老师、同学们,大家晚上好。今天我来竞选的职务不是学生会体育部部长,而是学习部部长。可是,我却带了一个篮球站在了演讲台上。大家知道这是为什么吗?

该演讲者先声夺人,在学生会干部竞职演讲的讲台上,带着一个篮球上台,这已经是悬念。然后又告诉大家,我并不是来竞选体育部部长的,从而让悬念加深。再提出我是来竞选跟篮球毫无关联的学习部部长的,从而让悬念进一步深化,这种开头,立刻让观众产生了一系列的疑问,一下子提起了注意力。

(2)应景开场。所谓应景开场,就是以眼前的场景入题,巧妙地引申开去,让听众不知不觉进入演讲之中。比如开口就谈会场布置,或天气情况,或心里感受等与主题无关的事,却转口巧妙地扣上了主题,这种开场方式便属于应景开场了。这种开头难度比较大,但一旦运用成功,效果显著,能马上博得阵阵掌声。例如新东方教育科技集团董事长俞敏洪在一次主题为"理想与现实"的演讲中这样开场:

没想到同济大学的同学们把我如此'高大'的形象放在大屏幕上。这,就是理想与现实的差距。

俞敏洪利用现场的布置入题,第一句说得跟主题毫无关系,第二句却一下子点到了主题,却又不显得突兀,让人拍案叫绝,自然博得阵阵掌声。

(3)欲扬先抑。在开场的时候,我们往往可以先自我批评或是自我贬低,甚至说反话,以此引起听众的注意,然后急转直下,通过强烈的反差入题。例如:

1986年菲律宾大选,竞选者阿基诺夫人曾被人指责为啥也不懂的家庭主妇。她上台发表竞选演讲,不少人用这种眼光看她,甚至公开叫嚷说她只配围着锅台煮饭。于是,她这样开场:

我只是一个家庭主妇,对政治和经济都不甚了解,也没有什么经验。确实,对于政治,我虽然外行,但作为围着锅台煮饭的家庭主妇,我精通日常经济。

当演讲者说完第一句话的时候,这种强烈的"抑"会让听众大吃一惊,于是大家都会安静下来,想看看演说者到底是何意,葫芦里到底卖什么药。这个时候，紧接着一句急转直下，意思完全逆转，却又顺理成章。这就是欲扬先抑的开场方式。

（4）提问入题。这是一种常见的入题方式。通过提问，不仅引起大家的注意，更能引起听众的思考，从而产生一种积极的互动。比如，在一篇名为《范蠡——史上最成功的男人》演讲中，这样开场：

什么样的男人，才能称之为成功？大家想一想，成功的男人定义究竟是什么呢？有钱？有权？英俊潇洒？还是功成名就？那么，要成为'最'成功？又需要哪些条件呢？

这样的开场方式，就是通过一连串的提问，引起大家积极的思考，紧接着，甚至可以让现场的听众回答，从而互动来活跃现场气氛。这样的开头，能直接进入主题，势不可挡，一开始就调动起气氛，容易把演讲推向高潮。

（5）讲故事。讲故事的开场方式是比较容易驾驭的开场方式。因为故事本身就具有浓厚的趣味性和生动性，理所当然能吸引听众的注意力。例如，北大的一位领导人在一次开学典礼上这样介绍副校长季羡林：

前几天开学，一个外地来的学子背着大包小包走进校园，实在太累了，就把包放在路边。这时，正好走过来一位老人，年轻学子就拜托老人替自己看一下包，而自己轻装简从好去办理手续。老人爽快的答应了。近一个小时过去了，学子归来，老人还在尽忠职守的看守着。这位老人，就是我们北京大学的副校长，季羡林先生。

听众喜欢听故事。演讲者通过讲故事的方式，将副校长季羡林和蔼可亲、平易近人、守信的人格魅力表现得淋漓尽致，取得了很好的传播效果，比起生硬的介绍要高明多了。

以上例举的是比较常见的、具有一定特殊效果的开场方式，实际上运用起来的远远不止这些，例如"名言警句式"、"开门见山式"等，都是经常出现的开场方式。但无论哪种开场白，只要形式新颖，有新意，不庸俗，能吸引观众的注意力，能引人思考，就是好的开场白。

2. 主体

主体部分是演讲稿的重点，是整篇稿子的支撑，包含了论证的全部过程。需要逻辑清晰的去分点陈述，而且要精细设置小高潮，从而让观众心服口服。在演讲稿主体部分的写作中，要注意做到以下几点：

（1）内容要充实、中心要明确

内容是一篇演讲稿的血和肉，中心则是灵魂。如果一篇演讲稿充满着空话、套话、大话，通篇都是口号，听众肯定是提不起兴趣的。

内容充实、中心明确要求只讲一个明确的中心思想和主题，然后分点去清晰、反复的论证，听众一听，就能够明白讲话者想表达什么，详实的例证和严谨的结论，才会让听众去信服。例如我们后面给大家附上的《奥巴马宣布参选总统演讲》，这篇演讲的中心就非常明确，那就是"我要去竞选总统"，然后阐述了"我必须要去竞选的种种原因"，其中例举了很多现实和社会现状。这就叫内容充实，中心明确。任何一个演讲，只有做到了内容充实，让人信服，演讲者才能达到预想的目的。

（2）要生动

主体部分是比较长的部分，耗时较多，因此一定要讲究生动。一个演讲的主体部分，不管内容多精彩多详实，如果听众不想听或者听不懂，就一定会失败。很多时候，由于演讲者说的话太长或者语言太过于晦涩难懂，听众就会听着听着失去兴致，听不下去。老舍先生曾经说过："我们最好的思想，最深厚的感情，只能被最美妙的语言表达来。"生动的语言无疑属于最美妙的语言之列。

让演讲稿生动的方法有很多，例如幽默风趣、辛辣讽刺、多用修辞等。例如鲁迅先生在《未有天才之前》的讲话中，主体部分就充满了修辞手法，使演讲变得很生动，很有说服力。现将本次演讲的内容摘录如下：

天才并不是自生自长在深林荒野里的怪物，是由可以使天才生长的民众产生长育出来的。

譬如想有乔木，想看好话，一定要有好土；没有土，便没有花木了；所以土实在比花木还重要。花木非有土不可，正同拿破仑非有好士兵不可一样。

抬出祖宗来说法，那自然是极威严的，然而我总不信在旧马褂未曾洗净叠好之前，便不能做一件新马褂。

作者和读者互为因果，排斥异流，抬上国粹，哪里会有天才产生？

这样的风气的民众是尘土，不是泥土，在他这里长不出好话和乔木来！

这几段演讲主体运用了"设问""拟物""比喻""借喻""反问"等多种修辞手法，听起来让人热血沸腾，极具感染力。这就是主体部分生动的表现。

（3）要简明有力

这四个字包含了三个方面的意思。一是简，我们讲话必须做到简短。能三句话说清楚的问题，就只说三句话。长篇大论只会浪费自己和他人的时间，引起反感。二是明，话必须说清楚，条分缕析，让听众听懂。有的人喜欢卖弄文采，满嘴之乎者也的讲话，完全不考虑听众，这种讲话必定失败。三是力，讲话必须要有力度，一语中的。林肯曾经讽刺一位议员讲话冗长，说："我从没见过有人能做到把那么多的话压缩到那么少的意思中去。"这就是说,话不在多,而在精。

总而言之,主体作为演讲稿的最大部分,肩负着上承开场白,下启收尾的重要作用,写起来一定要做到条分缕析,层层深入,从而达到"引人入胜"的目的,为最后的收尾高潮做准备,打下基础。

3. 收尾

收尾的好坏对演讲的成败也会产生直接影响。因为收尾作为演讲的最后一部分,是最能够给观众留下印象的。如果前面很精彩,收尾很无力,就会给听众留下虎头蛇尾的印象,使听众败兴而归。而即便前面很平庸,最后来一个出人意料或耐人寻味的结尾,也能力挽狂澜,扭转局面。

演讲稿收尾的方法和开头一样,多种多样,不拘一格。常见的有以下几种:

(1) 总结式。即以总结归纳的形式结尾。通常采用精炼的语言做出高度的概括,突出中心、强化主题,从而起到画龙点睛的效果。

(2) 呼吁式。即以口号、呼吁、号召的形式收尾。这种结尾通常是以慷慨激昂的口号,来号召或呼吁听众,或提出希望,或展望未来,以激起听众情感的波澜,听起来扣人心弦,让人热血沸腾。

(3) 抒情式。是指在激情澎湃的演讲后,用抒发情怀、感慨万千、诗情画意的语句收尾。这种收尾意境优美,意味深长,容易引起听众共鸣。

(4) 名言式。通过用名言警句、谚语格言,或者古诗名句来结尾。这样的结尾给人以想象的空间,意味深长。而且表达起来非常简练、生动。

(5) 幽默式。收尾的时候,用一点小手段,博听众一笑。这个时候风趣的收尾能给人留下深刻的印象,让听众在笑声中留下思考的余地。

总的来说,收尾要注意干练、简洁、有力。演讲者应该根据演讲的场合、对象,采用合适宜的收尾方式。这样就能起到画龙点睛的作用。

三、演讲的表达技巧

演讲,作为一门语言交流艺术,是非常讲究表达技巧的。前面我们说过,同一篇演讲稿,不同的人讲出来,效果截然不同。这就是表达技巧的问题。表达技巧分为"有声表达技巧"和"无声表达技巧",只有把两者结合起来,才能将演讲稿活灵活现地表现出来。

(一) 有声的表达技巧

有声的表达技巧包括吐字清晰、语句流畅、语速得当、轻重分明四个方面。

吐字清晰是做好演讲的首要条件。如果发音不对、吐字不清，听众就会不知所云。如平舌、翘舌分不清，前鼻音后鼻音分不清等都是演讲的大忌。如果在一场很严肃的演讲中，总是把关键字读错，引人发笑，演讲的效果可想而知。

语句流畅是为了听众能即刻理解演讲者的意思。如果讲话磕磕碰碰，听众听起来心里就会不舒服，从而失去聆听的兴趣。而且不当的断句，很多时候还会引起听众的误会。例如：有一则笑话说：某位领导在讲话中说："全体妇女站起来。"于是全场女同志都站了起来。谁知该领导翻开下一页讲稿后，继续说："了"。这就是演讲语句不流畅导致的后果。

语速得当和轻重分明是指我们在演讲过程中，应该有轻重缓急、抑扬顿挫之分。这样才能更好的辅助我们去表达情意。如果语速没有缓急轻重，就难以传达感情。不同的语速和语调，会让同样一句话产生完全不同的思想感情。一般来说，愤怒的感情，就用快速、重挫的语气表达；而沉痛的感情，则用缓慢、压抑的语气表达。当然，语速的快慢和语调的轻重转换起来必须要注意自然，不能突兀。

（二）无声的表达技巧

演讲，包括了"演"和"讲"。这里所谓的"演"，主要是指肢体上的。演讲不仅需要声音，还需要辅之以动作和表情。这种通过"面部表情"、"动作手势"、"形态站姿"来表达情感的表达技巧，就叫无声的表达技巧。

面部表情是最常用的一种无声语言。演讲者通过面部表情的变化，能够表达出各种丰富的感情变化。有的人在演讲过程中，总是一副若有所思的样子，这样的演讲效果，自然大打折扣。如果讲到开心时微笑，讲到愤怒时皱眉，讲到悲伤时扁嘴，讲到激昂处环视全场，这样就能够更好的把观众的情绪调动起来，从而为演讲成功奠定良好的感情基础。

动作手势也是无声语言表达技巧中的一种重要形式。因为动作和手势能够进一步表现并加深演讲者意图。例如讲到愤怒的时候握拳，讲到高兴处挥手。当然，动作手势不能乱用，如果重复、毫无目的使用手势，则会适得其反。而且手势的使用必须自然，不能生硬做作。特别要指出的是，动作手势作为无声语言表达技巧并非多多益善，有些动作还应尽量避免。例如"摸鼻子""抓头皮"等手势动作，会给人留下轻浮、不自信的感觉，这些陋习在演讲过程中一定要注意杜绝。

形态站姿则不仅仅是一种无声的表达技巧，还是一种礼仪的要求。形态站姿从总体上反映了一个演讲者的精神面貌。一般的演讲多为站姿。演讲者从走上台开始,就已经在表达一种情感。例如:上台宣布悲伤的事情,走路的姿势是沉重缓慢的;上台宣布喜讯,走路的姿势则是轻快的。在演讲的过程中,演讲者不可能保持一个姿势不变,因此,要求我们随着演讲的进行、情绪的变化,而自然地去改变形态站姿。但不管怎样,任何形态站姿都必须要稳健、自信、从容不迫。

无声语言表达技巧,是对演讲的辅助和补充,是演讲成功不可或缺的部分。古今中外很多名家都非常注重这一点。陶行知先生曾指出:"演讲如能使聋子看得懂,则演讲之技精矣。"只有把无声的语言表达技巧和有声的语言表达技巧巧妙的结合起来,才能更加完美的表达好演讲稿的内容,从而做出优秀的演讲。

四、演讲实例

以下是奥巴马于 2007 年 2 月 10 日在伊利诺伊州春田市发表的参选总统声明演讲。

首先允许我对冒着严寒、远道而来的观众表示感谢。

我们此行都为了一个目的。我感谢大家的热情,但在我心里知道你们并不仅仅为我而来,你们此行更重要的原因在于你们相信这个国家的未来。在战争来临的时候,你们相信和平将至;在失望的时候,你们相信希望尚存;现实政治将你们拒之门外,让你们安于现状,长期分隔你我,你们相信我们可以成为一个团结的民族,实现无限的可能,创造一个更加完美的联邦。

这就是我们此行的目的。让我告诉你们我是如何到这里来的。正如你们大多数人所知道的那样,我并不是土生土长的伊利诺伊州公民。我是在 20 多年前搬到这里来居住的。那是我还是一个年青人,大学毕业才一年。我在芝加哥一个人都不认识,既无经济来源,也举目无亲。但有几个教堂为我提供了一份社区组织者的工作,每年可以收入 13000 美元。我甚至先前都没有去看过一眼那些教堂就接受了那份工作,因为我心里一直有着这样一个简单而又伟大的理念——可以通过这份小工作来为创造一个更好的美国作点贡献。

我的工作让我有机会去拜访了几个芝加哥最贫穷的社区。大量工厂的关闭给这些社区造成了严重的创伤,我加入到牧师与普通教职人员的队伍中一起来解决这些问题。我发现人们遇到的并不只是地区性的问题——关闭一家钢铁制造厂的决定来自遥远的行政主管;学校里书本和电脑的缺乏可以归咎于千里之外政治家们倾斜的工作重心;当一个孩子诉诸暴力时,他的心灵空洞政府永远无法弥补。

第十一章 言语的实战运用

正是在这些社区里我受到了有生以来最好的教育,并且我理解了基督教信仰的真谛。

经过三年的工作,我去(哈佛)法学院学习,因为我希望了解法律如何为这些需要的人们提供服务。我成为了一位民权律师,并且教授宪法课程,之后不久,我意识到我们尊奉的自由和平等的权利有赖于广大有觉醒意识的选民的积极参与。我怀揣着这些想法来到了州首府,成为了一名州参议员。

正是在这里,在春田,我看到整个美国的合流——农民和教师、商人和工人,所有人都有着各自的故事,所有人都希望获得一个席位,所有人都强烈要求自己的发言被重视。我在这里建立起了长久的友谊——我看到许多朋友也在今天的观众中。

正是在这里,我们学会了以一种不让人感到厌恶的方式来表达自己的反对意见——我们可以彼此妥协,只要你心里清楚有些原则是永远不能妥协的;只要我们彼此愿意互相倾听,我们就能以真善美来代替假丑恶的人性设想。

这就是为什么我们可以去改革整个残破的死刑体系。这就是为什么我们可以为那些有需要的儿童提供健康保险。这就是为什么我们把税收体系改革得更公平和公正,有益于工薪阶层家庭;这也是为什么我们通过了那些愤世嫉俗者所认为永远不能通过的伦理改革法案。

正是在这里,在春田,当东西南北的朋友汇集于此,让我想起了美国人民的正派与宽容——我就是从这里开始相信我们可以创造一个更加有希望的美国

这也就是为什么,在破旧的州议会大厦的荫影下,在这林肯当年呼吁"分裂的大厦不能久存"的地方,共同的希望和梦想仍然存在的地方,我在你们面前宣布我将参选美国总统。

我知道这一声明有一点冒昧——甚至有那么一点大胆。我知道我并没有花很多时间学习华盛顿的做派。但是我在那儿的时间已经足够让我认识到华盛顿的做派需要改变了。

我们国父的天才之处在于他们设计了一种可以被改变的政治制度安排。我们需要用心而为,因为我们曾经改变过这个国家。面对暴政,一群爱国主义者的努力最终使大英帝国臣服。面对分裂,我们团结了整个民族,解放了黑奴。面对大萧条,我们让工人重回工作岗位,并使数以万计的人们脱离贫困。我们欢迎远方的移民,我们将铁路延伸到西部,我们将一位宇航员送上月球,我们还听到了马丁.路德.金的呼吁——让公平和正义如水之滔滔。

每一次,新一代的美国人都会勇敢地承担并完成那些需要完成的工作。今天

我们又一次受到了感召——到了该我们这一代做出回应的时候了。

那是我们永不动摇的信仰——尽管只有微小的可能，热爱这个国家的人们可以改变它。

这就是林肯的信念。他有自己的怀疑，有失败，也有挫折。但是通过他的决心和言语，他推动了美利坚这个民族的前进，并协助我们解放了一个种族。正是因为成千上万的人们加入到他的事业中，所以我们不再分裂，不论南方还是北方，不论奴隶还是自由人。正是因为各个种族、各行各业的男女老少，在林肯故去后继承他的事业，不断为自由而奋斗，我们今天才得以作为一个民族——作为美国人民共同面对新千年的挑战。

我们都知道今天所面临的挑战是什么——一场没有尽头的战争，对石油的依赖威胁到我们国家的未来，学校里那么多儿童并不在好好学习，广大家庭努力挣扎着赚取工资来为各种支票买单。我们听说并了解这些挑战。我们谈论它们已经很久了。

我们无法应对这些挑战并不是因为我们缺乏合理的政策和可行的方案。阻碍我们的是无效的领导，小规模的政治架构——我们被那些繁杂的琐事吸引了注意力，我们长期以来对艰难抉择的回避，我们希望容易地得到政治加分，而不考虑好好工作、达成共识来共同解决大问题。

在过去的六年中我们不断被告知逐年增加的债务负担不是问题，美国人所担心的医疗卫生费用的激增和工资的停滞的情况并不存在，气候变化只是愚弄人的把戏，还有强硬的言辞和一场构想拙劣的战争可以用来代替外交、战略和远见。当所有其他都失败的时候，当卡特里娜飓风来临时，或者伊拉克战场士兵阵亡人数上升时，我们被告知我们的危机源于其他人的错误。我们没有意识到自己真正的失败，却被告知应该指责另外一个党、或者同性恋者，或者移民。

而当人们在幻灭和绝望中转移目光的同时，我们知道那片真空是由什么填补的。那些愤世嫉俗者、说客还有那些特殊利益集团把我们的政府转变成了一场只有他们才玩得起的游戏。他们能大笔一挥，开出支票解决问题，而你却要为他们买单；他们有特权可以获得各种资源，而你却需要写申请信，他们认为政府归他们所有，而我们今天就是把政府从他们手中夺回来的。这种政治时代已经一去不复返了，到了我们翻开历史新的一页的时候了。

我们已经取得了不少进步。我非常自豪地协助领导了在国会的辩论，从而导致了自水门事件以来最具影响力的伦理改革。

然而华盛顿还有很长的路要走。而且这并不简单。这就是为什么我们需要确定轻重缓急。我们需要做出艰难的抉择。尽管政府在走向我们需要的变革过程中扮演着重要角色，但单凭更多的金钱和计划并不能保证能让我们获得预想的结果。我们每一个人，在我们的生活中，都需要学会承担以下责任——在儿童心中灌输成功的观念，去适应更具竞争力的经济，让我们的社区变得更加美好，还有学会去承担某种程度的牺牲。所以让我们就此开始。让我们共同着手去做这项艰巨的工作。让我们来实现整个国家的转变。

让我们称为这样一代人：重塑我们的经济使之能在数字化时代保持高度的竞争力。让我们为学校订立更高的标准，并给他们提供必要的资源帮助它们发展。让我们招聘新的师资力量，为他们提供较高的薪水和更多的支持以增强他们的责任心。让我们调整高校学费，投资于科学研究，让我们在美国各个城市和乡村的中心修建更多的信息高速公路（宽带）。

当我们的经济开始改变的同时，让我们成为这样一代人：确保我们国家的工人们分享到经济繁荣的果实；保护公司所承诺的、雇员辛勤工作所得的酬劳。让我们努力让勤劳的美国人可以为他们退休后的生活有所积蓄。同时也请允许我们的工会和他们的组织者再次激励起这个国家中产阶级的发展。

让我们成为根除美国贫穷现象的一代人。每一个希望获得工作的人都可以通过职业训练而获取一份工作，获得足够的工资来支付各种花费，可以为孩子提供良好的照顾从而在他们上班时可以让孩子呆在安全的地方。让我们做好这些事。

让我们成为最终努力解决医疗危机的一代人。我们可以通过各种手段来节省开支：更多的关注疾病预防、为慢性病患者提供更多的治疗同时利用先进技术来减少行政开支。此时此刻，我们这代人要说出这样的话：我们将会在下任总统第一届任期结束时让美国每一个人都享有医疗福利。

让我们成为最终让美国摆脱石油依赖的一代人。我们可以利用国产的其他可替代能源如乙醇来作为燃料，同时也鼓励生产更多节省燃料的汽车。我们可以建立起一个控制温室气体数量的系统。我们可以将全球气候变暖这场危机转化成一个创新的机遇，增加就业机会，刺激商业，给全世界树立一个榜样。让我们成为这样一代人，让未来的人们以我们今天所做的而自豪。

最重要的是，让我们成为这样一代人，永远牢记在那个9月11日所发生的一切，以我们所有的力量来对抗恐怖分子。政治已经无法在这个问题上将我们分化——我们可以共同行动来保卫国家的安全。我与共和党参议员迪克·鲁格合作通过了一项法案，确保销毁世界上某些最致命的、没有防护的武器。我们可以通过共同努力依靠一支更强大的军队来追踪恐怖分子，紧缩他们的金融网，我们还可以改善我们情报机关的效率。但我们还需要明白我们最终的胜利还在于重建我们的联盟，将那些信念和价值输出到国外，为世界上成千上万的人们带去希望和机遇。

但如果我们不结束伊拉克战争，所有这一切都不可能实现。许多人都知道我从一开始就反对这场战争。我认为这是一个悲剧性的错误。今天我们为那些痛失亲人的家庭、无数心碎的人们和那些消逝的年轻生命而感到悲伤。美国，是时候把我们的军队撤回来了。是时候承认牺牲美国人的生命是永远无法解决其他国家国内战争中的政治分歧的。这就是为什么我计划将我们的军队在2008年3月之前全部撤回来。让伊拉克人知道我们不可能永远在那里，这是我们最后的也是最美好的希望来给逊尼派和什叶派施加压力让他们坐到谈判桌前磋商寻求和平解决途径。

最后，还有一件事，好好处理这场战争的问题，我们现在开始做还不算晚——军队将士的归来——我们的老兵——他们付出了最多的牺牲。让我们为他们提供所需的照顾，重建他们钟爱的部队，以此来褒奖他们的英勇气概。让我们成为这样一代人，现在就开始着手做这件事。

我知道有很多人不相信我们可以完成那么多事。我理解他们所持的怀疑态度。毕竟每四年，两个政党的总统候选人都会做出类似的承诺，我想今年也不会例外。所有参加总统竞选的人都会去全国各地拜访，提出详细的计划，发布宏伟的演说。我们都会鼓吹那些自己所具备的特质，证明自己足以胜任领导这个国家。但是多少次，当选举结束时，五彩纸屑被清理一空后，所有的承诺都开始在我们的记忆中淡除，而游说者和特殊利益集团则开始活动，人们一如既往地转身，失望，开始继续为自己个人打拼。

这就是为什么这场竞选不仅仅是关于我。它是关于我们的——它必须是属于我们的，我们需要共同努力。这场竞选必须称为你们实现所有的希望和梦想的一个平台、一种途径。这需要你们贡献时间、经历和建议——当我们做的令人满意时，推动我们更进一步努力；当我们做的不好的时候，也让我们知晓。我们通过这场竞选需要重新寻回公民的意义，恢复我们对共同的目标的认同，同时也意识到没有什么艰难险阻可以抵挡数以万计人们寻求变革的呼声。

大家各顾自身，这场变革就不会发生。维持分裂状态，我们势必失败。

但是一位自学成才的瘦高个春田律师的成长故事告诉大家，一个不同的未来是可能的。

他告诉我们语言中蕴含着力量。

他告诉我们信仰中蕴含着力量。

在所有种族、地区、信仰和社会地位的差异下面，我们同属于一个民族。

他告诉我们希望中蕴含着力量。

当林肯召集起反对奴隶制的人们在一起的时候，人们听到他说："因为奇怪、不和谐、甚至邪恶的原因，我们从四方赶来，聚集一堂，共赴战争。"

这就是我们今天聚集于此的目的所在。

这就是为什么我加入到这场选战中来的原因。

并不仅仅是获得一个职位，而是与你们大家一起改变这个国家。

我希望赢得下一场战争的胜利——为了公平和机遇。

我希望那个赢得下一场战争的胜利——为了所有美国人有更好的学校、更好的工作机会和更好的医疗福利。

我希望我们能够承担起这份永无止境的光辉事业，共同努力改善我们的联邦，创造一个更好的美国。

如果你愿意加入到我这看似不太可信的寻求过程中，如果你感到了命运的召唤，和我一样看到了眼前一个具有无限可能性的未来，和我一样感觉到是时候清醒起来，抛开我们的恐惧，以行动来弥补我们对历史和未来人们的亏欠，这样我就准备好接受这份事业，与你们一起前进，与你们一起努力。我们共同从今天开始，去完成应该完成的任务，在这个星球上掀开一片新的自由天地。

第三节　辩论

一、辩论概述

辩论，又称为论辩。从字面上看，"辩"有辩解、辨析、辨明之意；"论"则包含论证、议论、评定的意思。合起来"辩论"就是通过议论、辩解来得出一个结论，来评定出是非的意思。由此可见，辩论是双方的交流，是证明自己的观点是正确的，揭露对方的观点是错误的这样一种语言交锋的过程。简单地说，辩论就是不同思想观点的语言交锋。我们不难发现，生活中我们总会遇到需要辩论的时候。人与人之间的交流，必然会产生一些矛盾，因为大家对客观事物的看法总会产生分歧，而一旦产生了不同的见解以后，辩论就会随之而来。再往大的方面看，除了日常生活中的辩论，在商场上的谈判，很多时候也是需要辩论的。法庭上的起诉与辩护，也是辩论的一种。常见的辩论还有学术答辩、决策辩论等等。而辩论因为具有强烈的对抗性，也因此产生了很多辩论比赛。

其实，辩论自古已经有之。在西方世界，远在公元前5世纪，古希腊就出现了教人以辩论之术的学派——智者学派。这个学派主要研究辩论的艺术和证明的艺术。而在中国，春秋战国时期的各种辩论流派，大家早已耳熟能详。孟子的辩论以生动形象、大气逼人闻名；庄子的辩论则变化莫测、纵横捭阖；墨子的辩论逻辑严谨、朴实无华；荀子更是写出了一本专门的辩论专论《非相篇》。而这些古人，他们的辩论故事都告诉了我们辩论的重要性。所谓"一人之辩重于九鼎之宝，三寸之舌强于百万雄师"，确实所言非虚。而在当今社会，人们的日常交往、思想交流越来越频繁，研究辩论之道，总结辩论的规律，学习辩论的技巧，对于我们是大有好处的。

学习辩论技巧最方便、最有效的途径便是观看赛场辩论。赛场辩论即辩论比赛，指在主持者的组织下，围绕一个事先拟定的辩题，由扮演为观点截然相反的双方各寻论据、各自展示辩论技巧进行辩论，从而决定胜负的一种模拟辩论。我们观看赛场辩论会发现，有的辩手说话能引我们层层深入，有的辩手说话能让我们开怀大笑，有的辩手说话能发人深思。为什么同样是辩论，同样是一种语言的交锋，会场上那么多截然不同的效果呢？这就是运用了不同的语言交流艺术的结果。要想成为一名优秀的辩手，运用好语言交流艺术，就需要有高超的写辩词能力和高明的辩论技巧。

二、怎样写好辩词

辩词的写作不同于一般的写作，因为辩词的写作有很多特点。我们知道，在辩论比赛中，辩题是事先拟定的，双方有较长的时间去准备，而且双方都互相明了对方的辩题且辩题互相对立，同时，比赛允许双方通过各种途径查找、引用大量资料，于是，辩词的写作中充满了各种变数。但变化多端的辩词写作，总是离不开以下四个方面，把握了它们，就能写好辩词。

（一）审题透彻。审题的目的是为了弄清楚辩题的含义，把握辩题的辩点，认清楚辩题对双方的利弊，以便于找准切题点，确立对己方有力的论点和策略。因此，审题必须要透彻、深入、全面。审题透彻，找准了辩点，进攻起来就会凌厉无比。例如：1988年"亚洲大专辩论会"上，复旦大学队与台湾大学队展开决赛，辩题是"儒家思想可不可以抵御西方歪风。"复旦大学是反方，认为"不可以"。复旦大学在审题透彻之后，找准了破题点，一开始就用寥寥数语展开攻势："孔子早就说过，'知其不可而为之'，这不正说明儒家思想不可抵御西方歪风吗？"

审题透彻常用的步骤如下：第一步，把握辩题基调；第二步，逐一明晰概念；第三步，分析辩题范围；第四步，聚焦辩题辩点；第五步，确立进攻线路。做好了这五步，就能把辩题审视透彻。

（二）准备充分。这里所说的准备充分是特指材料准备充分。如果说审题透彻是确定辩论战略的关键，那准备充分的材料就是实施战略的基础。材料的充分又包括了理论材料和事实材料。

无论是理论材料还是事实材料，要想准备充分，则应该通过以下两种方式去获取。第一，到现实生活中寻找第一手材料。这些经过亲自调查、收集的第一手资料，辩手往往能更深刻地理解其内涵，运用起来会更得心应手，更加容易打乱对方阵脚。第二，查阅大量书刊资料获取间接材料，例如上网、找图书馆的资料等。这些材料新颖广泛，有很强的信息价值，贴近听众，容易引起大家的共鸣。

材料是否充分对于辩论的胜负有着直接的影响，因为材料充分而使比赛获胜的辩论很多，例如：在"北京走向2000年电视辩论竞赛"决赛时，经贸大学队在辩论中出奇制胜。他们是这样做的：在辩论赛前，他们走访了很多单位，如公共汽车公司，交通部门等，还查阅了大量的图书资料，甚至了解到了北京客运每天的客运量，掌握了历史数据及与国外对比的数据等。这些翔实资料，准确、充足、有力，在辩论中大显神威，为胜利奠定了基础。

（三）加工得当。辩论比赛的每一个环节，都有着严格的时间限制，这也是考验辩手的一种方式，看辩手能否在规定的时间内表达完整想要表达的意思。因此，在准备了大量的材料以后，必须对材料进行取舍和加工。

通常的加工方法有：截取、合并、概括、简化、口语化、生动化等。这些方法看似简单，但一旦运用成功，在比赛中就会产生意想不到的效果。例如，在一场题为"逆境是否利于人的成长"的辩论赛中，正方认为逆境不利于人的成长，于是正方大量引经据典，得出了顺境更有利于人的成长的观点。这个时候，反方辩手根据材料，把材料生动化，马上反驳："这些材料都证明了顺境更有利于人的成长，是不能证明你方观点，也不能反驳我方观点的。就好像，你拿出材料证明了你长得比我帅，但不能说明我不帅呀！"于是现场掌声热烈。

反方的辩手，就是通过生动化的方式，对材料进行了简化和类比，让观众一听就明白了其中的玄机——正方是在以偏概全。这就是对材料进行加工的威力。

（四）分工明确。我们知道，在辩论比赛中，四个辩手担任的任务是不同的，因此在辩词的写作上，也要分工明确。只有明了了各个辩手肩负的任务，写辩词的时候才能有的放矢。

一辩的辩词担负着破题立论的任务，要求开门见山提出本方观点，并作出论证，让大家明了本方观点和论证层次。辩词的语言风格上要求有气势，但核心要求是"稳"。二辩的辩词要在内容上承接一辩，继续深入阐述本方观点，开始引入大量的材料、事例进行论证，努力使本方的观点丰满起来。三辩的辩词则要开始寻求转变和突破，从新的视角去论证本方观点并且攻击对方观点。把辩论引向新的层次。四辩的辩词则要求驳立结合，既要对本方的观点进行总结，也要在总结中对对方的观点进行驳辩。辩词的语言上要求力度，感情色彩要浓厚一些，形成高潮，让现场观众产生共鸣或震撼。

三、辩论的策略和技巧

辩论这种语言交流艺术，是非常讲究策略和技巧的。好的辩词，只是辩论的开始，而辩论的策略和语言技巧才是辩论比赛的重头戏。辩论的策略有很多，技巧更是千变万化，数不胜数，我们就以立论、进攻、防守、结论四个方向为导向，去探讨这四个基本环节中，应该采取怎样的策略和技巧。

（一）立论——稳如泰山

无论是辩论比赛，还是平时生活中的辩论，甚至是法庭上、商场上、学术上的辩论，都少不了立论。所谓立论，就是阐述并且确立自己的主要观点。立论开始于辩论之前，你阐述了你的观点以后，对方对你的观点产生了质疑，辩论就产生了。因此，立论是整个辩论过程中至关重要的一点。而在辩论比赛中，好的立论，则能为整场比赛的胜利奠定基础。

一篇好的立论，采取的策略多数为"稳"。因为如果辩论中没有稳如泰山的立论，反驳就会显得强词夺理，苍白无力；如果辩论中自己的立论不稳，自然会被对方攻击得只有招架之力，谈不上对对方的进攻了。立论被破，就好比大厦根基被毁，那么再华丽再高的大楼，都必倒无疑。可见，立论的好坏，直接关系到辩论的成败。

立论在技巧上，又该如何"出招"呢？通常，立论中的辩论技巧有"知己知彼"、"旁征博引"、"通俗易懂"等。

1. 知己知彼。是指立论需要对自己的观点、材料理解清晰、深刻，同时对别人的观点和材料也要做一个透彻的了解，从而能迅速找准、甚至提前预测到对方弱点和漏洞，在立论环节就有一个进攻的方向。只有做到了知己知彼，在立论的时候，才能有备而来，理直气壮。例如：在1986年"全国青少年演讲邀请赛"辩论环节，正方在立论环节强调了多次"丢掉了京剧传统的东西"；反方由于事先准备充足，果断采取了知己知彼的技巧，一再追问正方："你刚才一直强调丢掉京剧传统的东西，但对丢掉的传统东西的具体内容到底是什么，仍然没有回答"。正方这些资料没找足，自然只能逃避问题。这个时候，反方紧接着问题，就京剧的写意性、表演程式及唱腔等三个特点做出了说明，一下子在气势上占据了优势。这就是"知己知彼"的辩论技巧。

同样的道理，反过来说，事先知道自己的弱点或是明白自身材料薄弱的环节，在辩论的时候，就要尽量避开与对手在这些弱项上进行过多纠缠。这些都属于知己知彼的辩论技巧。

2. 旁征博引。立论中，多用旁征博引的技巧，能够给人一种气势磅礴，证据确凿，无从反驳的感觉，从而把"稳"达到另外的高度。因此，很多立论喜欢用大量的例子、名言警句，进行排比式的收尾，例如：在一场对"慈善"这个话题的辩论中，一方的辩手为了阐述慈善并不是现代的产物，说到："千百年前，孔子在论语中就对善人做出了定义，论语中说，善人，吾不得而见之矣，得见有恒者，斯可矣。没错，一个人坚持做好事，就是善人，这种行为，就是慈善。人类社会开始产生文明的时候，慈善就伴随诞生了！

这就是旁征博引。辩论一个时代性非常强的话题——慈善，引用两千多年前孔子的著作——论语，给人的感觉非常有气势，同时也很贴切。

3. 通俗易懂。通俗易懂是立论中一定要用到的招数。因为立论通俗易懂是引起听众共鸣的前提。通俗易懂的做法就是把繁杂的材料、复杂的语言简化，口语化。如果立论生涩难懂，就会让听众觉得索然无味。例如在一篇名为《贸易保护主义可以抑制》的立论中，辩手这样立论：虽然里根总统一方面否决了詹金斯案，但是美国政府同时提议，要把新的多种纤维纺织品的条文修改得更加强硬，而且甚至连丝、麻非多种纤维纺织品的条文修改得更加强硬，这些东西也要纳入限额范围内，这不就证明了贸易保护主义。一种形式的贸易保护主义给抑制了，但另一种形式的贸易保护主义却兴起了。就好像脸上的一个暗疮消灭了，但是另外一边的脸上的暗疮却生出来了。当人们看到你的脸上的暗疮时，还不是会说："非常可惜，长得那么漂亮，但你的脸上还是有暗疮呀！"

在这篇立论中，本来讲述的贸易保护主义是一个比较专业的术语，而且引用美国政府的例子、讲述的丝、麻等纺织品也是非常专业的案例，听众难免会有一些疑惑，听起来就不会那么入耳。立论让听众感觉不入耳，是非常危险的。于是立论者巧妙的运用"通俗易懂"的技巧，加入一个生动的比喻，于是大家一下子就能够明白辩者想表达的意思了。

（二）进攻——奇险多变

在立论稳当的基础上，就要开始追求凌厉的进攻。进攻是辩论中克敌制胜的关键，所以必须制定好周密的进攻战术。进攻是辩论的要义和精髓，只有进攻，才能获胜。只有进攻，辩论才会精彩。进攻讲究的是势不可挡，但攻又要攻之有方，切忌盲目。进攻的要诀是要抓住对方的弱点和要害，一举而置之于死地。

那么，怎么才能抓住弱点和要害呢？这就要求掌握进攻的策略。一般而言，进攻的策略可以概括为三个字——奇、险、变。

奇就是出奇制胜，要用对方想不到的策略和方法发起进攻，使之猝不及防，从而取得胜利。提问时角度刁钻、巧问控敌，连环发问，扰乱对方，进而一击制敌；辩论中要求"变"，进攻时一种方式攻不破就换一种方式，一个点攻不破，就换另一个点。在进攻中，如果能坚持奇、险、变的策略，就会让对手手足无措，顾此失彼。

进攻的技巧很多，如"先声夺人"、"剑走偏锋"、"针锋相对"、"釜底抽薪"、"声东击西"等。

1. 先声夺人。先声夺人是指在辩论中利用语言提前布局，封死对方的退路，让对方的观点无从说出、有苦难言，从而陷入窘境。辩论场上经常会出现这种情况：某方一位辩手一时无话可说，唯有逃避问题，队友会马上接应，帮助转移话题或者代其回答问题，这个时候，先声夺人的技巧就能发挥出巨大威力。或者发现对方在立论中有漏洞，在进攻的过程中就可以用先声夺人的方式把漏洞放大在大家面前。例如在一场题为《大学生犯罪主要是因为个人原因还是教育原因》的辩论赛中，正方的观点是，大学生犯罪主要是因为个人原因。正方二辩就采用先声夺人的技巧，直问反方："您知道马加爵为什么杀人吗？我认为那并不是教育制度的问题呀，那是个人心理的问题。如果您认为是教育制度导致马加爵杀人的话，那么在座各位健健康康的坐在这里，您又作何解释呢？"

这番话说出来以后，就把反方的观点封住了。如果反方拿出原先的观点，想继续说马加爵杀人是因为教育制度的话，现场观众那么多活生生的例子，就会成为最佳的反驳。这就是先声夺人的辩论技巧。

2. 剑走偏锋。所谓剑走偏锋，就是辩论的时候，问的问题很刁钻古怪，对手由于事先没料到而措手不及。而且剑走偏锋的技巧背后通常陷阱多多，对方一着不慎，就会落入圈套。剑走偏锋的辩论技巧，就是贯彻我们前面所说的"奇"和"险"。比如"第二届亚洲大专辩论赛"关于"儒家思想可以抵御西方歪风"这个辩题，反方复旦大学的辩手故意提出一个非常"低级"的问题："我请问对方辩友，如果有人持刀抢劫你的钱包，你是对他念一段《论语》呢？还是报警让警察把他抓起来？"

这段话正是剑走偏锋地在进攻——复旦大学代表队为了反驳台湾大学代表队"儒家思想可以抵制西方歪风"的观点，虽然提出的问题很可笑，但是这个问题暗设了圈套，对方如果选择了前者，会显得不切实际，荒谬可笑，而选择后者则正好论述了己方观点。

3. 针锋相对。针锋相对的辩论技巧，会产生辩论中最具观赏性的场面。双方以攻对攻，以牙还牙，针尖对麦芒，往往让观众兴趣陡升，让现场气氛热烈到极点。但是要做到针锋相对是没那么容易的，必须要找准问题的关键，才能形成交锋，否则就会让人抓住漏洞反击而节节败退。例如：在一场辩题为"环境保护应该以人为本还是以自然为本？"的辩论中，反方突然灵机一动，在自由辩论环节突然来了一句："正如对方辩友今天身穿绿色队服，用代表自然的绿色来作为队服，这些都体现了我们生活中处处不经意显露出来的以自然为本的精神呀。"这个时候全场鼓掌，都为反方的现场反应喝彩。只见正反辩友立马回击："荒谬的比喻，没有任何说服力。按照您这个逻辑，您方队伍今天身穿白色队服，难道就代表您方支持白色污染吗？"全场气氛一下子到了高潮。

针锋相对的前提是，不要回避问题，不要逃避对方的攻击。以此为基础，找准对方逻辑的漏洞，例子的不当，论证的缺陷，进行一针见血的进攻。这种进攻，往往是最精彩的，是最能把全场气氛推向高潮，博得大家深刻印象的，针锋相对是辩论进攻技巧中的最高境界。

（三）防守——充满智慧

辩论中的防守应该是积极的防御，而不是消极的被动挨打。要"兵来将挡，水来土掩"，做到成竹在胸，以不变应万变。防要防得严丝密缝，无懈可击。防守的目的在于保护自己，挫敌锐气，寻找战机，反攻制胜。

防守是个技术活，辩论中懂得防守的人都是充满智慧的人，因为防守中充满智慧。你可以以退为进，使其失去戒心，再突然矛头相向；你可以金蝉脱壳，避敌锋芒，积蓄力量，一举反攻；你可以模糊作答，答非所问，巧妙地转换话题，让对方不得要领，却又无话可说。总之，防守的方法是多样的、非固定的，随辩论中的情况而定，随你自己的性情和判断去运用。所以，防守既简单，又困难。

防守技巧有依靠队友，转换话题，以攻为守等几种。

1. 依靠队友。这种防守方式是很常见的。因为辩论赛作为一种比赛，对每个环节的时间有着严格的要求和限制。很多时候，我们对一些简单但耗时的问题，完全可以用一句"我方一辩已经阐述过"或者"我们立论中讲得非常清楚"来回答。对一些来不及阐述的，可以说"我方四辩在接下来的陈述中，会再次详尽的给大家探讨这个问题。"通过依靠队友的方式来防守，一是可以节约时间，二是能给人带来辩论的整体感。

2. 转换话题。转换话题并不是让大家逃避问题。其目的在于，通过对比赛节奏的把握，达到对整场比赛的掌控。转换话题通常出现在双方纠缠不清，而局面逐步失控，走向对己方不利的时候，巧妙地转化话题，不仅能取得非常好的防守作用，而且能够转换劣势，反守为攻。运用转化话题的技巧进行防守时，一定要注意转化自然，不能沦落到逃避问题的地步，那样就弄巧成拙得不偿失了。

3. 以攻为守。这个辩论技巧不仅适合与辩论，也适合于很多其他的比赛，例如篮球赛、下象棋等等。俗话说：进攻是最好的防守。处处把握进攻的先机，料敌于未发之处，对对手处处制肘，自然能够以攻为守。

（四）结论——朴实大气

辩论中最后的总结陈词是必不可少的。结论要关注全场关注的辩论走向，抓住双方的交锋点，最好能在本方主线基础上根据比赛进程适当补充修正，并充分升华主题、辩题的意义。在有限的时间内能用凝练精准的语言概括全场，指点江山，激扬文字。结论在一定情况下可以为反败为胜起到关键作用。

结论应该彰显朴实，更应该显示大气。结论是全场辩论的总结，抑或说是记录，形象地说，就是在打扫战场。所以，呈现事实，叙述真相是它的天职，朴实无华的语言是它完成天职的武器。但是光是有朴实还是不够的，结论需要以情动人或以德服人，让观众都觉得你方说得有道理，你方的观点更能接受。所以结论必须大气，引起观众注意，让观众认同。

四、辩论实例

首届国际大专辩论会大决赛辩词实录（部分）

正方：台湾大学队　　人性本善
反方：复旦大学队　　人性本恶

自由发问阶段

正方四辩：我想首先请问对方辩友，既然人性本恶，世界上为什么会有善行的发生？

反方四辩：我方一辩已经解释了。我倒想请问对方辩友，在评选模范丈夫时，你能告诉我，这个模范丈夫本性是好的，就是经不起美色的诱惑吧！

正方三辩：对方辩友，他要有人勤加于灌溉，我想请问对方辩友，请您正面回答我，您喜不喜欢杀人放火？

反方一辩：我当然不喜欢，因为我受过了教化。但我并不以我的人性本恶为耻辱。我想请问对方，你们的善花是如何结出恶果的？

正方一辩：我想先请问对方同学，您的教育能够使你一辈子不流露本性吗？如果您不小心流露本性，那我们大家可要遭殃了。

反方三辩：所以我要不断地注意修身自己呀！曾子为什么说："吾日三省吾身"呢？所以，我再次想请问对方辩友，你们说内因没有的话，那恶花为什么会从善果里产生呢？

正方四辩：我来告诉大家为什么会有，这是因为教育跟环境的影响吗！我倒请对方辩友直接回答我们问题嘛，到底人世间为什么会有善行的发生，请你告诉大家。

反方一辩：我方明明回答过了，为什么对方辩友就是对此听而不闻呢？到底是没听见，还是没听懂啊？（笑声、掌声）

正方三辩：你有本事再说一遍，为什么我们听了，从来没有听懂过呢？我想请问对方辩友，您说荀子说性恶，但是所有的学者都知道荀子是无善无恶说。

反方四辩：我第三次请问对方辩友，善花如何开出恶果呢？第一个所谓恶的老师从哪来呢？

正方一辩：我倒想请问对方同学了，如果人性本恶，是谁第一个教导人性要本善的？这第一个到底为什么会自我觉醒？

反方一辩：我方三辩早就解释过了，我想第四次请问对方辩友，善花，是如何结出恶果的?

正方四辩：我再说一次，善花为什么结出恶果，有善端，但是因为后天的环境跟教育的影响，使他作出恶行。对方辩友应该听清楚了吧? 我再想请问对方辩友，今天泰丽莎修女的行为，世界上盛行好的行为，什么她会做出善行呢?

反方二辩：如果恶都是由外部环境造成的，那外部环境中的恶又是从何而来的呢?

正方二辩：对方辩友，请你们不要回避问题，台湾的正严法师救济安徽的大水，按你们的推论不就是泯灭人性吗?

反方三辩：但是对方要注意到，8月28日《联合早报》也告诉我们这两天新加坡游客要当心，因为台湾出现了千面迷魂这种大盗。

正方三辩：我们就很担心人性本恶如果成立的话，那样不过是顺性而为，有什么需要惩罚的呢?

反方四辩：对方终于模糊了，我倒想请问，你们开来开去善花如何开出恶果，第五次了啊!

正方一辩：我方已经说过了，是因为外在环境的限制，我倒想请问对方同学了，对方同学告诉我们，人有欲望就是本恶，那么对方同学想不想赢这场比赛呢? 如果想的话，您可真是恶啊!

反方一辩：对方辩友口口声声说，因为没有善端就没有善。我们要问的是，都是善的话，那第一个恶人从哪里来? 又哪里有你们所说的那种环境呢?

正方三辩：环境天险，天险狡恶。对方辩友，您没有听说过吗? 环境会让人去行恶的。

反方三辩：对方似乎认为有了外部恶的环境，人就会变恶。请问在南极，在一种非常艰难的沙漠之中，人就会变坏了吗?

正方四辩：我方没有这样说，对方又在第二次栽赃，我是要告诉大家，是说人有善端，你在哪个环境，好的环境会变好，坏的环境会变坏。

反方二辩：如果都如对方所说的那样，人性本善，都是阳光普照，雨水充足，那还要培育它干什么呢? 让它自生自灭好了。

正方三辩：照对方辩友那样说的话，人性本恶，我们要教育干什么? 因为"师傅领进门，修行在个人"，这句话早就不成立，应该是"师傅领进门，教鞭跟你一辈子。"

反方三辩：按照对方辩友的这种逻辑，那么教化应该是非常容易的，每个人都是"心有灵犀不点通"了。

正方四辩：我倒想请问对方辩友，在人性本恶之下，我们为什么要法律，为什么要惩治的制度呢？

正方二辩：犯错、犯罪都是人性本恶，就符合您本恶的立场了吗？那么犯罪干嘛要处罚他呢？

反方四辩：我还没听清楚，你们论述人性是本善的，是在进化论原始社会的本，还是人一生下来的本，请回答！

正方三辩：我方早就说过的嘛！孟子说良心啊，你有没有恻隐之心，你有没有不安不忍之心，这就是良心嘛！你怎么不听清楚了呢？

反方四辩：如果人生来就是善的话，那我想那个"宝贝"纸尿布怎么那么畅销啊！

正方一辩：我想请问对方同学，再次请问你，如果人性本恶的话，到底是谁第一个去教导人要行善的呢？

反方二辩：我方已经不想再次回答同样一个问题了！我倒想请问孟子不也说过"形色，天性也"嘛？请问什么叫天性呀？

正方三辩：您讲得吞吞吐吐，我实在听不懂。对方辩友，请您回答我们荀子说的是性恶说，还是性无善无恶。

反方三辩：这点都搞不清楚，还来辩论性善性恶？我想请问，孔子说："七十而从心所欲，不逾矩"。像这样的圣人都要修炼到古稀之年，何况我们凡夫俗子呢？

正方四辩：对方辩友，所有的问题，所有的问题都不告诉我们答案。我倒想请教对方辩友的是，康德的主张到底是有没有道德？

反方一辩：不是我们不告诉对方，是我们一再一再地告诉，你们都不懂。

正方三辩：对方辩友这句话回答的什么，我们实在没有听出来。不过我想告诉对方辩友解决一下性恶的问题吧！荀子说："无为则性不能自美"。说性像泥巴一样，它塑成砖就塑成砖，塑成房子就塑成房子，这是无恶无善说啊！对方辩友。

反方四辩：荀子也说：后天的所谓善是在"注错习之所积耳"，什么叫"注错习之所积耳"呢？请回答。

正方三辩：荀子说错了！荀子说他看到什么是恶的，还是说没有看到善，你就说是恶的。没有看到善是不善，不是恶，对方辩友。

反方四辩：你说荀子说错了就说错了吗？那要那么多儒学家干什么？

正方三辩：儒学就是来研究荀子到底是说了性恶还是性善嘛！

反方二辩：荀子明明白白地告诉我们："人性恶，其善者伪也。"

正方二辩：对方同学，如果说，荀子说恶就是恶的话，那我们今天还要辩什么呢？

反方三辩：对方辩友不要一再地引语录了，我们看看事实吧！历史上那么多林林总总的真龙天子们，他们有几个不是后宫嫔妃3000，但为什么自己消费不了，却还要囤积居奇，到最后暴殄天物呢？

正方四辩：那也想请对方辩友看看历史上展示的仁人志士的善行，对方辩友如何来解释呢？

反方一辩：没有规矩不成方圆，到底何为善？何为恶？

正方一辩：要谈现实，就来谈现实吧！如果人性本恶，我和对方同学定立契约，对方可千万不能相信哪，因为我可能会占你便宜呀！

反方四辩：对方说，有人的话那就是人性善的，拳击场上没有恻隐之心，没有慈让之心，那些观众，那些拳击者就不是人了？请回答。

正方三辩：拳击场上是比竞技，有竞赛规则，又不是拿刀子来互相砍杀，对方辩友。我们看看伊索比亚的难民，谁不会掉泪，谁不会动心忍性呢？

反方二辩：那当然会动心忍性了，因为人都受过教化了嘛。

正方三辩：对方辩友，如果人都受过教化的话，但本在哪里呢？本为什么移来移去，可以从善变到恶，从恶变到善，本在哪里？

反方三辩：佛祖释伽牟尼可算是至德至善之人了吧，但他在释伽族作王子的时候，不也曾六根不清静过吗？

正方四辩：所以他最后变好了，为什么？因为他的本心，他的根源是善的。

反方一辩：如果我们光说本的话，我们只要说人性恶就行了，你们论证本了吗？

正方三辩：我们当然论证本了，良心就是本哪！对方辩友，您才没有论证本呢！您说的那是跟动物一样啊！

反方四辩：那我就不知道了，哪个人过马路的时候，是捧着这个良心过去的？我倒听说过孤胆英雄，却没有听说过"孤心英雄"啊！

正方三辩：人过马路当然是捧着良心过去的。而且，看到老弱病残的时候，我们还要扶他一下。对方辩友，人是带着良心过去的。

反方三辩：为什么我们要进行交通法则教育呢？这不是后天让他向善吗？

正方四辩：因为有人要变坏，所以要纠正他，纠正他是因为他会变好。

反方二辩：对方始终没有告诉我们，既然人性都是本善的，怎么会有人变坏呢？

正方一辩：请对方同学正面回答如何利用教育来把人性恶改过去？

反方一辩：我方早已回答，倒是请对方正面回答，按照种瓜得瓜的逻辑？

正方三辩：对方辩友，从来没有回答过问题，就说回答过。我们来看看对方辩友，对方辩友一辩说人是理性的动物，那么如果说这个社会上人有一个智障的，那人就不理性了。

反方四辩总结陈词：

谢谢各位，一个严肃的辩论场需要一个严肃的概念。对方多次问我们人性怎么样？人性怎么样？始终没有问我们人性本怎么样？我想请问对方，人性是什么和人性本是什么是同样的一个概念吗？你们如果连这个概念都没有根本建立基础的话，那你们的立论从何而来呢？我们多次问对方善花里面如何结出恶果，对方说要浇水，要施肥呀。那我就不懂了，大家都承蒙这个阳光雨露的话，为何有那么多罪行横遍这个世界呢？难道这个水，那个肥还情有独钟吗？为何要跟恶的人作一个潇洒的"吻别"呢？

今天我们本着对真理的追求来同对方一起探讨这个千年探讨不完的话题。无论是从性善论的孟子也好还是性恶论的荀子也好，又有哪一家哪一派不要我们抑恶扬善呢？抑恶扬善是我方今天确立立场的一个根本出发点。下面我再一次总结我方的观点。

第一，只有认识人性本恶，才能正视历史和现实。回顾历史的时候，我的内心总感到痛苦而颤抖。从希波战争到十字军东征，从希特勒的奥斯维辛集中营到日寇在华北的细菌试验场，真可谓是"色情与贪婪齐飞，野心共暴力一色。"以往的人类历史，可以说是交织着满足人类无限贪欲而展开的狼烟与铁血啊！可见，本恶的人性如果不加以控制的话，将会给这个世界带来什么呢？

第二，只有认识性本恶，才有重视道德、法律教化的作用，才能重视人类文明引导的结果，培养健全而又向上的人格。在历史的坎坷当中，人类并没有自取灭亡。尤其是在面对彬彬有礼、亲切友善的新加坡朋友面前，我们更有理由相信，人类明天会更好，这其中我们要感谢新加坡孜孜不倦地建立起他们优良的社会教化系统。人类文明是在人类智慧之光照耀下不断茁壮成长的。饮水思源，借此我们要感谢那些在人类教化路途中洒尽他们含辛茹苦汗水的这些中西先哲们。正因为从他们的理论智慧当中，从他们的身体力行当中，人们才有可能从外在的强制走上理性的自约，自约人的本性的恶，从而培养一个健全而又向善的人格。可见，人性本恶，并不意味着人终身成为恶，只要通过社会的教化系统就可以弃恶扬善，化性弃伪啊！

第三，只有认识人性本恶，才能调动一切社会教化的手段来扬善避恶。光阴荏苒，逝者如斯，在物质和科学技术突飞猛进的同时，而人类的精神家园可谓是花果飘零。在这个时候，我们要警惕，人性本恶这个基本的命题。可喜的是，在东方的大地上，我们说传统文化的发扬光大，已经从阴阳来复开始走向了新的春天。我们也相信，通过传统文化的精华，必将使人类从无节制的欲望中合理地扼制并加以引导，从他律走向自律，从执法走向立法。人类才可能挽狂澜于既倒，扶大厦于将倾。"黑夜给了我黑色的眼睛，而我注定要用它来寻找光明！"

正方四辩总结陈词：

大家好！让我们先回到对方所建构的一个恶的世界来看看这个世界里边到底发生了什么事情。对方辩友告诉我们人性本恶，首先就犯了三大错误。

第一大错误就是从经验事实的法则里面归纳出来的错误。对方辩友举出了人世间很多的恶事，告诉我们因此人性本恶，这是错的！为什么呢？对方辩友的立论告诉我们欲望，人是有欲望而来的。但是我们想，我方已经论证过了，欲望是有好有坏，今天我喜欢你，我想要跟你结婚，这是一个不好的欲望吗？所以最终我们知道了，今天对方辩友是看到人世间的恶行，某些恶行，然后告诉我们说人性本恶。那为什么对方辩友忽略了经验事实上面呈现的善行呢？人世间的很多善行，你一定听过了，有人跌在地上你把他扶起来，你在汽车上让座给老人，或者是，你定也听过无名氏的指教。这些难道不是人世间的善行吗？这是对方辩友犯的第一大错误。

第二大错误，对方辩友犯的是倒果为因的错误。对方辩友借用一种经验事实的法则告诉我们说，我们有恶的果，所以导出来恶就是因。如果真的这样说的话，我们发现是什么呢？每一个人都是恶，尤其对方辩友口口声声告诉我们要教育，要道德教育，你如何去教育呢？每一个人都是恶，由此来定出真正的法律，而定出的法律就是善法吗？恶人定出来的是恶法。如果你定出了法律，如何去遵循，每一个人都恶，我为什么要信任你，好像大家在这个地方，我为什么要相信你呢？你可能在骗我，于是我们这里所有的人都戴上面具。大家互相欺骗，互相蒙蔽，这样的世界是对方辩友所建构出来的。他告诉我们由于有欲望就建构出来个恶的世界。

对方辩友犯的第三个错误是什么呢？他告诉我们人性的性就是欲望，我们根本就晓得说，我方一开始就论证了，人性就是人的心。孟子告诉我们："人有四端之心。"这是一个善的种子，我们从来没有否认过说，人世间没有恶行。你有善苗，不见得你就不会有恶行，为什么呢？我们发现了，因为外在环境，因为资源缺乏，所以我们人在无形之中会做出一些恶的行为来伤害别人，这是不得已的。

所以，我们教育跟法律就在于纠正人的行为。如果按照对方辩友告诉我们是恶行的话，你为什么去纠正它？人性本恶，人纠正的结果还是回到本。我们的人是性本善，因为我们知道每一个人都有一颗向善的心，于是你透过道德，透过教育，透过法律，他有可能会转变为好。教育跟法律的功能就是要辅导，辅导他走上善途，于是乎，教育就在这个地方茁壮了。对方辩友举了个例子告诉我们说，原始人如何地烧杀房掠，原始人如何地生灵涂炭。我们告诉大家的是，原始人民，他一开始那个求生的欲望，这跟本性是要区分的。因为当你如果说有五个人同时是饥饿的状态下，有一块面包在那边，一个人跑过去吃，这个时候绝对不会有人用道德来非难他。因为这个时候生存是立于道德之上的。你没有个人的生命，你没有生存的欲望，你如何来谈道德呢？所以原始人那个状况是一种动物性的本能。所以，开始对方辩友犯的错误就是告诉我们说，人性是欲望，如果真的是欲望的话，人跟动物怎么分呢？人之异于禽兽者，已心就是一个本心的问题。所以我们说过人有善苗。

今天对方辩友告诉我们说都是阳光雨露，没有错！但是有风吹雨打，因为你的风吹雨打，你的外在环境影响，你当然会做出恶的行为。所以，我们要纠正他，让他走向善的世界大同。

所以，我们来看看世界上所有善行的发生吧！从历史上，从目前经验事实上面，我们发现，古往今来，志士仁人杀身成仁，等等之类。还有目前，泰丽莎修女等等之类，甚至说，大陆发生了安徽水荒，正严法师的慈济行为，对方辩友如何来解释呢？孟子就告诉我们了："见孺子，掉落于井"，在这么一刹那之间你都会救他，你不可能把他推下去。为什么？人的本性是善的，你不要告诉我说，原来你救那个小孩子是为了虚名。原来你过马路遵守交通规则你是不得已的，你是虚假的。原来，泰丽莎修女救了你，那是一个骗人的行为。到最后，你会发现，只有浅水湾的鲨鱼才是一个大善人。这是一个什么样的世界，这是一个恐怖的世界，这个世界之所以能够存在，就是因为我们有善根。

第四节　面试

在这个竞争日益加剧的时代，"面试"一词已经成为使用频率很高的词语。从大学生在学校竞选学生干部开始，到出外找工作，甚至报考研究生，都必须通过面试这一关。面试这个环节设立的目的，是希望通过面对面交流，让面试官了解面试者的各个方面,从而对众多面试者进行筛选,最终选出其中的优胜者。

面试作为一个用言语来交流的环节,语言交流艺术,在这个过程中,起着至关重要的作用。

一、面试概说

面试的语言艺术体现在两个方面,一是自我介绍;二是回答交流。

(一)自我介绍

自我介绍可以有不同的方式。按照使用的语言来划分,可以分为口头的、书面的。我们这里主要讲口头的自我介绍。

在求职面试时,绝大多数面试考官会要求应聘者做一个自我介绍。这种面试时的自我介绍,就是面对各位面试官,将自己的某些方面的具体情况进行一番自我说明。这种自我介绍是被动型的、口头的自我介绍,是向面试官展示自己的最重要手段。这时,面试者应该把自己的基本情况告诉对方,内容包括自己的姓名、年龄、来自于哪个地方和现在就职于哪个地方等,并适时地把自己的感想说出来,增加别人对你的好感。面试官一方面以此了解应聘者的大概情况,另一方面考察应聘者的口才、应变和心理承受、逻辑思维等能力。

自我介绍既是打动面试考官的敲门砖,也是推销自己的极好机会,因此面试者一定要好好把握住。自我介绍好不好,直接关系到你给别人的第一印象的好坏和面试的成功率,甚至还有以后交往的顺利与否等。好的自我介绍,能够恰到好处地把自己介绍给出别人,以使别人认识自己的同时,大大提高面试官的好感,为求职成功增添筹码。

其实,自我介绍和演讲有一定的相似之处,要想做一个好的自我介绍,必须要事先做好充分的准备,准备越充足,语言表达就能越得心应手。

(二)回答交流

回答交流是面试中的重要环节,设置这一环节的目的有两个。第一,让面试者对自我情况进行必要的补充;第二,让面试官对求职者做进一步的考察和了解。这个环节非常重要,可以有效地促进双方的了解。如果你的自我介绍夸大其词,在这个环节将被揭穿;如果你在自我介绍环节表现不好,这个环节你将有机会力挽狂澜;如果你在自我介绍环节表现出色,在这个环节将乘胜追击,一锤定音。

下面,我们将从自我介绍准备、自我介绍实战、回答交流注意事项等三个方面，为大家介绍面试的相关知识。

二、如何参加面试

"自我介绍"这个环节虽然时间很短，但是需要做的前期准备却很多。这种准备包括：草拟自我介绍提纲和自我介绍稿、准备自我介绍开场白、准备辅助资料等。

第一，准备一个干净利落的开场白。

在自我介绍之前，应该有一个开场白。这个开场白非常重要，虽然只有短短数秒，可是往往能给人以先入为主的第一印象。开场白还有一个作用，就是吸引注意。求职者经常会遇到这种情况：进入面试室的时候，面试官正在注意别的东西。这时，得体的开场白，能够展开你的个人魅力，吸引面试官的注意，带来一个完美的开局，为后面的自我介绍打好基础。

有的面试者是这样开场白的：

一进门大方得体地来一句："各位面试官，大家好。我是张三"。然后跟各位评委点点头，再坐下。

而有的面试者走的是矜持路线：

进门后羞涩地点点头，只对某个评委小声来了句："你好。"然后坐下。等面试官问："你是张三吗？"

上述两种情况比较起来，第一种占据了主动优势，也为后面的自我介绍做好了铺垫。因此，在做自我介绍之前，面试者必须想好进门之后，如何营造好这个最初的第一印象。

第二，自我介绍必须保证效率。

自我介绍的时间不能太长，如果面试官有要求，则必须在要求范围内。如果没有要求，则要把握一个适度的时间，既不能太长，太长的话会让面试官产生疲劳感；也不能太短，太短让人印象不深刻，也给人以"准备不充分"的感觉。通常以一至两分钟左右为佳，如无特殊情况最好不要长于四分钟。为了提高效率，在作自我介绍的同时，可利用名片、介绍信、工作成果等资料加以辅助。

有时候，我们求职面试时做完自我介绍后，会发现面试官有些愕然地问一句："完了？"，这就说明时间没有把握好，没有达到面试官理想的预期。而有的面试者讲解自己的经历时，长篇大论，也许内容并不枯燥，可是听着听着就陷入听觉疲劳，于是面试官开始心不在焉。而且，在进行专业特长介绍时，描述应尽量准确，切忌词不达意。如果事先准备好了简历以外的辅助资料，例如书籍、报纸等成果，配合自我介绍，便能得心应手，事半功倍。

第三，内容要符合面试官的心理，以面试测评为导向。

自我介绍的内容不宜太多的停留在诸如姓名、工作经历、时间等方面，应更多地谈一些跟应聘职位有关的工作经历和所取得的相关成绩，以证明你确实有能力胜任你所应聘的工作职位。因为这些内容才是面试官最为关心的。

有的求职者在面试的时候，不是在讲述自己的经历，而是在讲述前公司的成长史；有的求职者说了一大堆自己的优点和缺点，可是与求职职位毫无关系。这些都是自我介绍的大忌，问题都出在没把握好面试官的心理上。

这里介绍一下自我介绍的基本内容构建，提供一条主线供大家参考。

①自报家门。包括姓名、年龄、身份。在开场白介绍中，我们可能已经将此告诉了对方，而且考官们完全可以从你的报名表、简历等材料中了解这些情况，但仍请你主动提及。这是礼貌的需要，还可以加深考官对你的印象。

②简单而完整的深入介绍。如介绍自己的学历、工作经历、兴趣爱好、理想与报负等。这部份内容务必简短，挑与求职岗位有关的说，而且应与个人简历、报名材料上的有关内容相一致，不要有出入。

③突出重点内容。以一两个例子来形象地、明晰他说明自己的经验与能力。例如在专业上取得的重要成绩以及出色的学术成就，成功举办过的大型活动等等。（可以配合准备的材料递上去）

④结合职业理想说明应聘这一职位的原因。你可以谈你对应考单位或职务的认识了解，说明你选择这个单位或职务的强烈愿望，还要强调你对比其他人有什么突出的优势。原先有工作单位的应试者应解释清楚自己放弃原来的工作而做出新的职业选择的原因。

⑤谈一谈如果自己被录取，将怎样尽职尽责地工作，并不断根据需要完善和发展自己。还可以提一提初步、简单的工作构想。

⑥表示衷心地感谢和露出强烈的希望被录取的期望。这是礼貌的要求，也是素质的体现。

当然，上面这些内容框架可以适当调整顺序，也可以根据具体情况进行删减、增添，原则是因人而异，因地制宜。

第四，内容真实，杜绝漏洞。

进行自我介绍时所表述的各项内容，一定要实事求是，真实可信。过分谦虚，一味贬低自己，或者自吹自擂，夸大其词，都是不追求真实的表现，都不足取。

有一位面试者在面试大学辅导员职位时，是这样自我介绍的："我是汉语言文学专业毕业的。我的兴趣爱好很广泛，而且这些兴趣爱好都和我的专业有较深的联系。比如说：我对古典诗词有一定的研究，对联、民俗也是我的强项。"

在这段介绍中，"研究""强项"两个词会引起面试官的注意，这个注意可能是好的，也可能是坏的。

果不其然，面试官在自我介绍过后，马上提问：你说你对古典诗词有一定的"研究"（研究两个字的音比较重），那我请问你，柳永的《雨霖铃》，就是"寒蝉凄切"那一首，你能分析一下这首词的韵律吗？求职者一下子愣住了，没想到面试官会问那么专业，那么深的题目，毕竟她只是面试辅导员而已。最后，由于求职者回答得不好，还隐约给了面试官一种不诚实，爱夸大的印象，最终没有被录取。

通过这个例子，我们就会发现真实在面试中是多么重要。当然，有时候，适当地添加一些对我们求职有利的信息内容是没问题的，但我们必须能够自圆其说。比如某位同学去求职电视台编辑一职。他曾经在省电视台实习过，他把这一点作为亮点向面试官介绍。可是实际上他实习的岗位是记者，但由于他对编辑一职非常熟悉，而且这方面的专业水平也较高，于是他就有意将自己的实习经历中的岗位模糊化。后来，面试官没有怀疑这一点，他最终通过了面试。

做好上述准备以后，我们的面试就成功了一半。接下来要做的，就是把事先准备好的东西，正常地发挥表达出来。

三、自我介绍实战

在进行自我介绍实战时，要注意以下问题：

第一，语言表达流畅。

作为一个用语言交流为载体的环节，毫无疑问，自我介绍必须流畅，不能支支吾吾。有的面试者没见面试官的时候表达很流畅，面试时由于紧张，说话不利索，这说明面试者心理素质不过关。

当然，也不能为了追求说话流畅，死记硬背的背诵稿子。有的面试者在面试的时候好像在背书，还不时露出思索的表情，语言表达上固然一气呵成，可惜给人的感觉非常不好，一是不自信，二是不成熟。

所谓语言表达流畅，要求语速正常，语音清晰，该停顿的时候停顿，该快速的时候快速，要给人一种娓娓而谈的感觉。自我介绍是在介绍自己的情况，应该是了如指掌、成竹在胸，信心十足，侃侃而谈。

第二，语言情绪平稳。

在自我介绍的时候，语言情绪要平稳。首先，在语言表达的情感基调上，要有一个符合自己的定位。比如刚毕业的大学生，要给人一种阳光的、充满活力的感觉。而有的人看起来比较沉稳冷静，那么可以给自己定位一个稳重大气的感觉。同时，语言情绪要尽量与所应聘的职业相吻合。例如你去应聘秘书工作，就要给人一种文静干净的感觉。

有了情感基调，在自我介绍的时候，就应该以此为基础来进行语言表达。无论给自己定位了那种基调，在语言表达的时候，情绪都要平稳。不能一会儿情绪高涨，一会儿表情失落。在讲自己的优点的时候，我们语言平静，还能给人一种谦逊的感觉。在讲自己的缺点的时候，略带歉意，语气平稳，能给人一种诚恳的感觉。如此一来，我们就能给面试官营造了一种自信、成熟稳重、大气的感觉。

第三，肢体语言得当。

肢体语言是语言表达的必须手段。任何语言表达都或多或少需要用到肢体语言。肢体语言的主体包括了四肢、眼神、头部等。

从一进门开始，我们的肢体就在说话。面试官从面试者走路的姿势，就能获取初步的信息，而坐姿、眼神、小动作等，更加会"说"出我们更多的"秘密"。我们来看看一些面试的常见现象。

走路：有的人大步流星，有的人小心谨慎，有的人点头哈腰毕恭毕敬，有的人昂首挺胸。坐下：有的人靠着椅子，有的人正襟危坐，有的人坐得端正，有的人坐得佝偻。讲话时：有的人手舞足蹈，有的人双手平放在大腿上，有的人则时不时会做一些手势。整个过程中：有的人会摸摸鼻子，有的人喜欢撇撇嘴，有的人会皱皱眉头。眼神：有的人喜欢做思考状看天花板，有的人喜欢盯着面试官面前的纸，有的人会东张西望，有的人会看着面试官的眼睛。这些面试百态，在经验丰富的面试官面前，会抢先一步替我们作自我介绍，因此，我们一定要把这些肢体语言修正好，给人最好的印象，为我们完美的自我介绍、为我们求职面试加分。

肢体语言同样要求自信、沉稳、大方。具体表现在，走路的时候，要不急不徐，保持正常的步伐，不要发出巨大的声响（尤其是穿着高跟鞋的女性）；面对面试官，要带着一丝尊敬和谦逊的心，坐下的时候不要太大力，坐姿要保持端正。当然，也不要太拘束，要做到收放自如。需要特别指出的时候，我们进场、坐下、离去这些过程中，我们的肢体语言要始终如一。千万不能进场的时候稳如泰山，谦逊谨慎，面试完了走的时候如释重负，大大咧咧。或者刚开始坐下的时候，端端正正，说着说着，就翘起了二郎腿。这样会让面试官形成强烈的反差，从而对整个面试的表现打上一个问号。

在作自我简介时，眼睛的语言是肢体语言中最重要的。请注意，眼睛千万不要东张西望，四处游离，显得漫不经心的样子，这会给人做事随便、注意力不集中的感觉。眼睛最好要多注视面试考官，但也不能长久注视目不转睛。说话时，可以加一些手的辅助动作，帮助表达，提高效率。但是一定不能太多，因为这毕竟不是在作讲演，更不是在说服别人。在整个过程中，小动作不能太多，摸鼻子、皱眉头这些多余的动作尽量不要出现。

如果有好几位面试官，求职者最好能够偶尔扫视全场，在自我介绍的过程中，眼神跟多位面试官都能有简短的交流。

第四，态度大方得体。

在自我介绍完后不要忘了道声谢谢，有时往往会因此影响考官对你的印象。讲究态度要保持自然、友善、亲切、随和，整体上讲求落落大方，笑容可掬。充满信心和勇气。忌讳妄自菲薄、心怀怯懦。要敢于正视对方的双眼，显得胸有成竹，从容不迫。

要想让考官们欣赏你，你必须明确地告诉考官们你具有应考职位必需的能力与素质，而只有你对此有信心并表现出这种信心后，你才证明了自己。这就是大方。同时，面试不需要也不能够霸气侧漏，威慑四方，要收放自如。这就是得体。

推荐一种这样的表达方法：应试者在谈到自己的优点时，保持低调。也就是轻描淡写、语气平静，只谈事实，别用自己的主观评论。同时也要注意适可而止，重要的、关键的，要谈，与面试无关的特长最好别谈。谈过自己的优点后，也要谈自己的缺点。谈缺点时，一定要强调自己克服这些缺点的愿望和努力，以及克服缺点的可行性和已经克服了部分缺点的事实，用坚定的语气告诉面试官，我承认且正视我的缺点，而且，我能够也已经开始改正它们了。这种云淡风轻地谈优点、坚毅果敢说缺点、以退为进的态度，不失为一种欲擒故纵的好方法。

四、回答交流

回答交流部分穿插在面试的任何部分，看似微不足道，其实暗藏玄机。你进门的时候，考官可能就会来一句"你就是张三？"，或者开个玩笑"哟，你姓李？我也是。"或者"你这个姓很少见哦！"对于这些随意的话语，我们不能用沉默回应，而应进行适当的回应。在这些不经意的对话中，我们的表达能力、应变能力等都会显露出来，给面试官留下印象。

以下是笔者模拟的几个场景：

面试官："你是张三？"

求职者："是的。我是张三！考官你好。"

简单、有力、自信。

面试官："哟，你姓李？我也是。"

求职者："哈哈，那太有缘分了。还请您多多指教。"

大方、谦逊、灵活。

对于你的自我介绍，考官既可能就其中某一点，向你提出问题。也可能只是为了过渡一下，方便继续下面已经安排好的环节，而随口说句话。

总的来说，回答问题或者交流互动，最好直接切入要点，正面回答问题或者提出问题，要提高语言的清晰度、准确度。不要经过大篇幅的背景介绍或论证再提出自己的观点或回答问题。

回答交流部分，很多地方事先无法充分准备，对话也往往是突如其来的，会打乱我们的节奏。在这种情况下，出现一些错误在所难免。一位长期从事面试官工作的资深达人给了我们这样几点提醒：

（一）注意自己的行为——表现可以，切忌过头。有时候，面试官翻着简历，说了句："哟，你还拿过歌唱比赛的冠军啊！"面试者一看，这是自己的优点强项，便自做主张，一展歌喉，在面试考场上为考官们唱它一曲，直到被考官客气地打断后，才反应过来。这样做，显然有些出格。

（二）搞清楚了再回答——说话需要流畅，更要贴切。有的应试者描述自己喜欢这样、爱好那样，如：文学、艺术、旅游、摄影等等，由此考官进一步询问其拍摄过什么作品，这位考生的回答却是她喜欢别人给她拍照，还说家里的几本影集都已经满了。等面试官再次强调，"我问的是……"，才发觉自己答非所问。

（三）交流的时候要脚踏实地，侃侃而谈，不是夸夸其谈。回答问题时，不少面试者喜欢用"一定要""绝对""肯定"等诸如此类的词语，而且是反复使用，这样容易给人一种华而不实的感觉。

（四）大气内敛是王道。即便表达不是特别好，即使犯了一点小错误，但是只要展现出了一种大气内敛的风度，无疑会将这些小毛病遮住。比如求职者说"我们这些辛辛学子……",面试官马上纠正"是莘莘学子"。求职者略带歉意报以微笑"对不起,对,应该是莘莘学子。"然后继续,而不是用别的方法来掩饰错误。这样一来,小错误便一笔勾销的带过了。如果反复解释,只会越描越黑。

五、自我介绍范例
(一)学生会面试自我介绍范文
(例子:某新生竞选学生会文娱部干事)

各位老师、师兄师姐,大家好。

今天能够来这里参加面试,有机会向各位请教和学习,我感到非常的荣幸。希望通过这次面试能够把我展示给各位,希望大家记住我——我叫小丽,女,12级学生,专业新闻学。

从小学到高中,我担任过很多次班干部。我深知大学的学生会跟从前的班干部有很多共同点,但又截然不同,更加明白好汉不提当年勇的道理,我就给各位讲一讲现在的我吧!

现在的我性格活泼、外向,容易与人相处。这些性格上的优点决定了我的爱好,我喜欢唱歌、跳舞、演舞台剧等文艺方面的活动。喜欢一样东西久了,就慢慢发展成了特长,我在跳舞方面有近十年的舞台经验,而且,我会编舞。这些也就是我今天来这里面试的决定性因素——我希望加入学生会文娱部。

来的时候,听过很多老师、前辈们的介绍,大学的学生会就是服务同学、锻炼自己。现在的我,有这个能力,也有这个决心去担任这个身份。希望各位面试官能够给我这样一个机会。

如果幸运的我获得了这个机会,我将发光发热,贡献自己的所长——为了学生会,为了同学们,也为了自己。我,会尽力而为!

我是小丽,谢谢大家。

(二)求职面试自我介绍范文
(例子:应聘某杂志社记者)

各位尊敬的考官,早上好。

我先做一个简单的自我介绍。我叫小明,一个刚满24岁的小伙子。您别看我年轻,做记者我已经有了比较丰富的经验。

我2011年毕业于XX大学汉语言文学专业,大学期间加入了学院院报记者部,在二十多期报纸上有我近五十条的作品。我的资料后面附着我的一些早期作品,各位考官请指正。在大四一年，我在XX日报社做实习记者，毕业后至今一年的时间一直担任着XX日报的通讯员、实习记者。这是我曾经上过XX日报头条的一些作品。（拿出准备好的作品集呈上）。

　　除了相对同龄人较丰富经验和过硬的职业技能外，我对整个杂志社的运作情况比较熟悉，对各个环节、流程有一定的了解。我想，这些都是我的竞争力。各位面试官，从外表上可以确定，我是一个年轻力壮的小伙子。而我想说的是，我的内心同样充满了干劲和热情，我深知记者的工作充满了不确定性（加班、突击采访是家常便饭），但我这样的体魄和精神正好能够应对这样的职业特性。同时我也非常符合贵社对记者的要求。所以，希望各位能给我一个机会，在贵社担任记者，将是我人生的一个重要节点，我能做好这份工作。

　　谢谢！

习 题：

1. 朗诵前要做好哪些准备工作？
2. 朗诵的技巧有哪些？
3. 写演讲稿要注意哪些问题？
4. 辩论的策略有哪几种？
5. 怎样写好辩词？
6. 参加面试前应该提前做好哪些准备？
7. 面试过程中应该如何做好自我介绍？

下篇

XIA PIAN

记者的言语艺术
播音员的言语艺术
主持人的言语艺术

主持人　艺术
记者　播音员
　　　言语

第十二章

记者的言语艺术

"记者"有广义和狭义之分。广义的解释，把记者、编辑、评论员、专栏作家等，都统称为记者；狭义的解释，是专指那些经常在编辑部外进行新闻采访活动，以新闻报道为主要任务的人员。本章所指的记者是就狭义而言，他们从事的主要工作是新闻采访和新闻写作。本章将从这两方面来集中论述记者应该具备的言语艺术。

第一节 新闻采访中的言语艺术

一、提问艺术是记者采访言语艺术的概括和集中

新闻采访是记者的主要工作。《辞海》对"采访"的释义为：采集访问；新闻工作术语，指新闻工作者为了获取新闻而进行的活动。从字面上分析，"采访"是由"采"和"访"组成的并列词组。"采"字有两种含义：一是"摘取"，二是"搜集"。"访"字也有两种意义：一是访问、咨询，二是寻求。我们现在所说的采访，是指新闻工作者为了获得新闻而进行的一系列活动，它包括了解情况、分析情况、掌握线索、酝酿主题、进一步挖掘和补充材料的全部过程。

记者的采访活动是一项特殊的调查研究工作，特点有四：一是对象的广泛性。记者的调查研究是无边界的，党政军民，五行八作，凡是客观存在的事物都可以成为记者的调查研究对象；二是内容的新鲜性。记者的职业特性要求他必须不断追求最新的事件动态，捕捉最新的信息，才能赢得市场、赢得受众；三是报道的时效性。记者总是在调查研究的初始阶段就要说明事件的情况，特

别是广播、电视记者可以利用电子媒介实现现场同步报道；四是采访的连续性。与时效性相关联的连续性，是新闻采访报道的重要特点。时效性强调的是"抢"，连续性强调的是"补"：即随着事件或问题的发展变化不断以新的报道加以修正和补充。"抢"是新闻竞争的手段，"补"是信息完整的需要。一个较为复杂的重大新闻事件的报道，总是二者互为表里的结果。

著名记者柯天在《怎样做一个新闻记者》一文中提出："采访是一种应世最高的艺术，也是新闻学员微妙而又最困难的技术，说起来并没有什么一定的格式，只可说，'运用之妙，存乎一心'。"美国记者约翰·布雷迪的话更意味深长，他说："采访与其说是靠技巧，不如说是靠本能。一次采访无非是一场生动活泼的富于思想的交流罢了。"[1]这些都说明新闻采访不仅是一种术业，是一种方法，更是一种应用性、实践性极强的学问。

记者的采访活动包含诸多方面，如访前的准备、访中的观察记录、访后的核实等，但在诸多活动中，尤以提问又最为核心，一个富有经验的记者应该是善于提问的记者。

所谓提问，实质是运用谈话的方式研究采访对象心理的一种方法，是记者采访活动的主要实施形式，也是关系采访活动成败的关键。记者采访的目的在于了解情况，提问则是了解情况最直接、最简捷的方式。问题提得好，不善言谈的采访对象也可能滔滔不绝，反之，极善言谈的采访对象也会守口如瓶。因此，提问是谈话能否顺利进行的关键，提问艺术是记者采访中语言艺术的概括和集中。

有哲人说过，提出问题等于解决了问题的一半。意思是说，人们在对某一问题探讨时，要重视对此问题的事先研究。前面述及采访前的各种准备方面，主要就是针对采访目的、报道思想和采访对象的预先研究。伏尔泰说过："评价一个人，当视其问些什么，而不是答些什么。"采访活动中，采访对象对记者的了解远比记者了解他的情况要少得多，有时甚至一无所知。那么，采访过程也就成为采访对象对记者了解和评价的过程，因而他回答问题的深度、广度和生动性与否，在很大程度上取决于他对记者知识范围和理解能力的判断，取决于记者的采访准备是否充分以及对采访的态度，乃至其提问的语气、措辞、结构、肢体语言等。记者的每一次采访都要经过采访对象的"考试"，采访成功与否，就看他的提问艺术。

人物采访是双向交流，在交流的过程中，记者是采访的主体，采访对象是

---

[1] 【美】约翰·布雷迪：《采访技巧》，123页，北京，中国新闻出版社，1985。

客体。记者怎样开口、怎样提问大有学问。记者提问是一门艺术，提问是检验记者逻辑思维、判断事物、应变能力及口头表达能力的最佳尺度。

二、记者提问技巧

为了提高提问的效率，保证整个采访活动的顺利进行，记者必须熟练地掌握提问的技巧以及注意事项。

（一）开放式提问与闭合式提问

当记者确定了新闻采访的选题（问什么）、采访意图（为谁问）和采访对象（找谁问）之后，接下来就进入真正的提问技巧阶段了。拿捏提问的方式方法是记者采访的首要条件，成功的采访多半取决于提出恰当的问题。

美国一位报纸记者诺拉·埃佛伦提到她与电视记者一起工作的情景，"她疑惑不解地看着电视记者举着摄像机进来，把政治家围困在一个角落里问道：'参议员先生，您对这次选举投票有什么感想？'或有围住刚从火灾楼房里救出而正躺在担架上的伤员问道：'先生，您对您的双腿刚被烧掉一事有何感想？'……"类似之举可能是初出道的记者失败的提问。他（她）如果有志于当好记者，就会从中接受教训，改进提问的方式。

美国哥伦比亚大学教授麦尔文·曼切尔把提问划分为两类，即开放式提问和闭合式提问。[1]

开放式提问是指问题问得比较抽象和概括，开口很大，范围很广，采访对象有充分回旋余地。比如："你对清华大学印象如何？"对方侃侃而谈几十分钟，因为记者的提问大而化之，他可以漫无边际地说下去。开放式提问的长处是问答双方谈话气氛自然、和缓。短处是没有针对性，采访的目的很难达到，写出来的作品必定浮泛枯燥。

闭合式提问是指问题问得比较具体和集中，口子是封闭的，范围是有限的，采访对象要有明确的回答。比如："你觉得广州的房价高不高？"记者在这里只给对方三种可能答案：即"高"、"不高"、"差不多"。接下来采访就可以进入"为什么"和"怎么办"了。闭合式提问的长处是目的明确，问题集中。短处是以"我"（记者）为主，主观性强，容易遗漏某些问题，导致片面性。采访对象的真实感受也许记者没问，记者问的也许采访对象根本就没兴趣。

从对开放式提问和闭合式提问的比较中可知，任何一次成功的采访都不应该使用单一的采访方式，而应当综合运用。通常情况下，开放式提问用于双方

---

[1] 【美】麦尔文·曼切尔：《新闻报道与写作》，257—258页，北京，新华出版社，1984。

时间都比较充裕，所谈问题比较一般，影响有限。有时候这种方式用于双方初次见面时互相了解熟悉对方的过程，有时候在闭合式采访的间隙用来调节气氛、转换话题，或采访结束后用于礼节性的告别。

闭合式提问是记者的主要提问方式。记者采访，从准备材料和选题开始就带有明确的目的性，因为记者从事的是时效性非常强的新闻采访活动，既不是作家漫无目的的体验生活，也不像社会学者的综合性调查。记者通常进行的单个新闻事实的采访，有限的时间，具体的事实，迫使他经常选择闭合式提问的方式。记者的采访过程是一个不断对事实证实、证伪和求新求异的过程，一件新闻事实发生了，记者要的是对"5w+H"的"是"或者"不是"的回答，他们通常总是要排除采访对象对事实真相做出"也许"、"可能"、"大概"、"或者"之类含糊其辞的回答。这就是闭合式提问所要达到的目的。

请看央视记者水均益采访基辛格时设计的三个闭合式问题："您认为：中美两国是朋友还是敌人？"、"美国人习惯当国际警察。作为研究国际问题的专家您认为美国该不该当这个国际警察？"、"美国议会经常通过制裁别国的决议，这是否是一种爱好？" 三个问题很好地指向了采访目的，有利于获得确切的信息。

（二）正面提、侧面探与反面激

提问的技能除了从问题的开放与闭合来进行分门别类之外，还可以从提问的直接与间接来进行划分。一般说来，提问的主要技能与方法皆可纳入下述三种形式，即正面提、侧面探、反面激，而且，各种类型的采访对象也基本分别适用这三种形式。

1. 正面提

记者直截了当地讲明采访目的，开门见山地提出问题，直截了当，单刀直入，不转弯抹角兜圈子。此形式一般适用于两类采访对象，一是记者熟悉的；二是领导干部、专家学者、演员、运动员、企业家、外宾等习惯了接受记者采访的人。前者因为熟悉，情感交流早已建立，过于客套、寒暄反而显得见外；后者则有相当的社交经验和社会经历，顺应性一般较强，容易领会记者意图。再则，他们一般公务较忙，惜时如金，因此，记者过于寒暄或启发引导，反而显得多余，甚至招致对方反感。对于一些特定报道方式的采访也要求记者必须直截了当提出问题。比如政治性强的一对一问答式的演播室专访、画外音回答式轻松专访都要求记者直截了当提出问题，以求得到迅速、明确的回答。

例如，采访一位县委书记，问："今年全县的国民生产总值计划完成的情况怎么样？"、"从你谈的情况看，粮食增产了，增产的幅度有多大？占国民生产总值的比例有多少？"、"粮食增产，县委和县政府采取了哪些主要措施？"、"增产这么多粮食，国家收购有哪些举措？储存保管面临哪些新问题？"、"请展望一下明年的生产形势？"这些都属于正面提问。

适用于正面提问的采访对象对采访没有心理上的压力，通常还占有心理优势，所以记者不必花费太多精力去琢磨对方，只要他接受采访，他就会对记者的采访方法持以相当宽容的态度。但是在具体采访过程中，不应把对方的宽容当做放纵自己的理由，越是在这种情况下，记者越应注意把握分寸。

一是提问要有针对性。正面提出问题是提问的基本形式，使用难度一般不大，但要注意提问要切题，有针对性。如2003年非典时期央视记者王志采访时任北京市代市长的王岐山时，一上来就非常有针对性地提出这样的问题："你在新闻发布会上说的最害怕被问的问题是什么？困难在哪儿？"王志的提问单刀直入，"最害怕被问的问题"直接指向王岐山担心和顾虑的问题，甚至是可能不便于公开的问题，但越是这样的问题就越是有价值。

二是提问要有情感交流。既然是直截了当地提问，就有些不见外的意味在其中，在这样双方比较融洽的气氛里，记者应该成为情感的激发者，以此赢得对方的赞赏，这样采访对象就会提供出更加新鲜的材料来。吴小莉在某次国务院记者招待会上向朱镕基提出以下问题："在改革过程中，您遇到了不少挫折和阻力，您的家人也受到一些困扰。想请您谈谈您在进行改革过程中的心路历程，尤其是您有没有曾经想过沮丧，想要放弃过？"这就引出了朱镕基的那段名言："我现在非常的惶恐，就是怕辜负人民群众对我的期望。但是，不管前面是地雷阵，还是万丈深渊，我都将勇往直前，义无反顾，鞠躬尽瘁，死而后已！"

三是提问要注意措辞。可以直接提问，并不意味着就要咄咄逼人，对于一些比较尖锐的问题，可以采取一些技巧缓和尴尬的气氛，如采用借问的方式，记者借他人之口向采访对象提出自己想要提的问题。他人之口可以是确有其人，如"听某某人说"、"据某某报说"，也可能是虚拟的，如"现在都在风传"，"好像有人说"之类。借问法主要用于证实某一事物的真伪，以及该事物的进展情况等方面的采访。中央电视台记者水均益对新上任不久的联合国秘书长科菲·安南进行专访时，就"联合国改革"提出了三个问题：1、我们已经注意到，秘书长先生，有些观察家在评价你的工作时说，这几个月你的工作都是形式方面或公关方面。你这么做为什么？2、秘书长先生，你在联合国工作了3年多，有些人认为你工作这么长（时间），你将更加保守，更加谨慎。你同意这种说法吗？3、秘书长先生，一年前也是在这个地方，这个位置，我采访了你的前任加利先生。加利先生说他是'超级乞丐'。不知你认为怎么样？"

四是要有意识地引导和挖掘。对采访已经习以为常的采访对象由于工作、职业习惯，回答问题时往往习惯一二三四地谈原则和条条，虽条理清楚，却比较抽象，具体、实在的东西较少。但新闻报道要反映的恰恰是具体、实在的东西居多，因此，对这一类采访对象的提问，记者除了事先准备大纲细目要周密、具体些以外，谈话时还应当有意识地按步骤引导与深入挖掘。例如，新华社某记者有次采访随团到上海演出的歌唱家关牧村时，所问的第一个问题是："上海观众正急切地盼望观看您的演出，请问对此有什么感想？"关牧村笑着回答："请转告上海观众、听众，对我不要抱太大的希望，希望越大，失望也越大。"记者注意有步骤引导与深入挖掘："上海观众、听众的艺术欣赏力是较高的，相信您这次来上海一定是有备而来的？"关牧村坦诚回答："是的，正因为我深知上海观众、听众的欣赏水平，所以我这次从青岛乘船到上海，不敢休息，抓紧时间对着大街练嗓子，有两支歌还没公开唱过，这次是作为特别礼物献给上海观众、听众的……"由于记者注意引导与挖掘，这次采访比较成功。

五要因人设问。对不同的人可以采取的方式不一样。如可以采访逼问的方式，针对人与事的是与非、对与错、好与坏这类大是大非已经明确迫使对方（即当事人）回答其中原因与动机。意大利著名女记者奥里亚娜·法拉奇在1974年葡萄牙军事政变一年后采访社会党领导人苏亚雷斯，她不管苏亚雷斯的回避和难堪，连续五次提出同样的问题："仅仅是共产党人呢，还是共产党人和军人一起发动了这次攻势？"迫使苏亚雷斯正面回答了她的问题。

另一种是质问法，记者面对持有敌意的、观点对立的或固守错误立场的采访对象，无须照顾其面子的提问方法。20世纪80年代初，意大利著名女记者奥丽亚娜·法拉奇苦等了3年才获准采访伊朗宗教领袖霍梅尼。她开口第一句话就是告诉霍梅尼："你是又一个伊朗国王，是新的独裁者。"（他指挥的伊斯兰革命推翻了巴列维国王后，享有宗教和世俗至高无上的权力。）霍梅尼答非所问。法拉奇说："你是暴君，暴君！"霍梅尼中断了访问，法拉奇坚持不离开，直到霍梅尼答应第二天继续接受采访。在随后的采访中，她问到伊朗男女不平等的问题，霍梅尼说："这你管不着！如果你不喜欢伊斯兰教的服装，你没必要穿上它。因为伊斯兰教服装是替贤淑的少女准备的。"法拉奇立即质问："像我这样一个女人，一直混在男子中间生活，显示头颈、头发、耳朵，参加过战争，在前线野营，在士兵中间睡眠，根据你的说法，她是不是个不道德的、大胆而不贤淑的女人?"

还有一种特殊的方法叫绝问法,即记者对采访对象既不需客套,也不必拐弯抹角,并且只有一种回答选择的提问方法。如法拉奇采访利比亚领导人卡扎菲,她的问题包括:"你为什么需要这么多人保护?""你为什么要住在军营里?""你怕被杀,怕得要命。""你在自己的国家里,也没有什么人爱你。人民因恐怖而鼓掌,你因恐怖而保护自己。"卡扎菲不得不默认法拉奇的判断。

2. 侧面探

记者从侧面入手进行采访的方法。即先绕个圈子,然后再进入正题。它多用于一些对记者采访比较陌生,情绪紧张,不知道谈什么、怎么谈的不习惯接受记者采访的对象,或心有顾虑,不愿意交谈,不愿同记者合作的访问对象。有时也适用于那些"老油条"。从采访场合上说,它也适用于时间性不太强,不受固定场合及报道方式规定的访问。

侧问、迂回费时费心,但不这样,有时候你还真难以了解到真情。如采访外来工的收入情况,如果你直来直去的问他一年挣多少钱,他不会痛痛快快、老老实实地告诉你。怎么办?你可以先和他拉家常,从侧面问起,比如他一家有几口人,是不是都在一起,吃饭一月要花多少钱,房租一月要花多少钱,孩子一学期上学要花多少钱,看病要花多少钱,一年要给老家寄多少钱,如果是做小买卖要交多少租摊费、工商税,如此等等加起来是他一年的总支出,你就能做到心中有数,然后再转到正题,问他一年的收入……,他就有可能把底交给你了。即使他还不愿交底,你也可以做出大体不差的判断了。

侧面提问需要注意以下问题:

一是面对采访对象的不合作,记者不可以心焦气燥。首先要平复自己的心态,然后根据对象的实际情况设计话题。对于不习惯接受采访的人一般应该用开放式提问入手,再从对方熟悉的话题说起,通过双方对某一问题的共鸣,使对方消除紧张心理,对记者产生信任感,这时再进入主题进行闭合式提问,比如采访在校大学生问他们对于婚姻问题的看法,一般同学不会接受记者采访尤其是电视记者的采访,即使接受采访,他们也会说些言不由衷、冠冕堂皇的话来。此时记者千万不可当真,而是要静下心来,采用迂回提问的方法,让他们说出自己的心里话。

需要强调的是,漫谈不是东拉西扯,而是为有目的的提问引路牵线。漫谈的话题应该选择对方极有兴趣的问题,同时注意在一定时机转入正题,切忌海阔天空聊开去,最后没有得到丝毫有价值的材料。

二是运用启发引导的原理和技能，旁敲侧击、循循善诱，促使采访对象对以往的新闻材料产生回忆。好比打仗一样，正面攻不下来，就采用迂回包抄，从侧面进攻。该形式通常适用于想谈但一时对往事不能产生回忆的采访对象。在多数情况下，记者采写的是事件新闻，因而就涉及采访对象必须通过良好的回忆过程，对已发生的新闻材料进行回忆性叙述。但是，往往事情发生已久，加上人皆有遗忘性，采访对象往往对往事一时难以产生回忆，因此，记者必须通过积极启发引导，打开对方记忆的闸门。

启发引导通常也称为联想，有具体规律和方法可循：

一是接近性启发引导。即记者凭借经验，对在空间或时间上相接近的客观事物形成联系，而使采访对象通过一事物回想起另一事物。

二是相似性启发引导。即记者凭借经验，假设、列举出在性质上相似的一些客观事物，而使采访对象通过这些事物回想起另一些事物。

三是对比性启发引导。即记者列举、假设出在性质上相反的一些客观事物，而使采访对象引起对另一些事物的回想。

上述三种启发引导的具体方法，可以单独使用，也可以交替使用，只要使用得当，效果将十分显著。例如，在我国一次边境反击战期间，第二军医大学长征医院军医吕士才，身患结肠腺癌，但他瞒着组织，写下决心书，坚决要求上前线，并出色地完成了党交给的救护伤病员的任务。回国不久，他不幸因病去世。中央军委根据他的表现，命名他为"模范军医"。消息传出，《解放军报》、《健康报》、《解放日报》等新闻单位均相继采写发表了长篇通讯，《文汇报》则在稍后时间派记者去接触这个题材。后发制人比先发制人有难度，将别人烧出的并已冷却的饭再炒出滋味来，显然不是易事。《文汇报》领导派了颇有经验的记者章成钧前往长征医院。当他与曾同吕士才一起的往前线参加救护任务的有关医护人员一坐定，果然不出所料，困难一个个出现了：一位采访对象抱怨说，我们从前线回来，一天都没有休息，天天从早到晚应付门诊还来不及，又得接连不断地接待你们记者，你们各家记者为什么不约好一起来呢？另一位采访对象说得更干脆，你《文汇报》记者再采访，也问不出更新更深的材料了，何不把人家报纸已经发表的报道拿来转载一下，不是大家都省事吗？章成钧虽然不这么认为，但他也承认：这些采访对象疲劳了，对记者采访的厌烦心理已产生了，况且，前线的事发生已久，加上当时大家忙于完成任务，并没对吕士才的事格外予以关注，一时难以产生回忆，也只能停留在各报所用的几个材料上，如"吕士才用手掐住身上疼痛部位，一手握紧手术刀，坚持手术"、"他实在疼痛难忍时,便匆匆吞几粒止痛片,又返身上手术台"。于是,《文汇报》记者没有再"穷追猛打",而是摆出一副内紧外松的姿势,继而向采访对象示意:既然如此,诸位也不要过于为难了,我坐一会便走。所有采访对象听此一说,均放松了。记者随即看似轻松随便实质是颇有用意地与对方"闲泡"起来。他说,一般人平时有个头痛脑热的,吃和睡都不会太正常,吕医生癌症到了晚期,疼痛是那样的难忍,吃和睡一定是不正常的吧?其实,记者此时已开始有意识地启发引导了。果然,一个采访对象回忆起一个细节:有一次吃饭,坐在他一旁的吕士才边吃嘴里边发出"嘶、嘶"的声音,他侧头一看,只见吕士才在大口大口吞嚼辣椒,并难受得满头大汗。记者眼睛一亮,顿感机遇来了,但耐住性子,进一步"闲泡"道:这能说明什么问题,或许吕医生有吃辣的习惯。这一下,几乎所有的采访对象都争着发言了。一医生抢先说道:吕士才是浙江绍兴人,没有吃辣的习惯,在上海当兵18年,我们也从来没见过他有这个爱好。记者感到"火候"已到,便加大启发引导力度说道:"吕士才作为一个军医,应该十分清楚,他患的癌症和因劳累造成的肛瘘大量出血,此时此刻应该忌酸辣还来不及,为什么还要吞吃辣椒?"又一位采访对象抢先解释道:"因为疼痛的折磨,吕士才同志难以吞咽食物,造成体力严重不支,做手术时手臂在不停地抖动。为了保证手术质量,他知道辣椒开胃,于是便一口辣椒一口饭,硬逼自己吃东西。"采访对象回忆的"闸门"终于被撬开了,类似的材料一个个回忆出来。由于采访手段得当,《文汇报》所发表的关于吕士才的通讯,虽属后发制人,但成功了,材料新颖,主题深刻,读者评价很好。

每遇这样的采访现象,记者万勿着急,更不应误判,以为采访对象是不想谈、不合作,而应摆出一个内紧而外松的态势,即思想、心理活动仍需积极进行,外部神态则轻松自如,然后发挥"磨功",与采访对象"闲泡",力争做到:他紧张你轻松,他冷淡你热情,他言者大意你听者有心,抓住机会,一举突破。

三是注意适当的让步,不要步步紧逼。从某种意义上说,记者与采访对象之间存在着一种交易。让步法是记者在采访对象拒绝采访的情况下,以退为进,采取一种暂时的妥协,以谈条件的方式劝说对方接受采访的方法。这种方法常与迂回法并用。首先要能让对方接受记者本人,让你进入他的家门或让你坐下来。对方不愿谈的采访主题可以暂时放在一边,与他谈与主题无关的内容,比如谈谈自己的工作压力有多大,记者是世界上最辛苦最危险的工种之一等等。记者的让步会使对方的心理产生一种歉意:"记者也是为工作而来,总不能让人家空手而归吧?"这时他可能会谈些无关紧要的话题。只要对方开口,问题就解决了大半。剩下的问题要看双方谈话的融洽程度。如果记者能得到对方足够信任，他可能最终会答应按你的采访主题回答你的提问，至少他会建议你哪些是不能问的，这样你就可以把能问的内容与原定的采访提纲做些调整。《人民日报》副总编梁衡曾说过：跌一跤也要抓把泥，记者出门最怕的是空手而回。

四是适当隐匿采访意图，可以避免场面尴尬。隐匿法是记者为避免采访对象当面回绝采访，或使场面尴尬，有意隐去采访意图，换一种方式，从侧面隐晦、曲折地提出问题的采访方法。在西方记者中，这种提问方法被认为是挖掘新闻的重要法宝。曾有美国记者问周恩来总理："美国人走路都是直着腰，为什么中国人走路总是弯着腰？"记者把他的政治观点夹裹在看似平常的一句问话里，他一定期望难倒新中国的总理，或者至少让周恩来循着他的思路，回答他的问题。周恩来的回答是"走上坡路的人都是弯着腰，走下坡路的人才直着腰。"1996年，李登辉散布了一系列不利于国家统一的言论，当时外交部发言人沈国放在阐述中国政府的立场后，有西方记者问："你们是否把李登辉看做中国人？"这是一个巧设陷阱的难题，说"是"或"不是"都会贻人口实。沈国放这样回答："真正的中国人都是反对'两个中国'或'一中一台'的。"

3. 反面激

采访中常遇这样的现象，即某些采访对象并不是不善谈，而是因种种原因不愿谈，如因谦虚不想谈、有顾虑怕谈或自恃地位和身份高而不屑谈等。一般说来，人的任何活动都依赖于感觉，对于某项活动，人们对它不感兴趣，感到与自己的切身利益无关紧要，那他就不会积极的进行这项活动。反之，若觉得有兴趣，或与自己关系密切，他就会积极去进行。

有关实验又证明，感觉不是固定不变的，它依赖于刺激，通过一定强度的刺激，感觉可以朝原来方向发展，也可以朝相反方向变化。针对上述谦虚、有顾虑或高傲等不愿谈的采访对象，记者则可采用一定强度的刺激设问，促使对方在感觉上发生变化，由"要我谈"转变为"我要谈"，从而使采访活动顺利进展。这就是逆向提问。这种方式运用的恰当，可以促使对方思考，非回答你不可，但要注意提问题不要引起对方的反感。

在具体实施时，反面激形式又可从两个方面掌握：

一是激问，又称激将法。即记者在其所假设的问题中，投入一定强度的刺激，迫使对方感觉朝相反方向转化，然后乘势追问。激将法是记者对那些言不由衷的采访对象采用的一种激发式提问方法。它主要用于对心有顾虑、回避事实，或态度傲慢、居高临下的采访对象。当面对这类采访对象，运用迂回法、正问法均不奏效时,就可以使用激将法,提出尖锐问题,刺激到对方痛痒之处,迫使对方表露自己真实的一面。

意大利女记者奥丽亚娜·法拉奇身材矮小,思维敏捷,有人形容她就像一只野兔在追踪一只伶牙俐齿的狐狸。那些自视甚高的政治家们对接受她的采访总是十分戒备。曾在尼克松政府担任美国国家安全事务顾问的亨利·基辛格就对他接受法拉奇的那次采访后悔不迭。

法拉奇:基辛格博士,您怎样来解释您几乎比总统更有名和更有众望这一事实呢?您有什么道理吗?

基辛格:有的。但是我不想告诉您……现在我还处在我的职位上,为什么要告诉您呢?还是把您想的告诉我吧。我可以肯定,您也有您的某些道理来说明我之所以有名气的。

法拉奇:基辛格博士,我还没有把握,所以想从这次采访中找出道理来,但还没有找到。我料想根本原因是成功使您出了名。我的意思是说,您就像一个棋手走了几步好棋一样,首先是中国这步棋。人们都佩服能将对方一军的棋手。

基辛格:是的,中国是我取得成功的一个重要因素。但是关键还不在于此。关键在于……好吧,没关系,我就告诉您吧。我没有什么可顾虑的。关键在于我总是独来独往,自行其是。美国人都特别欣赏这一点。美国人佩服单人独自领着大棚车队的西部牛仔,佩服他单枪匹马进入市镇和乡村。他也许连手枪也不带,因为他不需要开枪射击。只要他在行动,准确无误地在某个时候到达某个地点。我的行动就像西部拓荒时代的一个传说,如果您愿意这样理解的话。

这次谈话使白宫勃然大怒,认为这是极端的个人英雄主义表现,一位助手说他"这是一次真面目的大暴露:亨利同漂亮姑娘谈话时,竟完全忘乎所以了"。[1]

又如,某年1月,河南平顶山矿务局四矿通讯员于志琦到北京出差,住在海淀区的花园饭店。晚饭后散步时,发现院内有两辆汽车车窗上贴有峨眉电影制片厂《咱们的领袖毛泽东》摄制组的标牌,又听说扮演毛主席的特型演员古月同志就住在这里。顿时,他产生了采访古月的念头,于是将古月曾经演过的影片在脑海中回忆起来,找出其中的成功和不足之处,并将记忆中有关古月的材料全部"调"出来以整理,为采访做好一切准备。第三天晚上11点,他在饭店3楼服务台见到古月,快步迎上去开门见山地说:"胡学诗科长,咱们能交谈一会儿吧?"古月眉毛一扬地说:"你是怎么认识我的?"于志琦不慌不忙地将古月在从影前的事说了一些,并说:"当年你搞文化宣传当科长,我是

---

[1] 【美】约翰·布雷迪:《采访技巧》,92—93页,北京,中国新闻出版社,1985。

宣传干事，说起来还算是一条战线的人哩！"古月被这句话逗笑了，燃着一支烟想走。于志琦忙就古月在《四渡赤水》、《大决战》、《开国大典》等影片中的表演为话题谈起，并直言不讳地说他在《大决战》中的表演远远不如《开国大典》成功。原先想谢绝采访的古月立即被此话吸引住了。就这样，两人相互交谈了40多分钟，古月猛然想起第二天早上5点还要外出拍片，只好抱歉地起身离去，临走，主动在于志琦的采访本上题字留念。殊不知，在此之前，即使中央级新闻单位的记者要采访古月，也都是事先约定的。

二是错问。要求记者从事实的反面设问，故意用明知是错误的问题来考察、试探、激发采访对象，以求得真实的新闻材料。该方式的刺激强度超出激问，如煤炭明明是黑的，记者故意将其说成白的，促使对方的兴奋程度剧增，迅速产生要否定错误、澄清事实的感觉，于是便讲真话、吐实情。台湾学者称此为以误求正法，即记者若不能从正面得到事实真相，则可故意从事实的反面问些问题，使对方觉得记者所知的是不正确的消息，若不急于改正，便有被刊出坏名声的可能。

著名记者埃德加·斯诺在《西行漫记》中提及他到延安访问，在开往西安的火车上，他对面座位上的一位年轻人说要回四川老家，还说他老家那里有土匪。斯诺的采访便从这里开始：

问：你说是红军吗？

答：不，不是红军。我说是土匪。

问：可是红军不也就是土匪吗？报纸上总是把他们称为赤匪或共匪的。

答：啊，报纸编辑不能不把他们称做土匪，因为南京命令他们这样做。

问：在四川，大家害怕红军也是像害怕土匪一样吗？

答：这个么，就要看情况了。有钱人是怕他们的，地主、做官的、收税的，可是农民并不怕他们，有时候他们还欢迎他们呢。

又如，江苏《新华日报》有一记者，根据国务院关于搞好安全生产的指示，有一次去南京某厂采访。这是一个数千人的大厂，因安全措施落实得好，连续7年未发生过一起安全事故。由于记者事先得知该厂领导有思想顾虑，不愿在报上张扬，并曾婉言谢绝过其他记者对这一题材的采访，该记者一坐下来就使用错问手段："记不清在哪里听说了，你们厂今年二月份因为安全措施没落实，曾经触电死过一个人，是不是？"接待采访的是该厂的一位副厂长和厂办主任，本来想通过"打太极拳"再次婉言谢绝记者采访，但听此错问后，顿感十分震惊和委屈，相互看了看后，两位厂领导几乎不约而同地转向记者答曰："我们厂？二月份死过人？不可能！"记者紧迫不舍："为什么不可能？"副厂长显然激动起来，一边示意厂办主任打开文件柜，把该厂历年有关安全生产方面的总结报告取给记者看，一边拉大嗓门站着向记者叙述厂领导抓安全生产的一条条具体措施。采访通道就此顺利打开。

当然，错问虽属一种采访技巧，但容易造成采访对象的误解，故记者切记不可离道德太远，在采访结束时，一定要说明原委，不要留下后遗症。仍以上述实例为例，记者在采访结束时就作了如下解释："你们厂7年没有发生安全事故，是因为厂领导抓安全生产有具体措施和方法，我们记者如果要使每次采访获得成功，也得调用各种方法，譬如对你们这些谦虚的对象，提问时故意把事实颠倒就是一种方法。"在一阵会心的笑声中，对方的误解消除了。

三、提问注意事项

为了保证采访活动的顺利实现，在具体的提问实施过程中，还应当注意下述事项。

（一）因人采访，看对象提问

提问要看对象，"到什么山唱什么歌，见什么人说什么话"。采访外宾，不同于采访自己的同胞。采访老年人的问题，向年轻人提出就不适合。向省委书记提出的问题，用在一个普通村长身上也不合适。用采访知识分子那一套提问的办法去采访工人、农民、也往往效果不好。

有次中国新闻代表团在日本东京大田区石台中学访问时，有位记者向参加座谈会的五位中学生问道："你们对中国有什么了解？"学生面面相觑，无从回答。团长安岗立刻把话头转过去，问：

"你们知道中国有条长江吗？"

五位学生一同举手。

"你们知道中国有一位孔子吗？"

全部举手。

"你们知道鲁迅吗？"

"听说过这个名字"

"你们知道毛泽东吗？"

"知道。"

"胡耀邦呢？"

"没听过。"

这样话匣子打开了，采访得以顺利进行。[1]

同时，采访专家学者应该讲内行话，防止话不投机半句多。学有专长的人都感到，同他的专业领域一无所知的人交谈，是件索然寡味的事。科学家、音乐家、作家、政治家以及有名望的人往往轻视那些对他们的活动不甚了解的记者。对于记者来说，就是要会讲采访对象的语言，对访问的人及其所从事的活动一无所知便前去采访，是一种危险的尝试。

（二）提问宜准确清楚，切忌含糊不清

记者提问所表达的意思一定要含义准确、表达清楚，这是最起码的要求。如果记者提问含糊不清、词不达意，采访对象就会处于迷惑不解的境地。

《创造性采访》一书列举了这样一个例子——

记者：我想首先提出有关你个人和个人之外的一些问题。您知道，对于公众来说谈及这些问题很重要，至少是有趣的。公众有必要了解各种各样的确实的信息。如果人们清楚了您所描绘的那个时代的环境和在您儿童时代所经历的各种遭遇，他或她将理解有关人生观的问题，以及……

采访对象：那么你是要问我是在哪长大的啦？

记者：是的。您知道这是很重要的。对于……

采访对象：我1932年月10出生在AANDUSK，OHIO。我是一个抑郁的孩童。作为一个孩子我最清楚的记忆是第二次世界大战。看在上帝的份上，为什么你刚才不提问题呢？我们是不是继续谈论这个题目？

这个例子告诉我们记者提问绝不能含糊不清，记者提问的最基本的要求是准确具体。含糊、复杂的问题往往得不到明确的回答。

记者在与采访对象谈话中，发现对方谈话内容有些疑点，或自己不明白、不肯定的东西需要得到对方的证实和解释、确认，这在采访中经常出现，遇到这种情况，记者应该适时要求对方暂停谈话，对他谈话中的主要论点（看法）、论据（事实）重新表述，对记者不明白的东西让采访对象再给予解释；或者记者将自己的理解反馈给对方，请对方确认或修正。

（三）提问宜简洁

记者对每个要提的问题，事先在其用语的长短上应当精心设计、推敲，原则是宜短勿长。这是因为，人的记忆能力有限，提问一长，采访对象容易前记后忘，以致常常出现这种局面，记者长长地提问一通后，采访对象只能要求记者："对不起，请您把刚才的问题前面部分再重复一遍。"

---

[1] 关振东：《在日本采访的日子》，载《南方日报通讯》，1983（3）。

有些记者提问不能简洁明了的一个主要原因是，不善于将所提问题与大段背景材料分开处理，而是像"包饺子"似的将大段背景材料硬塞在问题的中间，以致效果不好。譬如，假设以高校目前校风状况为题材，某记者是如此向某校长提问："校长先生，您认为造成目前我国高校相当部分教职工不安心学校工作而纷纷想调到其他岗位，相当部分的学生整天逃课甚至纷纷退学而去经商以致学校的教学秩序日趋混乱的局面的主要原因是什么？"这个问题就很可能令采访对象难以接受，因为是既不简洁也不明了，问题中间塞了一大段背景材料。如果将教职工和学生的有关背景材料抽出，放在前面先陈述，然后记者再问："请问校长，您认为造成这一局面的主要原因是什么？"效果就一定要好得多。

西方记者一般很注意如何提问，善于将问题设计得简短、明确，他们懂得"报酬递减率"，即提问越长，回答越少，甚至有去无回。

（四）提问宜具体

任何事物都是错综复杂的，且有形成、发展、结束过程，记者如果笼统、抽象地提问题，一方面对于采访对象就犹如老虎吞天，难以回答。因为这不符合人的思维及心理活动规律，思维活动不是一下子能完成的，得有个具体过程，而且具体化是思维的主要组成部分，能促使人们对事物的认识活动更深刻、有序地发展。

另一方面，对记者来说，只有一般的东西是远远不够的，是难以写成报道的。有了具体的东西，才能深入地认识一个事物的特征，才能在写作时进行具体的叙述或细致的描写，才能感染人。特别是写人物，有时候要具体到他的穿着、表情、对话、心理活动，以及与此有关的天气、环境等，如果是事后采访，不细细地问，就得不到具体材料，得不到细节。

因此，记者提问应该具体明白，切忌笼而统之，要了解具体的东西，就要把问题问得具体。根据这一原理、记者在提问时就应按照事物形成、发展到结束的全过程，将一个大的、总的问题破开，化成若干个具体问题，一个一个地细细问清了，也就是说，提问具体化了，大的、总的问题也就自然解决了。

记者提问如果提出笼统较大问题，对方往往很难回答。例如，采访教育部门负责人，如果问：请你谈谈对教育问题的看法，对方往往感到茫然，或者回答时讲些笼而统之的官话、套话。如果记者将问题具体化，则能够使对方既不好回避问题又能提供具体的情况。记者可以问这样几个问题：目前教育面临的主要难题是什么？是经费问题呢？还是师资短缺、外流？或是其他困难？你认为解决这些困难应该从哪些方面努力？目前采取了什么措施？今后有什么打算?记者可以根据采访意图将问题分类,比如:中小学教育、大学教育、在职教育等。

又如,周总理逝世不久,一位记者去采访周总理的警卫员李建明,刚一坐定,记者劈头就问:"老李,请谈谈周总理给你的印象?"对方沉思了好大一会儿才答道:"总理好啊好总理!"尽管记者再三要求对方具体谈谈,但因为自己并没有破题细问,这位警卫员仍是一个劲地重复"总理好啊好总理",最后,这位朴实的警卫员竟双手捂住脸失声痛哭起来。记者被弄得手足无措,加上感情受到感染,竟也一起陪着流泪,结果,这次采访就以采访者与被采访者哭成一团而告失败。在老记者指点的基础上,该记者在第二次采访这位警卫员之前,就将第一次采访时所提的大问题,从各个侧面化成十余个小问题,如"为什么说周总理生活十分俭朴"、"为什么说周总理时刻把人民群众的安危装在心里"等等,然后在采访时请对方通过一个个具体实例子以说明。结果,采访进展得十分顺利。

(五)提问宜深刻

特别是在采访干部、专家、学者等对象时,提问应有深度,这样,对方才有思考的空间,答得才有深度,往往可以出其不意地掏出颇有内涵的材料来。

如《新民晚报》有位记者有一次采访作家王蒙,从第二天见报稿《我们有笑的必要和权利》一文中不难看出,记者事前对对方有较深的研究,采访层层深入,引出一些有深度又有情趣的内容来。请看报道末尾的问答:"《青春万岁》是你的长篇小说,可是为什么要让《被爱情遗忘的角落》的作者张弦来改编成电影呢?"临走,我(记者)又提出一个问题。王蒙略作思索后笑答:"早在50年代我就推荐过张弦;再说我不大喜欢写电影,倒不是怕'触电',而只觉得与其在自己的作品上改来改去,不如再搞个新的小说。"作家似乎言犹未尽,又补上一句:"当然,我这是嫁'祸'于人啊……"王蒙笑了,记者也笑了。这种良好的采访效果,显然与记者提问有深度有直接关联。

(六)提问宜自然

记者提问与采访对象作答,实际是在进行一场谈话,既是谈话,就必须受"谈话法"的基本方法支配。对提问的内容不按提问的方式,而是运用交谈的形式,将记者了解到的对方感兴趣的东西似乎是不经意地(有时候却是特别强调)告诉(或展示给)对方,以引起对方的注意、认同和共鸣。采访是真正寓问于谈的交谈式,不要搞成一问一答的僵化式,这是检验一个记者成熟、老练与否的标志,也是采访深入、报道深刻与感人的前提。

既是谈话，首先就得有亲切、自然的谈话气氛，而解决问题的关键，则是要求记者将所要发问的问题设计成讨论式的，然后，双方就这些问题展开讨论，就容易谈得自然、亲切、深刻。例如，国画大师刘海粟上黄山时，《黄山旅游》杂志一记者请求采访，刘夫人再三挡驾，最后破例给了 10 分钟时间采访。该记者巧妙地从谈对黄山的印象入手，将提问设计成交谈式，刘海粟先生兴致上来了，一谈便是一个半小时。

（七）提问宜有节制

到一个地方采访，记者不能以"无冕之王"自居，谈话提问不能随心所欲，要有一定的节制和自我约束。具体分为两个方面：

一是谈话提问要得体、贴切。谈话提问的话气处理得如何，直接影响到采访的效果。例如，中央电视台要搞一组访精神病患者康复的专题报道，一节目编辑问一原是小学教师的女患者："你什么时候得的这个病啊？"对方十分敏感地反问："什么病？"该编辑随口便答："就这个精神病呗。"对方感到刺激太大，立即起身离去，节目制作只能暂停。再次采访时，作为节目制作组组长的赵忠祥则改为委婉、和蔼的口吻问道："你在医院住多久了，住院是觉得怎么不好？"，一下子，女患者感到记者亲切、可信，便在回答一系列提问后说："最近，我快出院了，我非常想念我的学生们。我真想快点治好病，能为教育孩子贡献我一份力量。"于是，节目拍摄成功。

二是谈话提问要讲究分寸。这是指谈话提问的内容，要有分寸，不能漫无边际，还得增强保密观念。例如，一实习记者有一次到海军舟山基地采访，俨然像一个大首长视察，大问人家的装备和火力配备情况，还强行向基地首长索要舟山海军的火力配备图，直到上级组织闻讯后，才制止了这场"无法无天"的采访。

（八）提问要讲求逻辑，切忌思路混乱

提问好比写文章，先写什么，后写什么，最后写什么，是逻辑的必然发展，不是东一榔头西一棒子。如果提出几个逻辑上没有联系的问题，得到的回答一定也是支离破碎的，甚至连事件的来龙去脉也搞不清楚。

记者应该对采访的内容、范围进行了重点研究后，将问题分门别类进行归纳。在归纳过程中注意不要将问题等量齐观的一一摆出，而是要主次分明。通常，将重要的问题一一列出，争取在有限的时间内采访到有价值的内容。

善于按照事物发展的规律，由近及远，由易到难，由表及里，由此及彼地提出一个又一个问题，使访问步步深入。一位日本记者说："采访时考虑的是

如何提问更便于对方回答，写报道时，主要考虑怎样写更容易为读者所理解。"这话是有道理的。为便于对方回答，先从最近发生的事问起，然后由表及里；先从容易回答的问题问起，然后由易到难；先从表面看得见的现象问起，然后由表及里，深入事物的本质；先从对方熟悉的事感兴趣的事问起，然后旁及其他，弄清事物的内部和外部的联系。这样提问，可以使对方不至于一开始就被难题卡住，同时也有利于记者和采访对象一起找出一些规律性的东西。规律性的东西找到了，访问一结束，文章的脉络也就清晰了。

一般情况下，记者提问往往先提出容易回答的问题，尖锐的问题往往在后边提出来，除开记者招待会、新闻发布会等特别形式，先易后难的规则是记者在大多数场合提问所遵循的规律之一。《创造性采访》一书在"采访应用"一章中，专门就提敏感问题采访了一位有10年采访经验的记者。这位记者说："我试着在采访过程中的最后时刻提出这类问题。我常常先提出一些容易的问题，让他们轻松的回答，使他们的情绪松弛下来，然后再最后击中要害。"[1]

采访中，记者要较好地组织起提问，确实不是件容易的事。名记者周孝庵在《访问》一文中指出："访问不难，发问实难"，"发问之如何，足以卜访问之成败。"对于采访中语言艺术的把握，除了掌握必要的理论知识之外，要加强在实践中的检验和运用，更多要靠记者本人去用心揣摩。

第二节　新闻写作中的言语艺术

采访是记者和采访对象之间的交流，写作则是记者和受众之间的交流。既是交流，就少不了语言艺术。在新闻写作中，进行有效的信息沟通的符号就是文字语言，也称为新闻语言。

新闻语言是指通过新闻媒介，向受众报道新近发生的事实，传播具有新闻价值的信息时所使用的文字语言。新闻语言以使用者的本民族规范化了的语言为基础，又以新闻报道的特殊要求加以改进，在遣词造句、表情达意方面显示出与众不同的一些特点。

记者在进行新闻报道的时候，既要符合事实原貌，又要不致使读者看不懂或产生歧义或误解，那就一定要下工夫认真研究和准确使用新闻语言。

---

[1] 【美】肯·梅茨勒：《创造性的采访》，156页，北京，中国人民大学出版社，2010。

一、令人生厌的"新闻腔"

什么是"新闻腔"？尽管没有明确的定义，但说它是"党八股"式的公文语言，或者说是"官腔"在新闻报道中的反映恐不为过。

"新闻腔"在我们的不少报道中大量地存在，这种语言读者不爱看，但不少记者好像驾轻就熟。轻一点的表现是套话、空话、大话连篇，尤其是套话。例如打开某些报纸，还会读到一些使用频率很高的语言："在……形势下"，"在……鼓舞下"，"在……基础上"，"与会者一致认为"，"受到……的热烈欢迎"，"获得一致通过"等等。重一点的表现就面目可憎了，那是"文化大革命"期间的报刊、广播中天天向受众倾泻的语言，抽象度极高、信息量极小、词汇重复绕缠纠结，语言学者们称它为"语言暴力"，它们极大地败坏了新闻的声誉。

外国的记者也为夸夸其谈、装腔作势"新闻腔"苦恼，他们主张新闻报道要用平易朴实的语言写作。美联社有个叫雷内·卡彭的编辑在他写的一本书中分析"新闻腔"时说："我们是被累赘不堪的语言包围着，政府把空空洞洞的官腔灌输到社会上来。各种公共机构、公司总部、专门职业和社会科学部门，全都为行话的泛滥而大卖力气。新闻记者由于职业关系，不得不同这种使人闷得透不过气来的用语打交道。他们的本职原该把这一切改变为平易的用语。可惜他们自己也染上了爱说唠叨话的坏毛病，因而丢掉了语言的精确性、清晰性和优美性。"

"新闻腔"与新闻语言是格格不入的，"新闻腔"不除，媒介无法生存，这是关系到媒介生死存亡的大问题。和"新闻腔"展开一场殊死战斗，打掉"新闻腔"，成为全体新闻工作者的责任。

怎么去除"新闻腔"，其实很简单，用鲁迅的话说，就是"有真意，去粉饰，少做作，勿卖弄"，回归新闻语言的本质特征。

二、新闻语言的基本特征

由于各自行业的特点，新闻语言与文学语言、科技语言、外交语言都具有各自不同的基本特征。文学家所使用的语言以"夸张"、"具体"、"生动"、"形象"作为显著特征，科学家所使用的语言，以"抽象"、"严密"、"精确"作为显著特征。我们记者从事新闻报道时，所使用的语言则以"准确"、"生动"、"通俗"、"简洁"作为主要特征。

新闻写作中所需要的语言，应该是传播信息的语言、报道事实的语言、解释问题的语言、快速交流的语言；根据新闻写作的基本要求，即时效性（新鲜、快速、简短）与可读性（具体、生动、通俗），新闻语言的具体特色可以用八个字概括：准确、生动、简洁、通俗。

（一）准确——新闻语言的核心

新闻报道的主要目标，就是力求使受众在看完或听完报道后产生的印象与事实真相一致。没有准确的语言，记者就没有办法使新闻报道符合事实本来面目。因此，新闻界历来把"准确、准确、再准确"奉为写作格言。

准确是新闻语言最明显的特点之一。新闻语言要准确，应该注意这样几个问题：

第一，要注意词义差别。写新闻稿，遣词造句要恰到好处，词不达意就无法正确地反映客观现实，有时即使是一字之差，也会造成被动。《解放日报》曾经报道一位叫陈燕飞的女同志怀孕5个月下苏州河救人的事迹。报道写得很好，引起了全国反响。可就是由于作者一字不慎，误把"下"苏州河救人，写成"跳"进苏州河救人，违背了事实真相（她是沿着河边一个小铁梯走下去的，不是"跳"下去的），使不少读者产生了误会，因此失去了一次获得"全国好新闻奖"的机会。

著名小说家福楼拜说过："我们不论描写什么事物，要把它表现出来，只有惟一的名词；要赋予它运动，只有惟一的动词；要赋予它性质，只有惟一的形容词；我们应该苦心探索，非找出这个惟一的名词、动词、形容词不可，仅仅找出这些名词、动词、形容词的相似词千万不要以为满足，更不可因为搜索困难随便用一个词来搪塞了事。"要当一个称职的新闻工作者，非得如此煞费苦心不可。

其次，要推敲词语的感情色彩。在丰富的汉语词库中，有一部分词语除了它们的基本词义之外，还体现出一定的感情色彩。比如，同样写"死"，就有不同的表达方法，"希特勒死了"，"雷锋同志的心脏停止了跳动"，两者似乎都很客观，没有捶胸顿足，也没有呼天抢地，似乎都有点含而不露的样子，但是憎与爱的立场却跃然纸上。我们不能把这类带感情色彩的词放错了份量。1959年美国国务卿杜勒斯病死了，杜勒斯在侵朝战争中起了相当恶劣的作用，中国人很恨他，但《人民日报》在发表这条消息时，仍坚持客观报道，标题是："杜勒斯病死。"另一家全国性的报纸也作了报道，但标题是"杜勒斯病逝"，这一下子激起了很多读者的不满，大家纷纷写信给报社，认为"病逝"用词不当。该报的确用词不当，"病逝"这个词含有尊敬、哀悼的感情色彩。讲"杜勒斯病逝",这太伤中国人的感情。

第三,要讲究"立言得体"。各种不同的文体,在语言表达上都有一些特殊要求。在诉讼文书中不能使用"男女鬼混"之类的字眼,因为这个字眼含义不清,而且带有一定的人身攻击性质。同样道理,"杀人"与"伤害"也不能混用于判决文书之中。新闻语言在这方面也有自己的一些特殊要求。还是前面讲的那个"死"字在文学作品中常采用一些委婉词:"谢世"、"作古"、"远行"、"撒手而去"等等。新闻报道一般不用这类说法,因为"远行"、"撒手而去"不确切,有歧义,不符合新闻语言准确的要求。"谢世"、"作古"是比较古典的说法,往往与新闻报道的格调不相符,因而一般也不用它。

新闻报道要"立言得体"还必须清除渗透到我们记者笔下的广告语言和大量宣传说教性语言。作广告的目的是为了推销商品,因而蹩脚的广告往往采用虚浮夸张的语言("名扬四海,誉满全球"等),就是好一点的广告,一般也是隐恶扬善,突出一点,不及其余,有急功近利之嫌。宣传说教性语言呢,则必然认定读者不如自己,需要由自己来教导对方,因此口气总是较大,一副自以为是的面孔,动不动就是"要"如何如何,"应该"如何如何。老百姓对于充满这类说教性文字的报纸不满,说是"五毛钱买了个爹!"多少年来,我们都习惯于这种作法:不在新闻稿中加进一点议论,不对我们所报道的事情作一些引申,不在叙事过程中加进一些拔高的道理、生硬的说教,似乎就不足以显示出"思想性和指导性"。这实在是一种误解。

要"立言得体",落笔之时一定要有"分寸感"。有些记者受广告语言和文学语言的影响,老是感到实事求是地叙事、状物"不够劲",总是有意无意地"锦上添花"、"妙笔生花";明明是偶然为之,却把它说成是"一贯如此";动不动就是"极大的鼓舞"、"深刻的教育"。这样所得到的效果往往是适得其反。为什么我们有好多先进人物怕见记者呢?由于记者"添油加醋",把一切优点集于先进人物一身,把一切缺点、错误从他们身上剔除,以致使本单位的群众对他们敬而远之,甚至反感,令被报道的先进人物陷入尴尬孤立的境地。这样的实例实在不少。我们应该汲取这样的教训,写报道时,务必笔下留神,掌握分寸,以维护新闻语言准确的特性。

(二)生动——保证新闻的可读性

作为受众"特使"的记者,上天入地,东奔西跑,到处观察,四方探听,然后以语言作媒介传播给受众。受众拿到报纸后,又要把这些文字转化为记者所描述的景象而留在脑际。他们的这个"转化"过程好不好,大半取决记者表达得好不好。

若是记者的语言笼统模糊，那么读者所得到的也只能是抽象、模糊的概念。有一篇报道说"市委从科技战线的实际出发，踏踏实实地贯彻全国科学大会精神，使全市科技战线出现了朝气蓬勃的新局面"。看了这样的报道，读者能获得多少新信息，留下什么具体印象呢？一切都如隔雾观花，令人无从捉摸。

在同一张报纸上，有一篇同样讲"科学热"的报道，正好使前一篇相形见绌。这篇报道说："最近，记者走访了安徽的一些省、市、县委书记办公室，一个新的现象引起人们的注意。许多书记的办公室的墙上贴着科学技术的日程表，办公桌上放着科学技术图书或科技情报资料……"这篇报道给人的印象就很深刻了。

一般而言，新闻报道用语就要讲究具体、生动、形象，你描写具体细腻一些，受众得到的印象也就真切一些。你的报道若是生动形象，那受众就如身临其境、耳闻目睹一般。

新闻报道要打动人心，新闻语言一定要形象生动富有特色。在这方面有许多文章好做。

一要尽力寻找有特色的字眼。一方面，在写作过程中要尽量使用有表现力、有感染力的词句。尤其是要多用动词，给人营造动态之感。连续使用动词还可以展示一幅幅生动的现场画面，产生较大的感染力。

动词在语言中是最生动活泼的因素。"动词"主要用于陈述人物和事物的动作、要求。近些年来，在西方新闻写作中，动词的运用更加受到重视。其中很大的一个原因是来自视觉新闻对文字新闻强有力的挑战。美国《写新闻》一书指出："一张优秀的现场新闻照片，往往使100个形容词相形见绌。"于是精心使用"动词"更加成为写活文字新闻的一个出路。《美联社语法和用词的十条规定》中的第六条就明确规定："牢记一个句子至少有一个实体动词，这个词语应该是句子里最重要的词。"他们认为新闻文体是一种"简洁而注重动词的文体"。主张"必须根据这一简洁而注重动词的文体来调整自己的写作风格"。

其实对于"动词"的重要性认识，我国历代文学家早已心领神会，不仅有极其丰富的实践经验，而且有精当的理论论述。袁枚在《随园诗话》中说："一切诗文，总须立在纸上，不可字卧纸上。人活则立，人死则卧，用笔亦然。"动词用得好，就能够使诗文立于纸上，甚至力透纸背。中国古诗词中那些选词炼句的典故，选与炼的对象，不都是动词吗？例如"春风又绿江南岸"的"绿"

字;"红杏枝头春意闹"的"闹"字。近代学者王国维先生说:"著一'闹'字而境界全出。"确实,这个动词使景物从静态变成了动态,由无声成为了有声。又如"好雨知时节,当春乃发生"的"知"字,把本来无生命的变为有生命的了。千古名篇《陋室铭》中的"苔痕上阶绿,草色入帘青"也脍炙人口。一个"上"、一个"入"给石阶上的青苔以及屋外的绿草都赋予了运动着的生命境界,勾勒出一幅生机盎然的动感画面。

任何运动状态的事物总比静止状态的事物显得生机勃勃,川流不息的江河比一潭死水有生气得多。同理,在新闻写作时掌握多使用动词的要领,既能把人物和事件写"活",使人如见其人、如闻其声;也能把环境和景象写"活",使人如临其境,最终让消息或者通讯"立于纸上"。正如沃尔特·福克斯在《新闻写作》一书中强调的:"在任何句子里,动词都是让句子的其余所有部分流动起来的关键。"

文艺作品多用点形容词没关系,而在新闻写作中主要依赖"动词"来增添新闻的动感。精心使用动词,是新闻故事化的必由之路,也是写活新闻的一个出路。有动感的新闻能给人以现场感和视觉感。

毛泽东同志写的消息《我30万大军胜利南渡长江》,就是运用动词的典范,语言极富跳跃感。全文如下:

新华社长江前线一九四九年四月二十二日二时电 英勇的人民解放军二十一日已有大约三十万人渡过长江。渡江战争于二十日午夜开始,地点在芜湖、安庆之间。国民党反动派经营了三个半月的长江防线,遇到人民解放军好似摧枯拉朽,军无斗志,纷纷溃退。

长江风平浪静,我军万船齐发,直取对岸,不到二十四小时,三十万人民解放军即已突破防阵,占领南岸广大地区。现正向繁昌、铜陵、清阳、获港、各港诸城进击中。人民解放军正以自己的英雄式的战斗,坚决执行毛主席朱总司令的命令。

文中,一是使用了"齐发"、"直取"、"突破"、"占领"、"进击"等一系列动词,勾勒出"百万雄师过大江"的壮丽场面,二是运用了现在进行式,如"现正……进击中"、"正以自己的英雄式的战斗"等句式,增加了消息的动感。

除了多用动词,用准动词之外,另一方面,也要经常注意引用采访对象那些机智的、富有特色的语言。例如,有一位老先生在谈到饮食与健康的关系的时候,说:"告诉人们应该注意饮食真不容易。要知道,他们在吃的是他们的健康。"这种表达方式很奇特,也很形象生动,引进新闻报道会增色不少。

二要注意刻画富有特色的细节。仅仅在报道中讲一个出土的花瓶"美丽",不能给读者留下什么印象。但是若能在报道中指出"这个花瓶有一个人那么高,颜色紫里透红,晶莹透亮",这就把花瓶的特点生动地展现出来了。

具体做法是多用子概念。母概念和子概念,是形式逻辑中的专有名词。如"水果"和'苹果'就是具有母子关系的一对概念。母概念"水果"外延较大,而苹果属于水果中的一种,是子概念,它虽然外延没有水果大,但它的内涵比水果具体、丰富而且形象。如果再举出"香蕉苹果"、"富士苹果",显然这两个子概念比苹果又具象化了一层,受众会联想到某一种具体的味道或口感。

由于子概念的内涵总比相应的母概念内涵丰富具体,因此,多用子概念容易引起人们的形象思维。这与西方新闻写作所提出的"避免死线上的抽绎"是一个道理。西方学者认为,语言具有"抽绎阶梯"的特点,即它有不同的抽绎层次,也就是我们所讲的子概念母概念,像香蕉苹果——苹果——水果——食物——生活程度等等,就是语言"抽绎阶梯"一个从低到高的例子。随着抽绎层次的不断提高,每提高一个层次,原来词汇所表现的事物的具体特征就要部分地消失在高一个层次的总体意义中。一般来说,抽绎层次越高的语言越抽象,理解的人越少。因此西方学者认为,新闻写作在语言运用上不能困死在一条抽绎水平上,尤其不能困死在较高层次的抽绎线上,否则它很难引起受众的真实感应,很难达到无障碍的快速交流的传播效果。

多用子概念,也就是说,多用具体的语言去写作。具体的东西往往是生动的。比如"气温高达38摄氏度"比"天气很热"更符合新闻语言的特点。"掌声持续达10分钟之久"比"受到热烈的欢迎"更准确、鲜明。《美联社日志》上有下面的一段示例,说明了这家著名通讯社对语言的具体要求:不要去说"乔治·华莱士神经紧张"。要像某一篇稿子那样描写:在一次40分钟的飞行中间,他嚼了21根口香糖,他洗了一副牌,数了数,又洗了一遍。他看了看头上和脚下的云彩,系紧安全带,又把它松开了。"

又如美联社记者在2000年2月26日所发的电讯中写道:"当佩尔森在决胜局的比赛中战胜中国选手刘国梁时,瑞典队的教练员和运动员们都得意忘形了,他们跳离了座位,冲向了赛场上的佩尔森,将他按倒在地,还踢他的腿。"几笔白描,记者就把热烈的场面与氛围勾勒出来了,如果用"瑞典队欣喜若狂"等大字眼和母概念,很难给予读者如此真切的现场效果。

有一位记者在描写原子弹爆炸威力的时候,没有滥用只有科学家才能理解的数据，而是采用写实的手法，以具体形象的语言取代不可捉摸的概念。他说，原子弹爆炸时，"用以放置原子弹的钢塔完全被融化了"，"强光把整个实验基地照很比最明亮的白天还要亮"，爆炸气浪把10公里外的两个人"猛地推倒在地上……"新华社有一位老记者在评价这条新闻时说："这样写，比用一千个、一万个形容词更有力、更能说明问题。"

由此可见，多用具体的语言去写作，多从小处着服，新闻语言就会变得生动起来。因此，真实的东西都是具体的，具体的东西往往才是生动的。在新闻写作语言中，越从小处着手效果越好。对场面的氛围和景物的描写，人物的心理活动和外貌衣着打扮都可以从小处着手，让新闻语言更具体一点，反对大话、空话。这需要我们从所写的每一篇新闻做起。

三要多使用形象化语言。新闻报道要给人一个清晰的印象，不仅要具体、真切，还要注意借助形象化的语言，在使用一些数字或报道一些深奥难懂的科技成就时，特别需要注意这一点。中国前几年有10亿人口，这"10亿"是个怎样的概念呢？太抽象了，一般人没办法掌握。于是有个记者换了一种说法："如果10亿人都来玩老鹰捉小鸡，从头到尾可绕地球25圈；如果把10亿人的出生证叠起来，有12个珠穆朗玛峰高。"这样给人的印象就清晰多了。

有一条报道美国政府外债严重的新闻，报道中所说的具体数字一般人记不住，但是若说把这些外债都变成100元一张的美元，堆起来的高度可以超过美国最高的110层大楼，这个形象化的比喻，给人留下了经久难忘的印象。

除了利用类比的方法之外，还可以使用其他修辞手法，以产生生动活泼的报道效果。如《外国留学生蒙难莫斯科》其中一段是这样描写当时环境的：

"11月24日凌晨2点，记者所住的俄罗斯人民友谊大学文科区8号宿舍楼走廊里人声鼎沸。打开门拉住一位怀中抱着衣物的学生一问，说是6号宿舍着火了。记者赶紧跑回房间、提上照相机就冲出宿舍楼。门外大风夹杂着雪花像冰球一样打得脸生疼。跟着拥挤的人流，在雪地上跌跌撞撞涌往百米之外的6号宿舍楼。"

该报道未有一个"冷"字，使用一个比喻，就将寒冷具体化了。

（三）简洁——新闻时效的要求

新闻语言要生动、具体、形象，但又不能事无巨细，一律细加刻画，那势必会使大量次要细节"淹没"掉真正的新闻。物极必反，这实际上成了另一种意义上的不清晰。新闻语言的另一条要求，简洁明了，就是针对这一类毛病而提出的。

新闻语言要简洁，必须注意剔除可有可无的词句，一句话最好只表达一层意思，宁用短句，不用长句，宁用简单句，不用复合句。当然最主要的是在落笔前把自己的思路理清楚。思路不清，自然行文繁复啰嗦，对某件事有透彻的了解、清醒的认识，往往能够一语中的。

（四）通俗——面向大众的语言

影响新闻清晰度的另一块绊脚石是晦涩难懂。受众分布在各个不同的工作岗位上，他们各自的经历、阅历、文学素养都很不相同，理解能力亦有高低，记者在写报道时，也应注意到这个特点。"英国报业之父"笛福说："我的写作原则是假设面对500个不同职业的群众讲话，而使每一个人都听得懂。"为了"使每一个人都听懂"，我们有必要在写新闻报道时把那些普通人感到费解的专业性术语变成通俗易懂的新闻语言。

因此，新闻语言讲究不尚修饰，通俗质朴。用老百姓喜闻乐见的话写稿，用大白话写稿子，用最接近老百姓的语言去写，要"老少咸宜"。大众语言生活气息浓，大都具有通俗明白、平易近人、生动形象的特点。用群众的语言写新闻，能为大多数读者喜闻乐见，还能使新闻具有独特的风格。

一些老记者都有过这样的经验，自己绞尽脑汁想出的句子，比不上被采访者讲的一句话来得生动准确。《人民日报》老记者刘衡在报道中擅长使用群众语言。她的不少新闻报道散发着浓郁的乡土气息。她曾对比了群众口语与记者书面语的差别。如记者说"养猪，饲料是第一位的问题"，养猪模范李仁林说："养猪，首先要抓饲料，'人不给猪吃，猪不给人吃'"。记者描写"这猪养得又肥又大"，李仁林形容："你看这猪，滚瓜溜圆，肚子拖地。看见人到跟前，都懒得动弹。"刘衡在《用群众语言写稿》一文中惊叹："真是个，不比不知道，一比吓一跳，同李仁林一比，我的语言，是何等苍白，何等干巴啊。"

老舍说："世界上最好的文字，就是最亲切的文字，所谓亲切，就是普通的话，大家这么说，我也这么说，不是用一大车大家不了解的词汇字汇。"

新华社安徽分社记者所写的一条新闻特写中就直接引用了原汁原味的老百姓语言，如"下磨盘大的雪，也冻不着俺"、"要不是党亲政府亲，俺这一家子还不知在哪个雪窝子里挨冻呢"等，记者的叙述也注意尽量口语化。比如写下雪的那一段："越往北，风越寒，雪越大"。"好大雪，沟填平了，树压弯了，有些碗口粗的树都被雪压断了。"写记者"冒着大雪、深一脚，浅一脚地步行10多华里，串了4个村庄"等，文白如水。正像穆青在《新闻工作散论》一文中说的："我们的报道如果充满了群众生动活泼的语言，文章就像加了味精，立刻透出美味来。"鲁迅先生在《人生识字糊涂始》一文中，讲到写文章要通俗易懂时，也曾主张：从活人的嘴上，采取有生命力的词儿，搬到纸上来。说得也是"多用大白话"这个道理。

用群众语言写新闻，这是新闻工作者努力的方向，但要注意，口语不是地方方言，还是要用普通话的口语。

三、新闻语言既要合乎语言规范，又要有时代感

语言规范是千百万人在相互交往中约定俗成的，为了在表达上不致产生误解，我们的新闻报道首先应该符合祖国的语言规范，然后才能论及其他。一张报纸动辄发行数千上万，乃至十万、百万、千万，影响极大。新闻工作者在正确使用祖国语言、维护祖国语言的纯洁方面，有着不可推卸的责任。

我们说遵守祖国语言规范，不仅指写报道时要注意语法、修辞和逻辑，也包括不允许滥用方言土语。现在各地媒体上滥用方言土语之势，日益蔓延，造成了不少误解与混乱。上海人的"摆宽紧"（摆谱），广州人的"罢气"（麻烦），潮汕人的"刺榴"（流氓），若是不加解释地拿到媒体上，恐怕会令相当一部分受众感到费解。更难办的是在我国不同地方的方言中，用的虽是同一个词，这个词所代表的却是完全不同的东西：北方人说的"白薯"，湖南人叫"红薯"。而湖南南部所说的"白薯"却是北方人所说的"山药"，而"山药"在西北，又是北京人所说的"土豆儿"。山药、山芋、马铃薯是3种不同的植物，绕了一个圈子就混在一起，搅和不清了。诸如此类的方言若是搬到媒体上，岂不是把受众的脑袋都搅乱了？因而，我们要尽可能地以普通话代替方言土语来作新闻报道。当然，我们也不排斥有些生活气息较浓的通讯可适当用一点方言土语，以增强文章的生动性。

新闻语言既要规范，又要有时代气息。新闻语言生命力的一个重要特征是要有时代气息，因为这种语言是社会语言最直接、最真实、最迅速、最广泛的反映，说它"领导时代新潮流"也不为过。同时新闻报道的时效性与新鲜感，在一定程度上也需要通过有时代气息，包括社会上最新流行的一些语言传递出来。

随着时代的发展，随着人们社会生活的变化，我们的日常生活用语实际上一直在悄悄地变化。20世纪80年代，我们周围一些不识字的老太太还经常听不懂年轻人所说的"知识爆炸"、"信息革命"、"迪斯科"之类到底是怎么回事。在十几年前，"彩电"还是一个令人费解的词，有一位著名作家还曾专

门写文章批评报纸杜撰"彩电"这种简称,以致让人"莫名其妙,电还有彩色的吗?"可是现在在一些大城市及其近郊,不仅男女老少都知道"彩电"是什么意思,许多人家都已有了"彩电"。随着时代的进步,很多旧的词汇淘汰了又涌现出大批新的词汇,不仅中国如此,外国亦是如此。1914年,一个名叫莫妮卡·鲍德温的英国姑娘进了一座修道院,度过了28年与世隔绝的隐居生活。当她重返俗世时,惊讶地发现人们的言谈使她茫然不知所云。报纸上的许多词语,诸如"爵士乐"、"好莱坞"、"鸡尾酒"、"独立主义"等等使她感到莫名其妙。这个姑娘的经历有趣地说明:语言就像河流,是经常处于变动状态的。

现在媒体上几乎每天都会有新词出现,词汇翻新很快。据报道,《新华词典》2001年的修订版,其修订的宗旨就是扩容词汇的"时代"含量。有2000多个滞后于时代的词汇被删除,而增加的新词汇超过1万个以上,其中以科技、经济、法律等领域里的新增词汇最为突出。而这些新增的词汇大量是从新闻媒体上收集的。鉴于词汇更新之快,《新华词典》的修订周期已准备由原来的10年一版变为5年一版。

除了日常生活中的俚语俗话的影响以外,政治、经济、文化和科学技术等各方面的发展,也对语言产生了很大影响。总而言之,语言忠实地反映时代精神,作为一个新闻工作者,我们应该保持对新事物的敏感,也应该保持对语言的敏感,要及时发觉它的细微变化,反映这种细微变化,要与时俱进。

当然,"领导时代新潮流"并不意味着盲目地追求时髦,现在有一些报道,文中经常生加几个"洋文"以示前卫,弄得中洋夹杂、不伦不类。这种文风不值得提倡。

四、新闻语言应有不同的风格

新闻语言在符合总体要求,即准确、生动、简洁、通俗的基础上,针对不同的报道、不同的作者应该有不同的语言要求,或者说可以写出不同的风格。

(一)消息与通讯对于语言的要求有所不同

新闻界有人主张用陈述事实而不是展开事实、描写事实、再现事实来区分消息和通讯的语言。也就是说,消息比通讯更惜墨如金,消息的语言是一种具体陈述与抽象概括相结合的语言。具体描写是管中窥豹,略见一斑;抽象概括则是登高望远,顾及全局。譬如,数年前我国进行人口普查规模空前,但是光说"规模空前"令人不可捉摸,细细描写全国各地的普查情况,又不是一篇短消息所能负担得了的。有一位记者这样写:"光是进行人口统计的人就足以住满一个大城市，7月1日等待着500万人口普查员去完成的任务在规模上是空前的；统计世界上人口最多的国家中大约10亿人口。"记者在这里先是用一个形象的说法，然后用较为概括的文字把全国概况写出来，文字简洁而能给人留下清晰明确的印象。

而通讯的语言特色呢？由于通讯承担着展开事实、描写事实、再现事实乃至解释事实的任务，它比消息报道的内容更详细、更深入，它或是对消息所提供事实的进一步必要的补充，或是对消息所报道的全部事实或某一部分事实的"放大"。同时通讯报道的范围也比消息更广泛，因此，它可以也必须更多地调动各种修辞手法，更多地借鉴文学写作的技巧。一般来说，通讯的语言比消息更形象、更丰富、有更多的感情色彩。

（二）新闻语言风格取决于新闻事件本身的基调

不同内容、不同题材的新闻事实，它的基调是不同的。例如有的题材是严肃的，有的题材是活泼的，有的题材是华丽的，有的题材是平实的，有的题材是欢快的，有的题材是凝重的等等。分析题材的基调，对准确地把握新闻事实，在写作中选用恰如其分的语言表现新闻事实有着重要的意义。也就是说，在确定了报道题材基调的时候，往往也就确定了撰写这篇报道时的新闻语言风格或者色彩。

（三）新闻语言风格还取决于人物报道中被采访者的语言个性

著名记者穆青就曾经比较过他的两篇人物通讯语言风格的不同：在《为了周总理的嘱托》中，因为主人公吴吉昌的语言是很生动的农民语言，明快、简短，有时还很幽默，因此该篇通讯的语言尽量接近吴吉昌的风格，多用农民的口语，句子要简短，多用单句，少用或者尽量不用那些带有修饰语、附加语的复句。而《县委书记的榜样——焦裕禄》则不同，主人公焦裕禄不仅有与农民交谈时那种生动的口语，还有向干部群众做报告时富于鼓动性的语言，以及同人们说理时带有一些哲理的语言。作为领导干部，他又很注意语言逻辑的准确、严密。因此，在这篇人物通讯报道中，记者所用的句子一般比较长，有不少是结构复杂的复句。在语言上也比较正式，在不少地方还带有政论的语言色彩。

（四）不同介质媒体的新闻语言也呈现不同风格

准确、生动、简洁、通俗，这是新闻写作对语言的共性要求。但报纸、广播、电视媒体因为传播介质不同，对新闻语言也提出了不同的要求。广播电视新闻对语言的要求除了准确、鲜明、生动、简练、朴实外，还要求口语化、平易近人、亲切自然。

纸媒新闻是给人看的，广播电视新闻则是需要使用听觉。受众从广播电视中听新闻，不能像报纸读者那样不懂的地方可以回过头来再读，只能是一听即过。因此广播电视新闻写作首先应做到口语化，这是同报纸新闻写作的显著区别之一。所谓口语化，就是像同朋友聊天一样的自然、亲切、易懂的语言，而不是那种语法复杂、难懂的句子。

书面语和口头语本来都是表达客观事物的，二者是统一的。可是经过多少年的修饰、加工、润色，书面语和口头语的差距越来越大。

书面语言的形式是文字符号，是经过修饰加工的语言，一经记载即可久远流传。口头语言的物质形式是语音，它是脱口而出，比较通俗，随说随逝，不易保存。

书面语的特点是：完全句多、长句多、关联词多、句子结构严密，层次条理清楚，富于逻辑，关联词多，语气词少。书面语是加工形式。书面语可以采取倒装形式，一般不重复。

口语的特点是：短句多、附加语少、省略多、句子结构比较松散，关联词少，语气词多。口语是自然形式。广播电视要求运用口语，做到自然流畅，一般往往要合理重复，加深听众印象。

口语化不等于不加选择的使用日常用语，口语化写作仍然要讲求语言艺术和技巧。播放时朗朗上口，收听时悦悦娱耳。

广播电视新闻语言在口语化这一点事共通的，但是电视新闻写作同文字、广播新闻写作相比，既有共性的一面，又有较大区别。

电视新闻是以现代电子技术为传播手段，以活动图像、声音、文字为符号，对新近发生的和正在发生的事实的报道。报纸记者写作时仅仅考虑文字是给人看的，广播记者写作时仅仅考虑文字是给人听的，而电视记者写作时既要考虑看，又要考虑听。电视新闻写作是既为眼睛而写，又为耳朵而写。

为眼睛而写就是遵循视觉规律。当记者提笔写作时，应该时时刻刻考虑到是做到声画对位。用字做到少而精当，不要使文字过多显得沉重。实而具体应该根据画面需要，将文字表达的内容写得实实在在，同时要写得明白。当画面呈现一个人物在讲话，或者一个场景，文字就要说明这个人是谁，这段场景是哪个地方，不要让观众去猜。

实而具体是新闻写作的特点，但是在电视新闻写作中，实在往往是将画面不能表达的东西转换成实实在在的内容。一般来讲，文字新闻细致的白描手法不大适合电视写作。电视写作不需要描写人物的形象、动作，因为画面已经生动地再现了活生生的形象和动作。

报纸新闻语言同广播电视新闻语言存在异同各有长短。我们要掌握其规律、特点，取长补短。文字新闻要学习广播电视新闻简短明了，广播电视新闻要学习文字新闻语言干净、规范、去掉拖沓不规范的成分。避免啰嗦、不完整、不准确，使广播电视语言更规范、完整、精炼。

总之，新闻语言是直接叙述和描写的高度统一。它洗尽铅华、质朴平实、透明度高，有利于把复杂的问题用简单的方法来处理，进而突出事物的特征，即突出新闻价值，便于受众在快速交流中接受。美国著名诗人惠特曼说："我决不多费唇舌，我决不在写作中使典雅、效果或新奇成了隔开我和别人的帘幕。我决不容许任何障碍，哪怕是最华丽的帘幕。我想说什么，就照它的本来面目说出来。"这个经验之谈很适合新闻传播中无障碍、快速交流的需要。

习 题：

1. 分析下面的采访片段，说说记者分别运用了哪些提问的技巧？

（1）央视《面对面》记者采访 2012 年 12 月 14 日河南光山校园惨案的知情者邹曾峰（略去了采访对象的回答）

    记者：那个时候您看到什么了？

    记者：你看到他，他在做什么？

    记者：那个时候您跟他有多远的距离？

    记者：就是老师现在走的那个位置？

    记者：他就等于比您大概多几个台阶？

    记者：当时您在这儿？

    记者：引到这儿。

    记者：之后您跟他发生了正面的冲突了吗？

    记者：打到他了吗？

    记者：打到哪儿了？

    记者：之后呢？

    记者：第二次砍您的时候砍到了吗？

记者：身上有伤口吗？

（2）凤凰卫视《风云对话》节目采访叙利亚总统特使布塔伊娜·夏班（略去了采访对象的回答）

阮次山：女士，您能否向我们解释一下，您此次来中国的目的是什么？

阮次山：过去几天里，我在《纽约时报》的报道里看到，西方国家对叙利亚国民议会和叙利亚自由军这两大反对派势力十分失望。您来自叙利亚，那么您能否向我们说明一下反对派如今的形势如何呢？

阮次山：许多中国的分析人士都清楚，反对派出现了问题，但包括美国在内的西方国家是否也都意识到了这一点呢？

阮次山：阁下提到了一针见血的一点，那就是叙利亚前总理希贾卜先生，我们可以推测是有其他国家为他提供了资金。

阮次山：希贾卜说，只有30%的民众仍然在支持阿萨德总统，您同意他的这种说法吗？

阮次山：他才是应当受到指责的人。

阮次山：是的。贵国似乎有一位政治学家曾说，卡塔尔收买希贾卜是在试图让他统一反对派势力，您认为他能做得到吗？

阮次山：那么是谁在反对坐下来谈判呢？

阮次山：那么您认为科菲·安南的六点计划是否已经夭折了呢？

阮次山：美国国务卿希拉里·克林顿在土耳其时曾说，禁飞区的提议可能也会是一种选择，您认为他们会让利比亚的情况再次上演吗？

阮次山：过去几周里，一些国家领导人如卡梅伦、法比尤斯，都发表了同样的声明，那就是阿萨德总统时日无多了。他们的意图是什么？

阮次山：自从其他国家为反对派提供了重型武器后，如今他们已经有了地对空导弹，那么这样的行为给当前局势带来了哪些危险呢？

阮次山：那么在您看来，目前化解危机的最佳方法是什么？

阮次山：那么是否所有贵国的人民都能理解这一点呢？

阮次山：那么我们想问了，那些反对派又是怎么回事？难道他们不爱国吗？

2. 将下面的文学作品片段与新闻作品片段进行比较，谈谈新闻语言的特色。

小说——

狂风暴雨摇撼着东山坞。

雷鸣夹着电闪，电闪带着雷鸣。

那雨，一会儿像用瓢子往外泼，一会儿又像用筛子往下筛，一会儿又像喷雾器在那儿不慌不忙喷洒——大一阵子，小一阵子；小一阵子，又大一阵子，交错、持续地进行着。

雨水从屋檐、墙头和树顶跌落下来，摊在院子里，像烧开了似的冒着泡儿，顺着门缝和水沟眼儿滚出去；千家百院的水汇在一起，在大小街道上汇成了急流，经过墙脚、树根和粪堆，涌向村西的金泉河。

金泉河失去了往时的温柔和安静，咆哮起来了，翻着黄色的波涛……

东山坞被投进一片惊天动地的轰响里。

——节选自浩然长篇小说《艳阳天》

消息——

截至21日22时，北京20个国家气候观测站的平均降水量已达到163.7毫米，这是北京自1951年有气象观测记录以来观测到的最大值。北京市气象局气候中心主任郭文利说，已经十余年干旱少雨的北京城遭遇了有气象记录以来最凶猛、最持久的一次强暴雨。

数据显示，21日10时至22日6时，北京全市平均降雨170毫米，城区215毫米，最大降雨量出现在房山河北镇，达到460毫米。京城部分地段的积水可以用"骇人"形容。63处道路积水，积水30厘米以上的路段有30处。记者21日19时左右在莲宝路看到，过马路的人们都在齐腰深的水中前行，而立水桥城铁南侧的积水更是形成了一个天然"游泳池"。22日10时左右，蓝天微风，阳光和煦，但暴雨肆虐的影响仍未结束，北京五环路、六环路往京港澳高速附近、铁路桥下等地段积水仍然达到2、3米，还需要时间才能恢复通行。因抢险救援，京港澳高速公路采取临时封闭措施，导致出京方向在杜家坎收费站等路段出现长时间拥堵。

——节选自新华社《61年最大暴雨 群众守望互助——北京特大暴雨实录》

第十三章

播音员的言语艺术

播音员是广播电视播出者最初的称谓，是广电媒体中直接面向受众以有声语言（含体态语）进行信息传播的专业工作者。近年来，广播电台、电视台消息类节目的播报人已有不少从"播音员"改称"主播"。现在流行的"主播"则专指新闻消息类节目的主持者。需要指出的是，在我国，从实际细加考察，同称"主播"，情况却还存在某些差异。有些属于轮班制的播音员，其职责与称"播音员"时并没有实质性的改变；有些是固定在一个新闻消息类栏目中，并能成为该栏目品牌形象的播音员，但不参与编辑工作；有些是代表栏目品牌形象的播音员，但还参与编辑工作，并承担一定量的采访报道工作；有些则是主编兼主播，既作为栏目主编全面统筹负责节目的内容采编及形式创意表现，还直接出镜面向观众播报新闻。

播音员是节目和栏目的"门脸儿"，是决定节目和栏目成败的重要因素之一。没有播音员的工作，我们的节目无法走向群众。他们是广播电视与受众之间的重要桥梁。从某种程度上说，广播电视工作水平高不高，很大程度上取决于播音员的水平。而播音员素质的构成中，语言艺术尤为重要，可以说是其安身立命的根本。

第一节 普通话的相关知识

2004年6月15日国家广播电影电视总局会议通过《广播电视编辑记者、播音员主持人资格管理暂行规定》，其中第十六条第五点规定："以普通话为基本用语的播音员主持人，取得与岗位要求一致的普通话水平测试等级证书。"因此，对于大部分播音员来说，掌握标准的普通话是必要的。

一、什么是普通话

语言是人类社会交际的工具，也是促进和推动社会发展的工具。普通话是从现代汉语演化而来的。汉语是我国的重要语言，是世界上使用人数最多的语言，也是世界上发展最充分的语言之一，并且是联合国六种正式工作语言之一。

新中国成立后，为了更好地发挥语言文字在社会主义现代化建设中的作用，1955年10月在现代汉语规范问题学术会议上将现代汉民族共同语定名为"普通话"，并确定了普通话的定义，即"以北京语音为标准音，以北方话为基础方言，以典范的现代白话文著作为语法规范"。从规范化的角度来说，普通话就是汉民族的标准语。

北方话在汉族各方言中占有绝对优势的地位，因而理所当然地成为普通话的基础方言。普通话"以北方话为基础方言"，当对同一事物或现象各方言用语不同时，我们应该使用北方话的词语。

普通话"以北方话为基础方言"，并不是说北方话的所有词语都能进入普通话。如果一种事物在北方话里有几种不同的说法，普通话一般吸收历史比较长、使用地区比较广、词义比较明确的词；舍弃使用时间短、使用地区窄、词义不太明确的词。例如："红薯"，北方话地区还有不少地方说"白薯"、"红苕"、"苕"、"地瓜"、"红芋"、"山芋"、"山药"的，说"红薯"的最多，所以"红薯"进入普通话词汇。又如"玉米"，北方话地区还有说"包谷"、"棒子"、"玉麦"、"玉蜀黍"、"珍珠米"、"玉茭"、"玉茭子"的，说"玉米"的最多，所以"玉米"进入普通话词汇。

普通话"以北方话为基础方言"，同时还从各个方面吸收有特殊表现力的词汇。包括从古代汉语里继承现在还有生命力的词汇，如"如此而已、若干、磅礴、底蕴、瞻仰"等。从外国语中吸收一些汉语所需要的词汇，如音译词"摩托、马达、幽默、休克"等，音译加意译。

二、普通话水平测试

普通话水平测试是推广普通话的重要举措，实施以来，全国的推广普通话工作进一步科学化、规范化和制度化，出现了新气象，上了新台阶。

国家语委国语［1997］64号文件颁布的《普通话水平测试等级标准（试行）》

是划分普通话等级的全国统一标准。按照该标准规定,普通话等级自上而下分为一、二、三级,每个级别内分为甲、乙两个等次。我们一般又称作"三级六等"。

【一级】

甲等　朗读和自由交谈时,语音标准,词汇、语法正确无误,语调自然,表达流畅。测试总失分率在3%以内。

乙等　朗读和自由交谈时,语音标准,词汇、语法正确无误,语调自然,表达流畅。偶然有字音、字调失误。测试总失分率在8%以内。

【二级】

甲等　朗读和自由交谈时,声韵调发音基本标准,语调自然,表达流畅。少数难点音(平翘舌音、前后鼻尾音、边鼻音等)有时出现失误。词汇、语法极少有误。测试总失分率在13%以内。

乙等　朗读和自由交谈时,个别调值不准,声韵母发音有不到位。难点音较多(平翘舌音,前后鼻尾音、边鼻音、fu—hu、z—zh—j、送气不送气、i—ü不分、保留浊塞音、浊塞擦音、丢介音、复韵母单音化等),失误较多。方言语调不明显。有使用方言词、方言语法的情况。测试总失分率在20%以内。

【三级】

甲等　朗读和自由交谈时,声韵母发音失误较多,难点音超出常见范围,声调调值多不准。方言语调较明显。词汇、语法有失误。测试总失分率在30%以内。

乙等　朗读和自由交谈时,声韵调发音失误较多,方音特征突出。方言语调明显。词汇、语法失误较多。外地人听其谈话有听不懂的情况。测试总失分率在40%以内。

根据规定,国家级和省级广播电台、电视台的播音员主持人,普通话水平必须达到一级甲等,其余广播电台、电视台的播音员和节目主持人的达标要求由广播电影电视部另行规定。

按照国家《普通话水平测试大纲》的要求,普通话水平测试内容包括:普通话语音、词汇和语法。

普通话水平测试的范围是国家测试机构编制的《普通话水平测试用普通话词语表》、《普通话水平测试用普通话与方言词语对照表》、《普通话水平测试用普通话与方言常见语法差异对照表》、《普通话水平测试用朗读作品》、《普通话水平测试用话题》。

应试人首先抽取测试顺序号备考,备考时可提前抽取朗读材料和说话题目

(从抽的2个题签中选择一个话题）。进入考场后先按试卷读单音节字词、多音节词语，然后朗读短文，最后按所抽题签命题说话。

普通话水平测试试卷依照《普通话水平测试大纲》编制，包括5个部分：

（一）读单音节字词（100个音节，不含轻声、儿化音节）限时3.5分钟，共10分。

测查应试人声母、韵母、声调的标准程度。字词的70%选自《普通话水平测试用普通话词语表》"表一"（带＊的字词占40%，不带＊的字词占30%）；30%选自"表二"。

在100个音节中，每个声母出现次数一般不少于三次，每个韵母出现次数一般不少于两次，四个声调出现次数大致均衡。

音节的排列要避免同一测试要素连续出现。

评分规则：语音错误，每个音节扣0.1分；语音缺陷，每个音节扣0.05分；超时1分钟以内，扣0.5分；超时1分钟以上（含1分钟），扣1分。

（二）读多音节词语（100个音节；其中含双音节词语45～47个，三音节词语2个，四音节词语0～1个），限时2.5分钟，共20分。

测查应试人声母、韵母、声调和变调、轻声、儿化读音的标准程度。词语的70%选自《普通话水平测试用普通话词语表》"表一"；30%选自"表二"。

（三）选择判断，限时3分钟，共10分。

1. 词语判断（10组）

测查应试人掌握普通话词语的规范程度。根据《普通话水平测试用普通话与方言词语对照表》列举10组普通话与方言意义相对应但说法不同的词语，由应试人判断并读出普通话的词语。

2. 名词、量词搭配（10组）

测查应试人掌握普通话量词和名词搭配的规范程度。测查应试人掌握普通话量词和名词搭配的规范程度。根据《普通话水平测试用普通话与方言常见词、名词搭配表》，列举10个名词和若干个量词，由应试人搭配并读出符合普通话规范的10组名量短语。

3. 语序或表达形式判断（5组）

测查应试人掌握普通话语法的规范程度。根据《普通话水平测试用普通话与方言常见语法差异对照表》，列举5组普通话与方言意义相对应，但语序或表达习惯不同的短语或语句，由应试人判断并读出符合普通话语法规范的表达形式。

（四）朗读短文（1篇，400个音节），限时4分钟，共30分。

测查应试人使用普通话朗读书面作品的水平。在测查声母、韵母、声调读音标准程度的同时，重点测查连读音变、停连、语调以及流畅程度。短文从《普通话水平测试用朗读作品》中选取。评分以朗读作品的前400个音节（不含标点符号和括注的音节）为限，但应试人应将第400个音节所在的句子读完整。

（五）命题说话，限时3分钟，共30分。

测查应试人在无文字凭借的情况下说普通话的水平，重点测查语音标准程度、词汇、语法规范程度和自然流畅程度。说话话题从《普通话水平测试用话题》中选取。由应试人从给定的两个话题中选定一个话题，连续说一段话。

根据《普通话水平测试大纲》的说明：部分省份根据本省的实际情况，实施免测"选择判断"测试项。测试试卷构成为4道题，"命题说话"测试项的分值由30分调整为40分。即：

1. 读单音节字词（10分）
2. 读多音节词语（20分）
3. 朗读短文（30分）
4. 命题说话（40分）

三、普通话语音基础

普通话语音的发音是以音节（一般一个汉字就是一个音节）为单位的，音节是由声母、韵母和声调这三个部分构成的。学习普通话首先要读准每一个音节，而要读准每个音节，就必须读准它的声母、韵母和声调。这三个方面都读准了，一个音节就读准了。关于普通话的语音基础，需要了解关于声母、韵母、声调和音变四个部分。

（一）声母

声母是音节开头的辅音，没有辅音开头的音节，习惯上把它叫做零声母，零声母不是声母。普通话共有21个声母，即 b、p、m、f、d、t、n、l、g、k、h、j、q、x、zh、ch、sh、r、z、c、s。

声母是由辅音充当的，声母的发音也就是辅音的发音。辅音发音的最大特点是气流受阻，解除阻碍才能发出声音。阻，就有在哪儿阻和怎么阻的问题，在哪儿阻是发音部位问题，怎么阻是发音方法问题。因此，不同的声母是由不同的发音部位和发音方法决定的（参看"普通话声母总表"）。学习声母，首先是要找准发音部位，然后还要注意方法，只有两个方面都对，才能准确地发好每一个声母。

1. 声母的发音部位

发音时，气流受到阻碍的位置叫做发音部位。按发音部位的不同可以分为七类：

双唇音。指双唇阻塞形成的音。共有三个：b、p、m，"播报"、"评判"、"美妙"的声母。

唇齿音。指下唇接近上齿而形成的音。只有 f 一个，如"方法"的声母。

舌尖前音。指舌尖抵住或接近上齿背或舌尖抵住下齿背，舌叶与上齿龈配合而形成的音（艺术语言从后）。共有 z、c、s 三个。如"自尊"、"层次"、"思思"的声母。注意：一般书上讲的是舌尖与上齿背配合，这并没有错，但是，发音费力，且摩擦声重，不好听，所以我们采用下齿背。

舌尖中音。指舌尖抵住上齿龈而形成的音。共有 d、t、n、l 四个。如"道德"、"团体"、"男女"、"理论"的声母。

舌尖后音。指舌尖抵住或接近硬腭最前部（上齿牙与硬腭交界线）而形成的音。共有 zh、ch、sh、r 四个。如"正直"、"长城"、"少数"、"荣辱"的声母。

舌面音。指舌面前部抵住或接近硬腭而形成的音。共有 j、q、x 三个。如"坚决"、"亲切"、"学习"的声母。

舌根音。指舌根（舌面后部）抵住或接近软腭而形成的音。共有 g、k、h 三个。如"改革"、"开垦"、"黄河"的声母。

2. 声母的发音方法

声母的发音方法，从三个方面分析：

阻碍的方式。根据阻碍和消除阻碍的不同方式分为塞音、擦音、塞擦音、鼻音、边音五类。

（1）塞音。发音时，两个部位完全闭塞，软腭上升：堵塞鼻腔通路，气流冲破阻碍，爆破成声，发音干脆有力，不能延长。共有 b、P、d、t、g、k 六个。

（2）擦音。与塞音相反，发音时，两个发音部位不能接触，而是接近，留条窄缝，软腭上升，堵塞鼻腔通路，气流从窄缝中挤出，摩擦成声，可以延长。共有 f、s、sh、r、x、h 六个。

（3）塞擦音。发音时，两个发音部位完全闭塞，软腭上升，堵塞鼻腔的通路，气流先把阻塞部位冲开一条窄缝，接着从窄缝中挤出，摩擦成声。先爆破，后摩擦。就是说把两种方法合二而一，前半是塞音，后半是擦音，合起来是一个塞擦音。共有 z、c、zh、ch、j、q 六个。

（4）鼻音。口腔中两个发音部位完全闭塞，软腭下降，打开鼻腔通路，气流振动声带，从鼻腔通过。共有 m、n 两个。

(5)边音。发音时,舌尖抵住上齿龈的最上方,软腭上升,堵塞鼻腔的通路,气流振动声带,从舌头的两边流出。只有 l 一个音。

声带是否振动。按发音时声带是否振动,声母分为清音、浊音两类。

(1)清音。发音时,声带不振动,声音不响亮。普通话中大多数声母是清音。共 17 个: b、p、f、d、t、g、k、h、j、q、x、zh、ch、sh、z、c、s。

(2)浊音。发音时,声带振动,声音响亮。普通话声母中浊音很少,只有 4 个,即 m、n、l、r。

气流的强弱。按发音时呼出气流的强弱,可以把声母分成送气音和不送气音两类(只在塞音和塞擦音中划分):

(1)送气音。发音时,口腔呼出的气流比较强。共有 6 个,即 p、t、k、g、ch、c。

(2)不送气音。发音时,口腔呼出的气流比较弱。也是 6 个,即 b、d、g、j、zh、z。

送气音与不送气音是成对的,塞音 3 对,塞擦音 3 对。送气与否在普通话声母中是十分严谨的,一定要分辨清楚。例如,伯伯与婆婆、道路与套路、字画与赐画是完全不同的。

我们把发音部位和发音方法综合起来,熟练地掌握每个声母的发音特性。一提到哪个声母,马上就能反映出它的发音部位和方法。明确每个声母的发音特性,做到部位准确,方法对头,就能发准声母。

b 双唇、不送气、清、塞音:标兵、背包、白布、奔波

P 双唇、送气、清、塞音:乒乓、品牌、批评、澎湃

m 双唇、浊、鼻音:面貌、美满、盲目、买卖

f 唇齿、清、擦音:方法、反复、非凡、丰富、发愤

d 舌尖中、不送气、清、塞音:调动、地点、到达

t 舌尖中、送气、清、塞音:团体、探讨、跳台

n 舌尖中、浊、鼻音:男女、能耐、恼怒

l 舌尖中、浊、边音:理论、流利、劳累、罗列

g 舌根、不送气、清、塞音:改革、巩固、桂冠、国歌

k 舌根、送气、清、塞音:刻苦、开垦、宽阔、慷慨

h 舌根、清、擦音:黄河、航海、洪湖、浑厚

j 舌面、不送气、清、塞擦音:积极、简洁、交际、佳节

q 舌面、送气、清、塞擦音:气球、亲情、恰巧、确切

x 舌面、清、擦音：信心、下旬、学习、现象、细小
zh 舌尖后、不送气、清、塞擦音：正直、壮志、主张、庄重、转折
ch 舌尖后、送气、清、塞擦音：长城、春潮、驰骋、出产、车床
sh 舌尖后、清、擦音：事实、神圣、赏识、手术
r 舌尖后、浊、擦音：荣辱、仁人、仍然、柔软、如若
z 舌尖前、不送气、清、塞擦音：自尊、总则、在座、曾祖、自足
c 舌尖前、送气、清、塞擦音：层次、苍翠、猜测、从此、催促
s 舌尖前、清、擦音：思索、诉讼、松散、琐碎、洒扫

3. 声母辨正

所谓辨正，即分辨与改正，就是把方言与普通话进行对照、比较，看看哪些音发得不一样，把方音改正过来，使之符合普通话的标准。在辨正时要特别注意方言与普通话相异的声母、韵母和声调的对应关系，抓住规律，突出重点，可以更快地学习普通话。

声母辨正的重点是以下几组音：

（1）辨平、翘——z、c、s 与 zh、ch、sh

舌尖前音 z、c、s，习惯上叫平舌音；舌尖后音 zh、ch、sh，习惯上叫翘舌音。这两组音在普通话中是分得很清楚的，而在许多方言里却分不清（长沙话里几乎没有翘舌音），多半是缺少翘舌音，常常把翘舌音的字读成平舌，就需要改正过来。

【发音要领】

这两组音发音方法相同，发音部位不同。z、c、s 舌尖在下齿背（注意：一般书上讲的是上齿背，那样，发音费力，又不好听，我们主张下齿背），zh、ch、sh 舌尖在硬腭前（注意：zh、ch、sh 的位置不能太高，必须是在上齿龈与硬腭交界处）。改平舌为翘舌，只要把舌头抬起来就可以了。

【朗读下列词语】

zh—z：正宗 种族 摘枣 准则 指责 壮族 主宰 振作 追踪
ch— c：穿刺 尺寸 炒菜 楚辞 长存 船舱 纯粹 储藏 初次
sh—s：生死 十四 胜诉 绳索 食宿 伸缩

【绕口令训练】

训练要求：分清翘舌音，由慢到快反复练习。

z —zh：红砖堆、青砖堆，旁边蝴蝶绕着砖堆飞，飞来飞去蝴蝶绕砖堆。

c—ch：紫瓷盘,盛鱼翅。一盘热鱼翅，一盘生鱼翅。迟小池拿了一把瓷汤匙，要吃清蒸美鱼翅。一口鱼翅刚到嘴，鱼刺刺进齿缝里，疼得小池拍腿挠牙齿。

s—sh：石、斯、施、史四老师，天天和我在一起。石老师教我大公无私，斯老师叫我遇事三思，史老师送我知识钥匙。我感谢石、斯、施、史四老师。

（2）辨鼻、边——n与l

鼻音n与边音l在普通话里是分得很清楚的，在一些方言里（特别是南方）是相混的。南方人学习这两个声母主要有两个方面的困难：第一读不准音，第二分不清字。首先要把这两个声母的音发准，然后是注意记字。

【发音要领】

怎么才能发准n与l呢？这两个音笼统地说，发音部位相同，都是舌尖中音。发音方法不同，一个是鼻音，发音时软腭下降，气流从鼻腔出来；一个是边音，发音时软腭上升，关闭鼻腔，气流从舌头两边出来。所以区分n与l的关键在于软腭的下降与上升。

除此之外，还有两点差别：一是舌尖的形状不同。发鼻音n时舌尖收窄，与上齿牙成"点"状接触，发边音l时舌尖展宽，与上齿龈成"线"状接触。二是位置的高低也不同。n与l虽然同属于舌尖中音，但实际发音时舌尖与上齿龈接触的位置是有区别的，发n时位置低，在上齿背与齿龈的齐界处，发l时位置高，在上齿龈与硬腭的交界处，属于舌尖后音的发音部位。请反复发"拿来"、"努力"等类型词语进行比较，看是不是这样。

【词的对比朗读】

n—l：奶酪 耐劳 脑力 内力 内陆 奴隶 努力 女郎 能量 年历 年轮 年龄

l—n：冷暖 留念 流年 老年 老衲 老娘 老牛 老农 来年 烂泥

【绕口令训练】

大柳河旁有六十六棵大青柳，大青柳下有六十六个柳条篓。有六十六个入伍六个月的新战士学编篓。教的是大柳河乡大柳河村的六十六岁的刘老六。

（3）辨唇齿与舌根——f与h

湘方言中f、h混淆。这两个声母发音方法相同，都是清擦音，二者的区分在于发音部位。f是唇齿音（上齿与下唇配合），h是舌根音（舌根与软腭配合）。

【发音要领】

发唇齿音f时，上齿与下唇内缘接近，唇形向两边展开；

发舌根音h时，舌头后缩，舌根抬起，和软腭接近，注意唇齿部位不能接触。

【词的对比朗读】

f—h：理发—理化 发现—花钱 舅父—救护 防虫—蝗虫 斧背—虎背

【绕口令训练】

红凤凰，黄凤凰，粉红墙上飞凤凰；凤凰飞，飞凤凰，红黄凤凰飞北方。

（4）j、q、x 与 z、c、s（zh、ch、sh、g、k、h）

【发音要领】

发舌面音 j、q、x 时，舌面前部与硬腭前部形成障碍，舌尖不要抬起，否则气流在舌尖部位受到阻碍，发音就近似于 z、c、s，也就是通常人们说的"尖音"。

【朗读下列词语】

精神 笑星 秋季 宣传 借债 修车 书签 讯息 家长 超群 世界 雪花 借据 嫁接 交际 驯服 酒窖 聚集 尖叫 穴位 祈求 氢气 邀请 谦逊 群众 趋势 拳脚 劝说 缺点 确实 闲暇 纤细 琴弦 想念 混淆 歇息

【绕口令训练】

七加一，七减一，加完减完等于几？七加一，七减一，加完减完等于七。

（二）韵母

中国汉语音韵学术语，一个汉字音节中声母后面的部分。韵母至少要有一个元音，也可以有几个元音，或元音之后再加辅音。由几个因素组成的韵母又可以细分为韵腹（主要元音）、韵头（又称介音）、韵尾，如官（guan）这个音节中，g 是声母，uan 是韵母。其中，u 是韵头，a 是韵腹，n 是韵尾。韵腹是韵母中发音最清晰、响亮的元音音素，也称主要元音。韵腹是韵母的主干，是韵母不可缺少的构成成分。

普通话韵母共 39 个，韵母表 24 个：

a o e i u ü ai ei ui ao ou iu ie üe er an en in un ün ang eng ing

1. 韵母的类型和结构

按韵母的结构，可以分为三类

（1）单韵母（单元音韵母）：由一个元音（元音是发音时气流自由呼出而不受任何阻碍的音）构成的韵母。普通话有单元音韵母 10 个。其中，舌面元音 7 个，卷舌元音 1 个，舌尖元音 2 个。

舌面元音（7 个）：a o e ê i u ü

卷舌元音（1 个）：er

舌尖元音（2 个）：-i（前） -i（后）

（2）复韵母（复元音韵母）：由两个或三个元音结合而成的韵母叫复韵母。普通话有复元音韵母 13 个：ai、ei、ao、ou、ia、ie、ua、uo、üe、iao、iou、uai、uei

（3）鼻韵母（鼻音尾韵母）：由一个或两个元音后面带上鼻辅音韵尾构

成的韵母。鼻辅音韵母可以区分带 n 韵尾的前鼻尾音韵母和带 ng 韵尾的后鼻尾音韵母两类。普通话有鼻韵母 16 个,其中,前鼻音韵母 8 个,后鼻音韵母 8 个。

an、ian、uan、üan、en、in、uen、ün

ang、iang、uang、eng、ing、ueng、ong、iong

按开头元音发音口形可分为开口呼、齐齿呼、合口呼、撮口呼,简称"四呼"。

(1) 开口呼韵母:不是 i、u、ü 也不是 i、u、ü 开头的韵母。

(2) 齐齿呼韵母:i 或 i 开头的韵母。

(3) 合口呼韵母:u 或 u 开头的韵母。韵母 ong,开头元音的实际发音是 u,所以归入合口呼而不归入开口呼。

(4) 撮口呼韵母:ü 或 ü 开头的韵母。韵母 iong,开头元音的实际发音是 ü,所以归入撮口呼而不归入齐齿呼。

2. 韵母发音

a——舌位低、不圆唇、央元音。如:阿 卡 爬 妈妈 芝麻 喇叭 玛莎

o——舌位半高、圆唇、后元音。如:波 佛 末 伯伯 婆婆 摸底 薄膜

e——舌位半高、不圆唇、后元音。如:得 特 舌 者 特色 哥哥 各色

ê——舌位半低、不圆唇、前元音。这个音素在普通话中只与 i、n 一起构成复韵母。如:学业 雀跃 血液 贴切 雪夜

i——舌位高、不圆唇、前元音。如:洗 宜 低 提 你 笔记 一起 议题

u——舌位高、圆唇、后元音。如:素 土 怒 陆 普 姑 服务 鼓舞

ü——舌位高、圆唇、前元音。如:与 女 驴 居 去 女婿 旅居 渔具 郁郁

er——卷舌、央元音。特殊元音,发音时,舌前部上抬,舌尖向硬腭卷起。需要注意的是,不代表音素,只表示卷舌的动作,所以 e 和 r 的距离要紧凑,弱化 r,不要发得很笨拙。如:儿 二 而 儿女 儿童 而已 耳福 耳机 耳鸣。

-i(前)——舌尖前不圆唇元音。特殊元音。发音时,舌尖轻抵下齿背。舌面前部朝上齿龈,但不要接触,也不要发生摩擦。在普通话只能和 z、c、s 相拼,不能自成音节。如:子 字 词 此 四 思 字词 自私 刺字 次子 私自 四次。

-i(后)——舌尖后不圆唇元音。特殊元音。发音时,舌尖朝硬腭前部翘起,舌头后缩,使气流受到一定的节制,但不要发生摩擦。在普通话只能和 zh、ch、sh、r 相拼,不能自成音节。如:指 值 齿 持 是 式 日 知识 事实 日食 实施。

前响复韵母 4 个:ai、ao、ei、ou——发音时,开头的元音清晰响亮、时间较长,后头的元音含混模糊,音值不太固定,只表示舌位滑动的方向。如:奶奶、报告、妹妹、欧洲等。

后响复韵母5个：ia、ie、ua、uo、üe——发音特点是舌位由高向低滑动，收尾的元音响亮清晰，在韵母中处在韵腹的位置；开头的元音都是高元音 i-、u-、ü-，由于它处于韵母的韵头位置，发音轻短，只表示舌位滑动的方向。如：恰恰、爹爹、刮花、国货、略微等。

中响复韵母4个：iao、iou、uai、uei——发音特点是舌位由高向低滑动，再从低向高滑动。开头的元音发音不响亮、较短促，只表示舌位滑动的开始，中间的元音清晰响亮，收尾的元音轻短模糊，音值不太固定，只表示舌位滑动的方向。如：飘缈、悄悄、悠久、舅舅、摔坏、怀揣、退回、追回等。

前鼻音尾韵母8个：an、en、in、un、ian、uan、üan、uen——韵 -n 的发音部位比声母 n- 的位置微靠后，一般是舌面前部向硬腭接触。在整体的发音中，韵头的发音比较轻短、韵腹的发音清晰响亮，韵尾的发音只做出发音状态。如翻案、根本、民心、军训、电线、贯穿、源泉、春笋等。

后鼻音尾韵母8个：ang、eng、ing、ong、iang、uang、ueng、iong——发音时，软腭下降，关闭口腔，打开鼻腔通道，舌面后部后缩，并抵住软腭，气流颤动声带，从鼻腔通过。韵头的发音比较轻短，韵腹的发音清晰响亮，韵尾的发音只做出发音状态。如：沧桑、风声、经营、恐龙、强项、窗框、嗡嗡、用功等。

3. 韵母辨正

（1）i 与 ü

【发音要领】

i：口腔开度很小，舌头前部上升，接近硬腭，嘴唇展开成扁形。

ü：口腔开度很小，舌头前部上升，接近硬腭，嘴唇拢圆成一小孔。

【词的对比朗读】

饥民——居民 意见——遇见 夜光——月光 大雁——大院 颜色——原色
印书——运输 斤两——军粮 白银——白云 分期——分区 经济——京剧

【绕口令练习】

清早起来雨淅淅，王七上街去买席，骑着毛驴跑得急，捎带卖蛋又贩梨，一跑跑到小桥西，毛驴一下失了蹄，打了蛋，洒了梨，跑了驴，急的王七眼泪滴，又哭鸡蛋又骂驴。

（2）e 与 o

【发音要领】

e：口腔半闭，舌头后部上升到半高，嘴唇向两边展开。

o：口腔半闭，舌头后部上升到半高，嘴唇拢圆。

【朗读下列词语】

各个 可贺 各科 舍得 折合 隔热 割舍 薄膜 泼墨 磨破 伯伯 婆婆 佛教

【绕口令练习】

老伯和老婆,乐乐呵呵做吃喝儿。老伯端起淘箩去淘米,老婆忙去洗鲜蘑;一个刷锅,一个烧火,做出饭菜可口营养多。桌前坐,两人说:"若是没有共和国,哪有这样好生活!"

(3) uan、uen、uei 与 an、en、ei

【发音要领】

在普通话中,d、t、n、l、z、c、s 等七个声母与韵母 uan、uen、uei 相拼时,有些人在读音时常常丢失介音,而念成与韵母 an、en、ei 相拼的字音。

【朗读下列短语】

端正 锻炼 长短 团长 湍急 暖和 山峦 杂乱 钻研 逃窜 酸枣
堆积 对付 对唱 推行 颓废 嘴唇 最初 催促 摧残 隋朝 隧道 随从
敦促 吨位 炖肉 吞并 囤积 沦陷 轮船 遵从 尊敬 村长 尺寸 损失

【绕口令练习】

红饭碗,黄饭碗,红饭碗盛满饭碗,黄饭碗盛半饭碗,黄饭碗添半饭碗,像红饭碗一样满饭碗。

(4) 前鼻韵母与后鼻韵母

【发音要领】

鼻韵母的发音特点是:

1) 元音应该响亮地发出,气流不中断,向鼻辅音过渡,直至气流从鼻腔透出。它的发音和复韵母一样,念成一个结合得很紧密的音。

2) 舌头应该有相应的前伸和后缩的动作,使鼻辅音在正确的位置发出。

鼻辅音可以根据所带韵尾的不同分成两类:一类是元音加上鼻辅音 -n 的,叫前鼻韵母;一类是元音加上鼻辅音 -ng,叫后鼻辅音。

【词的对比朗读】

瓜分——刮风 清真——清蒸 信服——幸福 亲近——清净 金鱼——鲸鱼
红心——红星 人民——人名 陈旧——成就 烂漫——浪漫 弹词——搪瓷

【绕口令练习】

扁担长,板凳宽,扁担没有板凳宽,板凳没有扁担长。扁担绑在板凳上,板凳不让扁担绑在板凳上,扁担偏要绑在板凳上。

(三) 声调

1. 什么是声调

声调是指一个音节发音时的高低升降。声调主要是音高音低的变化现象。同时也表现在音长变化上。音高决定于发音体在一定时间内颤动次数的多少，次数越多声音越高，反之声音越低。发音时，声带越紧，在一定时间内振动的次数越多，声音越高；声带越松，在一定时间内振动的次数越少，声音就越低。在发音过程中，声带是可以随时调整的，这样就造成种种不同的音高变化，形成了不同的声调。在汉语里，一个音节一般就是一个汉字，所以声调也叫字调。声调是音节结构中不可缺少的组成部分，担负着重要的辨义作用。例如，"题材"和"体裁"、"练习"和"联系"等，这些词语意义的不同主要靠声调来区别。

2. 怎样分析声调

通过调类、调值、调型、调号来分析。

（1）调类——声调的分类。调类，即把调值相同的音节归在一起所建立起来的类别。

调类是由调值决定的，一般来说，一种语言或方言里有多少种声调调值，就有多少个调类。

普通话有四个调类（四声）：阴平调（一声）、阳平调（二声）、上声调（三声）、去声调（四声）。

（2）调值——声调的实际读法也就是音节的高低、升降、曲直、长短的变化形式。调值的确定通常采用"五度标调法"。

阴平调：55；阳平调：35；上声调：214；去声调：51。

（3）调型——声调的类型，指声调高低、升降的的变化模式。调型大致可以分为平、升、降、曲折四大类。

阴平调：高平调（高而平）；阳平调：中升调（中升高）；上声调：降升调（半低音再降到低音再升到半高音）；去声调：高降调（高降低）。

（4）调号——声调的符号，指标写声调所用的简单明了的符号。

阴平调：ˉ；阳平调：／；上声调：∨；去声调：＼

3. 声调发音

（1）阴平调：调值从5度到5度，声音比较高，基本上没有升降的变化。

如：书 开 猫 真 灯 机关 村庄 飞机 拖拉机 金沙江 春天花开

（2）阳平调：调值从3度升到5度，有较大的升幅变化。

如：除 熟 直 足 唇 平时 轮流 黎明 遗传学 颐和园 儿童节

(3) 上声调：调值从 2 度降到 1 度，再从 1 度升到 4 度，有明显的降升特点。

如：我 比 美 股 往 厂 商品 祈祷 勤恳 典雅 短跑 报纸 伴侣

(4) 去声值：调值从 5 度降到 1 度，有较大的降幅变化。

如：带 笑 价 寸 泡 算 照相 注意 外貌 促进派 烈士墓 运动会 售票处

（四）音变

说话或朗读时，由于连续发音，邻近音素或声调互相影响，就会产生语音上的一些变化，这种现象叫做音变。常见的音变现象有轻声，上声的变调、"一、不"的变调，语气词"啊"的变化和儿化。

1. 轻声

普通话的音节原来都有声调，可是在词或句子里，有些音节失去了原来的声调，变成一种又轻又短的调子，这就是轻声。如"子"，原来念上声，在"桌子"、"椅子"等词中，"子"原来的上声消失了，成为一个轻声音节。轻声是在朗读或说话时产生的一种音变现象，所以它不是一种独立的调类。注音时，轻声音节不算声调，一般的拼音读物中，不标声调符号的音节就读轻声。

普通话测试用的必读轻声词语有 500 多个，这也是通常普通话中在所有场合都读作轻声的词语。轻声有以下几种类型：

（1）助词读轻声

结构助词"的"、"地"、"得"和动态助词"着"、"了"、"过"读轻声。如北方的、敌后的、平凡的、低声地、不解地、认真地、不懂得、不由得、多得、等着、穿着、沉睡着、不多了、带来了、象征了、补过、穿过、度过等。

（2）名词后缀读轻声

如案子、被子、稻子、贩子、念头、里头、丫头、苗头、两口子、老头子等

（3）方位名词读轻声

方位名词"上"、"下"、"里"读轻声。如班上、大街上、飞机上、天下、乡下、蓝天下、家里、画里、海洋里等。

（4）趋向动词（动词后）读轻声

如"来"、"去"、"上"、"下"、"出"、"起"、"上来"、"下去"、"进去"、"起来"、"过去"、"回去"放在动词后面的时候读轻声。如出来、传来、睡觉去、失去、闭上、冲上、低下、留下、传出、发出、背起、隆起、拉上来、爬上来、沉下去、淡下去、吹进来、倒进来、发出去、跑出去、燃烧起来、跳跃起来、开过去、跑过去、赶回去、送回去等。

（5）重叠动词的末一个音节读轻声

如看看、劝劝、听听、玩玩、谢谢、走走等。

（6）重叠名词的末一个音节读轻声

如爸爸、妈妈、舅舅、姥姥、爷爷等。

（7）代词的轻声

代词"你"、"我"、"他（她、它）"读 轻声的情况有：爱你、瞅你、抱我、请我、让我、告他、叫他、给他等。

（8）语气词的轻声

如是啊、唱啊、行啊、谁啊、天哪、你呀、好哇、走哇等。

（9）因区别词性意义而某些音节读轻声

如爱人（丈夫或妻子）、本事（本领）、大夫（医生）、人家（代词）等。

（10）其他特殊情况下的轻声

如巴掌、白净、包袱、比方、姑娘、见识、麻利、苗条、朋友、脾气等。

2. 上声的变调

（1）两个或三个上声相连时，最后一个上声不变，前面的一个或两个上声变直上（调值 24，近似阳平）。

双音节：214+214 变为 24+214

如指导 勇敢 蚂蚁 选举 老虎 手表 洗澡 长满 懒散 演讲 雨雪 保险

三音节：214+214+214 变为 24+24+214

厂党委 小老虎 小手掌 好领导 短粉笔 守海岛

（2）上声在非上声（阴平、阳平、去声）的前面，上声变半上（调值 21，直降不扬起来）。

上声在阴平前：214+55 变为 21+55

小刀 主公 打针 火花 鲁班 广播 小说 产生 指挥 普通 委托 北京

上声在阳平前：214+35 变为 21+35

导游 主人打球 火柴 改革 朗读 祖国 举行 早晨 晚霞 可能 满足

上声在去声前：214+51 变为 21+51

讨论 柳树 纽扣 水库 闪电 努力 讲话 海浪 脸蛋 挑战 气路 伟大

3. "一"和"不"的变调（可记住四句话）

单说句来念本调：（"一""不"都不变），一、二、三 一加一 万一 五一 "不！我去。" 绝不 偏不

去声前面念阳平：（"一""不"都变），

一切 一定 一段 一对 不对 不配 不乱 不像

非去声前念去声：（"一"变"不"不变），

一心 一颗 一般 一间 一连 一同 一时 一直 一起 一盏 一股 一把 不听 不安 不公 不屈 不行 不如 不学 不回 不想 不可 不跑 不仅

夹在词中念轻声：（"一""不"都不变），

听一听 读一读 写一写 念一念 拎一拎 查一查 想一想 试一试 香不香 甜不甜 苦不苦 辣不辣 光不光 平不平 老不老 热不热

朗读儿歌，注意"一"的变调

一个大，一个小，一件衣服一顶帽。一边多，一边少，一打铅笔一把刀。
一个大，一个小，一只西瓜一颗枣。一边多，一边少，一盒饼干一块糕。
一个大，一个小，一头肥猪一只猫。一边多，一边少，一群大雁一只鸟。
一边唱，一边跳，大小多少记得牢。

4. 语气词"啊"的变化

句末出现的语气词"啊（a）"，受到前面音节最后一个因素的影响，语音会发生变化。

（1）前面的因素是 a、o、e、I、u 时，"啊"读作 ya，汉字写作"呀"

赶快回家呀 是个老婆婆呀 来的人真多呀 有只大白鹅呀
我们快点写呀 全是新桌子呀 大家走的快呀 没有一点灰呀

（2）前面因素是 u（包括 ao，iao），"啊"读作"哇"，汉字写作"哇"

今天有大雾哇 你要当心走哇 楼房造得高哇 不要开玩笑哇

（3）前面因素是 n，"啊"读作"na"，汉字写作"哪"

心里真不安哪 党的恩情深哪 烟不冒烟囱哪 全是前鼻音哪
这条路很宽哪 时间已黄昏哪 一点也不远哪 走了一大群哪

（4）前面因素是 ng，"啊"读作"nga"汉字仍写作"啊"。

放开喉咙唱啊 开始新长征啊 会议很隆重啊 真是松花江啊
仔细听一听啊 一点不管用啊 快点往上装啊 咱是主人翁啊

5. 儿化

er 与其他韵母相结合，改变了原来韵母的读音，成为卷舌韵母，这种变化，叫做儿化。儿化以后的韵母叫做儿化韵，儿化韵的注音，只要在原来的韵母后面紧附上一个"r"儿为儿化符号即可。如"花儿"写作 huar。

儿化韵的读音要注意。所谓儿化韵，就是在念原来韵母的同时加上一个卷舌动作，不是在原来韵母后面加上一个 er 的读音。如"小孩儿"，其中"孩"是一个儿化韵。这个词应该是两个音节，如果念成三个音节，那就错了。汉字不表音，儿化现象只能用"儿"表示，如"花儿"、"画儿"均是，因此，在念读的时候，不应该把"儿"当做音节来发音。

有些儿化具有区别词性的作用。如"画"，不儿化，是动词，儿化后，是名词。"头"，不儿化指脑袋，儿化则是领头的人。

一般在表示细小、轻微的意思时或表示说话人喜爱、亲切、愉悦的感情时，可以用儿化来加强表达效果。

打岔儿 浪花儿 山坡儿 大伙儿 小猫儿 小鸟儿 带头儿 加油儿 秧歌儿 台阶儿 露珠儿 小孩儿 香味儿 心坎儿 一点儿 拐弯儿 树枝儿 干劲儿 海滩儿

小孩儿，小孩儿坐小车儿，坐着小车玩小盒儿，小孩儿玩小盒儿真有趣儿，乐得小孩儿坐着小车儿玩着小盒儿唱着歌儿。

第二节　播音员有声语言的表达

掌握有声语言的表达方法是播音员的基本功。也就是说，播音员作为广播电视的职业传播者，理应具有很好的语言传播素质、比较强的语言表现力和感染力。所以对有声语言的表达要求就成了播音员的职业要求。

一、表达的灵魂：情声气结合

语言是人类最重要的交际工具，是传递信息和交流思想感情的载体。在运用有声语言进行言语交际时，情感、声音和气息是有机地融合在一起的。

播音员要把文字叙述的内容变为有声语言表达出来，不是简单地出声念字，而是要赋予内容以音声化的加工，是一种艺术的再创造。通过播音员的再创造，将文字内容变为有声语言之后，其精神实质、人物事件、思想内涵、文采风格等都得到了准确、鲜明、生动、具体地体现，既给受众以深邃的思想启迪，又给受众以高尚的美感享受。

从传播的形式看，播音是对有声语言的再创作，所以它又属于语言艺术的范畴。它要运用语言学的理论加强语言的清晰度，又要运用发声学的理论使声音具有美感，还要运用朗读学、表演学，熟练地掌握语言表达技巧，使有声语言富有情感，播音艺术发声的理论与实践终将因"以情感人"而存在。优秀的播音员总是根据所述内容，创造出有声有色、声情并茂的播音作品。所以，理解、掌控播音中的情、声、气的关系显得尤为必要。情、声、气要"情取其高、声取其中、气取其深"，以达到"字正腔圆、纯正持久、弹性可塑、声情并茂"的境界。

(一) 情

在字词典上，对"情"的标准解释是"对外界刺激肯定或否定的心理反应"，如喜欢、厌恶、愤怒、悲伤、恐惧等都是这种心理反应的表现形式。播音中的"情"，是指在播音中播音员根据播讲目的，由具体稿件或话题引发并且由有声语言表达出来、始终运动着的感情，它能使所述内容具体化。这是一种在有声语言中所体现出来的思想感情。

播音讲究"感之于外，受之于心"，就是要求播音员从有声语言创作的角度，把无声的文字变成活生生的语言，把自己经过深思熟虑、精心推敲的话语表达出来，对生活中的语言进行艺术地再创造。

"情"是进行播音创作的依托，播音的最终成效就是为了传情达意。因此，播音员要具备最丰富的、并且能随时调动起来的思想感情。它一方面要求播音员在做案头处理直至播出时思想感情要处于运动状态，以使有声语言在表述的时候能够有充分的内心依据，对内容进行评价、判断、估量，无论是客观或者主观的、肯定或否定的，赞扬或批评的都应有相应的体验和反应，从而产生相应的思想感情，并且准确地体现在有声语言中。如果播音员自己没有先受到诉说内容的刺激、反应、感受，也就不会有受众的反应。另一方面调动起来的运动着的思想感情，一定要服务于播讲目的，要服从于稿件或者是话题的界定。换句话说，这个情是从内容中得来的，是在感悟、感受中得到的。

如果受众在收听收看中被情节内容感动，以至忘记了叙述者本人，应该说播音者是成功的。播音的发声必须动之以情，但是并非随便什么感情的注入或者是泛滥、激情的表露都是好的，表面的强烈不等于真实情感，而质朴中常常饱含着火一样的热情，华丽当中往往呈现出空虚。这里主要要看有没有底蕴、有没有内韵，是不是发自内心。如果离开内心的真情而无病呻吟、忸怩作态，艺术的感染力就会一去无踪影。故意做作出来的假感情，以哗众取宠、迎合低俗之所好为满足，只能感人一时而不能真正的感染人，也不能使人过耳不忘。

即使是真挚的感情也不能一概而论，而要做出具体的分析和对待。人的感情是被社会实践所规定的一种意识形态，是建立在一定的思想基础之上，并且受世界观制约的。尽管喜怒哀乐、七情六欲人皆有之，但是同一事物对于不同的人来说，所引起的感情反应不可能没有差异。这里边有积极、健康、高尚和消极、颓废、低俗之分，前者和人民群众的感情息息相关，符合时代精神，这样的真实情感和善是相统一的，因而是美的；而后者则是满足一己之所好，是迎合少数人的趣味，与时代精神相背，即使是真实的也是有害的。感情被现实所激起，还必须被思想所提高，这是问题的一个方面。另一个方面，同是积极、健康、高尚的感情，也是丰富多彩、千差万别的，它的表达方式和表现形态也是多种多样的。歌德曾经说过：一棵树上很难找到两片完全一样的叶子，千万个人中也根难找到两个在思想感情上完全协调一致的人，这又体现了每个播音员各自特定的感情、气质和个性，也就是不同的格调和风貌。

（二）声

"声"，即声音，是指播音员依据稿件或话题，使用发声器官、运用播音技巧所发出的表达思想感情、包容大量信息并通过电声设备进行传播的规范化、艺术化的有声语言。它包括音准、音色、吐字等，是以人类语言交际长期积淀为前提，以时代的社会约定俗成作为条件的。对"声"的要求是能够充分表达各类不同稿件所确定的不同层次、不同色彩的情感，能清晰明确地传递稿件所带有的所有信息，并且具有各自声音形象的特点。

"声"的产生过程是：肺部产生的气流，通过气管，振动了喉头内的声带，于是声带发出了声音。音波经过咽腔、口腔、鼻腔，产生共鸣得到了放大、美化，在唇、齿、舌、牙、颚的协调运动下，有声语言就产生了。声音像一条弹性带子，下端从小腹拉出，向上前行至喉头咽腔，沿软腭、硬腭中纵线挂在硬聘前端，形成一条弹性带，从门齿弹出。

播音员的有声语言状况有时可以左右受众对一次节目的取舍。这是因为受众在收听收看广播电视节目的时候，播音员的仪态形象首先呈现在他们面前，其中声音是播音员整体形象重要的组成部分，是最先被感知的，其次才对声音所负载的内容进行选择。

作为负载内容、情感的嗓音来说，是发声的重要创作基础。广播电台电视台是国家的新闻机构，它应该具有权威性和公信力，它首先要求播音员主持人的声音，尤其是新闻播音员的声音要有真实可信、朴实无华的特点。

其次，声音应该是自如的。新闻播音的主要工作方式是有稿播音，有些也会做一些现场报道。广播电视内容广泛多样，既要在一定时间限度内完成，又要让受众完整地接收到这些信息。对于播音员的声音要求绝不是一般的要求，为了传情达意，播音的声音应该充满活力、色彩多姿、运用自如。播音的用声范围是自如变化的声音，虚实、刚柔、明暗、高低、强弱等声音弹性的运用要得心应手。用本色的声音，又绝不是原始的声音，而是艺术化的声音。在本色的基础上，进而还可以发挥自己的特长，逐渐创立自己的风格特点。

最后，声音应该是不断变化的。有声语言是诉诸于听觉的，要使受众永远处于积极、敏感的状态、要求声音不断变化,这是艺术的普遍规律,这也是对单调的否定。有声语言的变化,就是要把握思想感情的曲折性,把握声音形式的波浪性。刚柔相济是播音风格的一个侧面,从气质上看既要刚正不阿,又要柔情似水;在声音形式上既气势宏大、尖锐泼辣,同时又抒缓恬静、细腻婉约,以此呈现出播音的气派。

(三) 气

"气"是指在运用有声语言传情达意的播音过程中,播音员灵活运用胸腹联合式呼吸法所获得的良好的气息,即发声的动力。

"气是音之帅",没有气息,声带就不能颤动发声,但使声带发出声音还是不能体现气息的作用的。嗓音之所以赋予弹性和能够耐久,这和源源不断地供给声带的气流有关。字正首先必须发音方法得当,腔圆必须调整共鸣腔,这一切都和气流的运用有关,字正腔圆必须建立在气息的基础上。

在古代声乐理论中,有"气动则声发"的说法。一千年前,唐代《乐府杂录》中提到"善歌音必先调其气,氤氲从脐间出,至喉乃噫其词。随得抗坠之音,即得其术,可至遏云响谷之妙也。"在播音艺术语言中,无论是嗓音的使用、所述内容的连贯性、吐字的力度,以及声音色彩的变化无不渗透着气息的重要作用。

气息是运动的。由于节目内容的多样化,当然为之服务的声音也是多姿多彩的,平常说的"以多变的声音应万变的内容"就是这个意思。其先决条件就是气息是通畅的、运动的。声音收纵自如,节目也就会得到相应的表现形式。成语里有"忍气吞声"、"有气无力"、"气急败坏"、"气贯长虹"等与气息有关的形容,这些形容涉及情感复杂的变化,而气息变化起着主要作用。

"气"取自胸腹联合呼吸法,即两肋打开、横隔降、小腹收,丹田作为气根,从而形成气柱。气要足够多,急、缓、疏、密,均运用自如。在减少声带压力,加强唇舌力度的基础上,形成对声音的支持力量。

要做到气息能够稳定而持久地支持语言表达的发声,我们就得练习,吸气量较平时说话时要大,呼气时要有所控制。有控制的胸腹联合式呼吸需要练习,因为它是大运动量发声和艺术语言发声经常用到的。

首先下腹微收着,不要过紧。这是为呼气做准备。

然后慢慢吸一大口气,检查一下自己气息是否吸到了肺底,最重要的标志是两肋是否向两侧打开。如果你发现自己的双肩很快明显抬起,那么吸气就比较浅,吸气量比较少,并不适合长时间的大运动量发声。或者,你还可以试一试身在沁人心脾的空气中,深探地吸上一口,看看两肋向两侧撑开了没有。但是在真正的语言发声中，为了便于控制，你的吸气不要过满、掌握在七八分饱就可以了。

呼气时，尽量不要让气息于瞬间就毫无控制地呼出去。抑制的要领在下腹收缩，上腹壁尽量保持住，目的是让张开的两肋不要一下子就懈怠了，保持住，气息应是随着发声徐徐呼出。当然，随着呼气发声，两肋的展开和下腹微收的状态会逐步放松，然后再微收小腹吸气，打开两肋呼气发声，周而复始。在语言表达的过程中，这种循环是随着思想感情的变化而变化着的，不是简单地重复。

整体应是自然和谐的，不要憋挤，拧着劲儿。一般容易紧张的部位有双肩、前胸和喉部。

发力的支点应是下腹，就是脐下三指处，也是我们常说的"丹田"。所谓"丹田气"是指以丹田为力量的支点，而不是气要吸到丹田处。气最深只能吸到肺底，不可能抵达丹田。

(四) 情、声、气的关系

"情"是内涵，是依托，是目的；"声"是形式，是载体；"气"是基础，是动力。播音中的情是主导，它指导着气息的运动，并且组织发声器官的协同动作，最终发出表情达意的声音来。具体来说，情、声、气的关系可以从三个层次进行分析：以情带声，以声传情；声随情出，传情达意；气随情动，融之于声。

以情带声，以声传情。掌握发声技能的目的，是为了改善、扩展发声能力，注意力会集中在声音上，但用声的最终目的是为情服务的。所以，气、声的调节，都是以情感作为主导的，情是内涵，气、声是为情而发的，有什么样的情，就有什么样的声音。读稿、念稿的流畅是很多人可以做到的，但是要让自己接受稿件的刺激后产生相应的感受、态度、情感，进而产生的一种主动播讲的愿望，把稿件中或自己想叙述的语言转变成让广大受众所接受的语言却并不是一件容易的事情，它讲究情之所至。因此，在播音发声当中要讲究情的内在主导作用，要以情带声、以声传情，而决不能本末倒置，以声造情。

声随情出，传情达意。播音艺术主要靠有声语言来传情达意，声音是播音员的主要创作手段。但此时的有声语言已经不是单纯的生活语言了，无论声音、吐字、用气已经被美化了，是艺术化了的语言。因此，用于播音的声音要有美感，还需"以声传情，以字词传意。若字不清，音调虽和而动人不易"。播音艺术发声的目的就是传情达意。明代昆腔大师魏良辅在他的《曲律》里说："曲有三绝，字清为一绝，腔纯为二绝，板正为三绝。"字清极为重要，字如果咬不清楚，即使声音很好，板眼很准，意思也会含混不清。播音同样如此，只有使声音艺术化，才能将情感淋漓尽致地抒发出来。可以说，情是内涵，声音是依托、声音是外在的表现形式，是为情服务的。

气随情动，融之于声。气是基础，是动力。气息控制的最终目的就是使气流融入到声音中，去服务于情感的需要。气随情动的关键在于"调"，我们说过善歌者必先调其气。播音员应该是"善播者必先调其气"，这个"调"字非常重要。思想感情处于运动的情况下，身体是放松的，但是这个"松"是处于可控制状态下的，不僵持，有弹性。只有松弛，才会有比较畅达的气息。那种毫无意义的、有意识的换气声、虚声，除了表明基本功不足外，只能说明是原始的处理方式，这会使语势单一，语言呆板。所以要学会调节气息，不能一味地松就松到底，紧就紧到头。时松时紧才是"松弛"，这样，气流也才会时强时弱，时快时慢，气息随感情的运动而运动，气融之于声之后，为情感服务。

解决情、声、气的关系不是一项孤立的任务。如果脱离了稿件，就无所谓播音中情、声、气的关系。因此，播音中的情、声、气应该统一于稿件，另外还要处理好几个统一关系。

首先是自如性与控制性的统一。自如性是指从主观可能角度，情、声、气固有的适应能力。有的播音员对某种内容、某类体裁的稿件、某些声音形式、气息状态和某种工作环境是适应的，就叫有自如性。对另外一些不适应，就叫没有自如性或缺乏自如性。控制性是指从客观要求角度，情、声、气可塑的支配能力。播音员对不同内容、不同体裁的稿件，不同声音形式、气息状态和不同工作环境的不同要求，应该心中有数，并根据这些不同要求去播音。把握这不同要求运用情、声、气的过程就是加强控制性的过程。由此可知，在播音中解决情、声、气的关系，控制性与自如性要统一。如果只有控制性而无自如性，情、声、气就会显得生硬，带有明显的僵化状态。必须善于把握自己情、声、气的自如状态，在可能的基础上，在更广范围内发挥自己的优势，扬己之长，避己之短，实现自如的控制性。在克服"自然"状态过程中，必须强调控制性，否则，只是隔靴搔痒。我们必须认识到控制性与自如性是对立的统一，在解决情、声、气的关系时不应抑此扬彼。因为没有控制性，自如性就失去了确定性，成了随意运动；而没有自如性，控制性也就失去了主动性，成了机械运动。当然，在控制性与自如性的对立统一中，我们又要注意两者的不平衡性。

其次是规整性与多样性的统一。规整性是播音语言的基本特点。规整性是指有声语言的规范、工整、质朴、缜密。多样性是播音语言的根本追求，主要在于情、声、气的丰富多彩，就在于充分利用话筒并综合各种表达技巧。如有时用虚声,有时用气音,停顿节拍感的欲断还连,话筒偏正、远近等。这种装饰应是锦上添花,而不是画蛇添足。多样性为我们的播音再创造开辟出更为广阔的道路,绝非对播音特点的菲薄,也绝非对语言技巧的玩弄。规整性与多样性相辅相成,只有规整性,缺乏多样性,容易百人一腔、千篇一律;只有多样性,没有规整性,容易各行其是,面目全非。在播音中我们要努力把规整性融入多样性,把多样性化入规整性,达到规整性与多样性的统一,在坚持播音语言的基本特点的同时,创造出姹紫嫣红的播音语言特色。

总之,"情"要取其高,"声"要取其中,"气"要取其深,以达到字正腔圆、清晰持久、刚柔自如、声情并茂的境地。当然,解决情、声、气的关系,不是凭一时的热情、急于求成所能办到的,它没有捷径可走,只有循序渐进、持之以恒、刻苦练习才是唯一的道路。

二、播音语言外部表达技巧

在播音中,思想感情的外部表达方法有停连、重音、语气、节奏等。它们不是"孤军作战",而是"并肩作战",不能分割开来,我们必须透过整体去观察、运用它们。

(一) 停连

停连是指在有声语言的流动过程中,声音的中断和延续。那些为表情达意的需要而做的声音中断、休止就是停顿;那些不中断、不休止的地方就叫连接。停顿和连接共同构成了广播电视有声语言中相当重要的外部表达技巧,我们把它们统称为"停连"。

停连主要是解决播音时怎样断连词句,组织好语言意思的表达问题。停连虽以标点符号作为参考,但并不是完全按照标点符号停连的。深入理解文章内涵,把握文章思想感情才是确定停连的关键。

如播读"不要随地吐痰、乱扔纸屑"和"昌平、怀柔、密云、平谷有小雨"这两条信息的时候,如果播音员完全按标点停顿,那么听完录音后给人的印象就是:不要随地吐痰,可以乱扔纸屑和只有平谷有小雨。

由此可见,播音的停顿,不能完全按照文字标点符号。从某种意义上说,文字标点符号更适合于视觉接受信息,而播音是要让受众听的。听觉同视觉不同,声音传播信息的方式同文字传播信息的方式也不同。声音具有可感性、时间性、随生随灭性,它的运行是一维的,听觉对声音有形象感知,它依据时间性的规则进行信息接收。广播电视是受众通过听觉来接受讯息的,其媒介特征决定了在讯息接受过程中必须借助正确的停连才能使受众准确理解有声语言的符号涵义。为此，播音员必须按照规律对稿件进行重新组合、加工、创造，使书面语言变为适合人们听的、为人们所爱听的口头语言，建立起一套适合听觉规律的语言表达系统，以保证文稿原意的准确传达。所以也可以这样认为，停连是有声语言重新设置的符号标点。

根据听觉规律，对上述句子停连的位置重新确定如下：在"不要"后面加一顿挫，将"随地吐痰、乱扔纸屑'，连起来读；将"昌平、怀柔、密云、平谷"连起来读，在"平谷"之后加一顿挫。

停连的作用是多方面的：有的组织区分，使语意明晰清楚；有的造成转折呼应，使逻辑严密；有的可以强调重点，使目的鲜明；有的并列分合，使内容完整；有的体现思考判断，使传情更加生动；有的令人回味想象。创造意境如果使用不当，就会产生一些语言的歧义，表达出截然不同的含义，影响语言的明晰性。

停顿和连接在播音语言表达中所具有的重要意义和作用，对于从事播音工作来说已不言而喻了。但在日常的广播电视节目中，还存在着不少停连不当甚至停连错误的情况。如："某某将于下周前／往多哈访问"，本来的信息是在下周去访问，变成了"下周前"，时间出现了严重的差错。又如"谴责苏联支持越南。"只要在"苏联"后面出现停顿，全句话就产生了相反的意义，在政治上是非常错误的。停连不当产生歧义的，更是不乏其例。如："在新时期，我们一定要在全党同志中确立社会主义社会还要在各方面进行改革这样一个具有重大意义的指导思想。"这句话的主干是：我们确立指导思想。正确的连接："在新时期，我们／一定要在全党同志中／确立／社会主义社会还要在各方面进行改革／这样一个具有重大意义的／指导思想。"有的同志却这样停连："在新时期，我们／一定要在全党同志中／确立社会主义社会／还要在各方面进行改革／这样一个具有重大意义的／指导思想。"这种停连，不妥虽一、二处，但是，给受众留下深刻印象的不是"确立指导思想"，而是"确立社会主义社会了"。这样的播音，破坏了语言的语法结构和文章内在的逻辑联系，很难从听觉上使受众保持整体识记，是播音员语言语流的"非理性"习惯所致。我们每一个从事播音工作的人对停连不当的危害，决不能漠然置之，而应该进一步重视和正确运用停连，使播音更臻于完美正确，更好地为受众服务。

为了正确的运用停连，首先有必要了解一下停连的类型。在实际运用的过程中，从主持人和受众的生理需要、心理需要、情感需要角度出发，可以将停连分成十种基本类型。

1. 区分式停连。区分性停连是书面文字转化为有声语言时，对一个个汉字进行再创造的组合、贯通的技巧，它所包括的内容比较多也比较灵活，稿件中词或短语之间、句与句、层与层、段落与段落、部分与部分之间都有区分性停连。主要是运用停连来清晰地表达语义。

如：哥白尼认为，日月星辰绕地球转动／这种学说是不对的。

哥白尼认为，／日月星辰绕地球转动这种学说是不对的。

这两句话由于停连位置不同，呈现出来的语义是不同的。第一句是说哥白尼的观点不对，而第二句是哥白尼认为这种观点是错误的，语义截然不同。

2. 呼应性停连。有声语言的行进，在停连上有前呼后应的性质。合理运用停连就能很好地将语言中的呼应部分恰到好处地表现出来。在播读的过程中，运用呼应性停连必须解决一系列的问题，哪个词是呼，哪个词是应，二者如何呼应等。"呼"和"应"是一种内在联系的表现，在语句中，有呼无应，显得不完整；有应无呼，显得没头脑。运用呼应性停连也具有一定的区分作用，但主要还是为了凸显语句的呼应关系。

如：今天，给大家介绍／著名相声大师马季先生的三百多个相声段子中／着力讽刺现实生活中不良现象的名段。

这个句子有两个停连，表现出的是两层呼应关系。第一层，"介绍"和"名段"，这是主要的呼应关系，第一层是"马季"和"名段"之间的次要呼应关系。主要呼应关系比次要呼应关系的停顿时间要略微长一些。

3. 并列性停连。并列性停连，是指在句子中属于同等位置、同等关系、同等样式的词语之间的停顿及各成分内部的连接。凡属各并列关系之间的停顿，要求位置类似，时间近似，以显示并列关系，而它们各自内部的连接较紧，有时有些短暂停顿，时间不能太长。运用并列性停连可以使语句中的并列关系更加明确，意思表达得更加顺畅准确。当句子中并列成分较多时，并列性停连的运用可以使语言更加清晰、有变化。

如：中国代表团共 928 人，包括／运动员 647 人，其中男子运动员／341 人，女子运动员／306 人。世界纪录保持者刘翔，跳水女皇郭晶晶等／都在大名单之列，而王励勤、张怡宁等世界冠军／则选择了休战。

并列关系的停连处理一般都是一样的，停顿时间的长短也没有太大的变化。但是，有一种特殊的情况需要作特殊的处理。在一些顿号很多的句子中，不能平均地按照顿号的位置停顿，而是根据语义有所变化。

如：通过对北京、／上海、／广州、武汉、郑州、成都和西安 7 个城市 2100 个居民的问卷调查，结果发现人们对信贷消费概念的认知总体上并不太理想。

在这个句子中，前面的第一和第一个顿号可以稍作停顿，后面的顿号就不再需要停顿了，而是使用连接，只有这样才能保证语义的连贯性和流畅性。

4. 分合性停连。并列关系之前往往会有一些领属性词语，在并列关系之后，也常常有总括性词语。在领属性词语之后或总括性词语之前，都需要一定的停顿，而且这种停顿比并列关系之间的停顿时间要长，这样就形成了合——分——合的分合关系。分合性停连包括先分后合、先合后分两种情况。先合后分再合是这两种情况的联合。我们把握了分合关系，对于运用区分、并列、呼应等停连也更有利。

如：有喜有忧，有笑有泪，有花有实，有香有色，／既需劳动，又长见识，／这就是养花的乐趣。（老舍《养花》）

这一句是典型的分——合关系。

5. 强调性停连。在句子之间、词组或词之间，为了强调某个句子、词组或词，就在前边或后边、以至前后同时进行停顿，使所强调的词句凸现出来，其他不强调的词句中，有停顿处也相对缩短一些时间，这就是强调性停连。强调性停连一般是因感情需要或突出重点而运用的一种停连类型。

如：今年 1 月，我从海外回来，一脚踏进昆明，心／都醉了。

为了表达内心的激动兴奋之情，可以在"心"的后面作一个较长的停顿。

6. 判断性停连。判断性停连指的是表达思维判断过程的一种停连方式。在有声语言的使用过程中，判断性停连的使用频率是相当高的。通常，在稿件中有判断过程表现的时候，就应在判断、思索的地方进行判断性停连，以表达出此时的思维过程。停顿不是思想感情的空白，不仅是说在播讲中已经"明其意"，而且要表现出正在"成于思"，即有思维过程。为了表现思索、判断的过程，便可以运用判断性停连的方法。

如：谁是我们最可爱的人？／我们的部队，我们的战士，他们／是我们最可爱的人。

（魏巍《谁是最可爱的人》）

这是一个设问句，中间有一个表示思索的过程。领起句的设问停顿的时间可以稍微长一些，利用停顿的时间让受众先思考。这时，用肯定的语气、比较快的语速不加停顿地说出：我们的部队，我们的战士，他们"，在"他们"之后做一个较长的停顿，然后充满深情地说出"是我们最可爱的人"。到此，恰当的停连就非常完整地传递出了文章内涵的精髓。

7. 转换性停连。为了表现语意、文势、感情，在语意发生转折的时候需要适当地停顿和转换，这就是转换性停连。这种停连在广播电视节目主持中运用得也比较多。

如：在它看来，猎狗是一个多么庞大的怪物啊！／可是它不能安然地站在高高的没有危险的树枝上，一种强大的力量使它飞了下来。

这句话的转换是通过"可是"来表现的，在第一句结束以后作一个较长的停顿应该是相当合适和必要的。

8. 生理性停连。由于个体在生理上的异态，往往会产生语流不畅、断断续续的情况，这时就要学会运用生理性停连。这种生理变化形式的停连，在播讲过程中只给予必要的、象征性的表现，目的是为了传达出稿件中的人物在异常情况下的生理状况，而不强调夸张的呼气和吸气声音。运用这种停连往往需要有播音员的感情色彩做陪衬，抓住一两处富有特征的词或词组稍作停顿，能给听者造成有某种生理变化的感觉就可以了，不必自始至终、字字句句地模拟那种声音形态、气息状态。

如：她吓昏了，转身向着他说："我／我／我丢了佛来思节夫人的／项链了。"

在这一句中，可以使用3个停顿，在两个"我"的后面是常规停顿，在"佛来思节夫人的"后面再作一个停顿，综合在一起，便恰如其分地表现出人物此时此刻恐惧焦急的心情和生理反应。

9. 回味性停连

有的词、句、段播完之后需要给受众留下一定的想象、回味的时间，在这种情况下所作的停连就是回味性停连。回味性停连，关键在于"回味"二字。这种回味性是因为播讲者具体思想感情的运动延续下去的结果，是受众从有声语言中有了具体感受之后的心理反应。一般在稿件中有需要展开想象发人深思的地方运用。运用这种停连，停的时间一般相对较长，而且必须在强调的词后边停顿。

如：保护列夫·托尔斯泰得以安息的／没有任何别的东西，唯有人们的敬意。

（斯·茨威格《世间最美的坟墓》）

在"安息的"的后面作一个停顿，而这一句的其他地方均作连接处理，这样会给人一种意味深长的感觉，留下深深的思索。

10. 灵活性停连

在具体的播音过程中，任何停顿和连接都不是呆板的、生硬的，无论在停连的位置还是时间上,都没有固定不变的模式。再加上每个人的文化修养不同,声音条件不同,语言习惯不同,表达方法就不可能完全一样。而且,多种技巧之间应该是相互渗透相互交叉的,因此,不一定非要一是一、二是二地分清这里用什么停连,那里用什么停连,非要在这里停或那里停等。在语意清晰、语言链条完整、思想感情运动状态活跃的基础上,或移动停顿位置,或延缓、缩短停顿的时间,或增多、减少连接,都会给人以新鲜活泼的感觉。特别是在急稿的播讲中,不可能把每个停顿都安排得妥帖,而语言艺术的生命力在于"变化"二字。于是我们应该在停连处理上保持较大的灵活性。

如:桃树、/杏树、梨树,/你不让我,我不让你,都开满了花/赶趟儿。红的/像火,粉的/像霞,白的/像雪。

在上段中,综合运用了多种停连的方式。相互之间如果能配合默契,就会让文稿内容浑然一体,生动形象地传递出最恰当的情感。

以上谈到的十种停连的类型,在广播电视的传播过程中并不是孤立的,它们交错使用、并行不悖、融会贯通,只是因为具体语意、具体感情的不同而以某种停连为主。并且在表达过程中会因稿件内容、体裁、播音员本人的素质不同等,技巧的运用也会千变万化。[1]

在实际的播音工作中,播音员的停顿、连接常常缺乏分寸、火候。停连之间顾此失彼,或者注重了连接,忽视了停顿;或者注重了停顿,忽略了连接;或者是该连的连得不充分;或者是该停的停得不大胆。那么,怎样才能更加恰当地进行停连呢?

首先,我们一定要准确理解语意,在此基础上正确划分组织句子成分,根据语句含义恰当地选定停连位置。这是正确停连的基础条件,是关系语义正确与否的大问题。尤其是对那些容易看懂而不易让人听明白的长句子,播音员有必要再作一下播音前的句子结构分析,根据句法结构进行正确停连。因此,播音员加强现代汉语的学习,是一项不可缺少的任务。

其次,我们一定要把握好稿件的基本感情色彩。有些语句,理解意思没错,语句结构也清楚了,但是按一般的词语关系来确定停连位置却仅仅可以使语意清楚,不发生错误,而不能使语句中所蕴含着的生动、丰富的情景神态得以充分的表达。这种感情停连如果处理得当,能使人出其不意,收到出奇制胜的效果。受众从这样的语气和停连中,感受到了激动得难以控制的感情。这种情况多见于文艺播音之中。如鲁迅回到故乡时跟闰土见面时的两段话:

---

[1] 胥宇虹:《广播电视传播中停连技巧的准确定位》,新闻界,2008年第4期。

"我这时很兴奋,但不知怎么说才好,只是说:"啊!闰土哥,——你来了?……""

"他站住了,脸上现出欢喜和凄凉的神情;动着嘴唇,却没有作声。他的态度终于恭敬起来了,分明的叫道:'老爷!……'"

"闰土哥——"下面有好多话但不知道该怎么说,于是,只说"你来了……"作者在这里用了惊叹号,破折号,省略号充分揭示了"我"复杂的思想感情,这不言之中,内在感情非常丰富。"我"的话虽然是欲言又止,断断续续的,但有了内在感情的支持,就不必担心停连时间的长短了。"他的态度终于恭敬起来了,分明的叫道:"老爷!",这"老爷"的称呼包含着非常难言的隐衷,表示两人之间已隔了一层可悲的厚障壁。有了这样的内心感情依据,"老爷"这个称呼,我们播读时,在"老"与"爷"之间可作适当顿歇,以表示闰土的恭敬、犹疑、欣喜、颤颤巍巍形象及其复杂的思想过程,又由于语气的渲染。"老爷"这二个字能使人心酸,思绪万千。

第三,要讲究停连方式的丰富多样,和谐协调。不要因为强调结构的清晰,就停顿过多,文章被播得支离破碎;也不要因为强调语意抱团而过多连接,文章显得浑沌一片。停连时语流、语势要有变化,灵活多样,不能以一变应万变,不要"逢顿必升或'逢顿必降",一定要从内容出发,要讲究形式的完美,使我们的停连不仅准确地组织语言感知单元,而且成为整篇稿件思想感情的有机组成部分。

(二)重音

在有声语言中,为突出地、明晰地表达出具体的语言目的和具体的思想感情,我们着重强调的词或词组,就是重音。重音也有主要重音、次要重音,非重音部分也有比较主要些、比较次要些的区别。重音不仅能和停连一起使语意清楚准确,而且能使语句目的突出,使逻辑关系严密,使感情色彩鲜明。重音的位置不是绝对的、固定的。

重音位置的确定有一定的规律可循。第一,突出语句目的的中心词一般作重音处理。中心词指那些在语句中占主导地位和最能揭示语句本质意义的词或词组。它们是准确、鲜明地传达语句目的的核心,或者是陈述事实的主要词语,或者是表示判断的主要词语,或者是主要的数量词,或者是表现语句目的的反义词。第二,体现逻辑关系的对应词一般作重音处理。我们在语言的传达中,逻辑关系是非常重要的,因为它表示思路是不是清晰,比如并列、递进、转折、分合、领起、假设、因果等等,都反映了思维的推进和变化,是把语言连接起来的重要手段，所以我们可以把语流中的逻辑关系形象的叫做语言链条。只有当语言链条和语句目的直接挂钩的时候，这样的逻辑关系的对应词才具有重音的意义，能起到重音的作用。而且往往它和语句的中心目的是重合的。第三，描摹形象、再现情景的关键词一般作重音处理。这类词是指那些比喻性、拟声性以及其他形容性的词语。它们是使表达内容形象可感，生动传神的点染之语，在口语表达中一般可以用重音加以表现。

重音的位置都对了，但是不讲究表达方法，还是没法起到与人很好交流的作用，也不会有理想的传播效果。重音的表达方法应该以理解为基础，以内心的感受为依据，用语气来带动。重音表达方法的核心是对比，是重音音节和非重音音节在声音可比性因素上的对比。主要有强弱对比、高低对比、快慢对比、虚实对比。

强弱法是全句的非重音词语处于较弱的声音中，重音词语用较强的声音加以强调。或反过来全句的非重音词语处于较强的声音中，重音词语用较弱的声音加以强调。例如：植物是不是也会有睡眠呢？睡眠肯定是重音，但是我们设想不同的语言环境，重音表达方法就不同，我们设想提出问题的如果是个腼腆的爱提问的小朋友和一个循循善诱的幼儿园老师，前一个就是强中显弱的表达方法，后一个就是弱中显强的办法来强调"睡眠"。

高低法是非重音使用较低的声音，而重音的词语提高声音，或者与之相反，显出重音与非重音的高低对比。

快慢法是用声音的急缓、长短等变化来表达重音的方法。如"北京时间上午10点30分，美国时间晚上10点30分，而在全世界电脑业发展时间表上，这刻是'P4'时间：芯片巨人英特尔公司向全球发布一代计算机微机处理器：奔腾4"，明显，"奔腾4"是个重点。这是快中有慢表达方法。又如"他慢慢的转过身，一个箭步冲了出去"，这里的"冲"用的就是慢中有快的表达方法。

虚实法是突出重音通过响亮实在的声音和声轻气多的虚声加以对比表达。

上边介绍的四种方法都是声音可比因素的对比。在声音对比的同时可以组合起来综合运用，就使得表达重音的方法更加丰富多彩，更加灵活多样。

总之，重音为播音员提供了广阔的有声语言的创作空间，运用重音技巧的时候一定要在全篇理解、感受的基础上，加强对比，协调适当，讲究变化，切忌呆板。另外，重音的运用要少而精，防止出现重音多而使语言目的不明确的问题。并且在强调重音的时候，不能不同时注意非重音的表达，应当既保证重音的突出，又保证非重音部分的明晰。

(三) 语气

在播音基础理论中，语气是指具体思想感情支配下的语句的个体声音形式。感情是"神"，是语气的灵魂，具体的声音形式是语气的"形"。处理同样一句话，试着用不同的语气表达，就会有不同的声音形式，比如"你这个人真好。"这句话，在不同场合、环境、面对不同的人以及不同的情感支配下，会有不同的效果。

播音员作为运用有声语言艺术进行广播电视传播的工作者，每一次播音都面对着播音语气的处理问题，不论是新闻稿件还是其它稿件，不论是口头报道还是其它形式，只要有有声语言的运用，就不可避免地碰到语气的问题。在播音创作中正确、恰如其分地运用语气，就能使稿件内容得到充分的体现。而不准确的语气运用，不仅是播音创作的失败，更会减少稿件原有的色彩。

但是在实际的播音工作中，语气的变化总不那么让人满意。有时创作的作品往往给人一种"念"的味道，就像把文字变成声音是简单的过程，没有完美的表达稿件的思想内容；有时在播音中又好象给人一种非常"假"的感觉，让受众听了、看了很不自然……这不仅仅是运用语气的失败，更影响了后面一系列工序的劳动成果。

正因为如此，播音在语气问题上要特别强调"再创作"，加强对于语气的认识，提升驾驭语气的功力，将播音语气提升到美学的高度。

播音语气到底应该怎样才能达到美学的高度呢？首先要获得运用播音语气时的正确状态。状态包括很多方面，这里主要指有声语言发出的主体应获得的驾驭语言状态。当我们做好一切准备，从开始形之于声到最后一句话播送完毕，播音员驾驭语言的能力是播音质量高低的第一个关口。如果驾驭有声语言的能力很强，状态上就会松弛而积极，有活力又可控制。而那种高度紧张、唯恐播错一个字给事业造成损失、唯恐有一个字播不清楚造成观众的误解、甚至唯恐内容散、感情淡的心情，往往使我们失去从容自若、应付自如的状态。这样驾驭语言的其它能力就被限制住。为此，必须充分认识"松驰"在播音创作中的地位，"松驰"对播音语气的准确、鲜明、生动的重要作用。让状态松驰，才能使播音语气充满生机和活力。

其次，在要求状态松驰的基础上，必须要求播音技巧的熟练运用。在播音语气的运用上，我们主张使用"语势"这个概念。语势，是指有声语言流动中，语句声音开工的态势和趋向。语势的把握，为语气提供了一个无形的轨迹，沿着这个轨迹，播音语气才显露出贴切恰当、丰富多采的样式。而语势又是变化多端的,它要求有声语言驾驭者有足够的功底。语势的单一,如头高尾低、头轻尾重等,正是播音语气呆板、单调的一种表现。语势单一,说到底是语言基本功问题。语言基本功的播音语气方面至少要从"语"和"气"两个支柱上发挥作用。"语"是说在正确语感上用声、吐字应该满足播音需要;"气",是说在自如的控制上,多少、快慢应该支持播音语气的变化。

先说"语"。一句话,包括着不同的音节、词和词组。在字正腔圆的基础上,利用音高、音强、音长的多种变化,利用吐字归音的不同位置、不同力度、不同速度,造成播音语气的色彩、份量上的变化,形成相应的韵律美,是非有过硬的基本功不可的。有的播音员普通话不够纯正,有的播音员吐字归音上存在明显的缺点,都直接影响播音语气的美感。

再说"气"。有状态的松弛,才会有比较畅达的气息。那种毫无意义的吸气声、虚声,除了表明基本功不足之外,只能说明对自然气息的留恋。胸腹联合呼吸法并不是象有的人理解的那样,丹田时时着力控制。这种理解、这种状态是错误的,是导致语势单一、语气呆板的一个重要原因。

综上所述,语气是情、声、气的结合体,是"麻雀虽小,五脏俱全"的。语气是播音创作技巧的核心,它关系到每一篇稿件、每一句话,实在是一个重要问题。要提高播音表达能力,要使播音准确、内容丰富,就不能不研究和解决语气问题,只有准确的、恰如其分的运用语气,才能使播音创作沿着正确的道路走下去。

(四)节奏

播音中的节奏是以思想感情运动为依据的声音运动形式,表现为有声语言中的抑扬顿挫、轻重缓急等,具有一定特点的声音形式的回环往复。节奏是主观和客观的统一,也是生理和心理的统一。

节奏基本分类有:轻快型、凝重型、低沉型、高亢型、舒缓型、紧张型。基本转换形式有三:欲扬先抑,欲抑先扬;欲快先慢,欲慢先快;欲重先轻,欲轻先重。

如"他喜欢跳舞"。可以有以下几种节奏的划分:

| 他喜欢跳舞 |

他 | 喜欢 | 跳舞

他喜欢 | 跳舞

他喜 | 欢 | 跳舞

他 | 喜 | 欢 | 跳舞

总之，停连、重音、语气、节奏四种外部技巧，它们在有声语言的流动中是"和声"。表达思想感情，是四种技巧的共同任务，每一种技巧也都要围绕着这个中心起作用。尤其要注意停连的序列性、重音的明确性、语气的具体性、节奏的回环性。

三、播音语言的内部表达技巧

播音是有声语言，是一种创造性的劳动，不仅通过表达的外部技巧停连、重音、语气、节奏，还要通过内部技巧情景再现、内在语、对象感等，使自己的思想感情处于运动状态，产生多种表达方式并形之于声。

（一）情景再现

情景再现指的是在符合稿件需求的前提下，以提供稿件的材料为原型，让资料中的事、人、场景、情节、情绪等出现在播音员的脑海，并形成活动的场面，同时引起相应的感情和态度的过程。在播音活动中，情景再现作为一项十分必要的内部技巧，是播音创作中播音员调动自身感情思想于活跃状态的重要途径，其要求透过稿件的文字表象，运用展望、回味、想象、联想等思想运动来对文字内容作出更为形象、生动地表现。

播音要求播音员能够将无声文字转化成有声语言来传递给受众，从而达到传播的目的。而出于对节目效果的考虑，进一步强化播音的感染力和艺术性就显得十分必要。因此，对于稿件里有很多关于人物、事件、情节和场面等的叙述或者描写，播音员除了要把稿件内容清晰完整地呈现出来，还要把态度和感情融入进去，通过主持人的消化、吸收和感受，将充满感情的内容传达给受众。故情景再现已经成为当代播音员的一项必备技能。通过"情景再现"，节目内容更加立体、生动地呈现在受众面前，与受众形成情感上的互动，和受众一起感受内容的发展进程，形成身临其境、感同身受的效果，在受众脑海中形成深刻的印象并产生共鸣，达到增强节目效果的目的。

要想实现"情景再现"，不仅要努力做到主持人与受众的信息共鸣，还要做到"认知共识"和"愉悦共鸣"。在符合稿件需要的前提下在深入理解、具体感受稿件时，触景生情是这个过程的核心。在毫无准备的情况下，一个具体的"景"的刺激，马上可以使我们产生具体的"情"，这个情要完全符合稿件的要求。当然，这种"顿悟"要经过有意识反复训练才能达到。

要做到"情景再现"，需要播音员知识丰富，对多方面都要有所了解，这样才能在播音中把握主题，准确领悟，深刻体会，并对情景加以丰富和补充，增强表达效果。有的播音内容看似比较简单，如果笼统地按照字面语言去展开联想的话，就会失之于干瘪，碰到这类情况就要进行丰富的联想，用自己的经历、经验和各种知识去加以补充和丰富，使文字语言变得更加形象、生动，更加具体和丰富。当然这些联想和想象要依据文章内容进行，千万不能牵强附会，更不能南辕北辙。因此，播音员除了要掌握必要的播音技巧，还要学会在生活中多观察、学习和积累，要不断地更新所学充实自己，感受身边不断发生的变化，更好地把握时代主题，紧扣时代脉搏，贴近群众、贴近生活。这样才能在播音的过程中更好地运用"情景再现"，更好地与受众进行沟通。

具体的"情景再现"的过程可以分为四步：第一步，理清头绪。播音员以稿件内容为依据，来进行合理的层次划分，明确来龙去脉，从而在把握重点的基础上，全面了解稿件内容，在脑海中形成一个易于把握和理解的脉络；第二步，设身处地。以稿件内容为依据，来进行情景的构思。展开充分的联想，使同稿件内容相联系的图像出现于脑海中，并结合表达的主要思想和上下文内容，来进行合理场景的选择，然后类似于拍电影，来将相关画面组合成为一个动态、连续的整体；第三步，触景生情。以所设置的情境为依据，来对所要表达情感进行体会，将自己置身于整个情景当中，想象自己就是故事的当事人，体会稿件所述一切均为亲眼所见、亲耳所闻、亲身经历的，最大程度地做到相由心生，从而激发自身感情，获取更多的现场感。第四步，现身说法。要求播音人通过声音来将自身所体会的感受和情景传递给受众，这就要求播音人不但要进行内容的理解和感情的体会，还要能够通过最为合理的方式，将感情和内容向受众作出完整的传达，即实现由"自知"向"他知"的转化。

"情景再现"作为一种播音的技巧和手段，是对稿件的再创造过程，在节目的准备和播音过程中要注意以下几个问题：

一是必须以稿件事实为依据，要在遵循稿件规定的目的、性质、范围、任务的基础上充分展开联想，不能漫无边际、离题太远。播音员要围绕稿件中心，考虑稿件全局，切勿见字生情，需要有的放矢、有主有次，能收能放。

二是依据稿件内容想象出的画面应该是连续性强的、动态的、联系密切的，突出形象感和张力，不能呆板、静止。

三是要特别突出一个"情"字，要引发相应的态度、感情；要以情为主，不能只重视景而忽视情；要在景中体验感情、酝酿感情；要有景有情，由景生情，情景交融。

播音中情景再现的应用赋予了语言表象之外的思想内涵，使播音员的表达更具感染力、吸引力。借鉴和参考上述内容，明确实际应用中应注意的相关问题，并同实际播音工作、性质和所播具体内容相结合，来使播音中情景再现的应用更加合理、科学，使得情景再现的应用作用得到充分的发挥。

（二）内在语

苏联的阿克肖诺夫在《朗诵艺术》中说，在创作任务中，"首先、要包括：确立朗诵者对作品的态度，断定那些能帮助当代人理解作品内容的内在语，并使那些内在语指导你朗诵达到对听众进行思想教育的目的"。

在播音专业中，把语言所不能表露、不便表露或者没有完全显露出来的语句关系、语句本质称为"内在语"。生活中常说的"弦外之音"、"言外之意"、表演专业中的"潜台词"实际上都是内在语。

播音创作依据的文字常常是"言有尽而意无穷"，作者不可能把稿件所包含的具体内容和思想感情全部的、一字不落的写成文字。这就要求我们播音员在播音创作时必须由表及里，在语句的有尽之言中挖掘无尽之意，这其实正是播音创作的内涵所在。内在语正是帮助播音员把稿件变成自己说的话，提示找到恰当的表达语气的重要方法。内在语对播音表达具有重要意义，它能够揭示语句本质和语言链条。

语句本质是指句子在具体的语言环境中深层的内在含义和态度情感。我们要结合上下文的语境来分析，从语句较宽泛的表层意义来锁定语句本质。揭示了语句的本质，可以引发出贴切的语气，使得有声语言深刻丰富，耐人寻味，对表达起到深化含意的作用。比如，热恋中的姑娘向男友嗔怪地说"你真坏"、"你真傻"。其实是说"你真好"、"你真可爱"，语句本质与文字表面截然对立。再举一例："今天我请你吃饭"，这句话可以有不同的语句本质，因此语气、重音也会不同。如果内在语是：请你吃饭的时间是今天，你千万别忘了，那么重音就放在"今天"上；如果内在语是：是我请你吃饭而不是别人请你，那么重音就放在"我"上；如果内在语是：我主要请的是你，那么就把重音放在"你"上。所以，内在语是语句目的和本质的集中体现，它决定了语言表达的停连、重音、语气与节奏等外部技巧。

语言链条实际是指语句间的逻辑关系。揭示语言链条就是搞清句与句、段与段、层次与层次如何衔接成一个有机整体的问题。通过挖掘内在语，看它们是怎样衔接成一个整体的，搞清楚全篇语句之间、小层次之间、段落层次之间的内在联系，使我们获得或并列、或递进、或因果、或转折、或分合等情况的逻辑感受，从而明了文章上下衔接、前后照应的程序关系，接着以内在语的形式把我们理解感受到的逻辑关系显示和引发出来。比如很多文稿不写出语句间的关系词，这些句子之间的"因为"、"所以"，"不但"、"而且"，"如果"、"那么"，"一方面"、"另一方面"等好多潜在语言，都需要播音员在内心里说出来，这样才能够把前后句子之间的关系表达得更清楚明白。所以说，通过内在语来衔接过渡，可以帮助找到自然贴切的语气，造成一气呵成、浑然一体的效果。例如《管住自己，天下无敌》："（虽然）管住自己说起来简单，（但是）做起来确实很难。（比如说）有的人在大是大非面前头脑清醒，但在平常尤其是涉及一些所谓的"小节"问题上（却）管不住自己，（更有甚者）认为'小节无伤大雅'；有的人在职位较低的时候（尚且）能管住自己，（可是）一旦升迁便春风得意，飘飘然而管不住自己；（另外）还有一种人，一辈子都管得住自己，但到了晚年却经不住各种各样的诱惑。"这里省去了很多连接词，需要播音员通过对内在语的把握，在心理填补相关词语，才能保证文章的准确性和连贯性。在具体的新闻播音中，新闻导语播完之后，在继续讲述新闻主体时，播音的语气有所降低，处理不好，就会影响稿件的顺畅。实际上，在播完导语后，心里要有一个转换语句："欲知详情，请听我继续往下说"，在这样的内心提示下，语句的表达就会从导语醒目的色彩转换成主体部分从头说起的意味，如果没有这样的内在语，这个转换之处要么就会没有语气变化，要么就会生硬降调的不自然。所以，播音员在处理这段作品时，就是用语气把内在语很好地再现出来。

内在语是播音员的心理活动，为播音语言表达提供充实的内心依据。它是抽象的，不同于其他的播音或发声技巧，它需要播音员综合自己对稿件的深度理解与体会，把握稿件的真正意图，从而用生动的有声语言将其准确的表达出来。

第一，内在语是对稿件整体理解和感受的集中概括。它不是从这一句、那一句单独得到，而是表现为感受全篇后的提炼。也就是说，要从全篇的播讲目的上去把握它，这体现了播讲目的与内在语的一致性。完全可以说，播讲目的即是全篇的内在语，它应该在有声语言表达中强调谁、突出谁、轻放谁、带过谁上得到体现。内在语作为语句的实在意义是随着语句目的、语言环境的不同而变化的，因此，切忌就句论句地确定内在语，而应从播出目的、主题思想、整体基调和上下文语言环境的角度来分析内在语。

第二，在稿件的重点上把握内在语。全篇的内在语，最终要落到句子的表达。我们所说的句子，并非指每一句，而是指那些与全篇播讲目的明确与否密切相关的、富于感情色彩的、直接体现政策性的句子等。它是稿件中的重点句，其内在含义和逻辑关系是一目了然的。要求每一句都找出内在语，是不现实、不必要的，但是对重点语句的本质含义则应深入开掘，以准确深刻地传达出稿件的精神实质。比如行文中的过渡性句子、意思转换的句子、浅显易见的句子……，都不必从概念、形式出发，去强寻什么内在语。例：稿件《追寻没落的晋商文化》中有这样一段话描写当时晋商的辉煌："山西的街道不宽，每个体面门庭的花岗岩门槛上都有两道很深的车辙印痕，可以想见当年车水马龙驮载着金钱、风险、骄傲、九州的风俗和方言，从山西通贯茶马古道，甚至抵达内蒙古和俄罗斯，在上个世纪以前的五百多年中，纵横驰骋，执中国商业、金融发展之牛耳。"在播到很深的车辙印痕时应该充分强调一下，深深的车辙印痕足以印衬出山西当年的街市繁华、车水马龙以及富贾一方的情景！因此在处理这一段时，特别注重这一点就会起到事半功倍的效果。

第三，从语言层次转换去把握内在语。语言层次首先表现为一篇稿件中不同语句的不同衔接，其次表现为不同稿件内容上的转换。一次节目、一组稿件，有类型上的同异，有同类型稿子角度上的差别。比如新闻稿件，一次节目中，数篇稿件分成组，这是基本常识。由一组转到另一组，也需要把握内在语，方显得自然。

第四，在稿件的难点上把握内在语。所谓难点就是语句本质不好把握，或文气不很贯通，或出现一些难理解的语句，自己播起来觉得不好衔接的地方。这时就需要在个别词句上斟酌一下。

例如："白天，天幕高悬，晴空万里。仰望太空，环视天际，总会使人浮想联翩，感慨系之，仿佛那深邃的宇宙，隐藏着无穷的奥秘。

"夜晚，夜幕笼罩，繁星闪烁。指点北斗，凝视环宇，又会使人迷惑不解，疑窦重重，似乎那黑暗的宇宙，充满了无尽的玄机。

"就这样，年复一年，周而复始，人们不禁会问，是谁设计并控制着这部如此庞大而复杂的机器？在语言里，四方上下曰宇。古往今来曰宙。也就是说，宇宙包含了空间和时间两大因素。

"构成宇宙的还有一个极其重要的元素，那就是物质。除此之外，宇宙中还有一种更加重要的因素，那就是生命。生命中最重要的是人类，如果没有人类，宇宙的意义也就无从谈起。由此可见，宇宙实际上是由时间、空间、物质、生命、人类、运动这六大元素构成的。也就是说，宇宙是六元的。而构成宇宙的所有这些因素，都在永恒的运动之中。"

这是《从宇宙到生命》中的一段话，读起来深奥、晦涩，涉及一些专业术语，这就需要播音员在解说时准确运用内在语，搞清逻辑关系，突出重点，如"四方上下曰宇"，"古往今来曰宙"等这些极难懂的词句就需要好好揣摩。我们在接触这一类稿件时不要盲目的去处理，首先应该搞清楚稿件内容的背景、宣传目的以及中心思想等等。播音员在播讲这样一些专业性强、寓意深刻的稿件时就要有比较高的文化内涵和感受力，才能将稿件的内在语挖掘出来。

第五，内在语的把握应简单、明了。有人尤其是初学者在把握内在语时，不厌其烦地逐句推敲、甚至将内在语写在稿子上以提醒，这是完全不必要甚至有害的。内在语的把握，以简单、明了为好，不必逐句推究。假如你作为宣传员的政治态度未解决、你对全篇的播讲目的心中无数，那么，无论你怎样在单句上苦心琢磨，也难有令人满意的效果。要特别注意内在语的明确性，含含糊糊、满足于大概，与其说找到了，不如说未见。在播音中，这样的内在语是不可能发挥作用的。

在广播电视直播魅力日显的今天，新闻播报几乎都是直播，更加要求我们播音员的思维高度和谐。此时，恰当的内在语就成了逻辑路标，播音员可以从内在语言文字的提示中找到衔接转换的贴切语气，以便清晰、连贯、准确的播好每一篇稿件，从而使节目播出的表达顺畅，衔接转换自然，增强了有声语言的表现力。

（三）对象感

由于播音员并不是直接面对面地与受众进行交流，既看不到受众的面部表情也不能及时地得到受众的反馈，播音手段的单向性和交流的间接性都给播音带来了困难。因此，在播音过程中，播音员要在"目中无人"的条件下，努力做到"心中有人"。也就要求对受众进行具体设想，从感觉上把握他们的存在，时时与其进行思想感情的交流、呼应，让他们随着播音员的引导，能够有种身临其境的感觉。也就需要播音员要有对象感。

对象感，又称"交流感"，指播音员必须设想和感觉到受众的存在和受众的反应，必须从感觉上意识到受众的心理、要求、愿望、情绪等，并由此调动自己的思想感情，使之处于运动状态，从而更好地表达情感，传达稿件节目的精神实质。

在大多数播音中，言语对象并不处在播音员面前，播音员无法直接感知他们，根本无法对话或对白，而只能在自己的内心同他们的表象或想象出来的"他们"交流思想感情，或者借助于情绪记忆的方式重现过去自己同言语对象交流思想感情的那样一种心理状态。这种交流感，并不是播音员与受众之间的语言交流，充其量只是思想感情的单向流动。

诚然，这里提到"设想"、"感觉"、"意识"、"调动"是我们主观感受和认识的结果，但它不唯心。它跟不从客观实际出发而从主观愿望和臆想出发认识和对待事物的主观主义根本对立。它只是相对于不依赖主观意识、独立于外的客观实在而论。它全凭播音员的创作觉悟获得。可见，对象感的把握是主观的，又是唯物的，获得对象感的途径和根源来自客观。对象感是客观世界的主观反映。

有"对象感"的播音员，通常自主意识较强，善于与观众沟通，能够游刃有余地把握好自己的情绪，比较好地体现节目的宗旨和意图，做到有效传达。他们知道观众要什么、自己能够提供什么，会考虑说的内容、方式是否符合受众的实际需要，会考虑受众更需要听什么以及听后会有些什么反应。比如对农村广播，有对象感的播音员就会考虑到农民文化理解上一般不够高深的特点，在许多稿件（知识性、新闻性）的播音中，都应在整体上注意慢一些，并特别注意轻轻带过的问题。同是知识性的稿件，在科学节目中广播，有些可以轻轻带过，而在对农村节目中，则要耐心解释。有的在农村做宣传工作的同志说："电台的对农村播音，一定要慢些才好，想着老农，就不会快了"。这反映了农村听众的要求。

徐曼作为改革开放后我国第一个对台广播节目的主持人，受到了台湾听众的青睐。其主持的《空中之友》沟通了海峡两岸听众的情，她曾谈到自己的体会：一篇《祝您长寿》稿，脑海中顿时出现一位从台湾回大陆定居的李老先生的形象，出现李老先生和儿孙谈笑风生、共品"功夫茶"的幸福场面，不由得产生"许多话不是稿子上的字，而是我自己心里急切想说的话"。台湾听众反映"像在家里接待客人和朋友那样彬彬有礼而又亲切温暖"的播音，他们乐意收听。

播音员在话筒前没有产生播音对象感，没有对象感的诱发刺激，就难以产生播讲愿望，即使有也不会强烈和持久。因为那时支配播音的可能仅仅是一种说给自己听的兴趣，播出来也是一种"自言自语"的效果，顾不上跟受众交流。眼神经常会出现"僵、滞、散"等情况，语气平淡，节奏上也没有起伏，使观众难以接受、听而生倦，久而久之，渐失去部分受众对节目的信任度和忠诚度。或者是一种自我表现的欲望，在那里自鸣得意、顾影自怜、自我欣赏，结果引起听众的反感。

正如斯坦尼斯拉夫斯基所说："没有对象，这些话就不可能说得使自己和听的人都相信有说出的实际必要"。[1]

事实上，播音是念别人写的现成稿子，有些稿件的确不易引起播音员强烈的播讲愿望，再加上从事播音工作已久，对播音采取一种例行公事的态度，更是难以进入不讲不快的状态。这对于部分播音员来说，的确是一个客观存在的问题。

怎样才能在播音中保持持续的对象感？下文将从平时训练、备稿阶段和播音阶段三方面来进行论述。

节目不同，受众也不同，播音要做到有的放矢，要与受众形成相适应的心理感知，拉近传受距离，平时训练是根本。

第一，体察生活，了解受众。要使设想对象具体有依据，就要熟知和了解受众，深入生活，观察积累。因此，我们在为获得对象感而体察生活的过程中，必须有"天地四方皆视野"的广度和深度，才能使你的生活体察立体起来，才不会如罗丹所说："只限于用符号来标记事物，一旦分辨出它们是什么后，便不再观察"。也才能使你在话筒前设想对象时"具体有依据"，避免形式化、表面化。这里需要强调的一点是，体察须亲历亲为，不可因图省事而轻信前人经验。前人总结的一些规律性的东西的确在过去产生了积极作用，但已不能适应有时代特征的受众需求以及广电技术飞速发展的变化。比如说体育解说经过了这样一个发展变化：由过去的"激情"转变成现在的"理性"，过去"宋世雄式"的解说可带动受众内心的激情、情感的共鸣，很有对象感；如今"黄健翔式"的解说能引领受众理性地欣赏、分析体育赛事，更能激起受众心底的波澜，更有对象感，适合受众的需求。因此在体察生活过程中要尽量抱着初学者的心态，把已知的腾出去，更新"心灵装置"。只有这样，才能使对象感真正具体化、形象化、才会形成自己的风格。值得一提的是，播音员每天面对大量稿件和话题，据此设想和感觉的对象，不可能个个采访过、个个接触过，这就要靠我们的联想和想象的能力，借助间接经验和体会。尽管如此，我们不能满足于已有的积累，而应提倡多深入社会，多了解人。这样才能使我们的创作源泉永不干涸。

第二，向身边不同的人讲述身边同样的事。对象感属于联想、想象中的某种东西，播音员或主持人要有好的对象感、交流感，不仅要在话筒或镜头前能够真正设想受众的存在，而且还要想象受众的反应。受众的反应想象得正确与否需要通过实践来检验。向身边不同的人讲述身边的事情，可以使播音员或

---

[1] 金重建：《试论广播播音的对象感》，中国广播电视学刊，1997（7）。

主持人真正感受到不同类型人群对同样事情的不同反应,只有这样才能检验"体察生活"得出的想象和联想是否正确。

除了平时的积累和准备,备稿阶段对象感也必然出现。因为备稿不光是要考虑稿件的内容、主题、基调等问题,同时还要考虑表达的问题,这就不能不与对象感相联系。

齐越谈及播音前准备稿件时指出:"应当从稿件的内容出发,从假设'我是一个听众'出发,让听众听得懂稿件的主要精神和内容……并能受到稿件精神的鼓舞和教育"。要展开对对象的具体设想,必须从量和质两方面进行。所谓量的方面,是指性别、年龄、职业、人数等。所谓质的方面,是指环境、气氛、心理、素养等。量和质两方面相辅相成,不可孤立对待,质的方面又是最根本的。因此,播音员在分析理解新闻稿件的基础上,要具体设想对象,思考在什么样的环境、气氛下,什么对象在收看。包括他们的愿望、需求、情趣、心情,这是主要的。另一方面是对象的年龄、性别、职业、人数等。这些共同构成了具体对象的特点。

关于准备阶段的对象感按什么流程设想,是一拿到稿子就考虑,还是看完稿子再想,各人的情况不尽相同。一般地说,播音员拿到稿子,仅从稿子隶属的节目形式上,就可以有一个大致的对象感概念。如这是对农民的、对青年的、对士兵的等等。在整个备稿过程中,对象感与其他在这个阶段要考虑的问题,在思维时是交错出现的,并没有一个绝对的、不可变易的顺序。但明晰的、正确的对象感的出现和形成,需要备稿终末的调整。因为仅着眼于局部的考虑不一定完全合适。在备稿之初,我们只是在观念上大概的知道,这类稿子要注意什么,而这种感觉更多地是根据以往在这一方面把握对象感的经验产生的。备稿之后,我们就可以根据稿件的具体内容,为之确定恰当表达方式,面对对象进行设计。

在播讲阶段,要积极呼唤对象感。在话筒和镜头前讲话,要加强对受众反应的想象,呼唤积极的播讲愿望。播音员要努力想象对方对自己所说的每句话的具体反应,这样的想象应当比较丰富。不同的语句会引起听话的人不同的反应,要设想听自己说话的人可能产生兴趣,理解,注意,期待,疑问,惊奇,以及相应的喜怒哀乐等,不同反应可以激起说话人用不同的心理继续说出下面的话。当你的形象出现在屏幕上时,正好迎上观众的目光,就产生了视觉上的"对象感"。这种想像中的"对象感",越具体、越明确越好,似乎你透过话筒、镜头就可以听到、看到观众的音容笑貌,这样才能引起观众的共鸣。想象得越丰富，越贴切，对于播音对象感激发越有利，也能更表达准确。

下面以《我是第一，非高明，营造第一才是绝招》这篇短文的播讲为例进行对受众存在和反应的设想和感觉。

短文揭示市场上第一品牌比第二品牌的占有率要多一倍以上，第二品牌占有率又比第三品牌多一倍以上。原因是五花八门的商品信息弄得消费者无所适从，于是他们往往按商品的地位顺序，对堪称"第一"的特别容易接受。

从"受众的存在和反应"考虑，我们可以设想一个年青人，正躺在床上为一个文案的策划冥思苦想，顺手打开收音机，收听到这篇短文。而他的反应是在播讲中边听边产生的。

"营造第一是需要有技巧的。即使你的商品质量上、技术上、产量上确实堪称第一，也是不宜直接说'我是第一'的"。一个重音，一个停顿，我们给他一个警示：不要言必称"第一"，他将产生一个悬念："为什么？"

"因为对那些不知道你是第一的人来说，这种自吹自擂的话难免使他怀疑"。评价式结论后再作一个停顿，让他思考："消费者心理实在难以琢磨，怎么办为好呢？"

"正确的方法是用潜在消费者的话来表达这一切"。如果仅仅设想和感觉到受众的存在，不注意受众在我们播讲中可能产生的反应，所谓"对象感"就徒有其表，或前功尽弃。这篇短文，播音员正是循着受众的期待心理，引导受众的思维，顺着文章的逻辑，一环紧扣一环走下来的。播音员已经化文字形式为自己要对受众说的话，与受众之间产生互相吸引、互相感染的作用。

"那么，假如你不是第一怎么办？成功的营销专家告诉我们：可以利用宣传策略，营造一种与第一的关联，将自己定位在市场中的有利位置，同样能取得第一的效应。"

考虑到受众的反应，你就不会只按自己对文章的理解一口气读下来，没有重音，没有一定的停顿，语气上缺乏和听众的思想情感交流。实际工作中，播音员遇到的稿件内容要庞杂得多，受众实际收听节目的反应要微妙得多。但只要认识到抓传播过程中受众反应的重要性和必要性，次次节目、篇篇稿件、个个话题，都不忘受众会产生的反应，我们语言表达的生动性、内容的感染力就会大大增强。

在激发对象感的过程中，尤其要引起注意的是，不要陷入逐字通读或记忆的麻醉中。一些播音员拿到播出稿件后，往往只是通读或背诵，即便是滚瓜烂熟，播出效果也不一定好。因为这样的播出，播音员往往十分机械，不是发自内心，只是照本宣科，没有对象感和交流感。著名演说家卡耐基曾经说过："我们平常说话都是出于自然的，决不会挖空心思细想每个词，每句话该怎么说。我们随时都在思考着，等到思想清晰明澈时，便会像呼吸空气一样，不知不觉地自然涌出。"卡耐基所强调的自然与发自内心在播音与主持过程中同样重要，这能使我们的交流状态更加自然，也更有对象感。

我们每位播音员，都应当像老舍谈话剧语言时要求作者做到的那样："必须苦思熟虑：如此人物，如此情节，如此地点，如此时机，应该说什么，应该怎么说……说什么固然要紧，怎么说却更重要"。为了更好地说，而去更具体、更深入地把握对象感。否则，便连"纯粹的意思沟通"，"已经固定在文字材料中的思想的传递"，也只能是纸上谈兵而已。

四、新闻播音

（一）新闻播音的要求

新闻播音最大的特点是用事实说话，以新感人。播报人应具有较强的播讲愿望那就是"先睹为快，一吐为快"。

新闻播音创作要求：坚持正确的播音创作道路，那就是"深入理解——具体感受——形之于声——及于受众。"新闻播音有其创作的规定和要求，这种要求不仅仅是准确、清晰地进行表达，还应该具有一定的美感。

播音创作中，对停连、重音、语气、节奏等的处理至关重要，一点儿也马虎不得，对播时男女声的密切配合以及话筒状态的调整都会影响播出质量。这些细节需要播音员在平时的播音创作中不断训练、培养、揣摩，以达到精益求精、驾驭自如的理想效果。具体来说有如下几点：字正腔圆，呼吸无声；感而不入，语尾不坠；基调恰当，语气清脆；节奏平稳，语速适中；多停少连，重音准确。

新闻播音应坚持备稿六步：第一步：划分层次；第二步：概括主题；第三步：联系背景；第四步：明确目的；第五步：找出重点；第六步：确定基调。

如消息《温家宝强调，坚定信心，再接再厉，坚持不懈地推进东北地区等老工业基地振兴》：

本台消息：/国务院振兴东北地区等老工业基地领导小组／今天召开第四次全体会议，总结全年工作，研究部署来年任务，审议《东北地区振兴规划》。中共中央政治局常委、国务院总理、国务院／振兴东北地区等老工业基地领导小组组长温家宝／主持会议并讲话。

会议认为，/三年多来，振兴东北老工业基地工作／取得重要进展，东北地区经济社会发展／保持良好的态势。实践证明，中央／关于振兴东北地区等老工业基地的战略决策／是完全正确的。

会议强调，全面推进／东北老工业基地的振兴战略，当前要着力做好六个方面重点工作；／一是大力发展现代农业。二是着力调整优化／产业结构。三是积极促进／资源型城市可持续发展。四是加强节能减排／和生态建设。五是继续推进改革开放。六是高度重视／解决涉及群众利益的问题。着眼于／提高人民生活水平和文化素质，促进社会和谐，积极解决就业、社会保障、教育、医疗、住房、安全生产等／群众最关心／最直接／最现实的利益问题，让广大人民群众／得到更多实惠，促进社会公平正义。[1]

分析和提示：这条时政要闻的主要内容就是这则消息的标题："温家宝强调，坚定信心，再接再厉，坚持不移地推进东北地区等老工业基地振兴。"导语中有这样几个新闻要素：时间：今天；人物：温家宝；事件：国务院振兴东北地区等老工业基地领导小组今天召开第四次全体会议。这则导语非常清楚，平铺直叙地介绍了时间、事件和主要人物，同时对整条消息也进行了言简意赅的概括，可以说是这条消息的统领，也可以单独成为一则短讯。

在导语中交代的信息比较重要，也比较多，需要强调的有如下这些词语和词组："振兴东北地区等完工业基地"、"温家宝"。这几个主要的重音起了支撑整个导语的主要作用，对于其他一些主要信息可以略微放下来，作为次要重音或者一带而过，因为在新闻的主体部分还会做详细介绍。

同时这条新闻的导语中有很多需要注意的"停连"技巧，比方说需要停顿的有："国务院振兴东北地区等老工业基地领导小组／今天召开第四次全体会议""……温家宝／主持会议并讲话"；需要连接的地方有："总结全年工作，研究部署来年任务，审议《东北地区振兴规划》"，"中共中央政治局常委、国务院总理、国务院／振兴东北地区等老工业基地领导小组组长温家宝"，这两句中的顿号部分应该使用连接的技巧，让长句子和定语修饰成分能够"抱团儿"，不至于把句子读散了。

在主体第一自然段中只有三处需要强调，分别是："重要""良好""完全"。而其他词和词组则可以在表达的时候稍微"拎"一下，但不可太过强调，否则显得有些笨拙。停顿的地方有："振兴东北老工业基地工作／取得重要进展，东北地区经济社会发展／保持良好的态势"，"中央／关于振兴东北地区

---

1 注：双下划线表示主要重音，单下划线表示次要重音。

等完工业基地的战略决策是完全正确的"。[1]

(二)"播"新闻与"说"新闻

近年来,随着广播电视的迅猛发展,新闻类节目的播报方式也发生了很大的变化。现在,在广播电视不同类型的新闻节目中,我们既可以听到"播",如以中央电视台《新闻联播》为代表的各台新闻联播节目;也叫以听到"说",如各台的民生新闻节目等。

"播"与"说"是新闻报道的两种基本形式。"播"新闻是播音员严格按照新闻稿件的表达方式将新闻内容播报出来,尽管用有声语言来传达新闻内容,但实际呈现的却是新闻稿件的语体,即典型的书卷语体。其特点是语言朴实、节奏明快、吐字清晰、语调平稳、准确规范、圆润集中。播音员端庄稳重、严肃认真,代表党和政府形象,不允许有过多的个人情感和观点。

"说"新闻常以新闻稿件(或新闻报道)为腹稿,播音员以现场组织语言的方式将新闻内容表述出来,所以,"说"新闻属于口语语体,但新闻的严肃性以及大众传媒的公众性,决定其口语语体带有相当程度的书卷色彩,因此也有人将之称为"书卷口语体"。其特点是口语化,句式短,交流感、服务性强。主持人状态松弛,语调自然,采用口语讲述、还原生活的语态。

世界上各大媒体组织,都是以严肃性播报新闻为主,我国从中央台到地方台,也大多是通过传统的播报式来"播"新闻的。以这种方式来播报新闻,语言简洁流畅、整齐而不呆板,既有着播报新闻的准确、简练和亢奋,又有着流畅自然的语式语调,可以说是介于宣读和口语对话之间的。它进行单向传播,主要强调媒体的权威性。适用范围广是"播新闻"这一方式的最大特点,它已经成为广播新闻的代表性语言。

"说"新闻的形式产生于上世纪50年代,播音前辈费季平就是以"说"新闻著称的,但由于媒体发展的局限没有产生很大影响。1998年凤凰卫视的《凤凰早班车》"开"出后,陈鲁豫的"说"新闻随之引人关注。很快内地电视台新闻节目竞相效仿,像央视新闻频道的《社会记录》、经济频道的《第一时间》、北京电视台的《第七日》、广州电视台的《新闻日日睇》、湖南卫视的《晚间新闻》、江苏卫视的《1860新闻眼》、江苏电视台城市频道的《南京零距离》、浙江卫视的《1818黄金眼》、杭州电视台的《阿六头"说"新闻》等等。其充分展现新闻节目主持人的个性,以一种平等、轻松、接近口语的表达样式进

---

[1] 本条消息的解读引自仲梓源:《电视新闻播音主持教程》,28页,北京,中国传媒大学出版社,2008。

行新闻的播报,给人明快、新鲜、轻松的感觉。

作为传统和新兴播报方式的代表,"播"新闻与"说"新闻既存在语体共性,又存在语体差异。它们的语体共性源于同属新闻报道体,受"新闻"这一内容性质和"报道"这一传达体式的制约,因此,二者的共性也就是新闻报道体的共性。它们的语体差异则缘于不同的发生方式,前者产自于"笔端",后者生发于"口头",所以,二者的语体差异说到底是书卷语体与口语语体之间的差异。

第一,两者语音存在差异。"播"新闻和"说"新闻在语调控制,语速快慢,以及语言节奏方面存在差异。

"播"新闻严格按照文本,语流充实、稳健,语调比日常谈话稍高,能够体现出内容的重要性和形式的庄重性;在语言技巧上注重字正腔圆,每个字都要发得清晰、饱满,关于党的重大政策、文件、通知的新闻更要放慢语速采用宣读式以凸显重要性、严肃性,所以语速稍慢,每分钟约在220字左右;轻重得体,快慢适度,顿挫有致,含情于字声之中蕴而不露,情感变化小,语势也比较平淡。

"说"新闻语调比"播"新闻稍低,采用小实声,15平米房间2个好友私下聊天的感觉,体现出状态松弛、语调自然、口语讲述、还原生活的"说"新闻语言风格;语流利索、干净、较快,语速每分钟高达300字左右,注重语意的表达,加强了句群之间的联系,还原生活中的语速,听起来亲切、自然;"说"新闻在轻重、顿挫、快慢上略带夸张,语势起伏较大,对比明显,溢情于气息、语调和言语之中,在听觉上容易刺激受众,吸引受众的注意力。

第二,两者语言符号使用存在差异。"播"新闻的稿件是书面语,特点是用词严谨、精确度高,抒情式的形容词少;长句多,有很多的复式句、排比句,句式结构很严谨;采用叙述为主,开场白、转换语相对死板,几乎不采用任何修辞手段。"说"新闻的稿件是口语化写作,用词活泼丰富,有很多口语标记"那么""呢""有"等,甚至还会出现语误"简直何其相似";短句多,句式简单,句子成分明晰;有一些比较生动说辞,如"这样的市场持续阵痛的话"、"台开案被收押的前驸马爷赵建明",贴近日常生活的语言风格。

如《新闻联播》用语:"在改革开放30周年之际,中央有关部门对全国18个典型地区的成功发展之路和实践经验进行了系统总结,形成了系列调研报告。这些成果是高举中国特色社会主义旗帜的充分体现,是对中国特色社会主义道路的生动诠释,是运用中国特色社会理论体系指导实践的真实写照,充分反映了以胡锦涛同志为总书记的党中央对改革开放创新实践的高度重视。"

而《凤凰早班车》的用语:"那么其实呢,现在的总统大选还剩下不到一个月的时间,互相之间的骂战越来越激烈,共和党方面呢是共和党的副总统候选人佩林是死死地捉住奥巴马以前曾经和一些极端的反战组织等等的这些恐怖分子结交的老底不放,而奥巴马阵营呢也当然是不甘示弱,就翻开了麦凯恩他很多年前的老账,发现在 1987 年的时候,当时有美国的一些债务金融机构陷入到了不合法或者说不合理经营的一些事情,结果呢要被调查。当时麦凯恩和美国国会的 4 名议员是插手阻止这些金融机构被调查。"

第三,语言表达技巧的应用不同。"播"新闻注重对语言表达内部技巧(情景再现、内在语、对象感)和外部技巧(停连、重音、语气、节奏)的运用,追求语言朴实、节奏明快的播报风格。"说"新闻不刻意追求表达技巧的运用,忌讳夸张的语言表达和事先设计,语言表达技巧服从于稿件内容,根据稿件内容自然融入情感,更贴近生活中的说话状态。

第四,态势语言的运用存在差异。"播"新闻面对镜头要精神振奋、信心十足、端庄严肃、稳重大方,播报意识强烈,面部表情变化不大。《新闻联播》播音员罗京、李瑞英的镜头前状态堪称楷模,树立了一个时代的行业标准;着装上以庄重大方,代表国家形象为宜,造型一旦确认,都不能随便更改。"说"新闻在状态上应该轻松愉快,会打着手势,随着事件不同表情或紧或松,热情服务,特别强调服务性、亲和力,拉近与观众的距离,主持意识要明显,尤其要有全局掌控力。凤凰卫视新闻节目《凤凰午间特快》主持人胡一虎的主持意识非常强烈,给观众的感觉是非常的投入、积极,有一种驾驭节目的气场,观众不知不觉就会受到他的感染;着装大气的同时不失青春活力,彰显个性。

总之,"播"与"说"是两种不同的新闻播报方式,"播"新闻对创作主体的语言、用气、吐字发声、语句组织提炼、基调节奏把握等各项基本功提出了极高的业务要求。而"说"新闻是一种超越了传统的播报,是一种具有主观交流式的传播方式,既服从于新闻的特性,又服从于受众听觉认知规律,还服从于口语表达的规律。它表现出的灵活多样、语言亲切自然,给人耳目一新的感觉。

当然,作为后起之秀的"说"新闻之所以能引起业界的重视,在于其与传统的播报方式相比,具有独特的魅力。

第一,"说"新闻对新闻进行口语化处理,更加亲切、贴近生活。传统的新闻播报方式强调可信、权威,突出的是媒体的权威性、公信力,淡化的是"我",即播音员。播报者是旁观者的心态,与事件保持距离,讲求由距离感产生的客观性,叙述语言上大多为全知式的视点;而"说"新闻,信息是通过主持人这个特定的媒介被体验、感受、传达出来的,在一定程度上,主持人与新闻事件无距离。它追求零距离产生的新闻的感性。传统的播报方式,播音员不需要自己发挥,只是念稿子,表情严肃,缺少和观众的交流;而"说"新闻是播音员经过自己的加工把新闻讲出来,像和老朋友聊天一样,娓娓道来。

第二,"说"新闻突出"一对一"的平等交流方式。传统的"播"新闻是一种广而告之的传播方式,讲求距离感产生的权威性;"说"新闻则是主持人和受众一对一的谈话,由此,冲淡了紧张感,消除了距离感。主持人不仅是信息的发布者,而且是受众感官的一部分,他(她)代表和引导受众去听去看。"说"新闻更像朋友之间的互相交流,给你讲个故事,唠点家常,一张大嘴,嬉笑怒骂,尽述生活之真善美丑和苦辣酸甜,受众可以更加积极地参与到信息的传播过程当中,发表自己的意见和看法,从而增加交流与互动。

第三,"说"新闻主持人的独特风格,成为栏目的金字招牌。"说"新闻信息是通过播音员这个特定的媒介被体验、感受、传达出来的,在一定程度上,播音员与新闻事件无距离。传统的新闻播报方式,我们很难看出一个播音员除了声音以外其他方面的素质。比如他(她)对新闻事件的敏感、对新闻事件的理解分析、对新闻事件整体发展趋向的把握等等。而"说"新闻则给了播音员更多自由发挥、展示个性的空间。播音员可以不拘泥于文稿,身心放松地谈论自己对于新闻事件的看法和分析,融进很多自己的理解与思考。"说"新闻更多地展现了播音员的个人魅力。可以说一个栏目成就了一个播音员,反过来,播音员也成为了这个栏目的金字招牌和收视保证。

如一说到《凤凰早班车》,我们就会想到陈鲁豫,就会想到她清新、自然的播报方式。屏幕上侃侃而谈"说"新闻的鲁豫,沉稳而笃定,不紧不慢,言语简练却言之有物。而一谈到《有报天天读》,自然就会想到穿着传统的马褂,喝着盖碗茶的杨锦麟,特点鲜明,自成一派。从他嘴里讲出来的新闻就让人觉得特别值得信任,特别亲切。同样,《南京零距离》离不开孟非,《社会记录》离不开阿丘。缺少了特色主持人,缺少了主持人自成一家的风格,"说"新闻也就失去了它的魅力。

正因为如此,"说"新闻这种播报方式得到了央视等主流媒体的认可。2011年9月25日,央视新闻节目主持人欧阳夏丹、郎永淳亮相《新闻联播》,两位主播在播报新闻时语速明显比以前的主播有所加快,"心气儿"、"咱们那"、"吃面儿"等口语化、亲民化播报也屡屡出现。两人快语速的口语化播报,使整档节目的信息量增大,更贴近生活。

于是，不少人主张用"说"新闻取代"播"新闻。的确，口语化色彩较浓、传播状态松弛自然的"说"新闻优化了不少节目的传播效果，如北京电视台《第七日》、央视《第一时间》，都采用"说"新闻的形式并取得了成功。然而不可否认，"说"一些内容严肃、高度体现官方意识的时政新闻时就显得力不从心，况且客观、准确是新闻的生命，要"说"出新闻观点的客观性与权威性，也不是易事。

选择"播"新闻还是"说"新闻，还要由节目风格、定位及受众层面等多方面的要求来决定。《凤凰早班车》基本上是以一种转述的方式来说出新闻，这种口语化的播报方式比"播"新闻的语气更平和，更易于受众接受，但是这种转述新闻的可信性与权威性就远远不如播报方式的新闻节目。像中央台的《新闻联播》，它的责任是传达国家的方针政策，引导社会舆论，这种新闻还是应该采用播的方式，因为国家大事是不能以开玩笑的方式处理的，还是应该以比较正式的方式播报出来。而民生新闻用"说"新闻的方式就比较合适，它是以轻快、亲切的方式与受众进行平等的交流，更易于受众的接受与认可。

值得引起注意的是，"说"新闻也出现了一些误区。无论什么新闻都去"说"，有些人更是片面认为"语速快"就是"说"新闻的重要标志，还有些人无限的夸大"口语化"，把随意调侃的"个性化"当成是"说"新闻的真谛。如一些出身曲艺的演员纷纷加盟于"说"新闻的队伍，如央视《社会记录》的阿丘曾是位小品演员、杭州电视台《阿六头"说"新闻》的周志华曾是位滑稽演员等，他们在调节气氛、调动观众情绪方面强于科班出身的新闻节目主持人，但容易出问题的是他们主持节目时表演的成分太多，而新闻节目的目的与相声小品节目的目的特性是不同的。

"说"新闻的"说"对播音员的口语表达能力、信息组织编排能力、逻辑思辩能力、捕捉新闻热点的能力、切中新闻要点的洞察力、现场即兴评述能力等系列素质提出了要求。另外在"说"的过程中还必须灵活有序地处置各类信息，既尊重新闻的客观规律又不失传播者应有的原则立场，同时还要注重自身感受与受众心理上的沟通，鲜明而到位地体现创作主体在节目中的驾驭、主导作用。

其实，无论是"说"与"播"都只是一种传播的形式。它们各有所长，同时又具有自身的局限性，但二者可以互补。毋庸讳言，实行新闻改革以来，为了满足受众需求多样化的需要，出现了多层次、多角度、多口味的新闻播报形式。随着这些变化，也必然要求传媒的新闻播报样式要适应时代新的需求，适当调整新闻播报形式中"宣读"与"日常用语"的比例,使新闻传播的语言表达形式更加多样化。因此,两种新闻播报方式应该是相互补充、相得益彰。

习 题:

1. 请练习播报下列新闻:

(1) 按照后面提示进行新闻播音练习

计算机专家日前警告说,继CIH病毒之后,又一种名为HAPPYQQ的计算机病毒开始在国内出现。

【播报时应清楚、醒目地点出新计算机病毒的名称,提醒人们加以注意,表现出严肃、关注的态度,不宜太快。】

现在正是可可成熟的季节,在第一大国科特迪瓦,虽然今年获得了可可丰收,但人们却高兴不起来。

【播报时在叙述中蕴含悬念感,但语气不应过于夸张,否则,适得其反,削弱了悬念的魅力。】

在日常生活中,培养孩子向上、健康的心理素质,是不容忽视的。然而,记者最近在一些中小学里发现,一种"纹身贴纸"正在许多孩子中间风行,商家在赚钱的同时,不知是否认真考虑过,孩子的身心健康是很容易在潜移默化中被误导的。

【播报时,应该开口就有鲜明的态度及富有导向的语气,表达要有力度,而又不失分寸,增强语气的内涵。语速不宜过快,不能匆匆而过,应当出语稳实、有主次,重点落在结尾的问语上。】

高雄有一位蛇王,靠着表演各种玩蛇的绝技为生,可以想见他玩蛇的技术一定很高明,到底高明到什么样的程度呢,让我们去看一看。

【播报时,首先应有很强的兴趣感,其次应有较生动的语气,导语结尾处勿自成一体,要有引入感。】

这是一幅宣传禁毒的招贴画,少女与骷髅、艳丽的罂粟与阴森的死亡形成了鲜明的对比,它形象地表现出了毒品的可怕和对生命的威胁。一位吸毒者这样说"敲开了毒品的门,就等于挖好了自己的坟。"请看报道。

【播报时,基调应当凝重,两组对比要播得鲜明,引语要有较浓的情感态度,

但也不可失去新闻语体的制约。】

在上海市马当路上有一家安老院,它是由一对残疾人夫妇办起来的。夫妇俩的全情投入,换得了老人们的一致称赞。

【播报时,前面是背景部分,应有介绍、解释感,其次,后半部分应用热情洋溢的语气播出,情感真挚,语言亲切。】

小小秤砣,平衡着千家万户的菜篮子。前一段时间,各地纷纷把市场上容易做手脚的杆秤换成了台秤,消费者一度放下了心。然而最近,一些不法商贩欺骗顾客又出新招,在台秤上打起了主意。请看报道。

【这是条批评性消息,因而,在播报时首先要认真备稿,把握基调。不能见字生情,形成前暖后冷的"变脸"处理,要有主色彩与其制约下的相应变化与分寸。在"然而"处显现转折之意。这条导语的表达重点在后半部分,用声、态度、语言力度、语言色彩都较强。前半部分仅为铺垫,因而受本条导语基调的制约,语言色彩不宜太暖,但作为次要部分,也可有自己的独立色彩,却不能太浓而与后半部分色彩平分秋色。】

"幽幽君子兰,芬芳满人间",兰花自古以来就被称为"国兰"、"国香",以象征一个民族的精神、气质和风格。"兰花如美人,不采羞自献",可在新春时节,数千名兰却聚集云南丽江古城,争奇斗妍,令人大饱眼福。

【播报时,不应似播抒情散文或朗诵诗,完全脱离了新闻语体。应以介绍为主,中间抒描语气。当然,也不可只作一般性平淡的叙述,那样,势必削弱了这种导语的创作初衷。】

根据统计,中老年骨质疏松的患病率是相当高的,患者容易发生骨折和骨裂,给生活带来极大不便。而对于骨质疏松症的防治一直是医学界的一个难题。不过现在,这种情况终于出现了转机。

【播报时,前半部分应播得清楚,形成铺垫;后半部分涉及此消息内容时,应强调、醒"耳"。前后有机,浑然一体。】

(2) 以下是中央人民广播电台《新闻和报纸摘要》节目2013年1月4日的部分播音内容,请进行播音练习:

各位听众,早上好!今天是1月4号,星期五,农历十一月二十三。北京晴,零下11度到零下1度,以下是内容提要:

派干部推动脱贫,巧投入带动致富,甘肃和西藏帮扶贫困群众,温暖百姓心。

非制造业商务活动指数连续第三个月上升,显示服务业等非制造业经济增速加快。

假期利好消息频出,外部市场涨多跌少,专家提醒,股市投资者,新年不宜盲目追高。

新年第一个工作日北方干冷,南方雨雪,冰冻天气可能影响交通。

历时八年，几易其稿，汽车三包范围、标准征求意见，专家建议，汽车故障鉴定标准要跟上

畅行中国边疆：记者体验伶仃洋上特战尖兵的一日训练

以下是详细内容：

　　韩国首尔高等法院昨天（3日）就中国公民刘强引渡日本案作出拒绝日方引渡请求的裁决。外交部新闻发言人华春莹表示中方对此案结果表示欢迎。刘强已得到妥善安置并将于近日回国。她说，中国驻韩国使馆多次派员前往探视，并在职责范围内向刘强提供了必要协助。

　　宁夏异地高考方案近日已经出台，从 2014 年起，在宁夏初、高中连续读满 6 年，父或母在宁夏具有连续 6 年及以上合法稳定职业、住所并累计缴纳 3 年以上社会保险参保费的非本地户籍随迁子女可在宁夏报名参加普通高考。但不允许第一批录取的区外高校。

　　美国白宫北京时间昨天下午发表声明说，总统奥巴马已经签署了 2013 财政年度国防授权法案。这一法案批准给国防部总计 6330 亿美元的预算经费，授权政府使用大约 5280 亿美元的基础国防经费。这一法案包括两个涉华条款，但在措辞上都仅表明是国会"意向"，对总统没有强制力。其中一条款称，美虽然对钓鱼岛主权最终归属不持立场，但承认日本对该岛屿的行政管辖权，并重申《美日安保条约》第五条规定的美对日本的安全承诺；另一条款则呼吁美向中国台湾地区出售先进的 F – 16C/D 或类似机型战机。

　　（3）根据提示进行出境播音与配音一体播的练习。

　　【出镜播音】20 号英国政府同德国政府达成了一项协议，双方同意就如何从英国运回属于德国的 650 吨核废料问题举行工作组磋商。

　　【配音】英国贸工大臣拜尔同德国环境部长特里廷进行了一个小时的会谈。双方同意建立一个由英德两国官员组成的工作组，寻找把目前存放在英国西北部塞拉菲尔德的核废料送回德国的最佳途径。

　　英德两国曾达成价值 20 亿美元的协议，由英国对来自德国的核废料进行再加工。近两年，德国共向英国运送了约 650 吨核废料。这遭到了英德两国环保人士的强烈反对，同时也受到了来自法国政府的强大压力。因为在英国同德国达成协议前，法国是德国核废料的主要再加工地点。

　　德国环境部长特里廷表示，德国已经计划从明年前逐步关闭国内的 19 座核电站。他重申德国将严禁德国企业将核废料运往国外。

　　【出镜播音与配音一体播是电视新闻播音的一种形式，它要求播音员在从出镜播音转到新闻配音时，要体现出两种不同形态播音的处理规律，心理和语言都要有相应变化。一般而言，配音的语速稍快于出镜播音，语流连贯少停，用声稍低于出镜

播音，讲述感更强。】

（4）自己练习出境播音与配音一体播

【出镜播音】几个世纪以来，人们一直对"第六感觉"感到迷惑不解。我们知道动物依靠其分泌的一种"外泌素"，或者说是"信息素"来相互联络、传递信息，或作警告，或吸引异性。那么，我们人类是否也有这种"外泌素"呢？如果有，它对我们又有什么作用呢？

【配音】最近，美国犹他州丹佛的科学家们说，他们发现了大约 20 种人类"外泌素"，而且这些外泌素也起着类似动物外泌素的作用。他们利用几种不同的外泌素制造了一种新型的"荷尔蒙香水"，并认为这将是医学领域的一项重大突破。据使用过"荷尔蒙香水"的女性说，她们在搽上了这种香水后变得更加自信和轻松，而且这种自信又会吸引其他人。

2．分别用"播"与"说"的方式播报下面的新闻。

美 5 旬父亲为亮相女儿婚礼被迫打肉毒微整形

据英国《每日邮报》1 月 2 日报道，纽约卡车司机约翰（John Charmin）先生的 3 个女儿，将分别在 7 个月内完成终生大事，她们很担心父亲在婚礼照片不够好看，因此说服 56 岁的约翰注射肉毒杆菌。

约翰并不认为自己需要任何微整形，但在自己的老母亲及 3 个女儿的压力下，也只好同意。约翰的老母亲自己也动过 3 次拉皮手术。

报道称，为了参加女儿们大喜的日子，约翰同意先接受电波拉皮来紧致肌肤，之后再由医师在眼周与嘴巴周围注射肉毒杆菌，去除鱼尾纹和法令纹。

约翰在术后马上照镜子，并惊呼他回到 30 岁了。几周后微整效果更明显，约翰和 3 个女儿都对结果满意到不行。

河南兰考一弃婴孤儿收养所发生火灾 7 名孩童死亡

中国网郑州 1 月 4 日讯（记者曹中原、刘林森）4 日早上 8 时许，兰考县一收养孤儿和弃婴的私人场所发生火灾，目前已造成 7 名孩童死亡，受伤人数不详。

据现场民警介绍，起火地点为兰考人袁厉害家，多名儿童在火灾中伤亡。

据了解，袁厉害多年来一直在兰考县人民医院门口摆摊卖东西，以收养弃婴和孤儿出名，其安置孤儿和弃婴的地方紧邻兰考县卫生局和兰考县人民医院。

目前，火灾已造成 7 名孩童死亡，具体伤亡人数和事发原因正在调查之中。

第十四章

主持人的言语艺术

主持人是广播电视媒体中直接面向受众把有关信息组织、编串成有机整体的节目形态以利于发挥其强有力传播优势的专业工作者，其集社会性与人际性于一身、富于亲和力。

与播音员一样，主持人也是广播电视传媒中"出声露面"直接为受众服务的媒体角色，二者在本质上同为媒体意志的体现者，是媒体的发言人。他们之间有联系，有传承，有交叉，没有泾渭分明不可逾越的鸿沟。不管是播音员还是主持人，都是通过有声语言直接面对受众进行传播的工作岗位，这是他们工作的共同点。因此，前面章节介绍的播音员语言艺术中的大部分内容都适用于主持人，主持人同样应该掌握标准的普通话，需要把握有声语言表达的外部技巧如停连、重音、语气、节奏等，对情景再现、内在语、对象感等有声语言内部表达技巧同样应该谙熟。

但作为两个独立的工作岗位，他们又确实有某些差别，在语言艺术上也是各有侧重。主持人从一开始便尽力以"淡化官方"色彩的个人身份出现，突出"亲切平易"的"朋友"关系，并吸纳"人际传播"的优势，这些传播策略能有效地缩短传受双方的心理距离。主持人的这种具有"个人化"色彩的传播者身份，及其衍生出来的语境要素结构及关系的变化，影响着主持人运用语言的心态、方式、分寸、风格。在语言内容和语言方式的"贴近性"方面，在考虑受众的"可接受性"方面，对主持人语言有更为深入细致的要求，也形成了一定的创作规律。简而言之，是传播语境和传播观念的某些变化，对主持人语言运用提出了新的、更多、更深的要求。

主持人主持节目不是读稿念稿,而是同受众说话,包括独白、交谈、插话等。电视节目主持人说话时的眼神、手势、身姿等还赋予了相应的思想感情。因此,本章从有声语言和无声语言两方面来专门介绍主持人应该具备的语言艺术。

第一节 主持人的有声语言艺术

主持人的有声语言不仅要反映职业或专业方面文体的语用特点,还要以"人"为支点,以节目为核心,以受众为归宿,它是一个主持人思想感情、文化水准的具体体现,是主持人对生活、对节目、对受众关系的实际把握。主持人有声语言是主持人节目传播特色的重要载体,一句话,主持人在节目中的有声语言运用与主持人个体因素的关系密不可分。

主持人具有个性魅力的有声语言包括以下三方面:其一,主持人把自己当做受众中的一个,平等、亲切地与受众进行交流;其二,表述目的明确,用语清晰、热情真诚,富于人情味;其三,能把握现场特定的情境和氛围,贴近受众注目的亮点,应变语机敏,能就势燃起受众情感的火花。

主持人对有声语言的运用表面看是说话,内在却是素质和文化底蕴的集中反映。杨澜曾说:"要确立一个主持人形象,相貌气度固然重要,知识储备、头脑灵活固然关键,但最要紧的是内心的修养和人格的健全。"

一、节目过程中主持人的话语方式

节目过程中主持人话语运用一要考虑节目类别、性质和内容,二要考虑接受对象。这里主要针对广播电视节目过程的开场、中间、结束,谈谈主持过程中开场白、主体语和结束语的运用。

(一)开场白

开场白指节目主持人上场时的话语,也叫开头语。一般包括三个部分:与节目有关的礼节性话语;引起观众注意的话语;直接导向目的的话语。主持人开场不管怎么说,都应放在调度节目进程,控制节目节奏、情绪和氛围的基础上。良好的开场白,对于主持人十分重要,它可以确定基调、营造气氛、表明主旨、沟通感情,使全场人人情绪高涨起来,注意力集中起来,从而保证节目的顺利开展。

与节目有关的礼节性话语,遵循的是礼貌原则,常用谦词敬语。主持节目是通过大众媒体与对象进行传播沟通，这种传播沟通同人际传播沟通一样需要自报家门、自我介绍，如"呼台号"；需要彬彬有礼地问候观众、嘉宾。问候应出自内心，所谓"诚于中而形于外"，语调应热情温和。这样受众才能产生交流感和亲切感。

美国著名节目主持人芭芭拉·沃尔斯特认为："有时候，一位非常著名的职业政治家，很可能担任过不少重要职位，当你难以选择最适合的称呼时，明智的方法是取其最闻名的称号。但是，这个办法并不是永远适用，个别人有他自己的爱好。像爱扶雷尔·哈里曼虽说曾经当过大使，可他仍喜欢人家称呼其为州长。甚至一些著名的学者，如大学教授、校长、著名的科学家及某些教师，因为他们怀有专长，又都具有博士学位，在社交礼节上更应慎重，绝不能在称呼上把他们降格为先生。如果你一时难以确定如何称呼，不妨以礼貌的态度询问：'蒲赛博士，你愿意我称你博士或是先生？'而绝不可以这样说：'蒲赛先生，你愿意我称呼你为先生或是博士？'前后两种问法，前面称呼博士，对方听了入耳；而后面直呼先生，对方往往会误解你不尊重他，这是值得注意的。谈到这里，使我不禁想起已故的詹博士·派克。那次我去访问他，他刚辞去圣公会的主教。当时我问道：'我应该称呼你主教还是称呼派克先生？'他回答很干脆：'就称吉姆如何？'看来正确的称呼非常重要，因为在双方刚开始接触时，你给对方留下什么印象，将直接影响会话的气氛。"[1] 芭芭拉所说的"选择最适合的称呼"主要是对采访或谈话节目对象而言的，它也是开场语中与节目有关的礼节性话语要注意的内容。

在说了与节目有关的礼节性话语后，应通过话语引出节目内容以提醒观众注意。这要求主持人心诚情真、善解人意。而以"我"入话，就比较容易形成心贴心的交流氛围。观众收看电视节目或者在场上参与电视节目大多是一种闲适心境下的自由活动，拒绝教训、教诲，拒绝权力、权威。所以需要主持人的话语不是"官话"、"套话"，而是融入自己感受、体验的话语，只有这样才能引起观众相似、相近的感觉、体验，觉得主持人说的是他们想听、要听的。这种话语同老百姓"唠家常"、"摆龙门阵"一样是把自己摆进去的一种话语方式，特别是综艺娱乐节目和服务节目尤应注意这点。

以"我"为话头是第一人称的入话方式。从自己谈起既拉近了与受众的距离又使受众参与意识增强，所以对节目内容容易产生一种特别关注的心态。另外，以"我"入话时已经切题，同时也引导受众切入话题。下面该怎么谈似乎

---

[1] 林可行：《主持人社交技巧》，14-15页，北京，改革出版社，1999。

是"水到渠成"的事了。以"我"入话，引起受众注意话语的方式有"我听说"、"我看到"、"我的一个朋友"、"我想起一件事"、"我的家"、"我认为"、"我想"等等。当然，以"我"入话，少不了表白或表露自己的看法、自己的情趣、自己的哀乐等，目的是消除观众的陪衬心理、不平等心理。如果主持人有套近乎、耍噱头、玩花招，内容荒唐、无聊，或者有自我推销、自我标榜、自我炫耀的成分在内，就会引起受众的反感，甚至产生逆反心理，不仅后面引导目的落空，观众也会因为主持人违背职业道德而唾弃之。

对此，知名主持人王纯谈到过她的体会。她说，以"我"入话，讨论的主体不能是个人，否则会招人讨厌。她说她自己要努力达到的境界是："不露痕迹，把我的感觉说出来，又把'我'淡化；每句话似是随口说出的，却真是我想说的，又是你想听的，又是节目需要的，三者结合得天衣无缝。"看似随口说出，其实心有主张——目的、方向的内蕴是政治思想和真情实感的相契相融。

任何事情都不能只看一面，以"我"入话或者说以"我"为话头，并非开场语的规则，可以是这样，也可以不是这样，关健在于主持人选择最有利于节目的身份说话。作家林自勇认为："……主持人是没有一个固定不变的立场的，他只要张扬了善，或主持了公道，传播了健康的思想，无所谓是以'我'（如第一人称）或作为旁观者（局外人）或者是以'真理'的代言人，或者是灾难事故中的受害者，某个运动的参与者……"总之，以"我"或以旁观者身份入话，都与节目的性质、内容、宗旨及节目顺利展开的方式有关，不管主持人怎么选择、怎么安排，"良好的形象和声誉"是必须考虑的问题，考虑的前提是国家利益、民族利益、节目利益所带来的使命感和责任感。

直接导向目的的话语是主持人直接导向节目内容，常用的有开门见山、单刀直入方式，但要注意的是不可有居高临下我怎么说你怎么听的咄咄逼人之势，也不可有得理高一头，自以为代表真理。"以刚克刚"观众不易接受，话语的有效性就会被打折扣。

很多学者列举了开场语切入话题的不少方式，如开门见山法、曲径通幽法、情境导入法、感情烘托法、设置问题法、引用法、幽默调侃法等。

1. 开门见山法

主持人的开场白要立足生动，开启受众的思路，将他们自然引入节目的预定环境中去。

如杨澜与姜昆主持"正大综艺"的一次开场白：

杨：各位来宾，电视机前的热心观众朋友们，你们好！

姜：也许您刚刚脱去一天的疲惫，泡一杯浓茶坐到电视机前；也许您正觉得无聊，想不出家门就看到外面的世界；也许您刚刚做完老师布置的作业，希望在休息之前从我们这里得到一点精神享受。

杨：那好吧，就让我们带着您跨越时空的障碍，到世界各地去领略一番异域的风情，聆听美妙的音乐，因为——不看不知道，世界真奇妙！

这里主持人真诚的问候，关切的话语，制造了融洽的气氛，自然地引入节目的正题。

2. 曲径通幽法

这种方式开始听起来似乎有点离题，但主持人娓娓道来，逐显真谛。

2003年11月5日在浙江举行了第23届电影金鸡奖颁奖仪式，下面是中央电视台主持人李咏的开场白。主持人将中国共产党第一次代表大会与电影界的颁奖大会作对比。先不点明主旨，而采用委婉的方式，曲径通幽，逐渐引起人们的注意，最后逐渐显露真谛，一语道破，真相大白。

82年前，嘉兴人拿出一条船，开了一个会，参加会的人谁都不希望让人认出来；今天，浙江人又拿出一座剧院，开了这样一个会，会上人人都希望人们认出他们来。

3. 情境导入法

节目现场一般包括主持人、表演或参与者、听众或观众、演出时间与地点等因素。主持人如果能从这些因素入手，形成一种"场境效应"，就能给受众一种亲切真实感。例如主持人一上来便说：

踏遍青山人未老，风景这边独好！朋友们，今晚繁星满天，篝火通红。这画一般的景色，激起我们诗一般的情怀……

主持人这绝妙的开场白情景交融美妙有趣，把观众带进了诗情画意的情境里。

4. 感情烘托法

节目主持人是整个节目的有机组织者，他们不能喧宾夺主，但却可以用动人的话语为整个活动或节目创设一种特定的情境，奠定受众欣赏节目的感情基调。如在纪念抗日胜利50周年的一次文艺晚会上，主持人这样开始：

亲爱的观众朋友，您是否还记得50年前的那段悲惨的历史？那时，日本帝国主义的铁蹄踏进我泱泱国土，山河被毁坏，村庄被烧光，兄弟被掠杀，姐妹被踩躏。多少人家破人亡，多少人妻离子散。今天，回顾这一悲壮的历史，重翻这痛心的一页，您心情如何呢？

这段动人的述说，像一颗巨大的感情炸弹，使深沉的气氛顿时弥漫会场，台上台下情感相通，群众与演员心灵共鸣，确立了晚会的基调。

5. 设置问题法

问题式开场即在节目或活动开始时，采用提问、设问或反问的方式导入话题。这种形式如苍鹰凌空，突兀而来，一下就抓住了受众的心，通常都能取得极佳效果。例如，在一档"商界名流"的谈话节目中，主持人这样开始："今天我们节目请来了开发区十家著名企业的老总，在座的各位，都是理财行家，做生意的能手。现在，请允许我向大家请教一个问题：美国十大金融财团的首富摩根，当年从欧洲来到美洲时，穷得发慌，只得卖鸡蛋为生。他弄了三篓鸡蛋，可卖了三天，一个也没有卖出去。第四天，他让妻子去卖。结果，不到半天全卖完了。请问：这是什么原因呢？"这样以生意之"磁"吸"财神爷们"兴趣之"铁"，吸引力自然是很大的，一下就抓住了嘉宾和受众的心。

6. 引用法

开场即引用名言、格言、故事等来开场，这种方式表意深刻，启迪性强。有一档《走进沙漠》的节目这样开场："不知道您去过内蒙古没有？如果没去过，您一定听说过这样的诗句：'天苍苍，野茫茫，风吹草低见牛羊'，还有'大漠孤烟直，长河落日圆'。无边的草原和黄沙，从来都是历代文人墨客赞赏的对象。我们今天谈的是在库布奇改造沙漠、绿化植树这个话题。"

7. 幽默调侃法

萧伯纳曾高度评价幽默的作用，他说："没有幽默感的语言是篇公文，没有幽默感的人是尊雕像，没有幽默感的家庭是间旅店，而没有幽默感的社会是不可想像的。"对于主持人而言，幽默可以帮助他们更好地调动现场的气氛。

幽默式开场即由身边事切入话题，看似信手拈来十分随意，实则要选常见或反常规的趣事为话头，使入题显得亲切、轻松而幽默。

在一次春节联欢晚会上，我国台湾影视歌三栖明星凌峰出任节目主持人。他是以这样的幽默方式开头的：

在下凌峰，我和文章（台湾歌星）不一样，虽然我们都得过"金钟奖"和"最佳男歌星"称号，但我是以长得难看而出名的。两年多来，我们大江南北走了一趟——拍摄《八千里路云和月》，所到之处呢，观众给了我们许多的支持，尤其是男观众对我的印象特别好。因为他们认为本人长相很中国，中国五千年的沧桑和苦难全都写在我的脸上。一般来说，女观众对我的印象不太良好；有的女观众对我长相已经达到了忍无可忍的地步，她们认为我是人比黄花瘦，脸比煤球黑。

但是我要特别声明一下，这不是本人的错，这是父母在生我的时候没取得我的同意就生成这个样子了……

凌峰对自己的相貌进行了调侃，洒脱不羁，新奇诙谐，使晚会气氛开始就形成了一个高潮。

但幽默也是讲究艺术的，好的幽默应该是善解人意、与人为善的。中央电视台主持人崔永元曾经接受采访说"有的幽默没有了分寸，就会拿别人开心。拿别人开心可能也会赢得掌声，但是会对被幽默的人造成伤害，甚至是极大的伤害。所以如果想要幽默，首先要有自我牺牲的精神。"[1]

开场语方式方法举不胜举。节目性质不同，受众需求不同，主持人个性、风格不同，就会有各式各样的开场语。生活、艺术像宽阔无涯、深厚无底的海洋，变化无常，千姿百态，为主持人开场语提供了无限的创造空间。创造的关键在于主持人必须把自己的思想、情感、知识、韵趣融入开场语中，以显示出特有的个性风格。

（二）主体语

如果把节目话语看作是一篇新闻报道，其叙述无论是顺叙结构还是倒金字塔结构，中间部分都可称为"主体"。我们借用这个词把节目开场语和结束语中间的话语叫做"主体语"。主体语表述的是节目的主要内容。它不像开场语那样可以预先准备，默记在心；也不像结束语那样顺流而下，话自出口。它变化十分复杂，如果有搭档要顾及搭档，如果有观众、嘉宾现场参与要顾及观众、嘉宾。与此同时还要顾及场内外观众。从话语表述看：有逻辑关系，如并列、递进、因果、条件、假设等，有结构方式，如过渡、照应、衔接、转换等；有表达方式，如叙述、描写、议论、说明、抒情等；有对突发情况的应对，如需要掩饰、弥补等。尤其是谈话节目和采访直播节目，主体语是最能显现主持人语言功底之所在。在主体语中，我们主要讲串联语、衔接语和应变语。串联语是把节目内容贯串在一起的话语，它服务于节目内容的整体编排。衔接语是节目内容间的转换承接的话语，它着眼于节目内容的具体调度。应变语属于衔接语的一种，是根据场上突发情况说出的话语。

1. 串联语

场中话题的衔接，包括节目的衔接，主要是通过串联语来实现的。无论是通过镜头处理的电视节目，还是直接与受众交流的舞台节目或活动，节目与节目（或活动的程序与程序）之间要衔接起来，这是主持人责无旁贷的任务，这

---

[1] 安欣：《跟央视名嘴学口才》，3——4页，北京，金城出版社，

种将上下节目联系起来的语言就是串联语。其作用是将各个可能本不相关的不同内容、不同形式、不同人物甚至不同风格、不同国家、不同民族的节目组合在一起，形成一个整体，使受众感到上下两个节目关联协调，无割裂、不相容的感觉。这种串联语，不一定要每句都与主题有关，乍听似"闲言碎语"，但并非"多余的话"，而是主持人与受众沟通的一个重要组成部分。

串联语在直播的舞台上或虚拟的舞台上有调节情调、渲染气氛、烘托场景、活跃情绪，让观众或听众增添乐趣和文化知识的作用。对于主持人自身来说，串联语也是他（她）对节目内容感受、体验、认识、评价的自然外化。这种外化有助于加强、扩充信息的服务性和与受众亲近交流的共振性。同时主持人的串联语也是一种使节目内容与受众接受心理巧妙融合的方式，它不是纯理性的，也非纯情感的，而是情理结合、适度突破节目内容的纯客观性，并具有再创造性。

要说好串联语，主持人必须根据节目或活动的主旨、感情基调，精心推敲串联词。但构思又要不着痕迹，自然顺畅，如同即兴，而且就像绘画中的水墨写意，随心所欲，轻描淡写，自然天成。这种衔接，是思想链环的一个结扣，虽居位不显，却担当重任，起着应接、引导和控场的作用。

主持人只有对所主持的节目了解清楚，对上下内容熟悉，做好充分的材料准备，并形成自己的总体看法，才能说好串联词，才能较好地把握与引导节目的进程，调动受众的愉悦情绪，将一切纳入自己的控制之中。

在一次诗文朗诵会上，主持人缓缓进入主席台，她没有立刻报节目，而是充满深情地朗诵了一首诗："母亲将院子扫干净／雨就来了／母亲将锅揭开／饭就熟了／母亲将衣服补好／夜就深了……母亲刚来得及拢一拢头发／两鬓就白了／母亲刚来得及照一照镜子／皱纹就深了／母亲刚刚入梦／天就亮了……"接下来开始报幕："请欣赏配乐散文朗诵《妈妈别走》"。

主持人报幕是为了推出下一个节目，主串联词既要起到承前启后的作用，又要为即将推出的节目做好铺垫，使前后融为一体。这段串联词词无疑起到了烘托渲染气氛和抛砖引玉的作用，可以说是珠联璧合。

话题的衔接，常见的有以下几种方法：

（1）承上启下法

承上启下式即上挂下连式，用几句话概括小结或评点上一程序内容，然后自然介绍或引出下一程序内容。这种方式能使受众直接感受到上下两个节目的内在联系。

《生活24小时》有一期节目，前面说的是安全使用煤气，后面说的是自我保健操，可以说两个内容根本不相干，但由于主持人说了下面一段串联词，就使两者自然连接起来，而且可以帮助受众更好地去欣赏下一项内容："刚才我们谈的是安全问题，安全问题包括环境安全，也有身体安全。身体的安全就是我们要说的健康问题。下面介绍一种自我保健的方法，对观众的身体健康是有益的，您不妨试试看。"

（2）制造悬念法

制造悬念式即故意不说出下一个节目的内容，将问题抛向受众，以此来衔接上下节目。这种方式能引起受众对下一个节目的兴趣，具有引人入胜的作用。

《共度好时光》节目中的一段串联词："一生中的好时光，总离不开一个'情'字，亲情、友情、爱情、师生情、战友情等。有欢乐，有温馨，有开怀的欢聚，也有默默的感动，好时光离不开一个难忘的人，一个难忘的故事……今天，又一位朋友要来到我们现场，讲述一段他难以忘怀的故事。"

这段词虽无问句，但同样制造了悬念并引起受众对下一个节目的兴趣。这位朋友是谁？要讲什么故事？为何难以忘怀？主持人卖了个关子，受众便自然而然地形成了几个问题，急切地等待节目的进展。

（3）问答对话法

问答对话式即主持人向演员或与下一个节目内容有关的人提出问题，然后由他们作出回答，通过对话从上一个节目过渡到下一个节目。这种方式生动活泼，在文艺类节目经常运用。

在《著名昆剧表演艺术家、戏曲教育家张洵澎舞台艺术40周年》文艺演出会上，主持人有一段串联词是这样的：

主持人："戏校的学生在排练，我们去看看。同学，你们排演的是哪出戏？"
同学："我们排演的是《游园惊梦》。"

主持人："主教老师是谁？"
同学："张洵澎老师。"
……

主持人："好，下面我们就观摩张洵澎主演的《亭会》。为张洵澎友情演出的有上海昆剧团的蔡正仁先生。在张洵澎舞台艺术40周年演出活动中，上海昆剧团的领导和同行给予了热忱无私的帮助，他们都是张洵澎的戏校昆剧大班的同学。同窗友谊深，我们向他们也表示敬佩和感谢。"

这段问答，不仅介绍了学生排演的剧目名称，而且还引出了演出活动的中心剧目——张洵澎主演的《亭会》。

（4）介绍评点法

介绍评点法即主持人介绍或评点下一个节目，使受众对下一栏目内容、人物有所了解。串联词运用恰当，会缩短受众与节目或人物的心理距离，使受众对下一节目或人物产生好感。

《海外博览》中的一段串联词是："发明与创造有时是两个意思相通的词，今天我们将介绍一位有史以来最有创意，让我说是最有发明才能的人物。他是艺术家也是科学家。在研究音乐、绘画时，他的大半生都在探索植物学、解剖学、光学、数学和航空学的未来。他就是生活在15世纪的达·芬奇。"

介绍语不多但蕴含着评价，确立了人物应有的定位，受众自然会怀着敬佩的心情去欣赏下面的内容了。

（5）闲侃漫聊法

闲侃漫聊式即主持人通过说一些看似无关紧要的话，然后突然恰到好处地引出下一个节目。这种方式常常语言诙谐、机敏，充满着意趣，能营造节目气氛。例如，《正大综艺》就常用这种方式：

杨澜："……好，现在我们过最后一关。"

赵忠祥："哎，杨澜，我们这猜谜活动是为了增长知识，不要说过关，什么'最后一关'，把事情看得太严重了吧？"

杨澜："赵老师，我们就是要过最后一关——嘉峪关。"

赵忠祥："啊，你早说呀！"

杨澜用双关语埋下一个"包袱"，赵忠祥佯装不知顺杆往上爬，指出杨澜表达的"错误"，杨澜最终把"包袱"一抖，自然引出与下一个程序有关的景点——嘉峪关。这如同聊家常的串联词，让人感到轻松愉快，因而很受大家的青睐。

2. 衔接语

我们在前面说过，衔接语是节目内容间的转换承接的话语。有的串联语也有转换衔接作用，但它主要作用于各部分内容之间，把各部分内容贯串成一个整体。而衔接语主要是在上、下词语和前、后句子之间起到转换衔接作用。另外，有的衔接语是根据场上突发情况说出的话语，它符合实情、快速、得体，所以也叫应变语或应对语。下文将会专门论述摆脱困境的应对语，在此不做重点展开。

衔接语作为主体语的一种话语方式有断有接、有插有补、有去有回、有分有合、有转有应。即便主持人滔滔不绝的话语也是如此。从语言运用看，或顺或逆，或疑问、设问、反问等。总之，不离节目、不失时机、天衣无缝、机敏巧妙，做到有话可说、话语到位。主持最怕节目进行当中，一时语塞，无话可说，后面内容就会衔接不上。衔接语使用还要顾及观众、嘉宾，顾及搭档，顾及语境。

在节目进行过程中，衔接语决不靠主持人伶牙俐齿，靠吹靠侃，它靠的是平时的眼勤、耳勤、腿勤、脑勤、口勤的积累，这样才具有"信息总汇"的优势。除平时的积累，主持前还应了解与主持内容相关的材料、主持的具体环境，如舞台、季节、时间、天气、观众关心的热点问题、观众的期待心理，甚至包括搭档的高矮、胖瘦、服饰在内。有次主持人叶惠贤主持晚会节目，邀请了众多劳动模范，当叶惠贤介绍一位纺织女工时，衔接上、下句用了4句顺口溜："姑娘今年二十八，一心工作搞四化，所以至今未成家，希望大家关心她。"表面看是现场现抓，实际上叶惠贤对参加晚会的劳模的背景都作过了解，知道了女劳模只顾工作，个人事情尽抛脑后，对象几次告吹……想不到这4句顺口溜的衔接语，晚会后产生了出乎意料的效果——"来自全国各地的情书像雪片一般飞进姑娘的怀抱"。

在主持过程中经常会有现场采访，采访该如何提问题可以参照前面记者的语言艺术中的部分内容，但将这些问题很好的衔接起来，适度的引导观众和嘉宾的谈话都要借助主持人衔接语的使用。

主持人与采访对象谈话无论是提问句式、对答句式、应变句式以及各种句式中的表达，如叙述、说明、议论、抒情、描写等都只能"一次过"。主持人自己谈话还好说些，而采访对象该怎么说就靠主持人话语引导了，采访对象没话可说或采访对象说得收不住场，或者避开主旨，漫无边际，责任全在主持人。对主持人话语的基本要求是：主旨不即不离，结构散而不乱，节奏有张有弛，气氛融洽和谐。主持人要用话语巧妙地加以引导，切不可硬性打断，否则产生逆反心理。

著名主持人崔永元是谈话方面的高手，面对众多的观众，他在打断嘉宾的谈话时做得非常艺术，丝毫不留痕迹，同时还能很好地让话题继续下去。如在《广告知多少》中，介绍嘉宾李盾时，问他广告多了还是少了？李盾一口气罗列了很多广告无处不在的例子。崔永元友好地打断了他说："李先生的诉苦大会如果我要不及时打断，今天大家就要在这里久坐了。"李先生立刻明白了主持人的意图，以简短的话题强调了自己的现点："这是因为广告给我们带来的苦处太多了，恐怕再加上多长时间，也没办法说完。"

如在《唐·金》一期节目中，面对唐·金不着边际的长篇大论，崔永元适时打断，说："我刚才仔细听了听，好像是我在问我的问题，唐·金先生顺着思路在说自己的事。其实，我的问题特别简单，就是拳击的推广人和拳手之间是一个什么样的关系？"唐·金："如果描述拳手和拳击推广人之间的关系的话……"这种巧妙的打断，既重申了问题，让嘉宾的思路回到问题上来，又不显得生硬、突兀。

在现场采访的谈话节目或知识竞赛节目的主体语中，有时也掺进主持人未问到的采访对象或参与节目的观众、嘉宾的贸然插话。这时主持人的衔接语要把与内容不相干的插话引到内容上去，使内容自然过渡或转换到下一个层次。至于插话中有新意的话头，应慧眼识珠，抓过来或呼应或放开或收拢或渲染，使之有蕴藉、有升华，成为有趣味、有意义的亮点。

至于表述的语调、语气、语速要视话语内容而定，这里就不多说了。需要注意的是，主持人应该是当代最善于用话语交际的传播工作者，他们的成功80%在于话语水平和技巧。

3. 应变语

俗话说："人非圣贤，孰能无过。"主持人每天面对各种各样的节目或活动，难免会出现一些始料未及的错误，这是不可避免的。但怎样对待错误，如何把错误消灭在萌芽状态中，避免让它成为"隐患"，却是有讲究的。这时掩饰、回避错误都是不明智的做法，因为说出去的话如泼出去的水，无法收回。而受众的感觉是敏锐的，他们不会因主持人小小的错误而苛求他，却会因处理错误的态度而评判他。所以主持人必须大方、自然地正视自己出现的错误，用自己的智慧和才能变不利为有利，抹去观众心中的阴影，重塑自己的光彩形象。

场上困境的出现，除了有主持人主观方面的因素外，还有许多客观方面的因素存在，如嘉宾或观众出现问题，或突发事件产生等，都需要主持人及时缓解紧张难堪的气氛，使节目或活动得以正常进行，并帮助尴尬者挽回面子，显示主持人的机智，树立良好的公众形象。解决困境的急中生智技巧主要有下面七种。

（1）语意逆推，金蝉脱壳

有时在众目睽睽之下，主持人由于偶然的疏忽说错了话，就在自己即将被尴尬地"晾"在台上时，能有冷静的、细微知著的机敏，再运用"语意逆推"（死理说活）的方式，顺题立意，力挽狂澜，就可以使自己转败为胜，可以较好地化解观众惊愕的情绪，起到转移观众注意力的效果。

袁鸣在主持"狮子楼京剧团"庆典时说："现在我荣幸地向大家介绍光临庆典的各位来宾，参加庆典的有……海南师范学院党委书记南新燕小姐！"台下慢慢站起一位白发老教授——南新燕，全场一片哗然。袁鸣歉然一笑说："很对不起，我是望文生义了。不过南教授的名字实在太有诗意了，一见到南新燕三个字，我立刻想起两句古诗：'旧时王谢堂前燕，飞入寻常百姓家'，这是多么美丽的图画！而且我觉得，今天这里也出现了类似的情景：京剧一度是清末宫廷的艺术，一度是流行在我国北方的戏曲，现已从北方到南方，跨过琼州海峡，飞到了海南，而且在这里安家落户——这又是多么美妙的画面呀……"顿时台下掌声、欢呼声四起。

主持人不慎说错了话，引起全场哄笑，只能道歉；但道歉而不服输，运用语意逆推的策略和顺题立意的智慧，片刻完成精妙的命题构思——浓墨重彩地描绘了两幅"图画"给大家看：一是古诗之画，赞老教授名字有诗意；二是现实之画扣京剧庆典的节目语境。她金蝉脱壳而且言之有理，使之渐入佳境，赢得了"满堂彩"。

（2）坦诚相见，自圆其说

北京电视台有次现场转播北京国安队对上海申花队的足球比赛，主持人在开赛前的预测中，分析国安处于劣势，可能输给申花。不料比赛结果，却是双方踢平。面对这一失误，主持人没有回避，而是机智地引用球王贝利预测世界杯失灵后所说的话："足球比赛的结果有时像艳阳天飘鹅毛雪。不过，这场雪对北京球迷来说，着实下得及时，下得痛快！"

主持人所说的前一句，以极富感性的语言为自己找到了退路，既含蓄地说明了事物变幻莫测的客观事实，还给人以愉悦的美感；后一句立刻回到现场，痛快淋漓地道出了观众喜出望外的心情，他的失误自然会得到观众的谅解，他的热情和机灵也赢得了观众的好感。

（3）以问制问，反守为攻

中央电视台节目主持人孙小梅随文艺演出团到达我国台湾，临时邀请担任搭档主持人。她一上场就遭对方抢白："孙小梅，你可是大陆的红人，怎么跑到台湾来抢我的饭碗呀？"孙小梅机智地回答："我怎么是来抢你的饭碗？我是专程来帮你赚钱的。"对方不解："什么？你怎么是帮我赚钱？"她顺势反唇相讥："你想想，大陆有十几亿人口，台湾只有几千万，我来同你主持节目，回去一播出，认识你的人多了，你不是可以更赚钱了吗？所以呀，你要好好谢谢我才对！"

台湾主持人有些咄咄逼人，孙小梅面对诘难"处惊不乱"。她在急智中以问制问，以静制动，反守为攻，而且一反常规，运用了"仿答"形式，即先根据对方的话语逻辑顺势推论，然后再用对方的话语方式给予回敬，从而收到了良好的效果。

主持人面对此类诘难，应注意三点：一是保持冷静；二是要突破定型思维，快速选准突破口；三是掌握"度"，注意语言交际中以问制问时的"冲撞效应"，以"软冲撞"（即"不失和"）为前提，保持和谐气氛。

（4）岔换曲解，联想解难

第十届全国书市开幕式后，崔永元与读者见面。有位小伙子问他："崔哥，《实话实话》怎么没有过去好看了？"崔永元点头首肯道："不错，是没有过去好看了，我们是有责任的——不过，主要责任在你。"观众的反应有点惊愕并感到困惑。崔永元又笑问："小伙子，结婚了没有？"小伙子老实回答："没有。"于是，崔永元就说："我告诉你，结婚的感觉和恋爱的感觉是不一样的。"众人这才恍然大悟，明白了崔永元的用意。

作为主持人难免会碰到刁钻古怪或对自己极为不利的问题，这时权宜之计只能是突破问句的限制，跳出一定的思维模式，进入多元的应对视野，故意将问句的意思用口才艺术改变，将问话的意思剥离到有利于自己的方面来。这样故意地岔换曲解可以使自己变被动为主动，从而摆脱窘境。崔永元用结婚作类比，又及时抓住对方用语模糊的地方，将其曲解、剥离到有利、有趣的方面来，取得了让人意料的效果。

（5）通达自嘲，漫画趣说

前面提到，一次综艺晚会上，凌峰登台，一些观众对其长相不以为然。凌峰便说："在下凌峰……但是，时代在变，潮流在变，现在的男人基本上可以分为三种：第一种，你看上去很漂亮，看久了也就那么回事，这一种就像我的好朋友刘文正这样；第二种，你看上去很难看，看久了以后是越看越难看，这就像我的好朋友陈佩斯这样（笑声）；第三种，你看上去很难看，看久了以后你会发现，他另有一种男人的味道，这种就像在下我这样了（笑声、掌声），鼓掌的都表示同意了！鼓掌的都是一些长得和我差不得的（笑声），真是物以类聚啊（笑声、掌声）！"

在这里，凌峰把自己当做幽默的对象，采用漫画的方式来"自嘲"。但"自嘲"式幽默并非自我轻贱，恰恰相反，刻意丑化自己去娱乐他人，是大智若愚的通达，也是极具勇气与自信的闲适自处的超脱，甚至是一种豁达开朗、返璞归真的人性美的体现。凌峰趣说自己很精妙，用语诙谐，还埋入伏笔，而且格调轻松，俗而不陋，体现出一种爽朗与智慧的品性。他前半段话显然在自贬，数说自己相貌的"丑"，以形象化的漫画式语言描绘自己的老、瘦、黑；然后，突然节外生枝地提到所谓"男人分类"的"理论"，在嬉笑中顺理成章地既贬低别人又顺带"美化"自己，更出人意外的是，最后也没忘给那些为其鼓掌的观众幽上一默。这是自嘲的泛化和扩张，使话语结构跌宕起伏而且挥洒自如，巧妙地将全场"同化"于幽默的氛围之中，也令观众对其顿生好感。

（6）善意解疑，圆场补戏

著名的配音演员李扬有一次在绍兴主持晚会，当海政歌舞团的歌唱演员叶茅、廖沙对唱《走西口》时，他们声情并茂，甚至出现亲热的搂抱表演。这时观众一方面为他们精湛的艺术表演赞叹，另一方面对他们"过分"亲热的举止不解甚至反感。对于这种有悖常理、不合常情的台上男女亲热的举动，主持人如果麻木不仁或听之任之，必然会导致观众的不以为然以致整个场面的尴尬，有可能让一场成功的晚会大打折扣，有可能让艺术家在不明真相的观众心中留下抹不去的阴影。于是，等他们唱完，李扬立刻迎上去将他们留在台上，并向观众介绍说："叶茅和廖沙的歌声情真意切，打动了观众的心。但大家不知道，他们舞台上是艺术伴侣，生活中是恩爱夫妻。"

听完介绍，台下马上响起"噢"的嘘声，在一片善意的笑声与掌声中，误会消除了，晚会又回到了欢快、祥和的语境中。下场后，叶茅、廖沙感激地对李扬说："过去由于主持人没想到这点，我们受到不少误解，你想得真周到。"在节目或活动过程中，有时之所以会陷入窘境，往往是有人在特定的场合中作出了不合时宜、不合情理或有辱身份的举动，而旁人又不便指出，于是进一步导致了整个局面的尴尬和僵持。在此情境下，主持人必须善解人意，用行之有效的方法来打圆场，找一个借口或换一个视角，以合乎情理的依据来证明对方的举动是可以理解的，是无可厚非的。这种驾驭语言和协调关系的能力是主持人必备的能力，适应语境、营造语境、改变语境，变窘境为顺境，也是主持人的重要职责之一。

（7）借题发挥，化解尴尬

一次某高校举办校园文化艺术节，请来了扮演周恩来总理的特型演员。观众强烈要求他来段即兴表演。于是演员走上舞台模仿周总理开始了表演，由于过于投入完全沉浸到自己的艺术创作之中，以致时间过长而不自知。这时台下已有观众因不满而喝倒彩。这时主持人快速走到台中，模仿毛泽东主席的神态说:"恩来同志,你今天工作太累了,你要为我们保重身体啊,现在你还是下去休息一下吧。"

一席话巧妙地提醒了演员,也给他一个下场的台阶,不露痕迹地平息了双方的尴尬,同时还顺便制造了小小的幽默,让现场观众忍俊不禁。

2009年,央视春晚进行第二次带观众联排也有技术意外,舞蹈《蝶恋花》需要LED屏幕的配合,在登场之前,电脑技术方面出现问题导致节目卡壳。董卿幽默地打圆场:"这个技术是第一次应用到舞蹈中,既然是第一次,就要面临许多问题。我们稍等一下。我觉得今天现场的观众都是最幸运的,你们看到的这个(失误)是别的观众看不到的,是真正的幕后。"这也是通过幽默话语巧妙的化解尴尬的气氛。

主持人时常会碰到这种让人尴尬甚至让节目无法为续的情况,如何处置解决直接体现出主持人发现问题的敏锐程度和处理问题的艺术。如能当机立断,因势利导,借题发挥,就会让尴尬悄然引退,欢乐重现舞台。如一位主持人在观众的期待中出场了,岂料一个不小心,摔了一跤,台下哄堂大笑,但是这位主持人却神情自若地爬起来说:"观众朋友们,我为你们倾倒!"观众对他的幽默报以热烈的掌声。

应变是闪烁着才能、机智、胆略之光的高超艺术,没有统一的模式可循,没有固定的规律可依。随机的"机"是多种多样的:有天时,有地利,有人物,有事件,有情况,有势态……应变的"变"也是千姿百态的:可以迎难而上,可以另辟蹊径,可以寻求支援也可以等待时机,可以顺水推舟,可以置之不理……究竟如何?运用之妙,存乎一心。这里的共同点在于,都需要快速灵活的反应,都需要急中生智和临场发挥。

(三) 结束语

俗话说:"编筐织篓,最难收口。"节目进入尾声,虽然就要结束,但仍要讲究技巧,切忌草率急躁,匆匆收场。要巧于终结,再展高潮。结束语同开场语一样也是变化无常、千姿百态的。它除了开场语所要考虑的几个方面外,还要考虑所在节目结束位置上的重要性和特殊性。作为节目主持人行将离镜或下场的话语,可以说是节目语言链上的最后一环,是开场语的延伸、发展的结果,与开场语关系密切,如同一篇文章的开头与结尾一样。

结束语是开场语的自然延伸,开场语与结束语两者之间相关相连,首尾一体,给受众整体划一、前后呼应、完美的感觉。

另外,节目将结束,如同一出戏要落幕、要散场了,总应该给受众留下点什么。从节目内容来说,应交代结果、交代有关事项、交代该补充和说明的地方;从受众期待来说,应使他们有所思考、回味、警醒、增强信心、力量等;从主持人礼节来说,应表示谢意、关心等。而这些又必须扣住开场语确定的节目主旨、情调、节奏等。

对共同主持节目过程中的结束语要求主持人相互之间协调、配合。二人说或四人说以及合说都应该完美、完整。主持搭档要有分工:谁说上句,谁说下句,谁说前句,谁说后句,说时声音大小、语调变化、语速缓急既有同一性,又有对比性。比如男声和女声对比、刚柔对比,在对比中要有个性、有互补,红花绿叶相得益彰。特别是直播的主持和搭档更要注意心灵沟通、配合默契,才能使节目一气呵成、浑然一体。这不单是传播理论问题,更重要的是实践,在实践中去领悟、去把握。

俞虹在《节目主持人通论》中列举了结束语常用的6种方式:首尾呼应,题意鲜明;梳理旧纳,概述要点;重复重点,强化印象;点评要点,深化主题;响鼓余音,耐人寻味;留白开放,请君思考。

当然,结束语方式如果再列举6条看来也无法囊括主持人话语结束形式。关键在于主持人领悟在心,妙用在口,以新颖、独创、受众喜爱为目标,使结束语在体现节目内容、节目宗旨的前提下,更具智慧和魅力。

下面我们列举几种结尾的方式以供大家参考:

杜维明《儒家人文精神与文明对话》演讲结束后,湖南卫视主持人的结束是这样说的:

杜维明教授的精彩讲学让我们真正目睹了当今大儒的风采。我们始终相信,对和平和美好未来的向往,人类如何实现自己的终极理想,这是每一个人都在思考的问题,新世纪玫瑰色的曙光已在地平线上隐隐出现,我们祝愿也相信下一个世纪将是一个充满欢乐和笑声的祥和世纪。

这是一段庄重深沉的结束语,因为这是知名学者的讲学,是关于中西文化深层次的话题。

在《鲁豫有约》节目中采访郎平的结束语:

采访郎平之前,我的化妆师一边给我化妆,一边和我聊天。我的化妆师是一个20岁出头的小伙子,他问我,今天你要采访谁,我说要采访郎平。他听了以后非常激动,说郎平当年得了冠军以后,我还和我们院子里的小孩一块在胡同里面游行庆祝来着。我真切意识到,郎平实在是中国最成功、最有影响力的运动员之一。采访结束以后,我和我的同事们对郎平有一个共同的评价,她真是一个好人。

这段结束语亲切诚恳。顺着前面的谈话，一方面借化妆师的儿时印象评价郎平的影响力；另外一方面又以"我和我的同事"的感慨评价郎平的人品。这是个总体评价。

著名节目主持人赵忠祥、杨澜最后一次主持《正大综艺》第 200 期，几天以后，杨澜就要飞赴美国。赵忠祥、杨澜两人依依不舍地向观众告别，下面是他们的两段告别语：

杨：就好像一眨眼的工夫，4 年过去了。我对节目的感情不是一两句话说得清的，在这里我衷心感谢帮助、关怀、批评我的老师、同事和观众……

赵：该说再见了，每次都和观众朋友说下个星期再见，而这次却是一次真正的告别。真诚感谢给予过我们关心和支持的朋友和电视机前的亿万观众，不足之处请朋友们谅解……

这段结束语传达了两位主持人告别观众时依依不舍的情怀，感染力强。

主持人的结束语与报告、讲话、讲座、演讲、讲课等结尾语比较，虽然都是收尾，但收尾的范围不同，前者是就正常活动收尾，既包括内容，也包括活动的形式；后者只是活动的一个局部，一般只就内容收尾。其次，主持人在全部的活动中，只能起到统领、引导、串联、推进的作用，活动的主体只能是报告者、演讲者、表演者等。因此，主持人的结束语，绝对不可向活动的参与者发号施令，提出要求，发出号召，主持人根本不具备这种主体资格。最后，结束语必须简短精要，千万不可啰嗦冗长，拖泥带水，更不可草草收场。

主持人的有声语言是节目形象的"亮点"，它使节目形象成为鲜活的整体。在主持节目过程中言语贯串于节目全过程、控制节目全过程，它使不关联的关联、不相属的相属、不相粘连的相粘连。一句话，由于它的贯串，节目与主持人连为一体，节目与受众连为一体，主持人与受众连为一体。主持人言语从主持过程看，开场语、主体语、结束语都是主持人用生命之弦拨动的乐章，不管头、中、尾，时机把握不当，重点不突出，都会出现噪音，影响接受效果。而作为乐章的政治精神、艺术精神和人格精神都不过是来自灵魂的天，言语只是从灵魂中绽放出的花朵。

二. 主持人有声语言艺术的基本要求

（一）话语准确

语言准确第一要合乎语言规范，即语言交际约定俗成的标准。它包括语音规范、语法规范、修辞规范。如果节目主持人这方面稍有不慎，出现差错，如字词读错、声调读错、词性用错、句子成分搭配不对、修辞不当等，就会影响到传播内容不切题、不完整、不正确，使观众产生歧义或不明意思，甚至产生拒绝接受心理。

即使名嘴，平时不注意训练也会出问题。某知名节目主持人一次在复旦大学作新闻专题讲座时，90分钟内读错4个字：把"刹那"中"刹"字读成"霎"音，把角逐的"角"字读成"脚"音，把褒奖的"褒"读成三声，把提纲挈领的"挈"字读成"齐"音。在这种情形下讲座内容再好，也会损害主持人形象。

于根元先生在接受北京广播学院《启明星》报记者采访时说："规范不是一种条条框框，规范是动态的，规范就是交际到位"。这就是说，"交际到位"除考虑语言符合规范外，还要考虑语言在交际动态中的恰当和得体问题。某些词语从词义来说没用错，可用得不是地方，也会影响传播效果。

语言准确第二要合乎事物的科学性。主持人传播知识、服务受众有时因受观念选择和情感过滤的影响，难免使传播内容带有主观表述的随意性。不符合事物的科学性。事物的科学性指事物内在的本质属性和规律性。

下面试以两个例子来进行分析。上海某主持人主持《东方直播室：岁末的钱袋》时的一段开场白：

今天我们谈的话题是"岁末的钱袋"。因为大家知道，这几天，我想绝大部分人的钱袋啊，大概都会鼓出来一点。咱们农民有年终分红，工厂和企业单位都有年终奖。那么大家钱袋稍稍鼓一点，怎么用钱？很多人都盯着你的钱袋。今天我们就想谈谈这个问题。

这段话语义重复处我们不说它，主要是有的内容表述不科学。1993年，农村早已实行了联产承包责任制，农民一家一户自种自收，哪来的"咱们农民有年终分红"的事。农村分红还是"文革"前人民公社时的事，指人民公社社员定期分配工分值。

吴郁女士在她的《主持人的语言艺术》一书中，引述了一位主持人有次主持《正大综艺》节目时，关于中西餐具说的一段话，认为这段话表现出主持人缺乏深厚的文化涵养，给观众以误导。话是这样说的：

"在古代，西方各民族却是使用金属做成的刀叉做餐具，那时候人们也确实尚武好战。可是在古代的中国，用两很细细的竹棍或木棍作为餐具。不仅少了几分杀气，而且还十分轻便和文雅。有人说，筷子是代表文化精英制胜了武士的长矛和利剑。"

餐具与各民族物质生产活动相关，西方各民族在冶金术还未出现时，同中国远古先民一样，用餐经历了一个由用嘴用手到从自然界取材的发展过程。后来西方各民族使用金属做成的刀叉做餐具，而中国一直用竹或木做成的筷子做餐具，这是各民族世代生活的习惯，是世界文化多元化的表现，不存在差与好、俗与雅的问题。至于餐具与尚武好战更扯不到一起。中国古代部落战争时，除用石头外，不也用过竹、木做武器吗？难道中国的筷子是尚武好战的结果吗？"筷子是代表文化精英"之说只会迎合某些中国人"中国一切都好"的大国沙文主义心理。这无疑伤害了西方各民族的情感，毫无科学性可言。

语言准确第三要符合情感的真实。语言外在是声音，内在是情感。主持人语言准确与其传播的情感真实、真切是一体的。这就是中国古人说的"言为心声"、"文如其人"。联袂主持过《正大综艺》的赵忠祥、杨澜，一个稳重敦厚，一个伶俐活泼，皆能做到声情并茂。这缘于他们原汁原味的情感投入和自然而然的本性显现。赵忠祥在他所著的《岁月随想》中说："我还从没有这样长时间与人合作的历史，加之我们的性别、年龄、资历、经验、学识甚至外形上都有那么大的差距，我们不必在场上形成一顺边的、互相迁就的、互相模仿的、互相靠拢的主持形式，而应该总体上协调。而这种协调是互补型的，充分展示与发扬自己的个性……杨澜同意我的这一想法，并且从最初开始我们就向各自角色贴近。即她是个年轻的少女，我是个和善的大叔。我们之间分工一经确定，就出现了场上节奏起承转合的韵律，使主持有品味、有回味、有韵味、有趣味。杨澜的快，不因我的参与而放慢。我的慢，不因她的轻快而随之变换。反而我们更突出了自己的特点。"

罗曼·罗兰说："真实是人生最罕见的美德、只有真实才会有内心的充盈和坚定的自信。"上海电视台《东方直播室》的嘉宾主持人、上海著名话剧演员李家耀在谈到节目感想时说："我……权充《文化晚茶》的主持，纯系友人的抬举，观众的厚爱，个中体味用只言片语实难表述，更非拙笔所能编造。左思右想，忽地脑海现出一块寺庙常见的匾额——'一诚则灵'。不错，若想成为心灵嘴巧的电视节目主持人，又让广大观众视为可信赖的亲人，这3个大字，怕是比'食为先'更先才是。"让我们永远记住这三个字："诚则灵"。因为美在情感，美在真诚的情感。作为节目主持人至关紧要的是把自己的位置摆正，要平视社会、平视观众，感情真实、真切，言语才有准确的内蕴。

《实话实说》节目主持人崔永元指出，有些谈话节目不是真实的谈话，而是谈话表演。表面看这些谈话节目应对应答天衣合缝，滴水不漏，可这一切都是节目组事先准备好了的所谓安排的"话托儿",举手站起来说的都是节目组为他们事先准备好了的话,甚至让节目组工作人员扮演当事人来愚弄观众。试想情感虚假,语言准确又有什么意义呢。他还说:"自己刚干上这行的时候,全国也不过10个谈话节目。那时对节目的形式不太熟悉。大家以自然状态来参与,而现在变成互相迎合了,制作者迎合观众,节目的参与者迎合制作者。当大家相互迎合时就没有了当初的那种真诚率直。"中央电视台谈话节目《朋友》,观众批评它"不够朋友",就在于《朋友》里出现的朋友大家都来说"漂亮话",甚至互相吹捧。节目主持人也为节目而节目,语言失去了真实情感。后来《朋友》停播多少与此有些关系。

语言准确第四应该符合逻辑规则。主持人说话有时为强调情感而"得意妄言",话语有不顾逻辑规则,构成一种"无理之妙"情形。但一般对物事的表述还是应该遵循逻辑规则。比如主持人说:"春天到了,万物复苏,大地一片绿色。南方的鸟儿已经开始长途跋涉了,它们要迁徙到北方。开始它们繁衍子孙的工作。"且不说"开始它们"听起来别扭,"繁衍子孙的工作"更不合逻辑。鸟儿迁徙到北方繁衍子孙是它们生存的一种本能,而"工作"是人特有的自觉自由的行为。再比如主持人说:"歌剧女高音起源于欧洲,以严格的科学的发音方法训练出来的女歌手,其非同寻常的穿透性声音,极富戏剧性的表达力式,长于表现油画式的浓烈情感,像史诗一般壮阔。"主持人这番话语是为概括歌剧女高音演唱特点,但把"女歌手"、"油画"、"史诗"杂揉其间,不知是着眼于声乐还是着眼于情节?总之,造成语句表达的逻辑混乱。至于歌剧女高音根据剧情和人物演唱除强烈、壮阔外,也有其他风格,怎好一概而论呢!

(二)话语简洁

主持人语言在准确前提下边要做到简洁。简洁也叫简练,指用精粹的语言恰如其分地传达出尽可能丰富的内容。清人赵翼在《瓯北诗话》卷六指出:"所谓炼者,不在乎奇险诘曲,惊人耳目,而在乎言简意深,以一语胜人千百,此真炼也。"台湾地区华视新闻"金钟奖"最佳主持人李艳秋,在1991年安徽、江西一带发大水时曾来祖国大陆采访,在报道灾情之后说:"从大禹治水开始,中国人历经几千年来,就与洪水搏斗。但是老天爷在发怒的时候,仍然找这块土地泄愤。土地无知,洪水无情,但苍生何辜?面对这片疮痍,实在让中国人为中国人感到慨叹。"这段话听来肝肠寸断,无一处可删亦不必多加一字。虽文雅,书面语陈重了一点,但适合台湾地区听众的语音习惯,其中"中国人为中国人感到慨叹"是最富人情味的一句话,可谓"以一语胜人千百"也。这得力于她深厚的语言文学功底和纯真细腻的女性情感。

主持人语言简洁不是苛求一字一词的删繁就简所造成的单一、平板。也不是拒绝修饰,相反地,需要修饰,只不过要注意把握分寸。目的是使话语在包容更多的思想情感的同时,具有更大的启发力和感染力,让受众有更好的接受效果。

(三) 话语通俗

苏新春曾作过一个说明:"人总是趋向于用熟悉的、比较习惯的、只有较大普遍的语言单位来进行交际。因为只有'熟悉',人在交际当中才能减少重复和多余的说明,从而在最短时间里,以最小的体力、智力消耗,完成最大量的信息传递。"主持人说话是让受众"听"的,词句的组接、变化要符合一听即懂的语言经济原则,即一下子就获取全部信息。若受众听后茫然无知或为悟不出话语的含义而焦虑烦恼,传播则失去了作用。所以主持人话语要注意通俗,选用受众熟悉的、习惯的词句,不同于文学语言追求陌生化效果。

中央电视台主持人王小丫在《经济半小时》中坚持用自己通俗的语言来解释一些枯燥难懂的经济名词、术语。她说:

"我发现有不少朋友觉得'经济'这个词非常理性,听上去冷冰冰的,很学术,当初,我刚上学的时候也是这么认为的,校园里的《高等数学》、《线性代数》、《统计学原理》、《政治经济学》,不能不让你感到高深莫测。

"毕业后,开始挣钱,自己租房,买菜做饭,我发现那些深不可测的东西完全能在生活中找到用处,一方面,我惊叹于经济学家能将琐碎的现实提炼成精辟的理论。另一方面,也由衷地觉得,'经济',她真的很通俗,而且感性。感性到你看得见,摸得着,甚至能摸出你吃饱了还是吃好了,穿暖了还是穿漂亮了。

"所以,在真实准确的前提下,我总希望能把复杂的事说得简单一些,比如说市场亏损多少个亿,对老百姓来说,也许没有概念。我自己也没有,我只对10万有概念,因为可以买一辆小别克。所以我常常把她们掰开来,比如说,这些钱可以建多少个汽车站,多少个宾馆。"[1]

这样通俗易懂的经济概念的确与受众心理接近了不少。这样的语言虽然缺少了经济语言的严谨和学术性,但是不可否认它让更多的人有了具体的概念,这就是语言转换的魅力。这样的转换需要深厚的底蕴和超强的语言能力才可以做到。

下面列举主持人的几段话语,受众即使以最大的体力和最大的智力消耗也听不懂。

---

[1] 安欣:《跟央视名嘴学口才》,63页,北京,金城出版社2010。

如武汉电视台某年制作的专题节目《追寻永乐大钟》有一段解说：

……这是天衣无缝的操作：纤毫之陈，分厘之差便会引起"跑火"，致使全盘失败。为了承受浇铸的压力并确保足够的强度，外范四痕，泄露了四个浇铸口的准确位置。我们看到了最典型的雨淋式浇铸法……

这里"跑火"、"外范四痕"、"雨淋式浇铸法"都是观众不懂的铸造术语。皆因解说时未作浅显的解释，造成受众听觉上的"难点"。也许有人说不就几个词吗？但就这几个词如同流水（话流）被一阻再阻，造成听觉上的磕磕碰碰，欣赏的乐趣就会大打折扣。

又如长沙人民广播电台音乐台"第四届金话筒奖"评奖节目《凄凄离情声声显影——读李商隐〈无题〉》有段主持词：

熟悉的原是歌词，并非曲调。李商隐的这首传世之作，还在不解"绕床弄青梅"的韶华，就朦朦胧胧地喜欢上了。既长，及壮，也曾惋叹他的"晓镜但愁云鬓改"，也曾伤感他的"夜吟应觉月光寒"，也曾联想过他的"身无彩凤双飞翼，心有灵犀一点通"，"沧海月明珠有泪，蓝田日暖玉生烟"。诗名虽是《无题》，情感却是执著、热烈。绵绵耿耿、邈邈飘飘，上贯苍苍，下拂漫漫，流到哪儿，卷到哪儿，都会爆起一盆火。

这段话语，若做书面文字来看，都让读者费解。本来还熟悉的《无题》诗，经这么绕老绕去，如坠云雾山中，不知何为云，何为雾？想想从主持人嘴里"一次过"，能听懂几词几句？原因是话语中尽是些受众不熟悉、不习惯的词语，甚至是生造词，存心卖弄学问是无通俗可言的。

（四）话语生动

主持语言还应从"熟悉"中跳出来，让那些司空见惯、平淡无奇的"熟悉"富有独特、新颖的创造性，使受众从"熟悉"中感到不同凡响、耳目一新。同时语言传播信息的示范作用和引导作用也会得到实现。例如"苏州是江南有名的水城，水多、桥多"，这是大家挺熟悉的说法。在《话说运河》中，主持人把熟悉的话语变了变："如果说苏州的河是这座城市的五线谱，那么桥便是这座城市的音符。水和桥结合在一起，就谱成了苏州的交响曲。"这样一变不但表达到位，而且比熟悉的说法活泼动听了许多。

主持人语言要在语言韵味上下功夫。就主持人话说而言，韵味用来指主持人传情达意的话语具有形、色、声统一的个性魅力。高尔基在《文学书简·给玛·格亚尔采娃》中说："在我看来，艺术的精神就是力求用词句、色彩、声音把你心灵中所自豪的优美的东西，都体现出来。"我们不妨听听北京人民广播电台音乐台主持人梁洪在其主持的专题音乐节目《流金岁月》中为唱片诞生120周年、中国唱片诞生90周年所编制的唱片故事的结束语:

……(讲述上海一位听众介绍的俄罗斯文学泰斗列夫·托尔斯泰与他生前最喜爱的《戈帕克舞曲》的故事,并播放该唱片。)

看看这封来信,听着这欢快的《戈帕克舞曲》,我的思绪仿佛飘到了遥远的俄罗斯,我好像看到了一位睿智的老人和一群穿着鲜艳的民族服装的姑娘们在翩翩起舞。

是啊,这就是唱片的奇妙。那旋转流动的音韵,就是那转动行进的历史。无论你在地球的哪一个角落,无论你身处哪一个时代,一张小小的唱片,便能跨越千山万水,跨越时空隧道,把我们的心灵相连。知道吗,此刻我在想,这个关于唱片的故事也许永远无法结尾,因为生活在继续,历史在行进,唱片也必将真实地记录下每一段岁月的音符,那旋转的唱片,便是旋转着的生活,旋转着的历史。

听后,听众的眼帘似乎拉开了尘封历史的一页,隐约现出了列夫·托尔斯泰老人和一群穿着鲜艳民族服装的姑娘们在翩翩起舞的画面。主持人稳重低沉的富有韵律的声音从遥远的俄罗斯那头传来,融入正在响起的现代旋律中——一张一张唱片像跳动的音符一个接一个地旋转着,旋转着……亲切流畅富有音乐文化内涵的语言,为听众把握美、想象美提供无限广阔的空间。

语言不外3个层面:语音层面、文法层面和辞格层面。其中与语言韵味关系密切的主要是语音层面和辞格层面。

先说语音层面。是字都有音,一个字由声母、韵母组成。读时有重音、轻音、长音、短音、平声、仄声之别。字与字组词有叠音、叠韵、双声。词与词组句,句与句间因音的碰撞,形成节奏、韵律,节奏与韵律协调,才能疾徐有致,抑扬有律,铿锵有调,听起来清晰愉耳,韵味深长。

如崔永元《实话实说·远亲不如近邻》的结束语:

刚才每位嘉宾用精彩的话,再一次给我们重申了"远亲不如近邻"。刚才说到了我们要发挥主观能动性,从个人做起。在杭州有这样一位老人,每天晚上,没有人安排她,可老人自己会拿着一个话筒,嘱咐家家户户要关好门窗,关好煤气,把自行车锁好……老人的丈夫是一位双目失明的盲人。让我们向这位老人表示敬意!(掌声)看来,搞好邻里关系确实要发挥我们自己的主观能动作用,从自己做起。我们想,这位老人能做得到,相信我们每位在座的人,每位居民都能做得到!谢谢大家!咱们下次节目再见!

其中，近邻、能动性、做起、煤气、敬意都押韵，读起来自然而合于音，朗朗上口，十分动听。

再如某主持人说的下面两句话：

一幅好的画，一首好的曲子，会给人以美的启迪。

她是拂在脸上的风，更是唱自心中的喝彩。

上面两句话存在单音节字与双音节词组合协调的问题，所以影响节奏韵律的美。应改为：

一幅好的画儿，一首好的曲子，会给人以美的启迪。

她是拂在脸上的风，更是唱自心中的歌。

改过的与原句相比，节奏感增强了，音韵也显得和谐些。

主持人说话虽不像文学语言那么讲究平仄、押韵、音节（音顿），但语言功底深厚的主持人自然而然会运用到。如上海电视台节目主持人叶惠贤，有一次主持南北京剧大会串节目，他刚讲到："这真叫……"三个字，结果乐队误以为他要唱，马上锣鼓响了起来。为了不让前面说出的三个字没着落，也为了不使乐队这段锣鼓让受众感到莫名其炒，他迅捷地来了一段京剧道白：南北京剧大交流，喜看艺坛出新秀，古老艺术发新芽，咱们的京剧啊——有奔头！

再说辞格层面。主持人说话从容不迫、恰如其分，进退有度、收放自如是一般要求。要形成各种风格，如急云横空与月明清风；惊涛裂岸与柔波荡漾，在很大程度是得力于修辞手法的运用。如运用比喻、夸张、借代、排比、双关、对偶、反复、婉曲等修辞方法，造成语言丰富多彩的表现力、感染力。

如下面这段主持词：

长江流域有许多湖泊，打个比方说吧，如果说长江是一条长长的藤，那么这众多的湖泊就是藤上一个又一个瓜。由西往东数，这是第一个大瓜——洞庭湖。

长江与湖泊的关系用比喻说出，呈现在观众面前是鲜活的熟悉的形象。平常变为不平常，无趣变为有趣。

一位节目主持人在谈"水"的科技节目中说：

水，无处不在：沟渠、江河、海洋，乃至云雾、虹霓、雨雷、冰霜都是水。水，形态不定：或潺潺淙淙，或滚滚滔滔，或浩浩荡荡。水极其平凡，但又十分宝贵：动植物缺了它，生命就无法延续；工业农业少了它，生产就只有停顿。水比锦柔软，比钢坚硬，坚持不懈，滴水可以穿石；团结一致，涓滴可以成海……

这段话中排比词语有规律地停顿。最后的对偶句："坚持不懈，滴水可以穿石；团结一致，涓滴可以成海"都增强了话语的节奏感。

在《实话实说·为什么吸烟》节目中，崔永元为引出吸烟的话题说了下面的话：

我们今天的话题可以说非常小，有多小呢？只有两寸多长；我们也可以说这个话题非常大，因为它涉及中国的工农兵学商各个行业，而且和中国的13亿人有切身的联系，那就是——吸烟。

用"两寸多长"借代香烟，小与大对比都使听众觉得特别有趣，平俗中添了几分雅意。

再如《实话实说·该不该减肥》的结束语：

希望大家各有所得。我想送给大家的一句话是未必要体胖，但体胖了一定要心宽。谢谢大家。

体胖是不好，但主持人没直接说，而换了一种婉曲的说法："体胖一定要心宽"，既举重若轻地表达了观点，又使观众对这份善意感到十分亲切。

语言修辞很多，运用起来变化万千，奥妙无穷。但有一点是不可忽视的，它不是纯粹个体性的或者说仅仅个人感到有韵味，它应该有为受众普遍接受、普遍感到的韵味。这就要求主持人在说话中运用修辞时，注意赋予让受众有更多惊喜的意蕴、要依据表达内容和题旨，使修辞所用辞格与情境相契，与受众情感联系在一起，以增加交流的效果。

当然，不同的节目定位、不同个性的主持人在不同的语境中还应当具有不同的语言风格，如幽默型、平实型、动情型等。但不论是什么样的语言风格，都必须贯穿准确、简洁、通俗、生动于其中。这是对主持人有声语言艺术提出的要求。

第二节　主持人的无声语言艺术

主持人进行传播活动时的心态、体态的传情达意称为无声语言。无声语言一般包括心态语和体态语。

无声语言和有声语言一样，在主持中起着十分重要的作用。无声语言所产生的信息交流作用，在于它能诉诸人的视觉，就听者来说，经视觉印象吸收的信息刺激反应最为强烈。一颦一笑、举手投足、眼波流转、神色变化，都反映着内心活动，都能传递信息，对人的心理产生种种暗示。它有时甚至先于有声语言而在受众心目中形成第一视觉印象，这种印象往往直接影响口语表达的效果。正确得体的无声语言对有声语言起到辅助、补充、加强和渲染作用,有时甚至可以单独表意,替代有声语言传递微妙的信息。

本章从心态语和体态语两个方面论述主持人的无声语言艺术。

一、心态语

心态语也叫潜语,它伴随有声语言和体态语和心理状态相关的信息传递。在不同场合、不同情境下,主持人的话语和体态常常是某种心态的信号。当然,心态语很少直接表露,它若直接表露颇像戏曲的静场、国画的空白,无声处有声,无画处是画。

成功的主持人运用自己的心态语,同时也十分注重对方的心态表现,来把握他所传出的信息。

电视节目主持人与观众交流,其心态语多半是"空间使用方式",用句俗话解释是"心照不宣",它是话语方式的先期显露或心理显露。主持人不健康的心态显露出心理机制中的自我调控差。调控差就会失态,其表现一是缺乏自信,二是自以为是。比如主持时不是把观众作为对象,而是把自己作为观众的对象,过于注重观众的反应,造成紧张。这种情况比较好解决,如果不适应则多适应就行。倒是另一种情况所造成心理紧张,心态语混乱不好办,那就是平时积累不够,心底很空,或者在主持前对主持的内容不熟悉,对内容有关的资料不了解,对主持中可能出现的意外情况,应对准备,主持时就会缺乏自信,缺乏内在应有的感觉体验,出现心理紧张,甚至出现心理障碍。至于居高临下,自以为是,目空一切,故弄玄虚,心态语无疑会是装腔作势的,无论主持人怎么掩饰,它都有可能在你主持时冷不防跳出来,一旦暴露在荧屏上,就无所逃遁,大白于天下。"某台直播节目,讨论这些年'曾国藩'为什么走红,主持人说,现在人们对政治化不感兴趣,而是对个人化、技巧化感兴趣。有一个学者(嘉宾)说,曾国藩曾镇压过农民起义……话没说完,就让编导掐掉了。"曹日昌在《普通心理学》一书中指出人的心态"是伴随认识活动和意志行为出现的"。编导掐掉的恰好是编导认识的显露,其心态语是:"老生常谈,没劲!"主持人健康平和的心理所显露的心态语会告诉观众自己的政治素质、文化素质和心理素质,这样才能从生活的真实、真诚到主持的真实、真诚,使观众感受到无声的温暖、无声的愉快。

另外,心态语是主持人心态外显,而失态除以上显现外,也在主持人话语中显现,如语无伦次、啰啰嗦嗦、结结巴巴或不断地"哦""啊",说了上句,不知下句该怎么说，其实，主持人的心态语已对观众说了两个字——"尴尬"。

二、体态语

体态语也叫体语、态势语、人体语、动作语、身姿语、行为语，在西方称为人体示意语或身体言语表现。它指传者运用具有文化内蕴的身姿、面部表情，以及与受者的空间位置，甚至与体态相关的礼仪在内的一种无声语言符号系统。它是人与人在传播交流活动中不可缺少、也不可用有声语言替代的一种语言方式。体态语是在漫长的历史文化积累过程中，逐渐形成的一种表情达意的符号系统。

《礼记·乐记》载："说之，故言之；言之不足，故长言之；长言之不足，故嗟叹之；嗟叹叹不足，故不知手之舞之，足之蹈之也。"由此说明体态语的特定作用，同时也说明体态语常常配合有声语言进行积极的传播交际。

人的体态语有些是生理上或生活习惯形成的下意识动作行为。比如有人坐着习惯用手托下巴、习惯翘二郎腿等。有的是生理需要自然引发出来的，是一种适应身体需要的行为，用于释放身体的紧张、不协调而使之达到松弛、协调。其中有些是在健康的生活环境、生活情趣下养成的，具有一定的文化品位，像眉清目秀、眉开眼笑、眉目传神。与之相反的则是挤眉弄眼、眉来眼去、眉高眼低，这些与打哈欠、搔头抓耳一样在交流中毫无价值，不管它是有意识还是无意识，都会让对方觉得缺乏礼貌。正因为如此，体态话应遵守人际传播的礼仪要求，剔除无品位的、无意义的部分。

节目主持人应有意识地运用与电视传媒相适应的有价值的体态语，以丰富信息传递和增强交际效果。电视传播不同于广播，主持人出现在画面上，观众视听并用，这就使得主持人的一举一动、一颦一笑，都在屏幕上"放大"或"定格"显现在观众眼前，是沉稳优雅、端庄大方，还是轻浮粗俗、自作多情都一目了然。如果是后者，观众的反应必然是冷漠、鄙夷，无疑意味着对主持人"角色期待"的失望。

体态语按人的外部形态可分为手势语、身姿语、表情语、空间距离语、服饰语五种类型。

（一）手势语

手势包括手臂、手掌、手指的动作。如人们行走时手臂前后摆动，手掌、手指自然屈伸。人们在说话时大多有手的动作配合，显现某种目的性的表现和强调作用，同时也增强交流中的动态美感。手势的传情达意具有语言的功效，故以手势语称之。

在所有的态势语言中，手势语的使用频率最高，其表达内容有极强的吸引力和表现力，使用起来也最灵活、最方便。所以有人说："手势是口语表达的第二语言。"

手势语虽说没有完整的结构系统，但本身具有某种约定俗成的含义，因此运用时有一定的规范。手势语按照呈现的方式有确定的、指示的、情感的，象征的、比喻的、夸张的、借代的。情感手势主要是用来表达主持人的情感，比如讲到非常兴奋的事情，可能手舞足蹈。指示手势能指示具体对象，它可以使观众看到真实的事物。如讲到"你"、"我"、"他"，或者"这边"、"那边"、"上面"、"下面"等，都可以用手指一下，给观众以方向感。象形手势则是简单而常用的手势，主要是用来摹形状物，给观众一种形象的感觉，在主持少儿节目时这种手势比较多见。

不同的手势在使用过程中的频率、幅度和活动范围也具有不同的含义，在主持活动中传达着不同的情感和含义。手势使用的频率是指在一个固定时间里手势使用的次数。在播音主持活动中手势使用的频率和幅度，与节目类型和主持人的情绪指向相关联。一般地讲，频率慢幅度小的动作表达着主持人较为平和的情感。手势的幅度指手势摆动所展开的宽度。美的手势要做到大方自然，幅度不可过大也不可过小，过大会给人张牙舞爪不稳重的感觉，过小则显得拘谨呆板。手势的范围指的是一次手势活动空间的大小。手势从活动范围上划分，可分为上、中、下三个区域，每个区域也表示不同的含义。上区手势指手势在肩部以上的范围活动，手势在这一区域活动一般表示理想的、宏大的、张扬的内容和情感，可以用来表示殷切的希望、胜利的喜悦、幸福的祝愿、美好的情景等积极意义的情感，同时也可以表达愤怒的声讨，强烈的谴责等消极意义的情感。中区手势指手势在腹部以上、肩部以下的范围活动，口语表达者在这部分区域做手势，一般表示情绪处于较为平和的时期，手势用于记叙事物和明晓事理，如"指示手势"、"象形手势"一般都在这个区域里使用。下区手势指手势在腰部以下范围活动。这种手势在主持中很少使用，一旦使用，一般带有消极意义，表示无奈、鄙视、憎恶的情感。上、中、下三个区域，只是为了使主持人便于理解把握而作出的大致划分。主持人在运用手势时不必过于拘泥，而应该随着主持的内容、节目的类型。根据个人习惯灵活加以运用。

手势的类别大致划分为单式手势和复式手势，单式手势和复式手势是指做手势时用单手还是用双手。一般地讲，复式手势比单式手势表达的情感要激烈，含义要深刻。在手势的运用中用单手还是双手一定要进行具体分析，最为主要的是由主持的内容而定。

手势动作以它特定的意义得到社会普遍理解和承认而被广泛地应用于播音主持活动之中，成为主持人表达思想感情得心应手的辅助手段。但对于一些刚出道的主持人来说，手势语又是最容易暴露紧张情绪的部位，有的主持人初次登台亮相，手不知放在哪儿合适：是两手垂下靠大腿旁还是双手交叉置于腹前？是双手抱胸还是两手垂叠？是一只手垂下一只手抬起还是一只手在前一只手背后？在此情形下，即使没说一句话，手势语已把其惴惴不安、紧张失控的心理暴露在观众面前。

因此，掌握手势语的使用规律和原则并强加练习，是主持人工作的一部分。符合规律和原则的、得体、优美的手势语对主持的总体效果起着积极的促进作用，违背原则就会破坏主持的气氛。

手势运用要得当适宜。个人手势的运用要符合大众的审美要求，否则就会使受众产生不好的印象。有的主持人习惯于在讲话时将手伸出，手心向下频频做动作，容易令受众感觉不快。因为手心向下通常是居高临下，控制性的手势，不要轻易使用这种手势。同时，在运用手势时，要注意紧密配合语言，做到协调一致，不能说东指西。主持人的手势从来就不是单独进行的，它的一招一式，总是和声音、姿态、表情等密切配合进行的，只有与有声语言及其他态势语言密切配合，手势的运用才能产生应有的效果。当需要手势强化思想情感的表达时，要做到话到动作也到。手势的起落应该与话音的出没同步，不可互为先后。如果话说出去了，手势还没有做好，或者话已讲完，手势还在继续，就显得可笑。另外，手势运用要适宜有度，一般原则是宜少不宜多。主持人若滥用手势，两句一招，三句一式，会令人眼花缭乱，不仅没有实际意义，反而喧宾夺主，分散受众的注意力，如果手比声音更吸引人，那么手就把风头全抢去了。因此，每做一个手势都应力求简单、明了，让语言与必要的手势有机地配合在一起，以精当的手势，获得最鲜明的表现力。运用手势的幅度是宜小不宜大，手势幅度过大，空间轨迹过于起伏，会让听众觉得过于夸张，故作姿态。

手势运用要自然随意。与面部表情一样，手势的真谛也在于自然，不死板。戴尔·卡耐基说："把书本合上。你无法从书上学会手势的。当你演讲时，你自己的冲动和欲望才是最值得你信任的，请记住这一点：如果一个人如此专心于思考他所要说的内容，并如此急于把他的意见表达出来，以至于他忘掉了自己的存在,谈话及举止皆出于自然,那么他的手势及表达方式将不会受人批评。"只有出于自然的手势才是主持人感情的真实流露,用这种手势作为有声语言的辅助手段,才能使听众和主持人自然进入意境。那些带有太多人工雕琢痕迹的手势则给人以虚假之感,只能引起受众的反感。需要补充的是,虽然手势含义具有一定程度的约定俗称,但却因景而异、因人而异,具有一定的随意性,如表示胜利、前进、奋斗,一般手臂前伸手掌向上,但究竟该前伸多少,向上角度如何没有严格的定规。视主持人处于中近景与远景,是男的、女的还是年老的年轻的区别,手势使用频率、幅度、角度并不会完全一样。

　　手势运用要有控制。手势语有一定的自然随意性,但有些人在生活中形成的习惯性手势虽说"自然"却不一定正确,因此要有一定的控制性,不能过分随意,否则会引起受众费解或误解。袁鸣与程前联合主持《正大综艺》时,有人批评袁鸣在节目中,她那琐碎频繁的手势几乎成了观赏节目的审美障碍。节目主持人的手势语也像旦角演员的手势语一样,是内在心态、情绪和情感自然的合乎美的呈现。许多有经验的节目主持人在开口说话前和说话结束时,无论站或坐他们的手势都那么自然得体,显示出文化意味、人情意味和美的意味。要合乎美就必须对自然形态的手势进行提炼加工,使之动静都具美感,因此,对手势的预先练习、设计就是十分必要的了。主持人最好在上台前事先借助录像预览一下自己的形象,这比单纯对着镜子练习好得多,因为许多多余的动作都是下意识的。如果感到不能富有表现力地运用你的手,或者在登台时感到双手很笨拙,可以做这样的练习:把双手用力伸出,手指分开,然后想象你在抓一个巨大的物体,拳头紧握,把物体迅速地向你身边拉。重要的是刺激双手,使其伸出并抓住它能抓到的东西。上台之前可以做做这样的练习,精力会回到你手上,上台后用起手来就不会有问题。

(二) 身姿语

　　身姿语指除手臂外身体动作所传递的、有意义的、有意味的信息。如说和听时的点头就是身姿语。主持人在荧屏上一亮相就在用身姿说话。主持人在不同节目里、在不同情境中有站、有坐、有行走,至于蹲、俯、卧等与主持无关,所以下面着重介绍站姿、坐姿和步姿。

　　主持人站要有站相,坐要有坐相,行要有行相。无论站、坐、行既要职业化,又要生活化、情趣化。

1. 站姿

　　如没有特殊要求,站立主持是基本的仪态。站是静中显动的造型,站立稳重，显得端庄；站立俏丽，显得活泼。主持人不管怎么站，都要显出有教养、有文化、有气质、有风度，看起来大方而不拘谨、自如而不松垮。任何不规范的站姿，都会使主持人有失斯文，甚至影响整个节目的形象。这样的情绪在互动中传导给观众，注定要弱化交流气氛。因此要刻意提示自己，重视站姿效应。

规范站姿至少体现在如下几个部位：头要端正，双肩放平，腰要挺直，挺胸收腹，身体各部位都不能与中轴线相去过远。两脚平行分开，相距与肩同宽或略窄于肩宽，或者一脚在前一脚在后、两脚稍有距离，成45度角，重心略侧重于前足，身体微向前倾；也可以一脚向斜前方迈出半步，两个脚跟之间的距离保持10到15厘米左右，两脚之间成75度角。这样的站姿显得稳健潇洒，给人一种生气勃勃、精神振奋，信心十足的印象，也有助于正确的呼吸。当然也不要过于板正，像军训一般反而会显得拘谨，要有一定的放松度。站立的禁忌主要体现在手和腿两个部位。就手位而言，双手可以自然下垂，有时也可以互握放在身前；就腿位而言，当为了放松而暂时把重心放在一条腿上时另一条腿不应过度弯曲，无论是脚还是腿都不应无目的地抖动。两脚不能靠得太近，又不能叉开过大，男主持人双脚分开大致与肩同宽，女主持人一般采用一脚在前一脚稍后的"丁字步"。同时，无论在讲述过程中，还是即兴答问时都不要让身体依托它物。

需要注意的是，一个人主持和同搭档主持站姿不一样。一个人主持，身体微侧面对观众，与搭档联手主持，既考虑面对观众，又要考虑与搭档交流，所以俩人身姿微侧相对，间距不可太远也不可太近。正说话的主持人主要面对观众，未说话的主要面对搭档，如果有嘉宾参与还要兼顾到嘉宾。总之，主持人的站姿要让观众感觉到是在与他们进行交流，同时让搭档或嘉宾也感觉到在与他们进行交流。

最后，主持人站立的时候有时也需要移动，如果一直站在固定地方不动，时间一长，主持自己会觉得有点累，另外观众视线因无变化，也容易疲乏，所以需要移动一下。但移动幅度不可太大，次数不宜太多，否则会弄得观众眼花缭乱。

2. 坐姿

有位主持人说：坐在椅子上，我的坐姿要尽量使观众感觉到我对他们的热情、真诚；谈话时，我上身稍微往前倾斜，表现出谈话的认真、谦虚。总之，节目主持人要把自己的坐姿作为与观众进行情感沟通的话语看待，让它向观众说出你的教养、知识、风度、气质，千万不可等闲视之。

一般来说主持人坐的姿势首先考虑的是主持工作的方便，其次要显出静中寓动的美感。坐得笔挺笔挺，一动不动，显得死板僵硬，似乎在向观众说：主持人紧张；坐时左右晃动，双腿大叉开，显得躁动不安，似乎在向观众说：主持人轻浮。主持人坐姿要给观众以有教养、有礼貌、可亲、可信、可近的感觉。

从坐的过程来看，入座和离座，动作要轻要稳，避免碰着椅子发出声响。坐时要注意衣服平整，不宜把椅子或凳子坐满，也不可坐半边、一角。两脚应自然垂地，切不可离得过开，更不可交叠在一起。女主持应并拢双膝，双脚并排平放，前后脚亦可相距一拳，这样看起来端庄、优雅。男主持人应双脚并排微张开，但张开不可成"内八字"状，看起来稳重潇洒。坐时手臂该怎么放，随坐姿而定。如果面前有台子，主持人与演播台应保持不即不离的距离，双臂可放在台面上；侧身坐则一臂放在台面上。如果面前没有台子，手臂随身姿而弯，双手放在膝盖上。若手中未拿物品，则双手也可以轻轻相握，贴靠腹部前。若手中拿有物品，如话筒、节目单、竞赛题之类，则主持人最好不用双手去拿，否则为物品所累，自主性受到影响。正确的姿势是：一只手拿物品，另一只手不要放在膝盖上而应自然弯曲，与拿着物品的手相呼应，显现动姿的平稳和协调。若有搭档或嘉宾在，就要考虑在与观众交流时，还得给搭档或嘉宾留下自在的交流空间。另外，主持人坐时的动姿还要同身体的动姿相匹配，因为"坐"毕竟是体姿的一个部分，表现的是主持人的精神面貌和个性魅力。

3. 步姿

主持人步姿与节目类别、内容相关，与主持人性别、年龄相关。一般来讲，男主持人步姿沉稳些，女主持人步姿轻盈些。当然，年纪大的同年轻的步姿也有差别，但不管怎么走，都要给观众动中寓静、自然和谐的美感。比如："外八字"、"内八字"的步姿就不美；迈步时快慢不协调就不美。在通常情况下，快慢适中，看起来从容自信、颇见精神。至于迈步幅度的大小要看哪类节目，综艺娱乐节目主持人迈步幅度比其他类节目可以稍大些。主持人行走时，脚不要抬得太高，也不能拖在地上走。两步间距一般以自己的一脚长度为宜，重心应从足中移到足的前部，腰部以上至肩部应尽量减少动作，保持一种抬头平视的从容和稳定的样子。

（三）表情语

表情语是依靠人面部的肌肉、眉毛、眼睛、鼻子、嘴巴的动态反应来传递信息，所以也叫面部表情语。表情是一个人外在形象的重要组成部分，与其他体态相比较，它表情达意最丰富、最微妙、最直接。根据有关资料，"在70万种人体语言中，表情语就多达25万种"。美国著名演讲家罗斯福的演讲魅力，很大程度来自于他的面部表情。美国公众评论说："他满脸都是动人的表情。"已故美国记者根室在他写的《回忆罗斯福》一文中说，罗斯福总统"在短短的20分钟之内，他的表情有：稀奇、好奇、伪装的吃惊、真情的关切、担心、同情、坚定、嬉笑、庄严、还有超绝的魅力。但他可不曾说过一个字"。罗丹说："只要注意一个人的脸就能了解一个人的灵魂"。俞虹在《节目主持人通论》中引用美国学者尼伦伯格·卡莱罗的话"在所有非言辞沟通的范围中，最不易产生争论的，就是脸部表情。因为这是最容易看到的表情，而且一目了然"来说明表情语的直接表现力。

表情语给观众的第一印象，常使观众过目难忘，所以有人说"主持人的脸就是台标"。可见主持人运用表情语的重要性。

在面部表情中占有重要位置的是眼和眉，"眼"是面部五官中表达内心感情最为丰富的器官，是灵魂的窗户，被称为表情语中的"目语"。光一个"看"的动作就有二百多个同义或近义的词语，所谓"正视"、"斜视"、"鄙视"、"注视"等都是描绘眉眼表情的。眼不像嘴能张、合、翘、瘪、闭，易于把握，它的活动像一潭深水，风情万种却深不可测，是最能体现人的"精、气、神"的表情语。冠子说："存乎人者，莫良于眸子；眸子不能掩其恶。胸中正，则眸子正焉；胸中不正，则眸子眊焉。听其言也，观其眸子，人焉瘦哉。"特别是女性，其羞、娇、媚、怨、恼、喜、悲等心态情绪都与眼态关联。

电视节目主持人出现在荧屏上多是近景镜头，眼睛是观众视线内最难掩藏的部位，由眼睛所透露的内在隐秘也随之暴露在众目睽睽之下。《报刊文摘》2002年8月25日转载晨曦的文章说："眼动是反射动作，属于神经语言学范畴。因为眼球的反映比我们意识走得快。看着眼球跑到眼睛左上方，表示正在回忆；跑到右上方，则正在创造。"比如节目主持人的目光游移不定，说明主持人对播出的内容和背景不够熟悉，所以内心惊慌，缺乏自信。知名主持人沈力说得好：电视主持"一是靠语言，二是靠眼神，如果仅仅是背稿，眼神必然是呆滞的"。因为背稿记词，一心二用，眼神哪有不呆滞的道理。

另外，节目主持人也应该学会用眼睛与观众进行交流，注意克服呆滞、平板或者漂浮、游移的眼光，因为这样的眼光会让观众觉得你心猿意马或精神疲倦。主持人在主持节目前要注意休息，身体疲劳、精气不足会造成面部肌肉松弛，双眼无神。至于眼光中缺少思想情感内蕴，没有目标方向，东瞅西瞟或四顾张望就更要不得了，因为那样会引起观众反感，觉得主持人目中无人，不可理喻。成功的主持人是很会用眼睛同观众进行心心相印的交流。美国广播公司（ABC）《黄金时间直播》的主持人黛安·索耶主持节目时"她的眼睛睁得很大，轻轻地闪烁着……"透露出的热情奔放特具风采和魅力。主持人究竟如何使用目语，众说纷纭，如主持人上台，有的说要环视，有的说要平视，有的说要专注，有的说先环视再平视。其实质就是要目中有人，使观众感觉到无论坐在哪个角落，哪个位子上，自己都在主持人亲切、真诚、热情的视线内，从而产生所期望的交流感。要达到这种效果，主持人就要随时注意调节自己的视角和视幅。从视角来说，不可偏于上侧亦不可偏于下侧，以正视略偏下一点为宜。视幅是目光呈扇形的视野领域。视幅要根据现场情况而定，扇形面广角以不影响眼睛流光溢彩为好、但不可左顾右盼。总而言之，视角和视幅的调整标准是使观众都感觉到主持人在向自己招手在向自己说话。在演播室的节目主持人尤要注意，虽演播室没有一个观众，可眼睛里要有千万的观众，随时要用眼睛同他们交流。关于眼睛的形状和光泽知名主持人曹可凡很有体会，他说，要学会理智地控制自己眼睛的形状和光泽，以达到表情达意的最佳效果。若要表示友善，给受众一种亲切感时，眼睛不必瞪大或眯起，目光要热、要柔、要和，若要表示幽默和活泼，眼睛不妨眨动几下，闪耀出一种俏皮的目光。若要表示喜悦，可以让眼睛大放异彩，让这种目光通过受众的眼睛传到心里，与你同乐。若要宣泄心中的愤恨，则可怒目团睁，目光像一把锋利的尖刀咄咄逼人。若要表现对某一观点、事物的鄙薄之情，不妨采用虚视的方法，来个冷眼相看。总之，节目主持人的喜怒哀乐、惧爱恶欲等复杂情感，都可以通过眼睛的形状和光泽充分细致地表现出来。主持时眼的形状和光泽靠的是真实、充盈和坚定的内在感受和信心，才不会游离于节目内容外而成为"眼谱"。

　　眉毛的弯、皱、竖、扬、倒等形态亦具有特定的感情意蕴，如烦恼时皱眉、愤怒时竖眉（眉绷紧上挑）、悲泣时倒眉（眉尖下吊）、高兴时扬眉等。眉毛的这种表情达意功效被称为眉语。眉语和其他体态语一样，是由人的心态变化而引起的，是心态外露的符号。范仲淹有诗曰："眉间心上，无计相回避"，李清照也有诗曰："才下眉头，却上心头"。古人说"流目兮发姿媚"，姿媚中就有眉的三分类。主持人如何用眉语，具体不好说，打个比方，如果目语是独白，眉语则是潜台词，眉语与心灵有关，还是用心灵去掌握吧。

　　除了眼语和眉语，面部表情语往往都是综合呈现出来的状态。因此，要想使主持人的面部表情生动、自然，必须掌握一些普遍的规律。

展现微笑的魅力。微笑是动用面部肌肉最少的表情,显得轻松,嘴形很美,它是一种信号,表示友好、欢迎的情绪,传递"对你没有敌意"、"乐于和你交流"这样积极的信息,从而拉近彼此的距离。古人说的"巧笑倩兮"、"嫣然一笑"都是描写微笑美的词语,表现微笑在传递情感时既婉转含蓄又韵味无穷。至于微笑表情的情感内蕴有欢迎的、赞美的、娇羞的、矜持的、喜悦的、温馨的、歉意的、信任的……也有职业性的、不在心的、瞧不起的……总之,微笑在传递美好情感时像晴空的流云、清溪的浪花、林间的翠色,让人赏心悦目。一个有魅力的主持人,微笑应该是台上表现的强项,是尊重受众的重要参数。主持人在微笑时要注意有亲和力,应该是笑得心到、神到、情到,展现使人产生好感的笑容。美国全国广播公司(NBC)的主持人简·波利在20世纪七八十年代主持早上新闻节目《今天》,于是在那个年代的每天早上7点,美国电视观众都会看到一张"早晨的笑脸"出现在屏幕上。简·波利被誉为"是把热情和恬静融为一体"的"微笑明星"。需要注意的是,微笑不单是扬起嘴角就算了,它讲究眉、眼的配合,所谓"眉开眼笑"也,眼睛里要流露着笑意。微笑的尺度因人而宜,但如果轻微到让人难以察觉,就没有什么效果,而幅度太大又不免有夸张之感。如果觉得掌握不好笑容的程度,可私下在镜前多体会,找准属于自己的最自然的笑容,如果缺乏真正愉快、明朗的感觉,就不容易将真正的笑容传达出来。

表情要丰富灵敏而有分寸。丰富指的是脸部的肌肉表情不单一,灵敏是指能比较迅速、敏捷地反映出讲话音的思想情感来,有分寸是指表情要与稿件内容和语境相适应。有的主持人,或因初次登台心情紧张,或因准备不充分缺乏信心,在讲台上始终展现给观众一种羞怯呆滞、惶恐不安的面部表情。有的主持人不管时间多么长,也不管稿件内容多么复杂,都始终以"笑眯眯"的面孔对着大家,这样一来,就把其他各种表情隐匿或冲淡了。有些人易于受过激或冲动情绪的影响,喜怒形于色,像这类反应过激的面部表情,也无助于有声语言的表达。比如中央电视台著名节目主持人白岩松,就有人批评他在主持节目时"老皱个眉头",给人居高临下、刻意表现成熟的感觉。央视新闻联播年轻的女主播李梓萌也曾经因"微笑报空难"引发了大批观众的指责。表情的表现力是极强、极丰富的,各种复杂的心理活动,如向往、羡慕、回忆、喜悦、愤怒、痛苦、失望、懊恼、沮丧、希望、疑虑、乞求、思念、内疚、厌恶、恐惧等,都会在面部表情上生动地呈现出来。一般地说,面部表情应该和有声语言所表达的情感同时产生,并同时结束,主持人应当具有很强的临场应变性和鼓动性,力争把自己的面部表情表达得生动、准确、自然、传神。

（四）空间距离语

空间距离语也叫界域语、间距语,指的是交际者对空间距离感受的情感表现,或亲近或疏远,或礼貌或不礼貌等。心理学家认为,交际双方都有一个属于自己的个人空间,它是人身体的自然延伸范围,也是情感和礼仪的延伸范围。我们说过节目主持人主持节目是拟态的人际传播,特别在现场与搭档、嘉宾及参与节目的观众的间隔远近、方向趋向都是无声语言。假若你在主持现场与嘉宾靠得太近,嘉宾会觉得不自在,甚至觉得受到某种侵犯;如果你和嘉宾说话时间距过大,嘉宾会觉得你有些疏远他,对他不够礼貌。由此可见,空间距离与礼仪关系密切。礼仪是文化的一个方面,各国文化不同,空间距离语使用也不一样。从美国文化来说"美国文化使用四种距离:亲密者间距(0——45厘米)、个人间距(0.48——1.2米)、社会间距(1.2——1.6米)和公共间距(1.6米以上)"。主持人是在特定的传播环境下使用空间距离语,因而无法作出具体规定,一般说以交流双方感到合情合理、轻松自如为宜,近不可"肩肘相碰",远不可"手握不到",且视觉效果要让观众看起来很得体、有美感。有的节目,如《实话实说》,主持人没有固定位置,但不管是靠近嘉宾还是靠近现场观众,靠近的角度、方位、距离都应使参与者没有一点别扭、紧张的感觉,并满足他们平等、自由参与的心理需要。

（五）仪表语

容貌、姿势、化妆、服饰是仪表的内容,而仪表又与礼节、礼貌相关,故有礼仪之说。不学礼仪,行之不远;不学礼仪,无法应对四方。中华民族自古以来就十分讲究礼仪,《诗经·大雅·远民》曰:"令仪令色,小心翼翼。"《晋书·温嶠传》曰:"风仪秀整,美于谈论。"礼仪端正、举止大方,显现出一个人的神韵、风采,是一个人内在与外在、形貌与精神的和谐统一,是文化、修养、学识和文明的表现,即便未说一句话,也会给对方留下美好鲜明的印象。容貌、化妆、姿势和服饰是仪表范畴,其中容貌是父母给的,容貌的某些缺陷可以通过化妆进行掩饰、修整,突出亮点。姿势在体态语中讲过,鉴于此,下面先讲讲服饰,附带讲讲化妆,然后再讲礼仪。

服饰是一个民族在特定地域、特定生活背景下生活历史积累的、与人的体态紧密联系的一种文化形态,具有继承性、规范性和多样性的特征。该怎么着装、化妆既是社会、民族的,又是个人的。从社会、民族来说,着装、化妆是对交流对象的尊重和礼貌,外表的先入为主效应也会给对方心理带来重要的影响；从个人来说又是爱美之心、自信之心和生命活力的张扬。一个刻意修饰过的人自己会感到惬意和自信，更易激起自己的情绪和灵感。这种良好的自我感觉往往是表达获得成功的重要因素。

节目主持人是担当社会工作者角色的电视媒介人物，主持人服饰是否得体，关系到传播效果，关系到节目成功与否。美国1994年5月号《人物》杂志，将主持人芭芭拉·沃尔特斯的服装评为最佳。芭芭拉·沃尔特斯在主持节目和采访时给自己定下的着装规则是：不穿白色（白色反光），不戴项链（会晃动），不戴胸针（会显眼）；采访大人物时，不穿紧身裤。在实践中，主持人不善于利用服饰语言的反例也并不少见，如2012年12月，韩国MBC新闻节目《新闻24》女主播刘善英身穿肉色上衣搭配橘红色外套播报的图片就引起了很多网友的讨论，很多人惊呼"她到底有穿衣服还是没穿"、"看了吓了一跳"。电视节目主持人是电视台工作人员，代表节目或栏目与观众交流，服饰既不能过分，也不能过于随意。正如英国广播公司主持人休·劳利所说："假若你的发型很可笑，上衣露得过多，或有什么东西让人感到时髦，那人们就会说：'瞧她这身打扮，天哪！'接下来人们就会看她，而不会听她在讲什么。"

独具魅力的节目主持人都很注重服饰，他们利用服饰体现美、体现美的创造。主持人可以根据节目的类别、内容、主持方式、主持时的季节、主持时间和主持场合（如演播室、剧场、广场、台的大小、色彩、背景等），再考虑自己条件，选择服饰的款式、面料、色彩、饰件，既要自己觉得舒适、自如、大方，又让观众觉得顺眼、亲切。

首先，主持人服饰要与节目性质相一致。服饰应与节目风格融为一体，中央电视台少儿节目主持人鞠萍曾说过她的看法："如果让我在牛仔裤、紧身裤和宽松肥大的服装中选择，我选择后者。这倒不是牛仔裤、紧身衣没有美感，而是对于少儿节目主持人不合适。节目性质决定了我的服饰应和其他节目主持人不一样，如果我也穿一身西装端庄坐在屏幕前，恐怕不会被孩子们喜欢。"鞠萍主持少儿节目时所穿的宽松休闲便服与她清新活泼的主持风格浑然一体。她只能这样，别无选择。主持旅游栏目，如果着一身端庄、典雅的女式西服则显然与节目内容偏离，如果换上鹅黄的衬衣和黑色的绸裙，衣裙的飘动中透出随意的、清新的活泼和热情，那么介绍的旅游景点的青山绿水、白云飞瀑就更具魅力。而香港凤凰卫视《锵锵三人行》定位是将娱乐元素注入时事节目，开辟另类新闻漫话节目路线，打造一个感性的聊天节目，其主持人窦文涛惯常穿的就是衬衣、马甲。如果他像中央电视台《新闻联播》主持人那样穿着笔挺的西装、考究的衬衣恐怕与节目风格很难协调起来。相反，《新闻联播》的主持人穿上窦文涛的衬衣、马甲也不合时宜，其原因一是《新闻联播》庄重严肃，二是内地客观背景不同于香港，服饰多少会受社会大背景的制约。

其次，主持人的服饰应与个人相适宜。服饰是一种躯体文化的表达方式，一个人的服饰打扮往往表现了他的心理、意向、性格和身份。主持人应该根据自己的性别、年龄、个性及身体条件，如身材、脸型、肤色等选择服饰。服饰应与人体相结合，使服饰的色彩、式样、比例等适合人体本身的高、矮、胖、瘦，才能具有和谐美。近年流行的超短裙，会对腿型、身材都有相当高的要求，就不是适合所有的人。在选择服饰时就要既符合自己的体型身份，又与自己所追求的风格相统一。这也是塑造主持形象的需要，体现出健康和高尚的精神、气质和风度。当然，要想使自己具有和谐优美的仪表风度，衣着的款式就要以大方、简洁为原则。

主持人服饰除与节目相协调、与个人相适宜外，还要考虑同搭档联手主持的整体效果，不能只管自己光彩照人。如果一位女主持人穿的是典雅的旗袍或者富丽的晚礼服而搭档穿的是牛仔服，就会在观众眼里造成一种十分可笑的情状。中央电视台曾主办大型专题晚会《盛世京剧情》，三位主持人着装单个看没什么不好，可排在一起就有问题了。两位男主持人，其中一位穿唐装，一位穿西装，而女主持人穿的是当今流行的长裙，三人在一起怎么看都不顺眼。

主持人的个性形象是个人素质、文化修养、生活阅历、审美情趣、语言表现力、风度气质、服饰仪表等多种因素的综合体现。总之，服饰打扮要紧紧围绕"富于亲和力地与人沟通"这个中心。一套好的服装可以达到塑造出与穿着者的深刻个性相协调的外表形象的目的，这就是服饰的魅力。

说服饰语不能不说化妆。化妆能修饰脸面的某些不够美的部位，突出亮点，另外，也是主持人上舞台上荧屏的需要。化妆能使主持人在灯光色彩下更鲜亮、更精神。化妆包括修眉、画眉，打粉底，打高光点，定妆，画眼线、眼影、涂唇膏、勾画唇线以突出唇型，涂腮红，以及梳理发型。这些都应与脸形、脸色、五官分布相匹配，从整体上把握，再局部修正，突出长处，掩饰不足，做到柔和匀称、自然大方、上镜效果好。主持人的化妆不同于生活妆和舞台妆，装扮不宜太"夸张"，也不要过于艺术化。主持人化妆要趋于清新、淡雅的职业无痕化妆。粗重的眉毛，黑黑的眼线，不打粉底就配上鲜艳的口红等都是很不得体的。男性不论在任何光源下，都不应该有被化妆过的痕迹表现在电视画面中。发型应简洁、整齐、明快、自然。肤色应结实、健康。挺直的鼻形，有棱角的眉形和唇形是男主持人的化妆重点。过于夸张的修饰，会使男性的形象带着脂粉气。男主持人的化妆虽然步骤少，用色简单，但一定要因人而异。自身条件好的就无需再用化妆品去遮盖，要做到恰到好处。如果是现场采访和广场主持、主持人在春、夏、秋、冬、上下午、夜、阴、晴、雨、雪或者异国异域着装、化妆还应考虑自然文化和民俗民情，以显现公众认可的魅力。一般情况下，节目主持人化妆不可浓彩重抹，以化淡妆为宜。

至于配饰，综艺娱乐类节目主持人可适当佩戴。为脸面、服装增添了一定亮色，犹如音乐的旋律在女性的有关部位跳跃，特具风韵。配饰虽有很多选择，但对于节目主持人来说，不是从头佩戴到胸而是用一二件稍稍点缀就好。佩戴时得根据脸形、脖形、指形、皮肤色泽选用质地、形状和色彩。如圆形脸就不宜佩戴过于规则的圆形耳环，脖子极短就不宜佩戴没有坠子的短项链；肤色较深就不宜佩戴浅色调的项链。由于职业原因，主持人戴手链就不能像有的演员那样戴上几个。总之，主持人佩戴什么不能只按照自己的兴趣，而不考虑节目和观众的需要。一句话，主持人服饰化妆是使自己更为清丽雅致，具有职业特点、个性魅力，显现生命活力。

最后说说礼仪。古人说"发乎情止乎礼仪"，从某个角度来说，服饰、化妆是人体的延伸，它具体态语性质。作为无声语言范畴的服饰、化妆必须符合政治的、道德的、职业的礼仪规范，才具有沟通交流的普遍意义，否则对象不会理解和接受。主持人的服饰、化妆既是一种特殊的礼仪话语，主持人可以通过它直观地向观众表示问安、表示亲切、表示热情、表示真诚、表示美，有利于达到良好的传播效果。体态服饰表达的是情绪、情感。主持人主持节目难免有个人的情绪、情感掺杂在内、关键在于要让它合乎礼仪，主持人应学会用礼仪规范、驾驭情感。

三、主持人的无声语言艺术原则

美国一位心理学家曾对言语行为传播效果进行过因素分析，认为：言辞只占7%，声音占38%，而体态语占55%。从电视接收效果看，电视信息的80%以上是通过观众视觉接收的，即便通过听觉接收的信息，也得靠主持人的体态语来加深语义和语感。可见，体态语在电视传播活动中的重要性。

主持人体态语的成功表现就是美，就是艺术。所谓"未成曲调先有情"。用体态语传情达意是艺术不是表演。中央电视台少儿节目主持人董浩在给应天常的信中写道："当你碰到一在表演'真诚'的人，那是多么可恶啊"。在芭芭拉·沃尔特斯出任美国全国广播公司（NBC）《今天》节目主持人之前，《今天》的女主持人不是演员、时装模特就是美国小姐，她们都是漂亮的女人，可是她们体态语运用始终脱不了表演痕迹，从电视节目看，就不是艺术。要掌握优美的无声语言艺术，需遵循以下基本原则：

（一）到位原则

伯德惠斯特尔认为："一个人身体活动的使用具有其个人的特点，同时也是与他人共享的更大的社会系统的一部分。"这就是说，节目主持人体态语运用虽说具有个人特点，但它毕竟是节目体系中与观众共享的话语，到位原则是第一原则。

我们把节目主持人有确定意义的体态语叫做到位。平时我们见人点头，大多是随意的，说的是你好，你上哪儿，你下班了……本身并没有固定的意义。可是主持人主持节目在荧屏上的点头就是在特定语境中透露情绪、情感、人格和态度的"节目话语"，它具有确定的意义。

20世纪90年代中期，倪萍与日本歌手翁倩玉一起在北京故宫太庙共同主持"中日歌手擂台赛"，主持前，倪萍碰到一些令她尴尬和没面子的事，如她连换衣服的地方都没有，而日方却专门为翁倩玉搭了换衣间。当时倪萍难过得只想哭、但她不能由着自己的情感放声大哭，甚至连泪水都得咽到肚子里去，脸上必须带着笑容上台主持。

主持人体态语运用到位就要做到适宜适度。美国哥伦比亚广播公司（CBS）超级新闻节目主持人沃尔特·克朗凯特说："我知道自己应该走多远，不能走多远。"话中的含义是说主持人在镜头前的言行要有分寸。电视节目主持人是在千千万万观众注目下在镜头前运用体态语，这就意味着举手投足不是无关宏旨的个人小事，到位不到位、得体不得体直接关系到节目传播效果。比如说节目主持人在镜头前与嘉宾或观众打招呼，运用表示欢迎、亲切、敬仰等体态语时，从时间上说不宜过长；从方式上说，不宜过于亲密。如果时间上过长、方式上过于亲密，则不仅场上嘉宾或观众感到难堪，而且场下的观众也会反感，因为你忽视了他们的存在、他们的心理期待。再比如，主持人与嘉宾对话、眼睛注视对方有亲切、鼓励的意思，对方能够从体察目视现中心领神会，但若注视过久，反会使对方感到紧张、不安；主持人听对方说话，微微点头有表示我在注意听或我很有兴趣听的意思，但若点头动作过于频繁，"洗耳恭听"的意思没了，反而使对方误认为你是不是听得有点不耐烦了。

当然，适宜适度除特定场合、时间外，还同播出节目的内容有关，即便同属娱乐节目的演唱会，对通俗歌曲演唱与传统戏曲演唱，主持人体态语使用的幅度、频率、节奏绝不会相同。具体如何很难说，做到恰如其分为好。

在特定的情境下，主持人体态语不适宜和适度有时不被主持人觉察，但体态语接受有一个由对方体察目视到心领神会的过程，因而要注意在交流时，从对象的体态语，如坐立不安、左顾右盼、神不守舍、窃窃私语等的反馈中来控制调节自己的举止行为，避免失态失仪，同时也有利于驾驭现场，调动观众参与节目的积极性。

（二）个性魅力原则

主持人杨澜说过："一个成熟的主持人在屏幕中应当追求个性，不要今天特别活泼，明天又特别庄重，后天又幽默了，观众最后也弄不清你是怎样一个人，你的屏幕形象就会混乱不统一。"成功的主持人举手投足都具有个性魅力，正因为如此，他们在观众心目中才能留下"这一个"永不磨灭的形象。

美国著名主持人沙耶在介绍一个悲剧故事或是一个复杂的统计数字的时候，会微微皱眉，有时会做出些厌恶的表情，似乎在对观众说，我知道这很令人不快，但我会顺利度过这些不快的时光。如果我们的主持人介绍一个悲剧故事或一个复杂的统计数字的时候也用沙耶的体态语说话，观众决不会接受，因为你不是沙耶。杨澜主持过不同性质、不同内容的节目，可她体态语"秀外慧中"的个性始终具有吸引观众的力量。

主持人个性魅力外为举止仪态，内为文化修养，其显示的个性、气质、风度又与节目的内容和表达融为一体，产生了一种很能吸引人的力量。美国明星主持人芭芭拉·沃尔特斯善于主持人物专访节目，她采访约舒亚·罗根后，收到约舒亚·罗根的一封感谢信，信中称赞她："你是一个颇具魅力的女人，而你的魅力来自你的头脑。"来自头脑，就是来自内功。正如《话说电视节目主持人》一书中所说："沟通和引导的能力是很有魅力的素质"。"打扮得再好，长得眉目清秀，身材苗条，风度翩翩、可是张嘴层次太低，令人汗颜，先前的魅力便一下了荡然无存了"。

真正能吸引观众的是显现主持人卓越才华和风采的体态语，它具有形象魅力，能产生亲和力。主持人体态语如果一模一样或大同小异就是抄袭、模仿的结果，观众会因熟视无睹而不屑一顾。主持人体态语个性魅力既有规范，在规范中又有创造，创造是美的，但不是玩花样，不能让不应有的行为出现在屏幕上。某地方电视台综艺娱乐节目主持人动作频繁，很不得体，不看场合，不管对象，双目含媚，顾盼含情。甚至还有跪在软垫上问话的。原因在于这些主持人忘记观众收看电视节目主要是收看应当知道、需要知道的信息，节目内容是第一位的。大多数观众不是为专门看主持人收看节目。

　　主持人个性魅力是与节目内容融为一体的创造，是绿叶映衬红花的相映美。在这个前提下，主持个性创造所显现的个性魅力才具有实际的意义和价值。

　　主持人的无声语言不是随心所欲的点缀，它对于口语表达有积极的作用。应从口语表达的需要出发设计和规范自己的举止，以增强表达的效果。

习题：

1. 分析央视一位主持人的主持风格。
2. 观看某主持人一期电视节目，尝试自己为其写作主持开场语、主体语和结束语。

参考文献：

1. 尼迪克·特·安德森. 想象的共同体 [M]：上海，上海世纪出版社，2005。
2. Fromkim,V.& Rodman,R.(1983).An introduction to language. New York: Holt, Rinehart and Winston.
3. 高名凯. 语言论 [M]：北京，商务印书馆，2001。
4. 蓝纯. 语言导论 [M]，北京：外语教学与研究出版社，2007。
5. 沈阳. 语言学常识十五讲 [M]：北京，北京大学出版社，2009。
6. 索绪尔. 普通语言学教程 [M]：北京，外语教学与研究出版社，2001。
7. Halliday, M.A.K Spoken and Written Language. London. Oxford University Press,1985（韩礼德. 口语与书面语 [M]，牛津大学出版社，1985）。
8. 王德福. 口语修辞与书面语修辞的差异 [J]，修辞学习，2000（4）。
9. 彭昌柳. 口语和书面语的差异 [J]，广西教育学院学报，2007（4）。
10. 葛本仪. 语言学概论（修订本）[M]：济南，山东大学出版社，1999。
11. 黄伯荣，廖序东. 现代汉语 [M]：北京，高等教育出版社，2002。
12. 马欣. 播音主持艺术语音及发声 [M]：重庆，重庆大学出版社，2010。
13. 马嘉. 播音主持训练指导 [M]：哈尔滨，东北林业大学出版社，2009。
14. 姜燕. 播音主持艺术与临场训练 [M]：青岛，中国海洋大学出版社，2009。
15. 安欣. 跟央视名嘴学口才 [M]：北京，金城出版社，2010。
16. 萝莉. 实用播音教程电视播音与主持 [M]：北京，中国传媒大学出版社，2003。
17. 胡伟、邹秋珍. 演讲与口才 [M]：北京，清华大学出版社，2009。
18. 王朝彦. 主持人语言艺术 [M]：武汉，华中科技大学出版社，2007。
19. 张芳. 浅析播音主持中重音技巧的运用 [J]，安徽文学，2009（5）。
20. 姚喜双. 文章做在耳朵上——听觉是确定播音停连和重音位置的重要依据 [J]，语言文字应用，1992（3）。
21. 杨雪、王月梅. 浅谈"内在语"在播音表达中的重要意义 [J]，黑河学刊，2005（7）。
22. 王英革."弦外之音、言外之意"——浅析播音主持过程中内在语的把握 [J]，中国传媒科技，2012（2）。
23. 孙仕华. 说新闻能否代替播新闻 [J]，青年记者，2010（5）。
24. 安卫光. 论电视新闻的"播"与"说" [J]，今传媒，2011（8）。
25. 申晓彦. 播新闻与说新闻文本探微 [J]，宜春学院学报，2010（9）。
26. 尹敬媛、顾宗云."说新闻"及其语言学观照 [J]，语言文字应用，2005（3）。
27. 顾曰国. 礼貌、语用与文化 [J]. 外语教学与研究，1992（4）.
28. 何自然. 语用学与英语学习 [M]. 上海：上海外语教育出版社，1995。
29. 黄振定，李清娇. 礼貌语言的层级性 [J]. 外语与外语教学，2005（1）..
30. 贾玉新. 跨文化交际学 [M]. 上海：上海外语教育出版社，1997。

31. 唐志钦. 礼貌级别的判定层级 [J]. 邵阳学院学报，2005（3）。
32. 罗雄岩. 中国民间舞蹈文化教程（舞蹈卷）[M]：上海，上海音乐出版社。
33. 吴健华、王受仁. 舞蹈艺术心理学 [M].，北京：中国文联出版社，2004。

后记

在现代社会，人们之间的沟通越来越频繁，越来越重要。沟通的形式虽然多种多样，但言语的沟通始终是最基本和最重要的。目前，无论是大学教师、莘莘学子，还是公务员、企业职工，都十分重视学习言语交际知识，努力提高言语交际能力。本书就是为适应读者的需要和我院教学的需要编写的，目的是为大家提供一本理论与实际有机结合的参考书。国内出版的同类书籍很多，它们各有特点，都值得一读。希望本书能够以自己的特色，赢得读者们的喜欢。

本书的作者多是中山大学南方学院的教师。该学院位于广州从化温泉镇，这里空气清新，流水潺潺，真可谓宜居宜学。遥想古人，陶醉于山水间吟诗作赋，再看今朝，师生间亲密接触，亦师亦友。在彼此的交流中，大家都深感"说"的重要性，于是萌生了编写这本书的念头。大家集思广益，精诚合作，各显其能，终使本书按时完稿。

本书作者的具体分工如下：

汪苏华老师负责拟定写作大纲及终审全部书稿；

田卫东老师撰写第五、六章，并负责全书的统稿工作；

李小杰老师撰写第一章；

黄年丰老师撰写第二、三章；

龙翔老师、王意颖老师撰写第四章；

蒋玮老师撰写第七章；

杨萍老师撰写第八章、第十章第三节；

杨正昱老师撰写第九章；

李娜老师撰写第十章第一、二节；

袁可畅老师撰写第十一章；

刘凡老师撰写第十二、十三、十四章。

感谢孙立教授为本书作序。孙立教授是中山大学中文系的博导，也是中山大学南方学院文学与传媒系的系主任，他一直鼓励系里老师多出书，多出成果。

感谢华南理工大学新闻与传播学院副院长赵泓教授，在他的全力支持和帮助下，本书得以正式出版。

感谢本书参阅和引用有关资料的作者，是他们的研究成果，给我们提供了帮助。

感谢本书的读者，希望借此书我们能彼此认识和交流。

最后，不得不说的是，更要感谢这个时代，它让我们"能说会道"，去实现中国梦，去实现个人的理想！

编者
2013年5月于中山大学南方学院